利通年鉴

LITONG NIANJIAN

2022

利通区人民政府办公室◎编

黄河出版传媒集团
宁夏人民出版社

图书在版编目（CIP）数据

利通年鉴.2022 / 利通区人民政府办公室编. -- 银川：宁夏人民出版社，2023.12
ISBN 978-7-227-07927-9

Ⅰ.①利… Ⅱ.①利… Ⅲ.①区（城市）—吴忠 - 2022- 年鉴 Ⅳ.①Z524.34

中国国家版本馆 CIP 数据核字（2024）第 024893 号

利通年鉴 2022　　利通区人民政府办公室　编

责任编辑　赵　亮
责任校对　闫金萍
封面设计　石　磊
责任印制　侯　俊

黄河出版传媒集团
宁夏人民出版社　出版发行

出 版 人　薛文斌
地　　址　宁夏银川市北京东路 139 号出版大厦（750001）
网　　址　http://www.yrpubm.com
网上书店　http://www.hh-book.com
电子信箱　nxrmcbs@126.com
邮购电话　0951-5052104　5052106
经　　销　全国新华书店
印刷装订　宁夏银报智能印刷科技有限公司
印刷委托书号　（宁）0028922

开本　720 mm × 980 mm　1/16
印张　21.5
字数　550 千字
版次　2023 年 12 月第 1 版
印次　2023 年 12 月第 1 次印刷
书号　ISBN 978-7-227-07927-9
定价　298.00 元

《利通年鉴2022》编辑部

《利通年鉴2022》撰稿人员

（按姓氏笔画排名）

编辑说明

一、《利通年鉴2022》是根据中共利通区委、区人民政府决定，由区人民政府主办，由《利通年鉴》编辑部编辑出版的综合年鉴。

二、本年鉴编纂坚持以马克思列宁主义、毛泽东思想、邓小平理论、“三个代表”重要思想、科学发展观和习近平新时代中国特色社会主义思想为指导，坚持辩证唯物主义和历史唯物主义的立场、观点和方法，实事求是地全面记载2021年利通区政治、经济、文化和社会发展新情况、新成就和新经验，体现了时代特征、地方特色和实践特点。

三、本年鉴是保存和积累地方历史文献的综合性年鉴，它为认识利通、研究利通、建设振兴利通提供翔实资料，为促进利通区招商引资、旅游开发和各项经济建设服务，为科学决策、指导工作提供可靠依据和最新信息，也为利通区留下可供借鉴的宝贵历史财富。

四、本年鉴记述时限为2021年1月1日至2021年12月31日，个别内容适当上溯和下延，以反映事物全貌。

五、本年鉴所用资料、图片，均由相关单位撰写、提供，并经领导审核、单位盖章。有关全年主要经济指标数据经区统计局审核。个别部门数据由于统计口径不同而表述不尽相同，应以区统计局年报数为准。

六、本年鉴采用分类编辑法，分类目、分目、条目三个层次，条目使用黑体加【 】表示，个别分目下设有子目。

七、本年鉴在编辑出版过程中，得到区委、区政府的高度重视和利通区各级各部门、各乡镇、各企事业单位的大力支持，在此表示衷心感谢。所用统计资料由利通区统计局提供，正文中数据由各部门提供。因统计口径原因，如有个别数据不尽一致，引用时以《利通区2021年国民经济与社会发展统计公报》为准。

利通区行政区划图

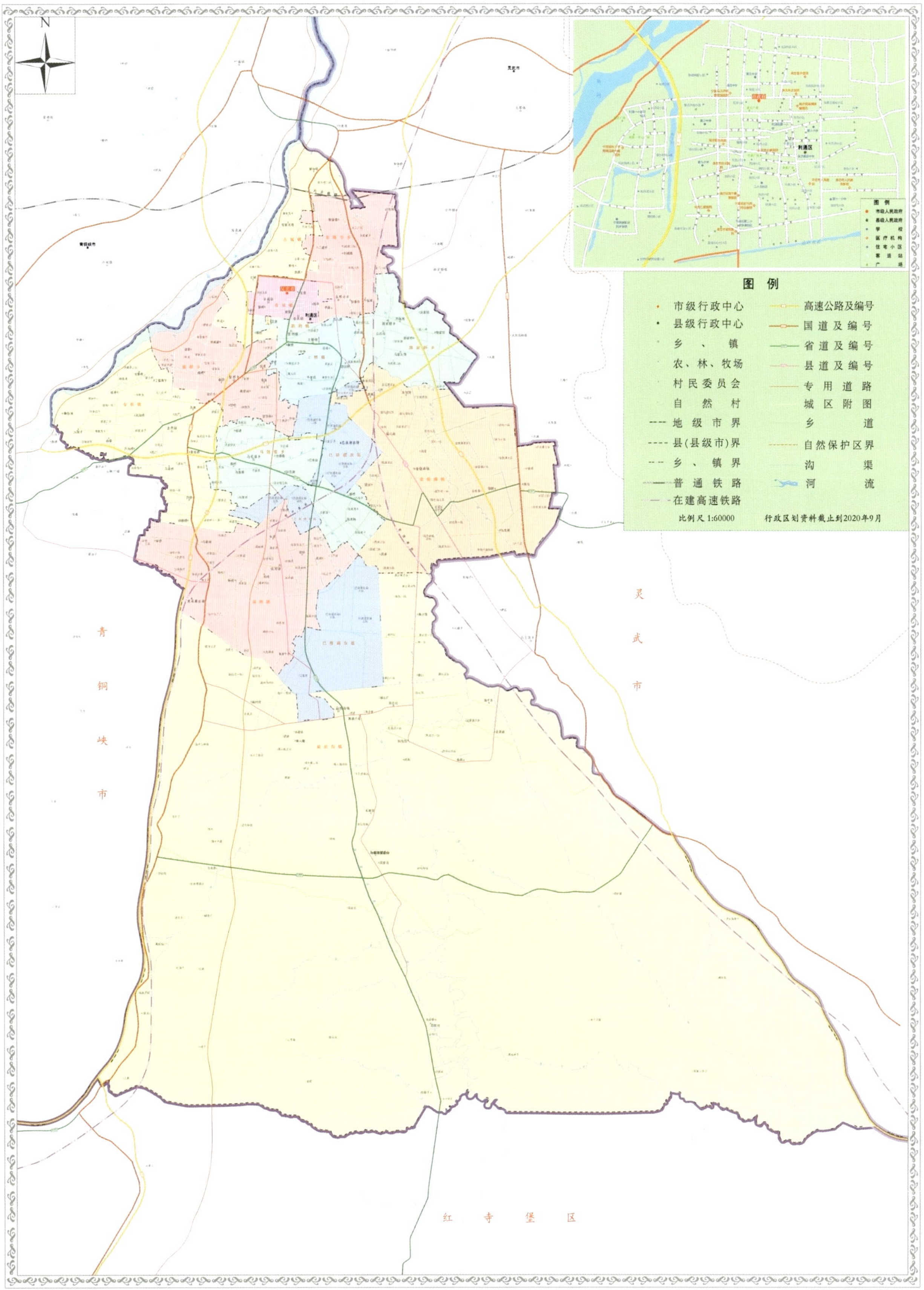

吴忠市利通区民政局
广东南方数码科技股份有限公司　编制

审图号：宁S[2021]第013号
印刷时间：2021年1月8日

2021年9月25日，中国共产党吴忠市利通区第五次代表大会召开

2021年11月19日，吴忠市利通区第五届人民代表大会第一次会议召开

2021年11月16日，中国人民政治协商会议吴忠市利通区第五届委员会第一次会议召开

2021年12月8日，举办吴忠市利通区学习贯彻党的十九届六中全会精神宣讲会

2021年6月23日，利通区委书记周涛带队调研利通区现代农业工作

2021年2月22日，利通区人民政府区长李玉山带队调研春耕备耕工作

利通区人大常委会主任陈宇组织人大代表视察春季绿化工作

2021年12月14日，吴忠市委常委、利通区委书记陈宏，利通区委副书记、利通区人民政府区长宋喜督导第二轮中央生态环境保护督察组转办件办理情况

2021年12月15日，吴忠市委常委、利通区委书记陈宏在上桥镇牛家坊村调研

2021年9月6日，利通区委副书记、利通区人民政府代理区长宋喜带队调研创建全国文明城市相关工作

区人大常委会主任赵金峰组织人大代表视察利通区奶产业

区政协主席周忠德带队调研移民致富项目

吴忠市利通区城市全景

坐落于黄河之滨的利通区

吴忠市利通区四通八达的交通

吴忠市利通区现代农业

中耕施肥

新型农业合作社

富硒水稻

吴忠市利通区金积镇蔬菜育苗中心

吴忠市利通区五里坡奶牛生态养殖基地

收割黑麦草

发展葡萄产业，助力乡村振兴

2021年6月28日，举办吴忠市利通区吴忠林场采摘节

吴忠市利通区高闸镇朱渠村

吴忠市利通区美丽村庄东塔寺乡白寺滩村

吴忠市利通区美丽村庄古城镇新华桥村

吴忠市利通区郭家桥乡山水沟特色产业示范村

吴忠市利通区2021年文化科技卫生“三下乡”活动

2021年6月21日，吴忠市利通区开展“共产党好　黄河水甜”庆祝建党100周年群众红歌拉歌大赛

2021年7月16日，吴忠市利通公安分局举行升国旗仪式

应急救援宣传，筑牢安全防线

社区邻居节启动仪式

吴忠市利通区石家窑村“一拖三”肉牛养殖场

吴忠市利通区灵芝生态园培育的灵芝

吴忠市利通区扁担沟镇积极发展林下经济，收获螺丝菜

热带水果观光园

吴忠市利通区装备制造园

吴忠市利通区中医药研创基地

吴忠市利通区现代纺织园区

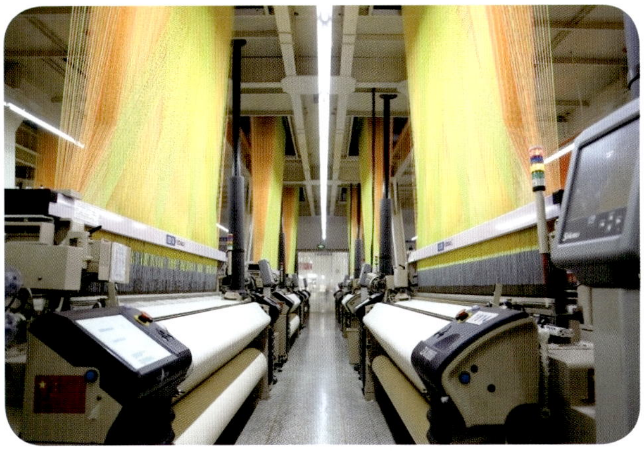

恒丰仁和织布车间

自控阀设备

2021年3月29日，吴忠市利通区人民政府与山东青岛企业签约仪式

交通安全进校园，警校携手筑平安

吴忠市利通区第八幼儿园

吴忠市利通区第十七小学

守护母亲河志愿服务启动仪式

目录

专载

大事记

区情综览

组织机构及领导人

中国共产党吴忠市利通区委员会

利通区人大常委会

利通区人民政府

政协利通区委员会

民主党派

人民团体

人民武装

法治建设

农牧水利

工　业

生态环境

城乡建设

综合管理

教育　科技

医疗　卫生

民生保障

乡镇概况

企事业单位

荣　誉

附　录

专 载

奋进新时代　走好新征程
全面建设社会主义现代化美丽新利通

——在中国共产党吴忠市利通区第五次代表大会上的报告

陈　宏

（2021年9月25日）

各位代表、同志们：

现在，我代表中国共产党吴忠市利通区第四届委员会向大会作报告，请予审议。

中国共产党吴忠市利通区第五次代表大会，是在“两个一百年”奋斗目标历史交汇的关键节点，在中国共产党成立100周年的关键时刻，在全面开启建设社会主义现代化新征程的关键时期召开的一次十分重要的会议。大会的主要任务是：高举习近平新时代中国特色社会主义思想伟大旗帜，深入学习贯彻习近平总书记系列重要讲话和视察宁夏重要讲话精神，回顾总结第四次党代会以来的工作，明确今后五年的奋斗目标，选举产生新一届区委和区纪委领导班子，动员全区各级党组织和广大党员干部群众改革创新、锐意进取，为全面建设社会主义现代化美丽新利通而努力奋斗。

过去五年工作回顾

区第四次党代会以来，面对改革发展稳定的艰巨任务、经济下行压力持续加大的严峻形势、新冠病毒疫情全球蔓延的严重冲击，区委始终坚持以习近平新时代中国特色社会主义思想为指导，深入学习贯彻党的十八大、十九大和十九届二中、三中、四中、五中全会精神，全面贯彻落实习近平总书记系列重要讲话和视察宁夏重要讲话精神，在自治区党委和吴忠市委的坚强领导下，团结带领全区广大党员干部群众，统筹做好稳增长、促改革、调结构、惠民生、防风险各项工作，全力打赢疫情防控阻击战、脱贫攻坚决胜战、全面小康收官战，圆满完成了区第四次党代会确定的目标任务。在自治区效能目标考核中，2016—2018年度、2020年度获优秀等次。

五年来，我们坚持政治统领、对标对表，牢牢把握正确前进方向。始终坚持把党的政治建设摆在首位，深入学习贯彻习近平新时代中国特色社会主义思想，不断提高政治判断力、政治领悟力、政治执行力。扎实开展“两学一做”学习教育、“不忘初心、牢记使命”主题教育和党史学习教育，在增强“四个意识”、坚定“四个自信”、做到“两个维护”上，认识更加深刻、态度更加坚定、行动更加自觉。坚持把习近平总书记视察宁夏重要讲话精神作为一切工作的根本遵循和行动指南，对标区、市党委决策部署，围绕建设黄河流域生态保护和高质量发展先行区、打好“三大攻坚战”、全面推进乡村振兴、发展“九大特色产业”、实施“四大提升行动”等重点工作，及时出台实施方案和配套措施，建立领导包抓和专班推进工作机制，全力推动各项工作落实落地。持续抓好中央和自治区党委巡视、督察及脱贫攻坚、扫黑除恶、政法队伍教育整顿、生态环保等方面反馈问题整改落实，认真自查自纠，全程跟踪督办，逐一对账销号，确保了党中央和自治区党委及吴忠市委决策部署落地见效。

五年来，我们坚持发展为要、调优结构，区域综合实力显著增强。始终坚持稳中求进工作总基调，坚定不移贯彻落实新发展理念，经济运行呈现稳中向好态势。深化供给侧结构性改革，扎实做好“调转增融”四篇文章，调整优化产业结构，改造提升传统产业，加快新旧动能转换，实现了工业稳、农业强、三产优。现代纺织产业园荣获“中国新兴纺织产业基地”称号，成功创建国家级现代农业产业园、全国农业科技现代化共建先行县，荣获“全国休闲农业与乡村旅游示范县”“2021年全国休闲农业重点县”称号，三次产业结构优化为12.2∶38.7∶49.1。“十三五”末，地区生产总值突破200亿元大关，经济总量位居22个县（市、区）第5名，对全市经济增长贡献率达40%以上；累计完成固定资产投资691亿元；社会消费品零售总额达到85.4亿元，年均增长4.1%；城乡居民人均可支配收入分别达到33977元、17512元，年均分别增长7.6%、8.6%。

五年来，我们坚持深化改革、扩大开放，发展活力得到持续释放。始终坚持以改革破解发展难题，以开放提升发展质量和水平。统筹推进各领域重点改革任务落地见效，完成了党政机构改革、基层整合审批执法力量改革等258项改革任务。新时代文明实践、农村集体产权制度改革等5个国家级改革试点稳步推进，经济发达镇行政管理体制改革、市辖区综合执法改革等11个自治区级改革试点成效明显，农村承包地确权登记颁证工作得到农业农村部通报表扬，农业水价综合改革等水利改革走在全国前列，被水利部评为第二批节水型社会建设达标县（区）。认真开展深化改革落实情况“回头看”，厘清存在问题，逐项整改落实，有效提升了改革综合效能。持续优化营商环境，深化“放管服”改革，行政审批办理时限压缩超过80%，“提升政务服务水平、全面优化营商环境”等经验被国家级媒体推介。深化与京津冀、长三角、东南部沿海地区的交流合作，承接国内产业转移成果丰硕，完成招商引资任务近300亿元。

五年来，我们坚持城乡统筹、标本兼治，生态环境质量稳中向好。始终坚持“绿水青山就是金山银山”的理念，坚决扛起生态文明建设政治责任。全力实施城市更新行动，加快老旧小区改造，推进城市精细化管理，实现了城市服务功能和品质“双提升”。深入实施乡村振兴三年行动，形成了一批农业产业基地，建成了一批农村基础设施项目，打造了一批美丽乡村示范点，被评为2020中国乡村振兴百佳示范县市。农村垃圾处理、生活污水治理、“厕所革命”、村容村貌提升四项重点工作成效显著，被列为全国农村人居环境整治激励县、全国村庄清洁行动先进县。全力打好“蓝天、碧水、净土”三大保卫战，狠抓燃煤锅炉取缔、城区油烟净化、秸秆焚烧整治，实施“两沟一河”综合治理、黑臭水体治理等重点工程，加强固废处理、农村面源污染治理，优良天数占比年均达到82%以上，重点入黄排水沟水质稳定在Ⅳ类标准，土壤环境质量稳步改善。

五年来，我们坚持人民至上、普惠共享，民生事业交出优异答卷。始终坚持以人民为中心的发展思想，持续实施民生工程，积极办好民生实事，人民群众获得感、幸福感、安全感不断增强。脱贫攻坚圆满收官，贫困村、贫困人口全部实现脱贫，代表宁夏接受了国家非重点贫困县脱贫攻坚验收，与全国全区全市同步全面建成小康社会。疫情防控有序有力，面对突如其来的新冠病毒疫情，用最短时间阻断疫情蔓延，建立常态化疫情防控机制，做好“六稳”工作、落实“六保”任务，维护了社会大局稳定，保障了人民生命安全。城乡义务教育均衡发展，深入实施“互联网＋教育”，智慧课堂实现全覆盖，被教育部确定为首批民族地区“智能教育试验区”。人民健康水平明显提高，大力推进“互联网＋医疗健康”，乡镇卫生院、村级卫生室全面纳入远程诊疗体系，荣获“国家慢性病综合防控示范区建设特色突出奖”。持续稳定扩大就业，城镇登记失业率控制在4%以内，被列为“全国结合新型城镇化开展支持农民工等人员返乡创业试点区”。社会保障更加完善，养老、医疗保险参保率均达到90%以上，健全了分类分层的社会救助体系，确保老有所养、病有所医、困有所助。思想文化建设成果丰硕，社会主义核心价值观深入人心，志愿服务常态化开展，王兰花热心小组慈善协会被评为全国最佳志愿服务组织；健全完善了区、乡、村三级文化体育活动阵地，广泛开展群众喜闻乐见的文化活动，成功创建为国家级公共文化服务体系示范区。

五年来，我们坚持统揽全局、共建共治，社会大局保持和谐稳定。始终坚持“稳定压倒一切”的思想，严格落实意识形态工作责任制，加强网络舆情和阵地管控，有效防范了意识形态领域重大问题重大事件的发生。深入推进全面依法治区，着力加强“平安利通”建设，不断完善治安防控体系，最大限度消除了涉政、涉恐、涉稳等领域不安定因素，确保了重大节会活动“零事故”。深入开展扫黑除恶专项斗争，打掉涉黑涉恶犯罪集团和团伙12个。坚持和发展新时代“枫桥经验”，开展信访积案“清零”行动，信访总量明显下降，被评为全国人民调解宣传工作先进集体、全国信访工作“三无”县区。扎实推进基层治理现代化，推动治理重心下移、服务资源下沉，被确定为首批全国乡村治理体系建设试点县区。严格落实安全生产责任制，有效防范和遏制了较大以上安全生产事故发生。深化民族团结进步“十进”活动和“五项特色教育”，打造社区、学校等十大类创建载体，持续开展“社区邻居节”等主题活动，创新“石榴花开·圆梦利通”等工作品牌，成功创建为第八批全国民族团结进步示范区。依法加强宗教事务管理，全面完成宗教领域突出问题整改任务，宗教和顺、社会和谐的局面更加巩固。

五年来，我们坚持党要管党、全面从严治党，党的建设更加坚强有力。始终坚持党对一切工作的领导，发挥党总揽全局、协调各方的领导核心作用。全力支持人大、政府、政协和人民法院、检察院依法依章履行职能，充分发挥工会、共青团、妇联等群团组织的桥梁纽带作用，统筹做好统战、双拥、武装、老干部、关心下一代等工作，推动各领域工作取得新进展。扎实推行责任清单、“联述联评联考”、书记抓党建“红黑榜”等机制，创新开展“书记党建项目”，全面压实党建工作责任。牢固树立大抓基层鲜明导向，统筹推进农村、社区、机关、企业、非公经济和社会组织等领域党建全面发展。加大干部教育、管理、培养、选拔力度，形成了“注重实绩、以德为先”的良好用人导向。加强干部作风建设，严肃查处违反中央八项规定及其实施细则精神、侵害群众利益等违纪违规问题，运用监督执纪“四种形态”处置党员干部1873人次。充分发挥巡察监督“利剑”作用，实现了四届区委巡察全覆盖。

同志们，五年辉煌历程，成就来之不易。全区上下攻坚克难，埋头苦干，干得很辛苦、干得很坚定、干得有成效，破解了一个又一个难题，办成了一件又一件大事，打赢了一场又一场硬仗，涌现了一批又一批模范，每个利通人都应当感到自豪。特别是王兰花同志被授予“七一勋章”，我们要为王兰花点赞，也要为广大志愿者点赞，更要为每个为利通区发展作出贡献的党员干部群众点赞。在此，我代表四届利通区区委，向全区各级党组织、全体党代表、广大党员干部群众和各界人士，向所有关心支持利通区发展的同志们、朋友们，致以衷心的感谢和崇高的敬意！

五年砥砺奋进，经验弥足珍贵。我们深刻地体会到：必须坚决贯彻党中央和区、市党委部署要求，沿着正确方向前进，这是做好各项工作的重要前提；必须站稳人民立场，增进民生福祉，这是一切工作的出发点和落脚点；必须紧盯第一要务，补齐发展短板，推动产业升级，这是解决一切问题的根本途径；必须坚持求真务实，持之以恒抓落实、见成效，这是确保目标任务实现的主要方法；必须赓续红色血脉，传承红色基因，这是激发党组织和广大党员不忘初心、牢记使命的精神动力；必须巩固发展民族团结进步的大好形势，凝聚各方力量，形成团结干事浓厚氛围，这是推进各项工作的重要基础；必须全面从严治党，以上率下压实“两个责任”，这是各项事业发展的政治保证。

在肯定成绩的同时，也要充分认识到存在的问题和不足：在推进高质量发展的道路上，我们还有许多沟壑需要跨越，传统产业占比较大，具有一定高新技术的新经济新产业新业态总量偏小，投资后劲明显不足，重大项目储备亟待加速扩容；在满足人民日益增长的美好生活需要上，我们还有许多短板需要补齐，就业结构性矛盾突出，居民收入增长压力依然较大，城乡融合发展还不协调，巩固拓展脱贫攻坚成果同乡村振兴有效衔接任重道远；在推动全面从严治党向纵深发展上，我们还有许多工作需要加强，基层党建进展还不平衡，干部能力素质还不能完全适应新时代新任务的要求，整治违反中央八项规定及其实施细则精神的问题还需持续用力。这些问题和不足，我们既要客观辩证地看，更要务实用心地干，采取有效措施切实加以解决。

今后五年目标任务

当前和今后一个时期，是利通区处在应对风险挑战、实现更大发展的关键时期。做好未来五年工作，必须认清发展大势，找准新定位、推动新发展。放眼全球，我们正面临世界百年未有之大变局，世界经济深度衰退，疫情冲击导致的各类衍生风险不容忽视，国际形势不稳定性不确定性明显增强，世界进入动荡变革期，但和平与发展仍是当今时代的主题。纵观全国，我们站在奋进第二个百年奋斗目标的新起点上，中华民族伟大复兴战略全局进入重要关键期，我国经济发展长期向好的基本面没有变，但面临周期性因素和结构性因素叠加、短期问题和长期问题交织、外部冲击和疫情冲击碰头等多重因素影响，困难前所未有。立足全区，习近平总书记赋予宁夏建设黄河流域生态保护和高质量发展先行区的时代重任，自治区党委围绕先行区建设，提出推进沿黄市县共同建设生态城市带、生态产业带、生态交通带、生态旅游带、生态文化带，打造黄河流域生态保护和高质量发展先行区的核心带，为我区经济社会发展带来了难得机遇。总的来说，未来五年机遇和挑战并存、困难和希望同在，但机遇大于挑战、希望多于困难。只要我们按照党中央和区、市党委的决策部署要求，顺应趋势、把握大势、发挥优势，积极融入以国内大循环为主体、国内国际双循环相互促进的新发展格局，集中精力办好自己的事情，就一定能够战胜前进中的各种风险挑战，实现更高质量、更好效益、更可持续的发展。

今后五年，全区工作的指导思想是：高举习近平新时代中国特色社会主义思想伟大旗帜，深入贯彻党的十九大和十九届二中、三中、四中、五中全会精神，全面贯彻习近平总书记系列重要讲话和视察宁夏重要讲话精神，认真落实党中央和自治区党委、吴忠市委决策部署，统筹推进“五位一体”总体布局，协调推进“四个全面”战略布局，准确把握新发展阶段，深入践行新发展理念，积极融入新发展格局，坚决守好促进民族团结、维护政治安全、改善生态环境“三条生命线”，扎实做好“调转增融”四篇文章，走好一条高质量发展的新路子，以发展“十大重点特色产业”、推进“四权改革”、实施“四大提升行动”为抓手，努力在建设黄河流域生态保护和高质量发展先行区中走在前、作表率，着力打造绿色农业示范区、低碳经济样板区、现代服务业集聚区、黄河金岸宜居区、民族团结进步模范区、社会治理创新区，全面建设社会主义现代化美丽新利通。

今后五年的奋斗目标是：以建设黄河流域生态保护和高质量发展先行区为总揽，全面完成“十四五”规划目标任务，为基本实现我区社会主义现代化远景目标打下决定性基础；地区生产总值达到280亿元，年均增长6.5%，固定资产投资年均增长6%，一般公共预算收入年均增长5%，社会消费品零售总额年均增长7%，城乡居民人均可支配收入年均分别增长7%、8%。

——经济发展取得新成效。奋力走在自治区前列，实现地区生产总值、服务业增加值中高速增长。结构调整取得明显成效，优势特色产业市场化水平显著提升，形成一批具有自主品牌、核心技术和一定市场竞争力的骨干企业，努力成为自治区重要的制造业基地、优质农产品供应加工基地、现代服务业集聚区和西北美食之都。

——改革开放迈出新步伐。各项改革的系统性协同性整体性进一步增强，农业农村、生态环保、社会治理等领域改革取得积极成效，“四权”改革扎实推进，国家级、自治区级改革试点任务高质量完成，努力形成一批可复制可推广的利通经验。“放管服”改革持续深化，营商环境持续优化，发展新动力不断增强。

——社会文明程度得到新提高。社会主义核心价值观深入人心，公民的思想道德素质、科学文化素养明显提高，公共文化服务体系和文化产业体系更加健全，人民群众精神文化生活日益丰富，成功创建全国文明城市。

——生态文明建设实现新进步。习近平生态文明思想更加深入人心，生产生活方式绿色转型成效显著，节约资源和保护生态环境的产业结构、发展方式、消费模式进一步形成。资源能源综合利用效率大幅提升，“碳达峰”“碳中和”工作扎实开展，节能减排任务全面完成。城乡面貌显著变化，建成一批美丽乡村，绿地覆盖率大幅提升。

——民生福祉达到新水平。脱贫攻坚成果不断巩固拓展，乡村振兴战略全面推进。以改善民生为重点的社会建设取得积极成果，基本公共服务水平和均等化程度明显提高，社会保障、劳动就业、群众生产生活条件不断改善。居民收入增长与经济增长同步，居民健康素养进一步提高，基础教育综合发展水平明显提升。

——治理效能再上新台阶。人民代表大会制度、政治协商制度和民族区域自治制度得到深入落实，依法治区取得新进展，基层民主政治不断加强，公民合法权益得到有力维护，社会公平正义更加彰显。各领域基层治理体系更加严密，服务更加高效，重大突发公共事件应急能力和防灾减灾抗灾救灾能力明显增强，民族团结、宗教和顺、社会安定的局面持续巩固发展。

——党的建设开创新局面。党员党的意识和组织观念进一步强化，基层党组织的组织力进一步增强，党内政治生活富有政治性、时代性、原则性、战斗性。党政机关作风进一步改进，反腐败斗争持续引向深入，党的执政地位更加牢固。

实现上述奋斗目标，我们必须始终保持赶考的清醒、勇于担当，必须始终保持昂扬的斗志、务实苦干，必须始终保持必胜的信念、奋力超越，全力推动经济社会各项事业发展实现新突破、取得新成效。

（一）优化产业结构，加快转型升级，坚持不懈推动高质量发展。深入贯彻新发展理念，持续在补链延链强链上下功夫，推动经济发展实现量的合理增长和质的稳步提升。推动工业前伸后延、集群发展，巩固提升传统产业，以化工、机械、建材等产业为重点，实施结构改造、绿色改造、智能改造、技术改造“四大改造”，推进设备换芯、机器换人、生产换线、产品换代，实现传统工业向新型环保、绿色精细提升。培育壮大优势产业，以现代纺织、装备制造、绿色食品等产业为重点，完善金积工业园区、现代纺织产业园、金银滩特种汽车小镇产业园等园区基础设施，处置“僵尸企业”“腾笼换鸟”，搭建上下游对接合作平台，支持黄河电焊机等装备制造企业开发数字化装备，引导德悦纺织等现代纺织企业实施技术改造，加快形成龙头企业引领、配套企业支撑的产业集群。前瞻性布局未来产业，以清洁能源、电子信息、新型材料等产业为重点，吸引全产业链投资主体，配套建设储能设施，实施“生态治理＋清洁能源”全产业链项目，加快建设五里坡4100兆瓦光伏基地，打造经济发展新支撑，培育经济发展增长极。聚力农业接二连三、提质增效，坚持横向调优结构、纵向调长链条，推进布局区域化、经营规模化、生产标准化、发展产业化，实现产业从“高投入低产出”向“标准化高效益”转变。奶产业围绕壮大主体、保障品质、提升效益，加快五里坡奶牛生态养殖基地四期、五期数字化牧场建设，实施青岛汇君能源粪污资源化利用项目，推进产加销一体化发展、粪污无害化处理，实现奶牛存栏35万头、全产业链产值300亿元，全力打造“中国高端奶之乡核心区”。肉牛滩羊产业围绕自繁自育、规模适度，加快五里坡肉牛养殖基地建设，培育一批“50”“300”模式家庭牧场，全力打造“高端牛羊肉生产基地示范区”。优质饲草产业围绕优品种、提产量、强供应，推广应用牧草丰产栽培、全株玉米加工调剂等技术，加快建设一批集中连片种植示范点，完善饲草供应保障体系，实现种养配套衔接。瓜果蔬菜产业围绕提高品质、培育品牌、拓宽销售渠道，推进标准化生产、标准化管理、标准化加工，把具有地域资源优势的特色产品作出名气、赢得市场。强化农业科技创新、社会服务、产业融合支撑，引进一批院士、专家、教授，攻克一批“卡脖子”的农业技术瓶颈，推广一批实用有效的关键技术，打造集研发、种植、加工、营销、文化、生态于一体的现代农业全产业链，大力发展数字农业、智慧农业，带动农业高质高效、农民增产增收。促进三产跨界融合、拓展升级，聚焦提高附加值、消费升级、集聚发展，着力构建产业互补、结构优化、功能完善、业态丰富的现代服务业体系。积极拓展生产性服务业，依托四通八达的交通优势，加快完善现代化物流基础设施、产业组织机构和公共信息平台，改造建设区级物流仓储配送中心，提升运输仓储、流通加工、信息服务等领域现代化水平，建设人流、物流、资金流、信息流、文化流的区域消费中心城市。全面提升生活性服务业，依托我区黄河文化、美食文化、民俗文化等优势资源，大力推动美食体验与文化旅游、休闲娱乐融合发展，擦亮“早茶文化”名片，叫响“吃在吴忠、味在利通”品牌，打造牛家坊4A级旅游景区和白寺滩、新华桥等一批乡村旅游网红打卡地，全力创建“国家全域旅游示范区”。加快培育新兴服务业，紧盯5G商用机遇，积极引进龙头电商企业，组建电子商务发展协会，建立完善同城配送体系，推广直播电商、跨境电商发展，实现电商下乡全覆盖，让“利通制造”走出宁夏、走向全国。加大招商引资力度，提高健康产业园入驻率，促进中医养生保健与养老、旅游等产业融合发展，打造“医养游研”为一体的康养产业集聚区。

（二）完善体制机制，增强发展活力，推动改革开放取得新突破。始终把深化改革、扩大开放作为融入新发展格局的关键，狠抓重点领域、关键环节，实现改革与开放互动并进、同向发力。持续深化农村改革，加快农村集体产权制度改革，让更多农户参与分享集体经济增长释放的红利。规范开展农民合作社内部信用合作试点及生产、供销、信用“三位一体”合作试点工作，构建以家庭农场为基础、专业合作社为纽带的现代农业经营体系。健全城乡融合发展体制机制，推动公共服务向农村延伸、社会事业向农村覆盖。保障进城落户农民土地承包权、宅基地使用权、集体收益分配权，鼓励依法自愿有偿转让。加快推进“四权”改革，坚决落实“四定”原则，优化调整分配用水，构建用水权市场化交易机制，以用水权改革促进“节水增效”。强化国土空间规划引领和用途管制，用市场化机制盘活城乡闲置土地，实现物尽其用、地尽其利，以土地权改革促进“盘活增值”。坚持市区一体、共同推进，鼓励引导企业自主自愿减量排污、清洁生产、绿色发展，以排污权改革促进“降污增益”。放活林地经营权、保障林业收益权，加快市场化改革、提高规模化经营，以山林权改革促进“植绿增绿”。巩固拓展重点改革，深化拓展全国新时代文明实践中心试点建设工作，加快区级融媒体中心建设，推动“345”志愿服务工作模式常态化、品牌化。全面加快“国家数字乡村试点示范区”建设，重点在建平台、强管理、抓应用上下功夫，以信息化推进农业农村现代化。扎实推进“全国乡村治理体系建设试点示范区”创建，抓实抓细“1533”乡村治理模式，以乡村治理效能推动乡村振兴。大力推进对外开放，持续深化“放管服”改革，聚焦企业和群众办事创业的痛点难点堵点问题，最大限度压减环节、优化流程、缩短时限，进一步优化政务环境、融资环境、法治环境，稳定企业生产经营，激发市场主体活力。健全招商引资项目策划机制，鼓励本土企业积极参与物流、会展、旅游等现代服务业发展，寻找产业、文化、教育、医疗、养老等领域对外合作机会，全力促成项目落地和产业链延伸。树立开放发展理念，依托中阿博览会和宁夏国家内陆开放型经济试验区等平台，加强与黄河“几字湾”城市的互动，主动承接产业转移，不断提高对外开放水平。

（三）巩固脱贫成果，抓好有效衔接，全面推进乡村振兴。坚持把巩固拓展脱贫攻坚成果作为实现乡村振兴的重要基础，以产业、人才、文化、生态、组织“五大振兴”为抓手，推动“三农”工作重心历史性转移，实现农业全面升级、农村全面进步、农民全面发展。抓好政策衔接，严格落实“四个不摘”要求，常态化开展“四查四补”，保持兜底救助、金融服务、就业帮扶、土地支持、人力智力支持政策总体稳定，健全完善防止返贫监测和帮扶机制，坚守防止规模性返贫底线。抓好产业衔接，着眼生产、加工、销售一体化的农业产业发展趋势，扎实推进“一村一年一事”行动，打造一批特色产业示范村，引导企业、合作社、经营大户和小农户联合经营，建立产业链利益联结机制，实现基地在村、加工在村、产出在村，把农业产业链延伸的增值收益和就业创业机会最大限度留给农民，让农村产业强起来、农业销路广起来、农民口袋鼓起来。抓好生态衔接，大力实施农村人居环境整治提升五年行动，加快农村道路、饮水、电力、通信等基础设施提档升级，实施天然气、太阳能等乡村清洁能源替代工程，推进农村改厕、生活垃圾处理、污水治理和农业面源污染治理，统筹抓好乡村道路绿化、沟渠绿化、庭院绿化，全面推行房前屋后环境卫生“三包”责任制，让村庄美起来、庭院美起来、生态美起来。抓好文化衔接，坚持教育引导、实践养成、制度保障三管齐下，持之以恒培育和践行社会主义核心价值观，常态化推进文化科技卫生“三下乡”活动，发挥农村“四会”的监督作用、村规民约的约束作用和乡贤能人的带动作用，推动移风易俗“利八条”深入人心，让文明乡风、淳朴民风、良好家风蔚然成风。抓好组织衔接，持续开展党支部标准化、规范化建设，实施“两个带头人”和“双培双带”工程，开展党员联系农户、承诺践诺、设岗定责等活动，健全以基层党组织为核心、村民自治组织和村务监督组织为基础、集体经济组织和农民合作组织为纽带、其他组织为补充的村级治理体系，完善农业农村人才培养、引进、管理、考评机制，让组织强而有力、治理规范有效、人才稳定充足。

（四）强化综合治理，推动绿色发展，切实抓好生态环境保护。围绕自治区建设黄河流域生态保护和高质量发展先行区“五个区”的战略定位，坚持生态优先、绿色发展，推动先行区建设取得突破性进展。加快河段堤防建设，健全完善城乡防洪工程体系，深入推进城乡沟渠河道湖泊治理，实施黄河利通区段河道、滩区综合提升治理项目和扬黄灌区调蓄水库建设项目，持续开展“清四乱”常态化规范化行动，坚决打击侵占河湖沟道、破坏河湖环境等违法行为，全力争创国家滩区治理试点县区。抓好生态保护修复，严格执行“四禁”规定、“四减”措施、“四保”要求，统筹推进干沟修复、湿地修复、草原修复等重点领域专项规划编制，加快苦水河、清水沟等支流和沿岸区域生态修复，推进双吉沟、沙沟等农村水系综合治理，实施苦水河利通区段生态治理、“三北”六期防护林、中部防沙治沙、北部绿色发展区域防护林等项目建设，全面落实林长制，筑牢黄河流域生态安全屏障。科学防治环境污染，坚持“四水同治”，持续加大苦水河、清水沟、南干沟流域综合治理力度，加快推进污水处理站信息化管理、社会化运营，将临河傍湖农村水环境治理纳入河湖长制，推进“河湖长＋检察长＋警长”工作机制落地见效，确保重点入黄排水沟水质稳定在Ⅳ类及以上标准。推动生态绿色发展，坚持把资源节约和生态保护融入高质量发展全过程，紧盯“双碳”目标，狠抓能耗“双控”，严守生态、耕地保护、城镇开发边界“三条红线”，推动形成节约资源和保护环境的空间格局、产业结构、经济模式。优化调整“三大空间”用水，保障生活用水、节约生产用水、增加生态用水，提高黄河水资源综合利用效率，加快建设现代化生态灌区。传承弘扬黄河文化，实施黄河文化公园牛家坊文旅融合、传统村落等沿黄项目，用心做好剪纸刺绣、八宝茶、老醋酿制技艺等非物质文化遗产项目的保护传承工作，推动“非遗＋旅游”融合发展。充分运用各类新闻媒体和宣传文化阵地，加大对黄河和引黄古灌区文化的宣传教育，打造水文化、水资源宣传教育基地。

（五）增进人民福祉，促进共同富裕，加强民生保障和社会治理。坚持以人民为中心的发展思想，全面实施好自治区党委确定的“四大提升行动”，加强和创新社会治理，坚决维护社会和谐稳定。加快补齐民生领域短板，着力推动移民增收致富，统筹抓好产业、就业、社会融入“三件事”，让广大移民群众的日子越过越红火、生活越来越幸福。着力提高城乡居民收入，健全覆盖全民的社会保障体系，积极创建自治区级创业孵化基地，大力实施专项职业技能培训，以创业带动就业，以就业促进增收，实现城乡居民收入增速高于地区生产总值增速。着力提升基础教育质量，认真落实“双减”政策，大力实施“五大工程”，加大中小学、幼儿园新扩建力度，推动育人方式、办学模式、管理体制、保障机制改革创新，实现基础教育主要发展指标和质量水平走在全市前列，努力创建自治区级义务教育发展优质均衡区。着力提升全民健康水平，全面实施“十大工程”，建立健全重大突发公共卫生事件应急指挥、预防控制和防控救治体系，推进城市医联体建设，构建城乡公共卫生体系，优化全方位、全周期的健康服务，着力提高疫情监测预警和防控救治能力，加快“健康利通”建设步伐。全力促进民族团结进步，以铸牢中华民族共同体意识为主线，以实施“八大行动”为抓手，推动新时代党的民族工作高质量发展。聚焦教育引导，坚持将铸牢中华民族共同体意识贯穿马克思主义“五观”教育全过程，建设一批石榴籽广场、公园、书廊等新阵地，引导各族干部群众坚定不移感党恩、听党话、跟党走。聚焦文化认同，全面推进中华民族共有精神家园建设，深入实施文明创建、公民道德建设、时代新人培育工程，形成团结奋进的精神纽带，促进各族群众守望相助、手足情深。聚焦创建创新，巩固全国民族团结进步示范区创建成果，深化“创建+”模式，选树一批中华民族共同体建设示范单位，推动创建活动向更深层次、更新领域延伸。切实维护社会和谐稳定，建立健全基层治理体制机制，围绕乡村、社区、宗教、校园、企业、社团6个领域专项治理，不断完善“五治融合”治理体系，推动政府治理同社会调节、居民自治良性互动，切实提高基层治理社会化、法治化、智能化、专业化水平。推动县域社会治理现代化，加快推进数字乡村、智慧城市建设，提升城乡公共服务、社会治理等数字化智能化水平，全力创建自治区县域社会治理现代化试点区。推动高水平法治利通建设，深入贯彻落实习近平法治思想，坚持法治政府、法治社会一体建设，扎实开展“八五”普法，巩固拓展政法队伍教育整顿成果，完善执法程序，改进执法方式，创新执法机制，提升依法行政水平，形成办事依法、遇事找法、解决问题用法、化解矛盾靠法的法治良序。推动深层次平安利通建设，全面贯彻落实总体国家安全观，健全社会治安防控体系，常态化开展扫黑除恶斗争，精准打击违法犯罪活动，提升专业化应急处突能力，狠抓安全生产和食品药品安全，坚决维护社会安定，切实保障人民安宁。推动宗教事务法治化治理，落实“六坚持、六治理”工作机制，提升基层宗教治理水平，依法严厉打击非法宗教渗透活动，确保宗教领域和顺平静。

全面加强党的建设

实现区第五次党代会确定的目标任务，核心在党，关键在人。我们要深入学习贯彻习近平总书记“七一”重要讲话精神，弘扬伟大建党精神，全面从严管党治党，为全面建设社会主义现代化美丽新利通提供坚强政治保证。

（一）加强政治建设，铸牢绝对忠诚的政治品格。坚持把学习贯彻习近平新时代中国特色社会主义思想和习近平总书记视察宁夏重要讲话精神作为长期政治任务，持续开展“七项教育”，巩固提升“不忘初心、牢记使命”主题教育和党史学习教育成果，不断强化领导班子思想政治建设，提高党员干部政治素质和专业能力。全面加强民主政治建设，支持人大、政协依法依章履行职能，推动人民法院、检察院依法独立公正行使职权，巩固和发展爱国统一战线，加强和改进群团工作，深入落实党管武装制度，推进双拥共建、军民融合发展。严格落实党管意识形态工作责任制，牢牢把握意识形态工作领导权、管理权和话语权，积极讲好利通故事、传播好利通声音。

（二）突出全面过硬，打造坚强有力的战斗堡垒。全力推进党建引领乡村振兴，以“抓乡促村、整乡推进、整县提升”示范县乡创建行动为抓手，强化村党组织对同级各类组织的统一领导，完善乡村人才“引、育、管、用”机制，持续锻造“三个过硬”乡村干部队伍，不断发展壮大村集体经济，以党建领航推进农业强、农村美、农民富。坚持以基层党建“六项行动”为统领，统筹推进城市、机关等其他领域党建工作，推动党的组织和党的工作全领域覆盖、多层次涉及、广角度延伸，真正使基层党组织强起来、党员形象树起来、党心民心聚起来。

（三）坚持政治标准，建设实干担当的干部队伍。坚持新时代好干部标准，聚焦现代化事业发展需要，健全完善干部素质培养、知事识人、选拔任用、从严管理和正向激励体系，大力实施干部担当作为计划和能力素质提升专项行动，锻造担当有为的干部队伍。大胆使用对党绝对忠诚、素质能力过硬、能打硬仗胜仗的优秀干部，实施年轻干部政治历练提升计划，推动年轻干部成长成才，实现年轻干部常态化配备目标。加大对贯彻新发展理念、推动高质量发展的政绩考核，坚决整治“为官不为”“当太平官”等问题，形成干部能上能下的常态化机制。统筹用好职务和职级晋升两条通道，加强干部关心关爱力度，真正让“干事者无忧，有为者有位”。

（四）深化正风肃纪，营造风清气正的政治生态。从严落实“三个清单”，深化党风廉政建设“两个责任”全程纪实制管理，健全完善一体推进不敢腐、不能腐、不想腐的有效机制。持之以恒纠治“四风”，锲而不舍落实中央八项规定及其实施细则精神和自治区“八条禁令”精神，加大查处问责和通报曝光力度，坚决防反弹回潮、防隐形变异、防疲劳厌战。紧盯政策聚集、投资密集、资源富集等关键领域，深入开展专项监督检查，以“零容忍”的态度查处群众身边的腐败和作风问题。常态化开展廉政警示教育活动，进一步深化以案为戒、以案示警、以案促改、以案正风。持续深化政治巡察，探索建立覆盖巡察全过程、各环节的整改促进机制，实现五届区委巡察全覆盖。

同志们，有目标才有前进的动力，有奋斗才能结出丰硕的成果。人民群众对美好生活的向往就是我们的目标，激励着我们为之去努力奋斗。让我们更加紧密地团结在以习近平同志为核心的党中央周围，高举习近平新时代中国特色社会主义思想伟大旗帜，坚决响应伟大号召，弘扬伟大建党精神，不忘初心、牢记使命，以实干展现新作为，靠实干交出新答卷，为建设黄河流域生态保护和高质量发展先行区、继续建设经济繁荣民族团结环境优美人民富裕的美丽新宁夏作出新的更大贡献。

政府工作报告

——2021年11月17日在吴忠市利通区第五届人民代表大会上

吴忠市利通区人民政府代理区长　宋　喜

各位代表：

现在，我代表利通区人民政府向大会作工作报告，请予审议，并请各位政协委员和其他列席人员提出意见。

过去五年工作回顾

区四届人大一次会议以来的五年，是利通区发展史上极不平凡、具有里程碑意义的五年。面对复杂多变的外部环境、经济下行的严峻挑战、脱贫攻坚的时代考题、新冠病毒疫情的重大考验，在习近平总书记的殷切嘱托下，在自治区及吴忠市党委、政府和区委的坚强领导下，在区人大、政协的监督支持下，全区上下坚持以习近平新时代中国特色社会主义思想为指导，深入学习贯彻党的十八大、十九大和十九届二中、三中、四中、五中、六中全会精神，全面贯彻落实习近平总书记视察宁夏重要讲话精神，坚持稳中求进工作总基调，坚持以新发展理念引领高质量发展，担当作为、砥砺奋进，圆满完成了区四届人代会确定的目标任务，实现了“十三五”规划顺利收官，如期实现与全国同步全面建成小康社会，为开启全面建设社会主义现代化美丽新利通奠定了坚实基础。

过去五年，我们接续奋斗、稳中求进，综合实力显著增强。地区生产总值由2016年的151.5亿元增长到2020年的200.65亿元，人均地区生产总值净增8699元，经济总量位居自治区第五，对全市经济增长贡献率达到40%以上。一般公共预算收入15.96亿元，年均增长6.4%；累计上争资金79.5亿元，完成固定资产投资691亿元；社会消费品零售总额418.35亿元，年均增长4.1%；城镇居民人均可支配收入由25303元增长到33977元，位居自治区第六，年均增长7.6%；农村居民人均可支配收入由12576元增长到17512元，位居自治区第二，年均增长8.6%。

过去五年，我们精准发力、加快转型，产业结构不断优化。特色农业强势发展，奶牛、肉牛存栏分别达到19.6万头、9.8万头，奶牛存栏分别占自治区、吴忠市存栏总量的30.3%、71.5%，规模化养殖率达到98%以上，伊利等国内知名乳企持续扩大产能，奶产业全产业链产值接近200亿元。粮食产量实现“五连增”，建成全国绿色食品原料生产基地。国家农业科技园区设施农业新技术走在全区前列，涝河桥牛羊肉、扁担沟苹果等29个产地品牌走向全国，农林牧渔业总产值位居自治区第一，年均增长8.9%。荣获国家农产品质量安全县，入选全国农业科技现代化先行县共建名单。工业实力不断增强，规上工业企业达95家，形成了以绿色食品、装备制造、现代纺织、清洁能源为重点的主导产业。规上工业增加值年均增长8%，入选全国消费品工业“三品”战略示范城市。服务业蓬勃发展，“一园两区”辐射效应逐步凸显，“两街四广场”特色餐饮格局基本形成，成为西北地区乃至全国知名的早茶文化地标城市。牛家坊村、石佛寺村入选全国乡村旅游重点村，接待游客、旅游收入年均增速分别保持在20%、10%以上。被评为全国休闲农业重点县。服务业增加值年均增长10.2%。三次产业结构比由10.3∶59.7∶30优化到12.2∶38.7∶49.1。

过去五年，我们统筹融合、协调发展，城乡面貌焕然一新。银西高铁、城际铁路全线贯通，利通区步入高铁时代。新型城镇化加快推进，新建保障性安居住房8682套，改造老旧小区144个，惠及居民2.47万户，城镇化率由65.12%提高到69.77%。金积、金银滩、高闸、上桥特色小城镇产城深度融合，建成美丽宜居村庄48个。新建改建农村公路342.2公里，城乡路网建设密度位居自治区第一。改造农村危房、抗震宜居农房2736户，整治“空心房”558户，农村改厕4.5万户。建成高标准基本农田49.8万亩、高效节水灌溉面积26万亩。城乡垃圾无害化处理率分别达100%、96%。荣获全国国土资源节约集约模范县、全国农村人居环境整治激励县。

过去五年，我们标本兼治、精心呵护，生态环境稳步向好。整治“散乱污”企业43家，主干道路机械化清扫率90%以上，公共机构清洁能源“双替代”实现全覆盖。建成“高空瞭望”监测系统，秸秆综合利用率91%。空气优良天数比例稳定在85%以上。常态化开展“携手清四乱、保护母亲河”等五大行动，入黄排水沟水质基本稳定在Ⅳ类标准，黄河过境段水质实现Ⅱ类进Ⅱ类出。划定“千吨万人”饮用水水源地保护区8个，饮水安全得到有效保障。完成营造林15.36万亩，森林覆盖率达8.4%。依法严厉打击破坏生态环境违法行为，网格化监管实现全覆盖。

过去五年，我们攻坚克难、深化改革，发展活力持续释放。综合执法、农业水价等16项改革任务走在自治区前列，荣获全国水资源管理先进县。村集体经济实现收入6244万元、股权分红4279万元。入选全国农村集体资产产权制度改革试点县。“放管服”改革持续深化，政务服务事项可不见面办理率达83.3%，公共服务质量满意度位居自治区首位。减免企业税费51.13亿元，新增市场主体2.63万户。培育国家高新技术企业24家、“专精特新”企业152家，建成中国（宁夏）奶业研究院，全社会R&D投入强度达0.96%，每万人发明专利拥有量4.75件。入选国家知识产权试点城市。深化与长三角、珠三角等发达地区交流合作，招商引资到位资金328.9亿元。

过去五年，我们紧盯短板、倾力投入，民生福祉更加殷实。每年将85%以上的财力用于发展民生事业，累计投入资金79亿元。面对突如其来的新冠病毒疫情，迅速启动应急响应机制，坚持力量下沉、扁平指挥、合力攻坚，坚持精准调度、高效协作、连续奋战，全区一盘棋、上下一条心，发扬伟大抗疫精神，扎实做好“六稳”工作，全面落实“六保”任务，疫情防控遭遇战、阻击战取得了阶段性成果。11个贫困村1827户7556人全部脱贫，连续5年荣获自治区脱贫攻坚非重点县考核优秀等次。城镇新增就业17727人，农村劳动力转移就业10.41万人，城镇登记失业率控制在4%以内。养老、医疗“两险”参保率均达95%以上。新成立社区7个，建成日间照料中心、老饭桌37个。新建扩建幼儿园、中小学18所，新增学位9540个，入选国家中小学劳动教育实验区。组建利通区医疗健康集团，建成标准化卫生院（室）105个，居民平均寿命较2016年提高2.3岁，荣获国家慢性病综合防控示范区建设特色突出奖。大力实施文化惠民工程，成功创建国家公共文化服务体系示范区。四次蝉联全国双拥模范城市。荣获第七次全国人口普查先进集体。

过去五年，我们夯基固本、共建共治，社会大局和谐稳定。县域社会治理现代化试点纵深推进，“七五”普法圆满完成，“三官一顾问”实现全覆盖，荣获全国信访工作“三无”县区。扫黑除恶专项斗争成效显著，打掉涉黑涉恶团伙14个，社区戒毒康复执行率达96%。常态化开展“社区邻居节”等民族团结进步创建活动，创建国家、自治区级民族团结进步示范单位47个，荣获第八批全国民族团结进步示范区。宗教领域突出问题整改顺利完成，基层宗教治理水平不断提升。培育“兰花芬芳”“吉财”等志愿服务品牌，王兰花同志被授予“七一勋章”“第八届全国道德模范”，创建国家、自治区级文明单位26个，社会主义核心价值观广泛弘扬。入选全国乡村治理体系建设首批试点县区、全国新时代文明实践中心建设试点县区。

人民武装、国防动员、外事侨务等工作全面发展。气象、工会、共青团、妇联、红十字会、残联、机关事务、供销社、关心下一代等事业有了新进步。

过去五年，区人民政府始终坚持以党的政治建设为统领，全面落实区委决策部署，政府自身建设得到全面加强。扎实开展“两学一做”学习教育、“不忘初心、牢记使命”主题教育、党史学习教育和廉政教育，“四个意识”更加牢固，“四个自信”更加坚定，“两个维护”更加自觉。严格执行重大事项请示报告制度，自觉接受人大法律监督、政协民主监督和社会舆论监督，人大议案建议、政协提案办复率一直保持在100%。强化巡视巡察和审计结果运用，深入开展涉农扶贫、工程建设政府采购等重点领域突出问题专项整治。全面推进法治政府建设，政府信息公开和“政府开放日”活动成为常态，政府公信力、执行力、落实力明显提升。

各位代表，五年的发展成果丰硕，五年的成就振奋人心。这五年，是利通区综合实力提升最快、城乡面貌变化最大、群众得到实惠最多的时期，我们持续攻坚解决了一批难事，集中精力办好了一批实事，坚持不懈干成了一批大事，广大人民群众的获得感成色更足、幸福感更可持续、安全感更有保障。这些成绩的取得，最根本的是以习近平同志为核心的党中央高瞻远瞩、掌舵领航，最关键的是自治区、吴忠市和区委统揽全局、坚强领导，最有力的是区人大、政协、监委依法监督、鼎力支持，最重要的是全区广大干部群众团结奋斗、辛勤付出。在此，我谨代表利通区人民政府，向全区广大干部群众，向人大代表、政协委员、民主党派、人民团体、历届班子成员和离退休老同志、工商联和各界人士，向驻利部队指战员、武警官兵、政法干警和消防救援队伍，致以崇高的敬意和衷心的感谢！

各位代表，在肯定成绩的同时，我们也清醒

认识到，我区发展仍面临一些困难和问题，主要表现在：发展不平衡不充分仍然是主要矛盾，经济高质量发展水平有待提高；科技创新能力不强，产业层次和结构有待优化；农产品附加值低，农民增收渠道还需进一步拓宽；工业领域产业链不完整，集聚度较低；服务业领域新经济新产业新业态总量偏小；资源环境约束趋紧，污染防治和生态修复任务艰巨；财政收支压力持续加大，刚性支出与发展资金短缺的矛盾不断凸显；乡村振兴任重道远，民生领域还有短板，教育、医疗、文化、就业等公共服务还不能很好满足群众期盼；政府职能转变还需加快，管理服务水平有待进一步提高；等等。对于这些问题，我们将高度重视，采取有力措施，切实加以解决和改进，决不辜负全区人民的期望。

今后五年目标任务

今后五年，是利通区乘势而上、开拓奋进，全面建设社会主义现代化新征程的开局起步期，也是主动应对风险挑战、实现转型跨越发展的战略机遇期。9月26日胜利闭幕的利通区第五次党代会，精心擘画了我区未来五年发展的宏伟蓝图，发出了扬帆奋进的动员令，吹响了提质晋位的冲锋号，按下了比学赶超的快进键，利通发展大有可为、未来可期。只要我们善于在宏观的发展环境中准确识变、把握机遇，敢于在激烈的区域竞争中科学应变、厚植优势，勇于在艰巨的改革任务中主动求变、蓄势赋能，始终牢记依靠人民群众这个最大底气，始终借助用好“市区一体”这个重要优势，始终统筹抓好风险防范化解和经济社会发展，以实干展现新作为、靠实干交出新答卷，就一定能勇立潮头、走在前列，创造出无愧于历史，不负利通人民的新业绩。

按照区第五次党代会的总体部署，今后五年工作的指导思想是：高举习近平新时代中国特色社会主义思想伟大旗帜，深入贯彻党的十九大和十九届二中、三中、四中、五中、六中全会精神，全面贯彻习近平总书记系列重要讲话和视察宁夏重要讲话精神，认真落实党中央、自治区、吴忠市和区委决策部署，统筹推进“五位一体”总体布局，协调推进“四个全面”战略布局，准确把握新发展阶段，深入践行新发展理念，积极融入新发展格局，坚决守好促进民族团结、维护政治安全、改善生态环境“三条生命线”，扎实做好“调转增融”四篇文章，走好一条高质量发展的新路子，以发展“十大重点特色产业”、推进“四权改革”、实施“四大提升行动”为抓手，努力在建设黄河流域生态保护和高质量发展先行区中走在前、作表率，着力打造绿色农业示范区、低碳经济样板区、现代服务业集聚区、黄河金岸宜居区、民族团结进步模范区、社会治理创新区，全面建设社会主义现代化美丽新利通。

今后五年的奋斗目标是：以建设黄河流域生态保护和高质量发展先行区为总揽，全面完成“十四五”规划目标任务，为基本实现我区社会主义现代化远景目标打下决定性基础。地区生产总值达到280亿元，年均增长6.5%；固定资产投资年均增长6%；一般公共预算收入年均增长5%；社会消费品零售总额年均增长7%；城乡居民人均可支配收入年均分别增长7%、8%。

做好今后五年的政府工作，关键是要聚焦区委确定的“六区”“七新”目标要求，以科学的理念引领发展，以精准的措施推进发展，全力以赴把党代会既定的“规划图”“路线图”变成“施工图”“实景图”。我们要坚持稳中求进、进中求好，抓牢抓实发展第一要务，紧盯“十大重点特色产业”，深挖潜力点、做强支撑点、厚植增长点，扩大产业规模，加快动能转换，提升发展质效，推动经济高质量发展行稳致远。我们要坚持创新发展、赶超争先，着眼全区争先进、立足全市作表率，面对难题动真碰硬、敢破善立，面对机遇不等不靠、主动出击，把质量变革、效率变革、动力变革引向深入，勇做改革创新先锋。我们要坚持精准聚焦、高质高效，立足利通发展定位，充分发挥比较优势，加大要素供给、服务供给、政策供给力度，注重措施精准化、投入集约化、效益最大化，力争一年一个新台阶，三年一个新变化，五年见到大成效。我们要坚持系统推进、重点突破，统筹好当前和长远、发展和安全、政府和市场、城市和农村、全局和局部等关系，弹好钢琴、钉好钉子，集中力量抓大事，精准高效解难题，突破重点带整体，奋力谱写新时代利通区经济社会高质量发展新篇章。

（一）坚定不移加快优化产业结构，构建现代产业体系，在实现经济高质量发展上走出“利通路径”。坚持把创新作为高质量发展的第一动力，以“巩固提升传统产业、培育壮大优势产业、前瞻布局新兴产业”为主攻方向，做大做强实体经济，推动产业链与服务链、价值链精准衔接，深度融合。扩大现代农业竞争优势。坚持绿色高端融合化发展方向，围绕奶产业、肉牛肉羊、富硒农产品等特色优势产业，大力发展科技农业、绿色农业、品牌农业、节水农业，建设一批生产基地、搭建一批服务平台、推广一批实用技术、壮大一批龙头企业、培育一批知名品牌，持续提升“吴忠牛乳”“中国亚麻籽油之乡”“利通果蔬”等区域品牌竞争力，形成“一园引领、板块优化、一廊集聚、多点支撑”的现代农业发展格局，打造绿色农业示范区。加快五里坡、鸽堂沟奶牛生态养殖基地建设，大力发展“牛联网”“智慧奶业”，奶源基地、产品加工、乳品质量和产业竞争力达到全国领先水平，奶牛存栏达到35万头以上，建成300亿元奶产业高质量发展聚集区、国内领先的高端奶之乡核心区。实施永久性蔬菜生产基地、冷链储运体系建设等项目，打造优质标准化农产品产业示范园5个以上，绿色农产品基地占比达到30%以上、种植面积达到15万亩，高质量建成全国农业科技现代化先行县。农业总产值年均增长4.5%以上。加快工业转型升级步伐。强化产业协同、绿色转型、质量引领，全力补链延链强链，实施利通区养殖业“生态治理+智能光伏电站”示范基地、恒丰纺织50万锭纺纱、春升源2万吨调味品等项目，加快推动绿色食品、现代纺织、装备制造、清洁能源等重点产业集群发展，仪器仪表、新型材料、节能环保等产业协同发展，中小微特色工业企业组团发展，打造低碳经济样板区。支持和服务金积工业园区升级为国家高新技术产业开发区，力争绿色食品、装备制造、现代纺织三大产业产值分别突破130亿元、30亿元、20亿元，新能源装机容量达到4800兆瓦，建成西部现代纺织产业示范区、自治区先进制造业基地。开展循环经济示范行动，持续实施“四大改造”，支持传统行业开展设备更新换代、技术迭代升级，推进物联网、大数据、人工智能等数字技术与制造技术深度融合应用，培育一批行业领先示范企业。技术改造投资年均增长10%，新增规上工业企业20家以上，规模以上工业总产值年均增长9%左右。提升服务业发展能级。立足“一城两带五组团”发展格局，深度挖掘黄河文化、早茶文化、田园文化价值内涵，实施乡村旅游提升、企业培大育强、旅游品牌创建、旅游人才培养“四大工程”，构建“美食体验+乡村旅游+民宿康养”一体化文旅发展新模式，打造西北美食之都、区域文旅康养消费中心，创成国家全域旅游示范区。旅游人数、旅游收入年均保持两位数增长。优化中心城区、乡镇商业结构，实施高铁片区物流集散中心、农副产品交易市场改造提升等项目。打造老城、滨河、高铁、金积“四大商圈”，大力发展现代金融、文化创意、家政服务等新业态，贯通农村“电商平台+物流配送”服务体系，打造现代服务业集聚区。服务业增加值年均增长7%，占地区生产总值比重稳定在50%以上。

（二）坚定不移统筹城乡融合发展，推进乡村全面振兴，在构建新时代城乡发展新格局上打造“利通样板”。坚持把协调作为高质量发展的内生特点，强化以工补农、以城带乡，加快推动农业农村现代化，形成田园乡村与现代城镇各具特色、共同繁荣的城乡发展新局面。统筹城乡发展布局。聚焦先行区建设“一带三区”总体布局，依托“一河两岸、双城一体”发展格局，以市区为核心，以黄河、苦水河、慈善大道为纽带，以示范乡村为节点，因地制宜盘活用好各类资源，合理布局生产、生活、生态发展空间，重点打造工业重镇、奶业大镇、物流强镇、旅游名镇、汽车小镇、商贸集镇、康养新镇等特色产业镇，形成“一核三带多点”的城乡融合发展布局。立足产业基础、文化底蕴、资源优势，创新推动城市资本、技术、人才“下乡进村”，加快集聚提升型村庄、城郊融合型村庄、整治改善型村庄、特色保护型村庄建设，实现基础设施互联互通、公共服务共建共享，建成20个乡村振兴示范村，打造黄河金岸宜居区。优先发展农业农村。加快推进高标准农田建设，实施量测水设施改造、水利信息化等项目，粮食种植面积稳定在25万亩。大力发展壮大肉牛肉羊、设施果蔬等高效种养业，加快五里坡肉牛养殖基地、农业“三产”融合等项目建设，肉牛存栏达到15万头以上、肉羊饲养量达到91万只以上，特色经果林、瓜菜、优质饲草种植面积分别达到6.6万亩、6.5万亩、25万亩。培育壮大新型农业经营主体、服务主体和职业农民，大力推广“龙头企业+合作社+农户+金融机构”利益联结模式，创建国家级示范合作社5家、自治区级10家，打造苦水河、新宁河、慈善大道沿线田园综合体。落实强农富农惠农政策，健全动态监测和长效帮扶机制，持续提升移民群众收入水平，实现巩固拓展脱贫攻坚成果同乡村振兴有效衔接。建设美丽宜居家园。实施城市更新行动，加大老旧、安置小区改造力度，提升市容市貌、小区物业管理水平，加快智慧城市建设。深化拓展全国新时代文明实践试点工作，成功创建全国文明城市，常住人口城镇化率达到75%左右。深入推进农村人居环境整治提升五年行动，加大农村水、电、路、气、讯、暖、厕等基础设施升级改造力度，实施能源基础设施改造、交通网络体系建设等项目，新建农村公路182公里，农村“空心房”动态清零，城乡垃圾分类治理、农村卫生厕所实现全覆盖，建成高质量美丽宜居示范村15个以上。健全完善“笑脸积分制”等长效机制，实行市场化多元化公共服务管理模式，持续培育文明乡风、良好家风、淳朴民风，营造农村新风尚。

（三）坚定不移实施创新驱动发展战略，全面深化改革开放，在融入新发展格局上创造“利通经验”。坚持把开放作为高质量发展的必由之路，不断增创发展新优势。深化重点领域改革。加快推进“四权改革”，紧盯确权、赋能、定价、交易、监管五个环节，优化调整分配用水，盘活城乡闲置土地，依法依规减污降碳，保值增值山林资源，真正实现资源有价、使用有偿、交易有市、节约有效。加快农村集体产权制度改革，实行农村集体经营性建设用地入市制度，实施农村集体经济“倍增计划”，100万元以上的村集体经济强村达到20个以上。深化跨领域、跨部门综合执法改革，实现与基层整合审批服务执法力量改革有序衔接。持续推进事业单位、财税体制、医疗卫生等重点改革，加快资本、技术、人才等要素市场化改革，加强社会信用体系和企业诚信体系建设，推动改革红利不断释放。激发科技创新活力。强化企业创新主体地位，纵深推进科技型中小企业培育、高新技术企业提质扩量、“金燕归巢”“人才＋产业”四大行动，实施科技创新平台建设、重点科技研发计划等创新引领项目，培育国家行业标杆企业2家以上、高新技术企业10家以上，自治区“专精特新”等科技型企业25家以上，技术合同成交额占GDP比重达到0.5%。建成利通区科技研发中心，打造现代纺织、生物工程、智能制造等技术创新中心，加大各类高技术人才引进力度，推动重点领域项目、基地、人才、资金一体化配置。财政科技投入增速保持在30%以上，全社会R&D经费投入强度达到1.22%以上。打造优良营商环境。提速推进“一网通办”“跨省通办”，打造高效便捷的政务服务环境。实施市场准入负面清单制度，推进“双随机、一公开”联合监管、“互联网＋监管”和信用风险分类监管。畅通中小微企业投融资渠道，构建高效规范、统一开放、竞争有序的市场体系，新增市场主体7.8万户以上。实现更高水平开放。依托闽宁协作、友好城市结对、银西高速铁路网，全方位融入黄河“几字湾”城市群发展，扩大吴西、吴兰3小时“朋友圈”。加强与京津冀、长三角、珠三角、中原城市群等区域的交流合作，吸引大企业、大项目落户利通，推动优质牛奶、绿色食品、早茶文化、特色餐饮、精密仪器等优势产品走出宁夏、走向全国。

（四）坚定不移践行“两山”理念，持续改善生态环境，在塑造生态文明新优势上厚植“利通底色”。坚持把绿色作为高质量发展的普遍形态，全面贯彻落实习近平生态文明思想，坚决守好改善生态环境生命线。在推动绿色低碳发展上全面聚力。高质量制定并实施碳达峰、碳中和行动计划，严守“三线一单”，建立完善资源消耗、环境损害、生态效益等约束考核评价体系。严格执行“四禁”规定，实行生态环境网格化保护、全过程监管，推进重点行业和领域清洁生产、绿色改造。大力发展节水型生态农业，实施中型灌区节水改造、拦蓄洪水利用等工程，全面建成现代化生态灌区。挖掘工业节水潜力，中水综合利用率达到50%，建立标准化公共机构能源资源消耗统计制度，深入开展节约型机关创建工作。在打好污染防治攻坚战上持续用力。严格执行“四减”措施，联防联控联治细颗粒物和重污染天气，实施北方地区冬季清洁取暖项目，空气优良天数比例稳定在85%以上。持续推进“清四乱”行动，落实“河湖长＋检察长＋警长”联动长效机制，统筹推进堤防建设、河道整治、滩区治理，建设一批人工湿地等生态拦截净化工程，全面消除农村黑臭水体，农村污水处理率达到85%以上，确保入黄水质稳定达标。纵深推进化肥农药减量化、粪污利用资源化、农业废弃物处置无害化，实施城乡生活垃圾收集转运、污泥集中处理提标改造等工程，争创全国农业面源污染治理试点县、全国农村生活污水治理先进县。在抓好生态环境修复上精准发力。严格执行“四保”要求，统筹实施山水林田湖草沙系统治理工程，开展大规模国土绿化行动，全面推行“林长制”，森林覆盖率达到12.12%。深入开展沟渠河湖、“两河一沟”综合治理专项行动，实施小流域、水系连通、农田退水和盐碱地改良等综合治理工程，增强水源涵养能力，让利通的天更蓝、地更绿、水更美、空气更清新。

（五）坚定不移改善人民生活品质，加快发展社会事业，在推进全体人民共同富裕上书写“利通答卷”。坚持把共享作为高质量发展的根本目的，常抓不懈推进民生工程、办好惠民实事，让发展更有温度、生活更加美好、幸福更可持续。多领域织密社会保障网络。强化就业优先战略，多渠道开发就业岗位，实施职业技能提升、“数字人社”一体化创新服务等项目，不断优化创业环境，城镇新增就业1.7万人以上，农村劳动力转移就业10万人以上，城乡居民收入水平高于自治区平均水平。深入实施全民参保计划，建设利通区综合社会化服务中心，兜底线、织密网、建机制，构建覆盖全民、统筹城乡、公平统一、可持续的社会保障体系。多举措推进教育医疗发展。落实立德树人根本任务，实施基础教育质量提升“五大工程”，深化“互联网＋教育”，加强教师队伍建设，深入推进义务教育优质均衡发展、学前教育普及普惠发展，义务教育巩固率、学前教育毛入园率分别达到97%、95%以上。持续推进医疗卫生体制改革，实施居民健康水平提升“十大工程”，深化“互联网＋医疗健康”，加快紧密型医联体建设，完善居家社区机构相协调、医养康养相结合的养老服务体系，人均预期寿命提高到78.2岁，居民健康素养水平提高到30%。多形式繁荣文化体育事业。深入实施“百姓舞台·多彩利通”等文化惠民工程，丰富公共文化体育产品服务供给，加快“书香利通”建设，打造一批爱国主义教育基地，建设黄河文化园、民俗文化街等产业载体，积极争取刘三朵八宝茶等国家级非遗传承项目，办好“戏曲进校园”“文化和自然遗产日”等主题活动，增强城乡文化韵味。实施全民健身计划，新增一批全民健身中心、多功能运动场，争创自治区足球城市，提升群众健康幸福指数。

（六）坚定不移防范化解重大风险，维护社会和谐稳定，在提升县域治理现代化水平上形成“利通模式”。坚持把安全作为高质量发展的稳定基石，切实提高基层治理社会化、法治化、智能化、专业化水平。构筑共有精神家园。全面贯彻习近平总书记关于加强和改进民族工作的重要思想，以铸牢中华民族共同体意识为主线，深入实施“八大行动”，广泛开展马克思主义“五观”教育、“社区邻居节”等活动，全力打造“石榴花开·圆梦利通”特色品牌，坚决守好促进民族团结生命线。着眼共创美好生活，深化“创建＋”模式，精心打造一批国家级、自治区级民族团结进步示范单位，引导各族群众牢固树立休戚与共、荣辱与共、生死与共、命运与共的共同体理念，促进共居共学、共建共享、共事共乐，全力创建铸牢中华民族共同体意识模范区、民族团结进步模范区。加强社会治理创新。纵深推进县域治理现代化试点，落实“1+6”政策体系，建设网格化管理、精细化服务、信息化支撑、共享化联动的基层管理服务平台，提升网格员服务能力，打造社会治理创新区。常态化推进扫黑除恶斗争，依法严厉打击各类侵权、涉众等违法犯罪。实施精准普法惠民工程，扎实开展“八五”法治宣传教育，持续提升公共法律服务效能，强化信访和矛盾纠纷排查化解。全面贯彻党的宗教工作基本方针，坚持宗教中国化方向，提高宗教事务管理法治化水平，促进宗教更好顺应社会、服务社会、履行社会责任，打造基层宗教治理模范区。有效防范化解重大风险。深入贯彻总体国家安全观，健全风险防控协同机制，坚决守好维护政治安全生命线。严格落实安全生产责任制，健全完善平急结合、高效转换、系统完备的应急预案，强化食品药品监管，不断增强重大风险防范、突发事件应对、自然灾害防御等方面能力，有效防范和化解各类风险。积极稳妥做好政府债务化解、金融风险防范等重点工作，牢牢守住不发生系统性风险底线。加强人民防线建设，增强全社会风险意识和防范能力，建设人人有责、人人尽责、人人享有的社会治理共同体。

各位代表，踏上新征程，奋斗正当时。今后五年的发展目标，承载着46万利通人民对美好生活的向往，描绘了利通高质量发展的壮丽前景。我们坚信，在党中央、自治区、吴忠市和区委的坚强领导下，全区上下解放思想、坚定信心、顽强奋斗，各项目标一定会如期实现，人民生活一定会更加美好，利通发展一定能够谱写更加绚丽的多彩篇章！

2022年重点工作

2022年是新一届政府全面履职的第一年，做好全年的工作意义重大、任务艰巨、使命光荣。经济社会发展主要预期目标是：地区生产总值增长7%左右，固定资产投资增长7%左右，一般公共预算收入增长6%，社会消费品零售总额增长8%，城镇和农村居民人均可支配收入分别增长7%、8%。实现上述目标，重点抓好以下六个方面工作。

（一）以更大力度抓项目、扩投资，打造高质量发展新引擎。牢固树立抓项目就是抓发展的意识，更好发挥投资拉动作用，巩固经济稳中向好态势。积极主动上争资金。紧盯黄河流域生态保护和高质量发展各项政策，聚焦自治区“九大产业”发展，围绕“两新一重”、生态治理、基础设施等重点领域，做好做实前期工作，精准谋划储备一批大项目、好项目。加大跑厅进局对接力度，千方百计争资金，形成梯次推进、接续跟进的项目建设格局，落实上争资金17亿元以上。全力推动项目实施。全年计划实施长燃物流、共享储能电站等项目110个，年内完成投资80亿元。严格落实“三实”“四个一”工作机制，建立项目谋划清单、储备清单、推进清单，强化土地、资金保障，做好宁夏环保集团粪污处置及资源化利用项目、伟力得能源公司宁夏总部及上下游产业等项目落地，力促昊泽新能源30兆瓦光伏发电、中环高科等40个重点项目建成达效。筑巢引凤招商选商。围绕现代农业、绿色食品、文化旅游等重点产业，紧盯京津冀、长三角、珠三角等重点区域，立足产业优势选好商，结合资源实际招准商。紧扣产业链、新业态等开展多渠道推介招商，强化跟踪服务，优化招商引资软环境，招商引资到位资金43亿元以上。

（二）以更实举措抓产业、强实体，增创经济发展新动能。坚持把发展着力点放在实体经济上，大力发展“十大重点特色产业”，促进一二三产协同发展、融合发展。做优做特现代农业。加快五里坡奶牛养殖基地四期、五期建设进度及补栏速度，新建规模化奶牛养殖场8家，打造数字牧场3家，奶牛存栏达到24万头，年产鲜奶115万吨。出台奶产业高质量发展扶持政策，加快高产奶牛种群繁育，支持伊利、蒙牛、夏进、雪泉等龙头企业发展高端乳制品，拉长产业链、提高附加值。加快推进五里坡肉牛养殖基地建设，肉牛存栏达到11万头。持续推进全国农业科技现代化先行县建设，打造绿色食品生产示范基地3个，新认证“两品一标”3个，培育市级以上龙头企业2家。农林牧渔业增加值增长4.5%。做大做强工业经济。实施北连生物添加剂生产、宁鲁光伏发电等12个工业项目，推进德悦纺织年产3600吨莫代尔纤维、伊利液态奶升级改造等4个技改项目，技术改造投资增长率达到10%以上，战略性新兴产业产值占工业总产值比重达到20%以上。强化企业运行监测、分析调度，探索“宁科贷”等金融扶持，新增规上工业企业4家以上，规上工业增加值增长10%。全面完成自治区下达的能耗“双控”目标任务。做活做新现代服务业。争取服务业引导资金1000万元以上，实施吴吃堡城、石佛寺文旅融合、早茶文化博物馆等20个项目。深入开展消费扩容升级行动，打磨乡村休闲游、工业体验游等精品线路5条，支持特色餐饮名店、优质精品民宿等上线接单，举办早茶文化节、光耀美食节等特色活动20场次以上，全方位推广利通文旅、利通优品，广泛宣传利通美食，做靓“游在宁夏·吃在吴忠·味在利通”品牌。全年旅游人数、旅游收入分别达到200万人次、8500万元。改造提升高闸、扁担沟等农贸市场，实施利通区电子商务物流配送体系建设项目，培育“生鲜基地＋直播带货＋智慧物流”等电商标杆企业3家、示范基地4个，实现网络零售额4.8亿元以上。培育众旺商贸等20家商贸企业入规入统。服务业增加值增长8%左右。着力推动科创赋能。争取扶持资金3100万元以上，支持恒丰纺织、智源农机等企业实施科技项目50项，新增现代纺织、特种装备等自治区级研发平台3家以上，培育众源交通设施制造等国家高新技术企业3家以上，大洋饲料、睿度信息等科技型中小企业20家以上。鼓励企业与区内外高校院所开展产学研合作，完成科技成果登记15项，技术合同交易额达到9000万元。财政科技投入资金突破1600万元，全社会R&D经费投入强度达到1.08%。

（三）以更快步伐抓统筹、促融合，开创城乡发展新局面。坚持城乡一体化发展，做特产业、做靓乡村，促进农业高质高效、乡村宜居宜业、农民富裕富足。大力发展富民产业。严守耕地保护红线，大力发展节水型生态农业，建设高标准农田7500亩，新增高效节水灌溉面积1.92万亩，争夺自治区农田水利基本建设“黄河杯”竞赛一等奖。大力引进推广高产高质饲草，种植面积达到24万亩。建设高闸、马莲渠等瓜菜标准化生产基地6个，新增设施农业1000亩，实施富农、灏农等果蔬冷链配送中心项目4个。培育家庭农场等新型经营主体20个，新增“50·300”家庭牧场8个，肉羊饲养量达到68万只。加快建设美丽宜居城乡。持续开展全国文明城市创建，实施园林小区、上桥教师楼等35个老旧小区改造工程和保障性安居工程基础设施改造项目，加快社区“一室八中心”标准化建设，完善居民小区公共服务设施，提升“红色物业”管理水平。加快推进金积农业产业强镇建设，全面推进牛家坊等6个美丽宜居村庄建设，创建乡村振兴示范村4个。新建农村公路23公里、安全生命网防护工程17公里。实施“互联网+城乡供水”、金积等7个乡镇农村生活污水集中处理项目，改造抗震宜居农房297户，完成农村改厕1000户，评选“美丽庭院”800个。提升农村环卫市场化运营水平，打造垃圾分类示范点50个，实现环境美、田园美、村庄美、庭院美。深入实施移民致富提升行动。完善“领导包村、部门包片、干部包户”包抓机制，常态化开展“四查四补”工作，加强防止返贫动态监测和帮扶，统筹抓好移民村产业就业帮扶、配套基础设施等六项重点任务。实施扁担沟移民肉牛养殖园、同利村集贸市场、利原村日光温室改造等项目，扩大“国有企业+合作社+银行+农户+保险”融资入股分红模式覆盖面。成立移民一站式就业服务中心，建设劳务移民信息平台，开展特色种植、牛羊养殖等技能培训，实现移民就业5500人以上。

（四）以更大决心抓生态、重保护，实现环境质量新提升。坚持“四尘”同治、“五水”共治、“六废”联治，持之以恒抓好生态环保。坚决打好黄河治理保护战。持续推进黄河“清四乱”专项整治行动，实施农村生活污水治理等项目3个，新建污水管网172公里，基本消除农村黑臭水体。实施苦水河、入黄排水沟水环境综合治理项目，确保入黄排水沟水质保持在Ⅳ类以上，黄河利通断面水质保持在Ⅱ类以上。持续压实河湖长制，创建自治区级示范河湖1个。加大水源地保护力度，确保功能区水质100%达标。坚决打好污染防治攻坚战。深入开展建筑施工、道路扬尘、餐饮油烟等专项整治，实施农村清洁取暖“双替代”1.4万户、覆盖率达到55%。空气优良天数比例达到85%以上。加强农业面源污染治理，实施畜禽粪污信息化监管、有机肥应用等项目5个，打造标准化农残膜回收点2个，建成青岛汇君、丰享农业畜禽粪污资源化利用项目。坚决打好生态保护修复战。实施“三北”防护林改造工程，完成营造林4.62万亩、退化草原修复1万亩，村庄绿化覆盖率达到22%，森林覆盖率达到9%以上。治理水土流失1.5万亩、盐碱地和荒漠化土地2万亩。推进节约型社会建设，公共机构节约型机关创建率达到70%以上。高质量完成中央、自治区环保督察反馈问题整改。

（五）以更高标准抓民生、增福祉，回应人民群众新期盼。坚持尽力而为、量力而行，用情用力为群众做好事、办实事、解难事。深入实施城乡居民收入提升行动。统筹推进高校毕业生、退役军人、失地农民等重点群体就业创业，开展各类职业技能培训2500人次，城镇新增就业3500人以上，农村劳动力转移就业2万人以上，城镇调查失业率控制在5.5%以内。坚持以创业带动就业，发放创业担保贷款4000万元，培育创业实体700个以上，带动就业3000人以上。动态调整低保、农村特困供养等标准，城乡居民基本养老和医疗保险参保率均稳定在95%以上。深入实施基础教育质量提升行动。新建扩建中小学、幼儿园4所，新增学位2160个，基本消除大班额，有效化解大校额。深化“互联网＋教育”示范区建设，推动优质教育资源共建共享。坚持“五育并举”，打造劳动教育实践基地6个，创建自治区级劳动教育示范学校5所。严格落实“五项管理”和“双减”任务，强化校外培训机构规范管理。深入实施全民健康水平提升行动。全面落实三孩政策。深化“互联网＋医疗健康”，筹建利通区人民医院、中医院，推进板桥乡、郭家桥乡社区卫生服务中心建设，提升医疗健康集团运营水平，加强乡镇卫生院管理和医护人员专业培训，推动优质医疗资源有效下沉。成立利通区疾控中心，优化疫情防控平急转换指挥机制，落实常态化网格包抓机制，提高公共卫生事件应急处置能力。扎实开展养老服务改革试点工作，新建扩建社区日间照料中心和农村老饭桌4个，加大残疾人、留守儿童和“两癌”妇女关爱保护。大力推进文化惠民，举办各类文化活动230场次以上，新时代文明实践站点建设实现全覆盖。实施高闸、郭家桥全民健身中心项目，建成金积体育公园，新增健身路径20套、多功能运动场3个，打造社区“10分钟”健身圈。

（六）以更高水平抓治理、保和谐，展现平安利通新形象。强化系统观念、底线思维，创新治理手段、治理模式，构建大安全格局。聚力推进重点领域改革。加快推进“四权”改革，严格落实“以水四定”原则，坚持节约集约用地，加快新增耕地入库跨省交易，探索开展排污权有偿使用交易试点，依法开展跨行业、跨地域、跨灌区用水权交易，把死资源变为活资产、活资本。持续深化“放管服”改革，深入开展国企改革三年行动，组建运营利通区农业、文旅、校园配餐3家国资公司。健全农村土地产权交易流通机制，开展农民合作社生产、供销、信用“三位一体”试点工作。加快国家数字乡村试点示范区建设，成立利通区大数据管理中心，整合数字政府、智慧城管、综治中心、融媒体中心等信息化平台，高效运行“智慧利通”指挥中心。持续巩固民族团结成果。高标准打造铸牢中华民族共同体意识教育基地，深入推进社会主义核心价值观“六进”等活动，精心打造“石榴籽”民族团结广场、社区、街区等示范点8个。依法加强宗教事务管理，持续开展“五进”宗教场所活动，进一步巩固宗教和顺、社会和谐、民族和睦的大好局面。不断提高基层治理效能。统筹抓好乡村、社区、宗教、校园、企业、社团及网络空间等领域治理，创建成全国乡村治理体系建设试点示范县区。长效推进扫黑除恶斗争，严厉打击套路贷、电信诈骗、非法集资等行为。坚持和发展新时代“枫桥经验”，全面推行网格化治理模式，实体化运行“和谐积分服务站”。持续开展信访积案攻坚清零专项行动，矛盾纠纷化解率达到95%以上。深化“双拥”共建，强化退役军人三级服务保障体系建设。全面落实“四个最严”要求，成功创建食品药品安全区。新建利通区应急物资储备库，加快推进应急管理体系和能力现代化，坚决遏制较大及以上安全事故发生。

全面加强政府自身建设

各位代表！全面贯彻新发展理念，积极融入新发展格局，推动经济高质量发展，奋力推进“六区”建设、实现“七新”目标，对政府工作提出了新的更高要求。我们将坚持以党的政治建设为统领，从党的百年奋斗重大成就和历史经验中汲取智慧力量，牢记初心使命，坚定担当责任，增强定力、魄力、能力，努力建设让党中央放心、让人民满意的服务型政府。

始终做到旗帜鲜明讲政治。自觉把党的全面领导贯穿政府工作全过程、各环节，学懂弄通做实习近平新时代中国特色社会主义思想，弘扬伟大建党精神，增强“四个意识”、坚定“四个自信”、做到“两个维护”，牢记“国之大者”，不断提高政治判断力、政治领悟力、政治执行力。对党中央、国务院重大决策闻令而动，对自治区、吴忠市和区委部署要求坚决落实，确保各项事业始终沿着正确方向前进。

始终做到依法履职守规矩。深入践行习近平法治思想，带头尊法守法学法用法，严格规范公正文明执法，从严约束行政行为。健全重大行政决策程序和政府议事规则，完善公众参与、专家论证、风险评估、合法性审查、集体讨论决定重大行政决策机制，确保政府决策经得起法治考量、体现民意取向。自觉接受人大法律监督、政协民主监督、社会舆论监督，强化审计、统计监督，让权力在阳光下运行。

始终做到担当实干提效能。自觉把抓落实作为政府工作的生命线，围绕改革稳定发展和人民群众生产生活问题，大力发扬“三牛”精神，践行“一线工作法”，定好就干、马上就办，善作善成、干就干好。坚持重点领域、重大事项工作专班制，推行项目化、清单式、销号制闭环运行，推动各项工作出成绩、进位次、争荣誉。带着感情、带着责任、带着温度，解决好群众的急难愁盼问题，真正做到民有所呼、必有所应。

始终做到正风肃纪作表率。严格落实全面从严治党要求，深入推进政府系统党风廉政建设和反腐败斗争，使各级干部心存敬畏、手握戒尺，不越轨、不逾矩。严格落实中央八项规定及其实施细则精神，带头执行自治区作风建设“八条禁令”，力戒形式主义、官僚主义，营造风清气正的干事创业环境。加强民生资金、工程建设政府采购等重点领域、关键环节廉政风险防控，强化财政预算绩效管理，以政府的“紧日子”换取百姓的“好日子”！

各位代表！社会主义是干出来的，幸福都是奋斗出来的。站在新的历史起点上，让我们更加紧密地团结在以习近平同志为核心的党中央周围，深入学习贯彻习近平总书记视察宁夏重要讲话精神，紧紧依靠全区人民，以“冲刺”的姿态埋头苦干，以“赶考”的状态勇毅前行，以咬定青山不放松的执着奋力实现既定目标，为建设黄河流域生态保护和高质量发展先行区，继续建设经济繁荣民族团结环境优美人民富裕的美丽新宁夏而不懈奋斗！

利通区巩固拓展脱贫攻坚成果同乡村振兴有效衔接工作纪实

2021年，利通区坚持以习近平新时代中国特色社会主义思想为指导，深入学习贯彻习近平总书记视察宁夏重要讲话、重要指示精神，全面贯彻落实中央、自治区对巩固拓展脱贫攻坚成果同乡村振兴有效衔接工作的安排和部署，围绕巩固脱贫成果、防止返贫致贫、加强移民后续帮扶等重点工作，严格落实“四个不摘”要求，持续推进巩固拓展脱贫攻坚成果同乡村振兴有效衔接。

【落实要求　巩固提高】

全面落实“四个不摘”要求，确保巩固期内政策总体稳定。一是强化巩固拓展脱贫攻坚成果同乡村振兴有效衔接顶层设计，制定印发了《利通区巩固拓展脱贫攻坚成果同乡村振兴有效衔接实施方案》，从落实“四个不摘”政策、做好有效衔接、健全常态化监测帮扶机制、做好移民后续帮扶工作等方面高标准全方位谋划巩固拓展脱贫攻坚成果同乡村振兴有效衔接工作。二是建立三级书记包抓帮扶机制，确定由7名区委、政府领导，7个政府部门共同包抓7个重点提升村，建立完善一村“1领导 +1部门 +1方案”的工作推进机制。由自治区、吴忠市、利通区三级56个部门抽调76人组成53个工作队派驻53个行政村开展驻村帮扶工作，利通区922名帮扶责任人帮扶责任保持不变。调整优化扶贫机构设置，按照自治区、吴忠市委部署安排，完成了利通区乡村振兴局、利通区乡村振兴服务中心的挂牌。三是保持财政资金规模总体稳定。今年以来，争取中央、自治区补助资金5709万元、地方债资金5000万元，实施产业、文化、生态等项目359个。2021年，完工359个、完工率100%，支付资金1.07亿元，支付率100%。

【完善机制　强化监测】

建立完善防止返贫动态监测帮扶“四查四补”常态化机制。一是制定印发了《利通区健全防止返贫动态监测和帮扶机制实施方案》，织密部门横向协同监测、区乡村纵向精准筛查的防贫网，组织开展防返贫动态监测“大排查”，识别脱贫不稳定户、边缘易致贫户、突发严重困难户“三类人员”74户262人。按照缺什么补什么的原则，制定“一户一方案、一人一措施”精准帮扶计划，通过落实医疗救助、低保兜底、危房改造、保险保障等共性和差异性措施，共消除风险56户194人。二是制定印发了《利通区关于建立巩固拓展脱贫攻坚成果有效衔接乡村振兴“四查四补”常态化机制的方案》，坚持问题排查整改与巩固拓展成果相结合、事前预防与事后帮扶相结合、全面排查与重点排查相结合，建立任务清单和工作台账，边查边改、边查边补、一体推进。2021年，累计排查问题223个，已全部完成整改。三是做好动态调整工作。对脱贫户、帮扶主体、资金项目、易地扶贫搬迁等数据信息变化情况及时采集，核实更新，持续提升数据质量。2021年，已脱贫户、监测对象自然增加93人、减少58人，采集录入调整18个部门、8个乡镇帮扶责任人结对关系126人，涉及脱贫户206户。

【扎实推进　助力发展】

扎实推进易地扶贫搬迁后续扶持工作。制定印发了《利通区关于进一步强化易地搬迁后续扶持实施移民致富提升行动的方案》《利通区关于区级领导干部包抓移民致富提升行动重点村任务分工的通知》，全面推进移民致富提升行动。一是精准推进移民后续扶持。重点围绕助力产业发展、补齐基础设施短板、改善公共服务等方面，7个村（社区）谋划纳入项目库项目53个，安排资金4165.1万元（其中专项2818.7万元），2021年，开工建设项目53个，已完工项目21个。二是加强移民群众务工就业。制定印发《利通区移民群众三年（2021—2023年）就业推进计划》，利通区政策性搬迁移民3054户13918人，总劳动力人数7467人，现务工就业人数7390人。新安置乡村公益性岗位60人，续聘237人。稳妥有序推进现有2个就业帮扶车间、2家扶贫非遗工坊增效扩面，累计带动就业376人。三是加大移民就业培训力度。组织开展装机、挖掘机、焊工、木工等20余个工种培训415人次，举办专场招聘会7场次，达成就业意向486人。四是促进移民社会融入。各乡镇探索加强组织建设，提升服务水平，为移民群众提供“一站式”服务。加强精神文明建设和“文明细胞”创建工作，通过主题宣讲、政策宣讲以及各类典型的选树活动，促进村（社区）居民融合互动和情感交流，有效提升了移民群众的融入感。五是以点带面打造移民安置示范区。制定完成渔光湖村、利原村、同利村、利同新村5年发展规划。以投工投劳模式发动干部群众3.4万人次，组织23个施工队对渔光湖村、利原村等7个重点村村容村貌、居家环境卫生进行治理。

【狠抓落实　巩固成果】

紧盯政策落实不断档，持续巩固拓展脱贫攻坚成果。围绕巩固拓展“两不愁三保障”成果，持续强化措施、细化任务，确保主要帮扶政策不中止、不断档、不留空白。一是强化教育保障。为移民安置区幼儿提供普惠性入园学位1800个，发放“雨露计划”补贴400余人60余万元，做到应补尽补。抽调城镇优秀骨干教师23名，配优配强移民安置区学校师资力量，采取“三包三保”、随班就读、送教上门等措施，保持失学辍学动态清零。二是强化医疗保障。优化“基本医保＋大病保险＋补充保险＋民政救助”四重保障网，标准化卫生室实现全覆盖，已脱贫户和边缘户医保参保率达到100%。持续推进“三个一批”分类救治，落实“一免一降四提高一兜底”“先诊疗后付费”结算，大病集中救治618人、慢病签约救治82人、重病兜底救治2人，确保脱贫群众不因病致贫返贫。三是强化住房保障。按照“危房不住人、住人非危房”的原则，建立以农村房屋安全信息采集系统为主的动态监测体系，实现农村房屋动态监管。今年以来完成抗震宜居农房改造837户，脱贫户住房安全信息核验率100%。四是强化饮水保障。稳步推进城乡供水一体化，建立区、乡、村三级网络监管体系，对地下水进行水质监测，巩固提升农村人饮保障水平，自来水入户率和水质达标率均为100%。五是强化兜底保障。加强农村低收入人口识别监测，用足用活社会救助政策，针对不同困难情形，做到精准救助。2021年，将“三类人口”中的125人纳入农村低保保障。坚持政府补贴与农户自筹相结合，家庭意外伤害保险实现已脱贫户、监测户全覆盖，有效抵御返贫风险。六是强化金融帮扶工作。继续落实脱贫人口小额信贷政策，设立扶贫产业风险补偿金916万元，新增小额信贷716户3173万元，累计贴息181.85万元。坚持政府补贴与农户自筹相结合，建立“防贫保”新机制，家庭意外伤害保险实现已脱贫户、监测户全覆盖，有效抵御返贫风险。七是强化扶贫资产管理工作。2021年，完成扶贫项目资产清查摸底统计工作，形成分年度的扶贫项目清查统计表、资金清查统计表和资产清查统计表。累计实施扶贫项目575个，投入扶贫资金81954.1万元，累计形成641个资产，涉及81935.2万元。完成系统录入并移交资产524个，资产原值66084.2万元。确保扶贫项目资产后续管理全覆盖，持续发挥效益。

【突出重点　全面推进】

紧盯五项重点，全面推进乡村振兴。紧紧围绕产业兴旺、生态宜居、乡风文明、治理有效、生活富裕总要求，全面推进乡村振兴。一是紧盯产业兴旺促增收。抢抓自治区发展千亿级奶产业发展战略机遇，全力推进奶产业高质量发展，奶牛存栏达到19.8万头，奶产业综合产值达到200亿元，带动就业达6万人。大力发展设施果蔬、肉牛肉羊、绿色食品等富民产业，特色农业产值占农业总产值的91%，成为农民致富增收的“主渠道”。入选全国农业科技现代化先行县共建名单。二是紧盯生态宜居美环境。大力实施乡村建设行动，打造特色小城镇4个，建成美丽宜居村庄48个，占行政村总数的45%，牛家坊村、石佛寺村入选全国乡村旅游重点村。被评为全国休闲农业重点县。深入开展农村人居环境整治提升行动，农村自来水水质达标率达100%、垃圾无害化处理率达到96%、卫生厕所普及率达到91%。荣获全国农村人居环境整治激励县、全国村庄清洁行动先进县。三是紧盯乡风文明促和谐。深入推进全国新时代文明实践中心建设试点，深化民族团结进步“十进”活动和“五项特色教育”，持续铸牢中华民族共同体意识。“兰花芬芳”志愿服务品牌享誉区内外，涌现出“七一勋章”、第八届全国道德模范获得者王兰花等一批先进模范，被评为第八批全国民族团结进步示范区。四是紧盯治理有效保平安。深入推进县域治理现代化，被确定为首批全国乡村治理体系建设试点县区。常态化开展“法律八进”活动，村（社区）“三官一顾问”实现全覆盖，荣获全国信访工作“三无”县区。探索建立乡村治理“积分管理制度”，创新开展“葡萄架下传精神”等特色宣讲活动，构建自治、法治、德治融合互促的基层治理体系。五是紧盯生活富裕保民生。坚持将85%以上的财力用于发展民生事业，群众获得感、安全感、幸福感不断提升。城乡居民收入分别达到33977元、17512元，位居宁夏各县市区前列。深入推进“互联网＋教育”“互联网＋医疗健康”示范区建设，入选全国中小学劳动教育实验区名单，荣获国家慢性病综合防控示范区建设特色突出奖。

【多措并举　夯实基础】

利通区将继续坚持以习近平新时代中国特色社会主义思想为引领，深入贯彻落实党中央、自治区关于巩固拓展脱贫攻坚同乡村振兴有效衔接的新部署、新要求，进一步细化举措、硬化责任，深入开展巩固拓展脱贫攻坚成果、全面推进乡村振兴。重点在健全防返贫监测，完善乡村振兴“四查四补”常态化机制上下功夫。一是及时做好巩固脱贫成果、推动乡村振兴相关政策的宣传落实，确保各项帮扶政策落到实处。将出台的各项政策进行汇编，印制成“口袋书”开展宣传工作。二是紧盯监测人口的覆盖面。对全区低收入人群、突发严重困难户、特困户等重点对象实时进行督查，开展调查评估工作，督促乡镇做到“应纳尽纳、应帮尽帮、应消尽消”，杜绝体外循环。三是继续落实领导干部包抓重点移民村、重点帮扶村工作机制，加强对乡村干部、驻村干部培训，完善管理办法，加强督查督办，确保发挥作用。

【总结经验　持续推进】

补齐短板弱项，继续完善“四查四补”常态化机制。至少开展一次全区集中“大排查”活动，建立完善巩固拓展脱贫成果有效衔接乡村振兴“四查四补”任务清单和工作台账。强化帮扶责任，进一步筑牢返贫致贫风险屏障。在乡村纵向排查的基础上，加强行业部门横向比对预警，以现有社会保障体系为基础，积极统筹各级各类救助资源，对农村低保对象、农村特困人员、农村易返贫致贫人口，以及因病因灾因意外事故等刚性支出较大或收入大幅缩减导致基本生活出现严重困难等农村低收入人口开展动态监测和帮扶。对监测对象和低收入人口以外的脱贫人口，加强分类管理，落实好各类民生普惠性政策，并根据实际困难给予适度倾斜，坚决守住脱贫攻坚成果，防止返贫现象发生。在推进移民致富提升行动任务的落实上下功夫。把移民致富提升行动作为一项重要政治任务，开发上线利通区移民信息管理系统，聚焦“产业、就业、社会融入”三件事，健全“区委、政府负总责，乡镇党委、政府抓落实，区直相关部门配合”的工作机制，紧盯7个重点帮扶移民村，建立完善一村“1领导 +2部门 +1方案”的工作推进机制，因村制宜推进移民致富提升工作方案落实。在前期调研的基础上，安排专项资金，重点抓好移民肉牛养殖园区、渔光湖盐碱地改造以及金积镇、板桥乡、上桥镇的产业发展项目。利通区百万移民致富提升行动项目，总投资25308.62万元，包含20个子项目，项目分三年实施（2021—2023年）。2021年开工建设9个，项目概算9524.16万元，已经完成投资3272.37万元；2022年计划开工建设8个，概算投资18764.31万元；2023年计划开工建设3个，概算投资3271.94万元。

【精心谋划　合力攻坚】

在项目谋划储备上下功夫。持续优化调整项目库建设，积极谋划实施一批基础性、长远性、战略性的“三农”重大工程项目，加大投入力度，夯实乡村振兴发展基础。积极做好对上沟通协调，争取更多资金、更多项目、更多试点在利通区落地生根。严格按照自治区《关于做好县级巩固拓展脱贫攻坚成果和乡村振兴项目库建设管理的通知》精神，切实加强资金使用、项目建设管理。按照村申报、乡审核、县审定程序，及早征集未来3年巩固脱贫攻坚成果项目库，做好项目储备。2021年，12个乡镇在产业发展、基础设施建设等方面共上报项目1082个，概算投资8.17亿元。其中2022年计划实施项目349个，概算投资1.57亿元；2023年计划实施项目362个，概算投资2.1万元；2024年计划实施项目371个，概算投资4.5亿元。在实现有效衔接上下功夫。根据中央、自治区、吴忠市衔接方面有关政策，组织区直相关部门根据上级已经出台的衔接政策，抓好我区衔接政策措施的细化和落实，有针对性地解决衔接中的突出问题。把握好脱贫攻坚“基础版”和乡村振兴“升级版”的关系，在确保巩固拓展脱贫攻坚成果的基础上，接续推进乡村全面振兴，加快实现巩固拓展脱贫攻坚成果与乡村振兴互促共进、平稳转型。在打造振兴典型上下功夫。进一步扩大以点带面示范效应。坚持以科学发展为统揽，厚植发展优势，补齐发展短板，将扁担沟镇同利村、利同新村、利原村、渔光湖村，金积镇金丰社区，板桥乡蔡桥中心村，上桥镇涝河桥村打造成巩固拓展脱贫攻坚成果、乡村振兴事业全面发展的示范村。按照重点突破、梯次推进的原则，围绕产业、人才、文化、生态、组织五大振兴，因地制宜分类型开展乡村振兴典型示范创建活动，每项振兴方面至少打造一个示范试点，形成可借鉴、可复制、可推广的乡村振兴标准，以点带面推动乡村全面振兴。

大事记

1月

5日，召开政协吴忠市利通区第四届委员会第五次会议。

同日，利通区第四届人民代表大会第五次会议举行预备会议和党员代表会议。利通区委书记周涛出席会议并作讲话。

同日，利通区委书记、区委应对新冠病毒疫情工作领导小组组长周涛主持召开区委应对新冠病毒疫情工作领导小组第14次会议，传达学习自治区党委常委会会议暨应对新冠病毒疫情工作领导小组第16次会议精神和吴忠市委常委会会议暨应对新冠病毒疫情工作领导小组第15次会议精神，听取全区近期常态化疫情防控工作情况汇报，安排部署下一步疫情防控工作。

同日，自治区家庭服务企业核查工作组一行6人对宁夏惠孕美健康管理有限公司、宁夏爱之圆月嫂家政服务有限公司等利通区5家企业申报自治区家庭服务企业进行评估验收。

6日，召开吴忠市利通区第四届人民代表大会第五次会议第一次全体会议。利通区委书记周涛，区委副书记、政府区长李玉山，区政协主席赵峰，区委、人大、政府、政协其他领导，全体人大代表参加会议，区委、区政府各部门负责同志及政协委员列席会议。区人大常委会主任陈宇主持会议。李玉山代表区人民政府向大会报告工作。报告全面总结了2020年的工作，回顾了“十三五”取得的成就，提出了“十四五”期间工作思路及举措，安排了2021年的主要目标和重点任务。会议还审查了利通区国民经济和社会发展第十四个五年规划纲要草案、利通区2020年国民经济和社会发展计划执行情况与2021年国民经济和社会发展计划草案的报告、2020年利通区财政预算执行情况和2021年财政预算草案的报告。

同日，利通区政协四届五次会议召开，政协委员们一起协商讨论《政府工作报告》及其他报告，听取社会各界的意见和建议。

同日，利通区政府与中国华电集团有限公司宁夏分公司、东方电气自动控制工程有限公司召开利通区现代农（牧）业生态综合治理＋清洁能源全产业链项目第一次项目推进会。区委书记周涛，区委副书记、政府区长李玉山参加会议并讲话。

8日，举行吴忠市利通区第四届人民代表大会第五次会议。大会由区人大常委会主任陈宇主持。大会通过了关于代表议案的决定草案、关于利通区人民政府工作报告的决议草案、关于利通区国民经济和社会发展第十四个五年规划纲要的决议草案、关于利通区2020年国民经济和社会发展计划执行情况与2021年国民经济和社会发展计划的决议草案、关于2020年利通区财政预算执行情况和2021年财政预算的决议草案、关于利通区人大常委会工作报告的决议草案、关于利通区人民法院工作报告的决议草案、关于利通区人民检察院工作报告的决议草案。大会选举郭生鹏为利通区人民检察院检察长。

11日，召开2020年度党委（工委、党组）履行全面从严治党和党风廉政建设主体责任、书记抓基层党建工作暨落实意识形态工作责任制述职评议会，利通区委书记周涛主持会议并讲话。会议听取了古城镇、上桥镇、东塔寺乡、民政局、自然资源局等乡镇、部门有关工作的汇报。

同日，利通区委副书记、政府区长李玉山带队调研农业产业及春季绿化工作。

12日，利通区委书记周涛带队前往扁担沟镇西沟沿村、古城镇清宁河社区、高闸镇朱渠村等地督导检查基层疫情防控工作。

同日，自治区应急管理厅执法局局长王超等一行4人对春节、两会前安全准备工作，特别是极端低温天气条件下的安全防范工作进行督查检查。

13日，利通区人民政府召开与中核汇能有限公司、中核兰州铀浓缩有限公司、中环高科电缆（宁夏）股份有限公司2021年项目战略合作仪式。政企四方共同签约了总投资3.2亿元的西北高新新能源环保铝合金电缆制造总部基地建设及风力、光伏发电和年产8万吨铝镁制品深加工2个新能源配套产业投资项目。

14日，召开2020年度党管武装工作述职评议会。

15日，利通区委书记周涛带队前往金银滩镇、扁担沟镇、古城镇调研村（社区）“两委”换届工作。

19日，市委常委、政府常务副市长张学慧带队调研利通区安全生产专项整治三年行动工作。

20日，利通区委书记周涛主持召开利通区委经济工作会议暨建设黄河流域生态保护和高质量发展先行区推进会。

同日，利通区委书记、区委应对新冠病毒疫情工作领导小组组长周涛主持召开区委应对新冠病毒疫情工作领导小组第15次会议。

23日，利通区委副书记、政府区长、区安委会主任李玉山主持召开利通区2021年安全生产工作会议暨区安委会第一次全体（扩大）会议，安排部署2021年度安全生产工作。

2月

2日，宁夏回族自治区党委常委、政法委书记雷东生一行到利通区金积镇社会治安综合治理中心等地调研政法工作。

同日，自治区应急管理厅党组成员、总工程师杨明礼，带领自治区公安、市场监管、消防等安委会成员单位相关负责人对利通区春节期间烟花爆竹安全监管工作进行督查指导。

3日，召开推进基层整合审批服务执法力量改革工作动员部署会。

4日，利通区应对新冠病毒

疫情工作领导小组第16次会议召开。会议强调，各级各部门要自觉把思想和行动统一到中央、自治区和吴忠市决策部署上来，慎终如始、毫不松懈抓好常态化疫情防控，坚持“内防反弹、外防输入”策略不动摇，抓实抓细各项防控举措，确保群众过一个安定祥和的春节。

5日，利通区委副书记、政府区长李玉山到上桥镇各村（社区）观摩指导第十一届村（居）委会换届选举工作。

7日，吴忠市委副书记、市长喜清江参加指导利通区委常委会2020年度民主生活会。

8日，召开中共吴忠市利通区第四届纪律检查委员会第六次全体会议暨利通区党风廉政建设和反腐败工作会议。

同日，利通区全面依法治区工作会议召开。

9日，利通区委书记周涛，区委副书记、政府区长李玉山，区人大常委会主任陈宇，区政协主席赵峰分组前往杨马湖高速公路、吴忠汽车站、吴忠高铁站等卡点检查新冠病毒疫情防控工作。

同日，利通区委书记周涛，区委副书记、政府区长李玉山带队前往吴忠鑫鲜农副产品批发市场、消防救援大队、区城乡环境卫生管理中心等地视察安全生产工作并看望春节在岗人员。

同日，利通区委副书记、政府党组书记、政府区长李玉山主持召开利通区政府党组2020年度民主生活会。

同日，利通区委书记周涛，区委副书记、政府区长李玉山带队检查节前安全生产工作。

18日，举办领导干部学习班。

20日，召开2021年重点项目建设调度会。

23日，利通区委副书记、政府区长李玉山带队调研工业企业复工复产情况。

24日，利通区委书记、巡察工作领导小组组长周涛主持召开区委书记办公会暨巡察工作领导小组2021年第一次会议。

同日，宁夏回族自治区党委常委、组织部部长石岱同志到上桥镇牛家坊村调研村集体经济发展情况。

同日，利通区人民政府与尊尚健康产业有限公司、宁夏浦盐实业有限公司、吴忠国有资本运营有限公司，就利通区康养项目顺利签订四方战略合作协议。利通区委书记周涛出席签约仪式并讲话，区委副书记、政府区长李玉山，区人大常委会主任陈宇、区政协主席赵峰出席会议。

28日，利通区委农村工作领导小组召开2021年第一次会议，研究了五里坡奶牛、肉牛生态养殖基地建设有关事宜，讨论了《利通区关于全面推进乡村振兴加快农业农村现代化的实施方案》《利通区关于推动巩固拓展脱贫攻坚成果同乡村振兴有效衔接的实施方案》等。

3月

2日，三峡新能源利通区五里坡70MW风电项目正式开工。利通区委书记周涛参加开工仪式并宣布项目开工，区委副书记、政府区长李玉山发表讲话。

同日，利通区委农村工作会议在会务中心召开。会议全面总结了2020年利通区农业高质量发展、脱贫攻坚、农村人居环境整治、农村改革、乡村治理等方面取得的成绩，并就2021年巩固拓展脱贫攻坚成果同乡村振兴有效衔接和农业农村工作重点任务作了安排部署。

3日，2021年重点项目集中开工暨中环高科西北总部电缆制造项目启动仪式在利通区金银滩镇特种汽车小镇支撑产业园顺利举行。

4日，利通区委书记、区委党史学习教育领导小组组长周涛主持召开区委党史学习教育领导小组第一次会议。

5日，在利通区金星镇金花园社区新时代文明实践广场举办2021年“学习党史践行使命牢记嘱托行胜于言”学雷锋志愿服务月、“兰花芬芳志愿服务行胜于言”提升行动启动仪式暨优秀志愿服务典型现场发布活动。

7日，利通区委举办党史学习教育“周末大讲堂”，区四套班子全体领导及各乡镇、各部门主要负责人主场聆听讲座，各乡镇设视频分会场。

8日，召开奶牛良种繁育座谈会。

9日，利通区委书记周涛带队前往利通区第十八小学建设项目、金积镇扶持壮大村集体建设项目、牛家坊民俗文化村现代服务业集聚区、吴吃堡城建设项目等现场调研。

11日，利通区委副书记、政府区长李玉山带队赴陕西省杨凌旭荣农业科技有限公司考察农业装备制造投资项目并座谈。

12日，利通区委书记周涛主持召开2021年扫黑除恶斗争第一次推进会。

14日，利通区委党史学习教育“周末大讲堂”第二讲开讲。

16日，召开2021年高质量美丽宜居村庄暨苦水河沿线人居环境整治工作会议，与会领导及相关单位负责人发表了对高质量美丽宜居村庄暨苦水河沿线人居环境整治工作的意见和建议。

17日，利通区委书记周涛，区委副书记、政府区长李玉山带队前往马莲渠乡马莲渠村云升家庭农场拱棚现场、吴忠市农益草养殖专业合作社和五里坡肉牛养殖基地、上桥镇涝河桥村等地调研农业产业发展情况。

19日，利通区委书记周涛主持召开利通区推进基层整合审批服务执法力量改革领导小组第1次会议。

22日，利通区委书记周涛带队前往高闸镇派出所、利通区检察院、利通区法院等地调研政法队伍教育整顿工作开展情况。

23日，召开利通区政法队伍教育整顿专题党课暨廉政教育报告会，利通区委书记、区政法队伍教育整顿领导小组组长周涛讲专题党课。

同日，利通区委书记周涛主持召开区委党史学习教育巡回指导组工作部署会议。

24日，宁波市商贸集团有限公司党委副书记、副总经理严旭平一行到利通区考察。

同日，召开2021年重点项目建设调度会。

26日，召开党史学习教育宣讲备课会并举办专题培训班。

同日，组织领导干部到吴忠市廉政警示教育中心接受警示教育。

28日，利通区委党史学习教育“周末大讲堂”第四讲开讲。

29日，利通区委书记、区委党史学习教育领导小组组长周涛带队前往金星镇裕西社区、滨河小学、环卫中心等地实地调研党史学习教育开展情况。

30日，利通区委书记周涛主持召开利通区政法队伍教育整顿领导小组第六次会议。

31日，举办年轻干部培训班，来自全区新提拔副科级领导干部、近两年招录的选调生及各单位部分推优年轻干部150名参加培训。

30—31日，利通区委副书记、政府区长李玉山带队赴山东省寿光市考察现代设施农业项目。

4月

1日，利通区委副书记、政府区长李玉山带队赴浙江省宁波市考察特色优势农产品产销对接项目。

7日，2021年机关干部义务植树活动在利通区五里坡奶牛养殖园区启动。

同日，中国残联党组成员、副理事长张伟一行3人到利通区调研残疾人就业工作。

8日，利通区委书记周涛主持召开利通区现代农（牧）业生态综合治理+清洁能源全产业链项目推进会。

11日，党史学习教育自治区宣讲团宣讲报告会在利通区举行。

12日，召开现代农（牧）业生态综合治理+清洁能源全产业链项目第二次推进会。

13日，召开政法队伍教育整顿推进会。

同日，利通区委开展党史学习教育“我学习、我推荐、我分享”暨“周二夜学”活动。

15日，利通区委书记、区委党史学习教育领导小组组长周涛主持召开区委党史学习教育领导小组第二次会议，传达学习王沪宁、黄坤明同志在党史学习教育有关会议上的讲话精神，听取党史学习教育进展情况。

同日，利通区委书记周涛主持召开利通区区乡领导班子换届工作领导小组第一次会议并讲话。

同日，中央统战部副部长，国家民委党组书记、主任陈小江调研利通区金星镇金花园社区民族团结进步创建工作。

19日，利通区委书记、区委全面深化改革委员会主任周涛主持召开区委全面深化改革委员会第五次会议。

同日，利通区委副书记、政府区长李玉山带队到金积镇调研人居环境整治和绿化工作。

20日，召开创建全国文明城市工作动员部署会，观看了吴忠市创建全国文明城市工作暗访片，深入分析问题、科学研判形势，全面安排部署新一轮全国文明城市创建工作和2021年重点任务，为2023年成功创建成为第七届全国文明城市起好步、打基础。相关乡镇、部门作表态发言。

21日，自治区人大常委会委员、社会建设委员会主任委员张存平一行对利通区村（居）民委员会换届工作进行专题调研。

26日，召开2021年第一季度经济形势分析会。

28日，召开政法队伍教育整顿领导小组第十一次会议。

同日，2021年广场文化活动启动仪式暨“辉煌100年·致敬最美劳动者”庆祝第131个“五一”国际劳动节职工文艺汇演在利通区开源广场隆重举行。

29日，“青春向党·奋斗强国”庆祝中国共产党成立100周年暨纪念“五四运动”102周年、“建团99周年”文艺汇演在利通区开源广场举办。

同日，自治区政协副主席许宁一行就“推进利通区黄河文化传承彰显区建设”进行调研。

30日，利通区委书记周涛带队前往郭家桥中学、吴忠市黄河电焊机有限公司、古城镇灵芝生态园等地督查“五一”劳动节前安全生产工作。

29—30日，利通区委副书记、政府区长李玉山带队调研移民致富提升行动。

5月

6日，利通区委副书记、政府区长李玉山带队调研春季造林绿化重点工作。

7日，利通区委书记周涛带队前往古城镇新华桥村、郭家桥乡刘湾村、东塔寺乡白寺滩村等地实地督查农村人居环境整治工作。

同日，利通区委书记周涛带队前往高闸镇韩桥村、扁担沟镇五里坡村调研新任村党组织书记开展工作情况。

8日，举办党史学习教育专题辅导讲座暨区委理论学习中心组（扩大）会议。

10日，自治区市场监督管理厅党组书记、厅长李耀松带队对利通区全域创建“食品药品安全区”工作进展情况进行调研。

18日，利通区委书记周涛带队赴成都市中国融通农发集团成都区域公司考察农牧科技园区项目，双方就利通区现代畜牧业全产业链发展进行座谈，就肉牛养殖项目落地达成初步合作意向。

同日，利通区委副书记、政府区长李玉山带队调研农业产业发展情况。

19日，利通区委书记周涛带队赴深圳市琪恒泰新材料科技（深圳）有限公司考察全降解新材料生产项目，并就项目招商合作进行座谈。

20日，利通区委书记周涛带队赴佛山市考察南海区大数据产业园、金铧纶纺织有限公司，学习数字政府建设，洽谈纺织产业项目合作。

24日，举行高产奶牛良种繁育合作项目签约暨授牌仪式。

同日，国务院副秘书长、国家机关事务管理局局长李宝荣调研利通区机关事务工作。

25日，利通区委书记、区创城指挥部总指挥周涛带队前往恒昌幸福城小区、鑫鲜农贸市场、青少年校外辅导中心、利宁街至富平街秦渠段实地调研利通区创建全国文明城市工作进展情况，并召开创建全国文明城市工作推进会。

26日，利通区委书记周涛带队前往古城镇、东塔寺乡、郭家桥乡、吴忠林场、金银滩镇、巴浪湖农场、扁担沟镇、高闸镇、金积镇、板桥乡、马莲渠乡、上桥镇等地考评农村人居环境整治工作。

27日，利通区委书记周涛主持召开利通区2021年党的建设领导小组第一次会议并讲话。

同日，利通区委副书记、政府区长李玉山调研项目建设进展情况。

28日，召开开展“三个规定”“四长”大宣讲暨党政领导干部严格执行“三个规定”公开承诺动员会。利通区委书记周涛参加会议，区级领导班子成员、法检两院院长、各乡镇党委和政府主要负责人参加会议。与会人员签订了遵守“三个规定”承诺书。

31日，由利通区委、区政府主办的庆祝“六一”国际儿童节暨第二届中小学校园体育艺术文化节在利通三小开幕。

6月

4日，利通区委副书记、政府区长李玉山带队调研创建全国文明城市工作，强调全区上下要进一步压实责任、明确任务、强化举措，严格对照全国文明城市创建标准，全面查找短板漏洞，突破重点难点，明确整改时限，不断健全完善相关管理机制，提高城市精细化管理水平，切实做到咬定问题不放松、细致及时抓整改，为吴忠市创建全国文明城市贡献利通最大力量。李玉山一行还就五星村停车场、秦渠北侧3个旱厕未清除及改建新型厕所问题、小区整改缓慢问题、乡村公厕未开放问题进行调研。

5日，盐池县委书记龚雪飞带领盐池县四套班子领导来利通区考察学习。

6日，民政部党组书记、部长李纪恒调研利通区金花园社区基层治理工作。

7日，利通区委书记周涛带队前往古城镇、金积镇、金银滩镇特种汽车小镇支撑产业园及利通区中医药研创基地招商引资项目服务中心调研2021年招商引资项目情况。

8日，利通区委书记周涛主持召开区委网络安全和信息化委员会第三次会议。

9日，召开2021年禁毒工作会。

10日，利通区委书记周涛以“学党史、悟思想、办实事、开新局，以优异成绩庆祝建党一百周年”为题，为全区领导干部讲党课。

15日，利通区委书记周涛带队前往高闸镇李桥村、上桥镇牛家坊村调研特色产业村发展情况。

17日，利通区委副书记、政府区长李玉山带队赴河北省考察高性能环保保温材料、温棚骨架生产加工项目，积极对接河北宏泰专用汽车有限公司宁夏公司订单销售情况。

18日，开展2021年“学党史办实事·夏送清凉关爱职工”走访慰问活动。

同日，水利部副部长田学斌调研利通区灌区现代化改造工作。

21日，举办“共产党好　黄河水甜”群众合唱比赛，热烈庆祝建党100周年。

22日，利通区委书记、依法治区委员会主任周涛主持召开全面依法治区委员会第三次会议。

23日，利通区委书记周涛带队前往郭家桥乡马家大湾村、马莲渠乡廖桥村、金积镇景盛源冷鲜配送基地实地调研利通区现代农业发展工作。

同日，利通区委书记、区委全面深化改革委员会主任周涛主持召开区委全面深化改革委员会第六次会议。会议传达学习了中央、自治区全面深化改革委员会和自治区、吴忠市建设黄河流域生态保护和高质量发展先行区推进会相关会议精神，通报了利通区全面深化改革问题整改情况，审议了用水权、土地权、山林权及公安派出所改革实施方案，安排部署了“四权”改革工作。

同日，利通区委书记、总河湖长周涛主持召开利通区总河湖长第五次会议，就利通区河湖长制工作开展情况及下一步工作进行了安排部署。

24—28日，利通区四套班子相关领导带队对利通区部分获得党内荣誉表彰的党员、生活困难党员、老党员、老干部、烈士遗属和因公殉职党员干部家属进行走访慰问，并向部分党龄达到50周年、一贯表现良好的老党员颁发了“光荣在党50年”纪念章。

25日，区委副书记、政府区长、区安委会主任李玉山主持召开利通区安委会全体（扩大）会议，各乡镇、区安委会各成员单位负责同志参加了会议。

28日，举办“奋斗百年路　启航新征程”庆祝中国共产党成立100周年文艺晚会。

同日，自治区政协对利通区灌溉古渠水系保护和利用情况进行调研。

29日，召开庆祝中国共产党成立100周年暨“两优一先”表彰大会。大会为10名在党50年老党员代表颁授了“光荣在党50年”纪念章，对全区各行各业、各条战线上涌现出的100名优秀共产党员、30名优秀党务工作者和30个先进基层党组织进行了集中表彰。

30日，利通区委书记、区委党史学习教育领导小组组长周涛带队前往利通区家政服务业实操实训基地、胜利镇塑配小区、吴忠市政务服务中心等地实地调研党史学习教育为民办实事工作。

同日，召开政法队伍教育整顿推进会。

同日，举办庆祝中国共产党成立100周年暨“唱红歌·颂党恩”合唱晚会。

7月

1日，庆祝中国共产党成立100周年大会在北京天安门广场隆重举行。

2日，“七一勋章”获得者、吴忠市利通区金星镇王兰花热心小组党支部书记王兰花载誉荣归，利通区委书记周涛前往迎接，并代表利通区委、区政府以及全区人民向王兰花表示热烈祝贺。

5日，召开庆祝中国共产党成立100周年座谈会。

7日，利通区委书记周涛带队前往扁担沟镇利原村、渔光湖村和利同新村实地调研移民致富提升行动工作开展情况。

8日，利通区委书记周涛主持召开利通区委国家安全委员会第二次会议。

同日，利通区委书记周涛主持召开利通区委审计委员会第五次会议并讲话。

同日，人力资源和社会保障部党组书记、部长张纪南一行到利通区调研指导就业创业工作。

12日，利通区委书记周涛主持召开座谈交流会，就利通区纺织品物流中心项目相关事宜与佛山市金铧纶纺织有限公司总经理陈林强、宁夏恒丰纺织集团董事长王思社进行了沟通交流。

13日，利通区委书记周涛带队调研五里坡生态养殖基地建设情况。

同日，宁夏回族自治区党委常委、宣传部部长李金科调研金花园社区新时代文明实践站建设工作。

14日，利通区委书记周涛带队前往富康商务中心、马莲渠乡汉北堡村、利通区司法局、金积镇田桥村、吴忠电信大楼实地调研数字乡村建设情况。

15日，中央党史学习教育第十指导组组长魏大鹏实地指导利通区党史学习教育开展情况。

16日，利通区委书记周涛主持召开利通区委统战领导小组2021年第一次会议。

同日，利通区委书记周涛主持召开利通区委外事工作委员会第二次会议。

21日，利通区委书记周涛带队前往上桥镇、板桥乡、金积镇、高闸镇、扁担沟镇、巴浪湖农场、马莲渠乡、吴忠林场、金银滩镇、郭家桥乡、东塔寺乡、古城镇12个涉农乡镇（农场、林场）调研农村人居环境整治工作。区委副书记、政府区长李玉山，区四套班子相关领导及各乡镇、各单位主要负责人参加调研并进行互观互评。

同日，利通区委书记周涛带队调研农村人居环境整治工作。

22日，召开数字乡村建设推进会，利通区委书记周涛，区委副书记、政府区长李玉山，相关区领导，各乡镇、各单位主要负责人参加会议。

同日，利通区召开国防教育专题辅导讲座暨区委理论学习中心组（扩大）学习会议。

23日，利通区委书记周涛，区委副书记、政府区长李玉山及区四套班子相关领导分别带队走访慰问驻利部队官兵及退役军人。

同日，利通区委副书记、政府区长李玉山带队调研拟建高效节水灌溉项目区工作。

26日，利通区委书记周涛主持召开领导班子换届集体谈心谈话会，区四套班子全体领导，各乡镇、各单位主要负责人参加会议。会议传达学习了中央严肃换届纪律“十严禁”要求，签订《严守换届纪律承诺书》。

同日，利通区委书记周涛带队前往黄河梅家湾险工段、扁担沟镇双吉沟渡槽，利原村、赵家沟大桥施工现场实地调研防汛工作开展情况。

8月

2日，利通区委应对新型冠状病毒感染肺炎疫情工作领导小组召开第十七次会议。

同日，利通区召开政法队伍教育整顿总结会。

4日，利通区委副书记、政府区长候选人宋喜主持召开政府办公会议。

7日，利通区委书记、区委应对新型冠状病毒感染肺炎疫情工作领导小组组长周涛带队前往吴忠万达广场、吴忠高速路口卡点、新东郊市场等重点场所调研疫情防控工作。

9日，利通区委书记周涛带队前往金银滩镇卫生院、郭家桥乡马家大湾村、雅园小区、裕民小学实地调研全民健康水平提升行动。

10日，利通区委书记周涛带队到扁担沟镇同利村调研百万移民致富提升行动推进情况并召开座谈会。

11日，利通区委召开区委书记办公会暨区委巡察工作领导小组2021年第三次会议。

13日，利通区委办公室党支部召开党史学习教育专题组织生活会。

15日，召开疫情防控工作会议。会议传达学习了自治区疫情防控工作会议精神，通报了利通区当前疫情防控工作情况，并对近期疫情防控重点工作进行再部署、再推进。

17日，利通区委书记周涛主持召开2021年上半年经济形势分析会。

18日，利通区委书记周涛带队前往上桥镇、金银滩镇、古城镇、金积镇等地调研重点项目建设情况。

20日，召开深入实施“四大提升行动”，全面促进乡村振兴工作会议。

同日，利通区委副书记、政府区长候选人宋喜带队调研农业产业发展情况。

27日，利通区委开展理论学习中心组（扩大）学习会暨安全生产专题辅导讲座。

同日，利通区委副书记、区人民政府代理区长宋喜带队调研移民致富提升工作开展情况。

31日，利通区委副书记、区人民政府代理区长宋喜带队调研老旧小区改造工作。

9月

6—7日，举办领导干部学习贯彻习近平总书记“七一”重要讲话精神专题研讨班，四套班子全体领导，各乡镇、各部门主要负责人参加会议。

9日，吴忠市委常委、利通区委书记陈宏，区人大常委会主任陈宇，区人大常委会党组书记赵金峰及区政协主席赵峰开展教师节走访慰问活动。

12—13日，召开乡村振兴暨秋季农田水利建设推进会。

13日，宁夏回族自治区党委副书记、自治区主席咸辉带队到利通区第七小学、东塔寺乡白寺滩村调研中央民族工作会议精神贯彻落实情况。

17日，吴忠市委常委、利通区委书记陈宏主持召开区委退役军人事务工作领导小组第三次会议并讲话。

18日，吴忠市委常委、利通区委书记陈宏主持召开区委党史学习教育领导小组第三次会议并讲话。

同日，吴忠市委常委、利通区委书记陈宏主持召开区委全面深化改革委员会第七次会议。

同日，宁夏回族自治区党委副书记陈雍到扁担沟镇渔光湖村调研四大提升行动。

23日，自治区林业和草原局，吴忠市委、市人民政府，利通区委、区人民政府联合举办“2021年宁夏果品大赛暨利通区农民丰收节”。

24日，中国共产党吴忠市利通区第五次代表大会预备会议在吴忠市红宝宾馆举行。

25日，中国共产党吴忠市利通区第五次代表大会隆重开幕。吴忠市委常委、利通区委书记陈宏代表中共吴忠市利通区第四届委员会向大会作题为《奋进新时代　走好新征程　全面建设社会主义现代化美丽新利通》的报告。

26日，中国共产党吴忠市利通区第五次代表大会在红宝宾馆胜利闭幕。

27日，宁夏回族自治区党委常委、政法委书记赖蛟一行先后深入利通区金积镇社会治安综合治理中心、利通区民生街派出所、利通区人民检察院等基层单位调研政法工作。

28日，利通区委副书记、政府代理区长宋喜深入企业、农贸市场、高速路口等重点领域暗访国庆节前安全生产、食品安全、疫情防控等工作。

29日，吴忠市委常委、利通区委书记陈宏主持召开利通区1~9月经济形势分析会并讲话。

30日，利通区人武部党委第一书记任职宣布大会召开。会上，吴忠军分区政治工作处主任薛昌固宣读了吴忠军分区党委任职决定，任命吴忠市委常委、利通区委书记陈宏任中国共产党利通区人民武装部第一书记。

10月

3—4日，利通区委副书记、政府代理区长宋喜到利通区各涉农乡镇秋季农田水利基本建设及秋季绿化建设现场，实地查看秋季农田水利基本建设、农村人居环境整治和农厕改造等工作进展情况。

15日，利通区委副书记、政府代理区长宋喜带队调研金银滩镇冬季供暖准备工作。

24日，吴忠市委常委、利通区委书记、区委应对新冠病毒疫情工作领导小组组长陈宏主持召开疫情防控工作调度会。会议强调，各乡镇、各部门、各工作专班要绷紧思想之弦，深刻认识当前疫情防控形势的严峻性、复杂性，对标对表、查漏补缺，以最坚决、最严格、最细致、最精准的措施，全力以赴抓落实，坚决防止疫情扩散蔓延。

27日，利通区委和区政府召开疫情防控工作调度会。

30日，吴忠市委常委、利通区委书记陈宏及利通区四套班子全体领导分别带队欢送各县区援利医疗队返程。

31日，利通区召开疫情防控工作调度会。

同日，自治区党委常委、纪委书记、监委主任艾俊涛，吴忠市委书记徐耀调研利通区材机社区等地疫情防控及疫情防控期间群众生活服务保障等情况。

11月

4日，吴忠市委常委、利通区委书记陈宏带队前往东塔寺乡吴灵青路山水沟、省S101灵武方向新华桥、吴忠高速公路收费站等检查站调研主要交通卡点疫情防控工作。

7日，吴忠市委常委、利通区委书记陈宏带队前往金星镇金塔花苑小区、CC主题酒店隔离点、燕子手抓餐饮店等地调研疫情防控工作。

8日，吴忠市委常委、利通区委书记陈宏带队前往东塔寺乡、郭家桥乡、金积镇等地调研乡镇卫生院疫情防控工作。

10日，吴忠市委常委、利通区委书记陈宏主持召开了2021年区委议军工作会议。

14日，利通区政府党组书记、代理区长宋喜主持召开区人民政府党组（扩大）会议，传达学习党的十九届六中全会和自治区常委会扩大会议精神。区政府班子成员出席会议。各乡镇、各部门主要负责同志以视频形式参加会议。会议还传达学习了习近平总书记在陕西榆林考察时的重要讲话精神、在深入推动黄河流域生态保护和高质量发展座谈会上的重要讲话精神等。

16日，中国人民政治协商会议吴忠市利通区第五届委员会第一次会议在吴忠市红宝宾馆开幕。吴忠市委常委、利通区委书记陈宏，区委副书记、政府代区长宋喜，区人大常委会党组书记赵金峰，人大常委会主任陈宇，四届区政协主席赵峰，以及利通区委、人大、政府、四届区政协全体领导，区人民法院、人民检察院和人武部主要负责人出席会议。区委、区政府各部门负责人，区、市驻利部门（单位）负责人应邀列席会议。会议由区政协党组书记周忠德主持。

同日，吴忠市委常委、利通区委书记陈宏，区委副书记、代理区长宋喜及区四套班子领导在红宝宾馆二楼宴会厅亲切看望出席区第五届人民代表大会第一次会议的代表。

同日，出席政协吴忠市利通区第五届委员会第一次会议的政协委员，分组讨论了吴忠市委常委、利通区委书记陈宏同志在开幕大会上的讲话及政协常委会工作报告和提案工作报告。

17日，吴忠市利通区第五届人民代表大会第一次全体会议在红宝宾馆多功能厅召开。吴忠市委常委、利通区委书记陈宏，区委副书记、政府代理区长宋喜，区委、人大、政府、政协其他领导，全体人大代表及列席人员参加会议。市委常委、区委书记陈宏主持会议。

同日，列席利通区人大五届一次会议的政协委员分组讨论了政府工作报告及其他报告。

18日，吴忠市利通区第五届人民代表大会第二次全体会议在红宝宾馆多功能厅召开。会议听取和审议了区四届人大常务委员会工作报告及人民法院、人民检察院工作报告。吴忠市委常委、利通区委书记陈宏主持会议。

22日，吴忠市委常委、利通区委书记陈宏带队前往郭家桥乡、高闸镇、扁担沟镇等地暗访环保问题整改情况。

24日，吴忠市委常委、利通区委书记陈宏主持召开区委审计委员会第六次会议并讲话。

12月

5日，自治区党委第二巡视组进驻利通区，召开工程建设政府采购领域突出问题专项巡视见面沟通会。

8日，利通区召开学习贯彻党的十九届六中全会精神宣讲会。

9日，吴忠市委常委、利通区委书记陈宏主持召开区委农村工作领导小组第三次会议并讲话。

同日，吴忠市委常委、利通区委书记陈宏主持利通区总河湖长第六次会议。会议强调，各级河湖长要突出抓好责任制落实，以更高标准、更严要求，全力推动河湖长制由“全面建立”向“全面见效”转变。

13日，吴忠市委常委、利通区委书记陈宏带队前往利通区电子商务公共服务中心、宁夏吉送通城乡物流配送有限公司、客货邮商综合便民服务站扁担沟站等地调研电子商务工作。

14日，吴忠市委常委、利通区委书记陈宏，区委副书记、政府区长宋喜带队前往胜利镇汉渠小区、莲渠乡杨渠村、金银滩镇灵白村等地督导第二轮中央生态环境保护督察组转办件办理情况。

15日，吴忠市委常委、利通区委书记陈宏，区委副书记、政府区长宋喜带队前往郭家桥乡、金银滩镇、扁担沟镇等乡镇调研环保问题整改情况。

17日，吴忠市委常委、利通区委书记陈宏主持召开区委应对新冠病毒疫情防控工作领导小组第十九次会议。

同日，吴忠市委常委、利通区委书记陈宏主持召开区委统战工作领导小组2021年第二次会议。

19日，利通区委召开区委巡察工作领导小组2021年第四次会议暨区委书记办公会。会议传达学习了全国新任职县级巡察办主任提级培训班精神、中巡办金纪三期巡视巡察信息系统推广部署视频会议精神、《关于做好新一届市县（区）党委巡察工作规划编制提示》文件精神，听取了开展涉粮问题专项巡察情况汇报，四届区委第十一、十二轮巡察移交问题线索办理情况汇报，四届区委第十一、十二轮巡察反馈问题整改落实监督检查情况汇报等。

26日，区委副书记、政府区长宋喜主持召开结对帮扶工作培训会议。区委农村工作领导小组各成员单位及各乡镇、各部门班子成员，村（社区）两委班子成员，驻村（社区）第一书记、工作队员及结对帮扶责任人以视频形式参加会议。培训围绕习近平总书记在中央农村工作会议、全国脱贫攻坚总结表彰大会上的讲话，结合“四个不摘”工作要求，分别从开展防返贫动态监测的重要意义、如何做好防返贫动态监测工作、开展驻村帮扶和结对帮扶工作的要点等内容，对巩固拓展脱贫攻坚成果同乡村振兴有效衔接政策进行了全面的解读，进一步明确了驻村工作队、帮扶责任人的任务和职责。

30日，吴忠市委常委、利通区委书记陈宏主持召开区委党史学习教育领导小组第四次会议。

同日，吴忠市委常委、利通区委书记陈宏带队前往宁悦酒店、鑫鲜农副产品批发市场、天然气保供企业等地督导疫情防控、安全生产工作。

31日，吴忠市委常委、利通区委书记陈宏，区委副书记、政府区长宋喜，区人大常委会主任赵金峰，区政协主席周忠德带队前往东塔寺乡白寺滩村、古城镇新华桥村、板桥乡蔡桥村等地调研美丽村庄建设情况。

区情综览

地理人文

【自然地理】

利通区地处银川平原南端，西临黄河，与青铜峡市毗连，南与中宁、红寺堡两县（区）交界，东北部与灵武市接壤，距宁夏首府银川市59公里。地处宁夏平原中部，黄河中上游，介于东经104°10'～107°39'、北纬35°14'～39°23'之间，总面积1384平方公里。地势南高北低，似宝瓶形，境内沟渠纵横，林带成网，平均海拔1125米。

【行政区划】

2010年，宁夏回族自治区政府决定，将灵武市白土岗乡沙沟以南、211国道至211高速公路以西地域，包括白土岗乡的西沟沿、南梁、五里坡、海子井（除仍居住在211高速公路以东的一个村民小组）4村和白塔水村北部及新红村位于211国道至211高速公路以西的地域划归利通区管辖。利通区辖8镇4乡、106个行政村、3个农场（办）、28个社区，区政府驻地胜利镇。镇有：上桥镇、古城镇、金星镇、胜利镇、金积镇、金银滩镇、高闸镇、扁担沟镇。乡有：东塔寺乡、板桥乡、马莲渠乡、郭家桥乡。

【人口民族】

根据第七次全国人口普查数据，截至2020年11月1日零时，利通区常住人口为460790人。其中，城镇人口321479人，乡村人口139311人；汉族人口176558人，占总人口的38.32%，其他民族人口284232人，占总人口的61.68%。

【自然资源】

利通区土地总面积106424公顷，其中林地面积27145公顷，占利通区总面积的25.5%；非林地面积79279公顷，占利通区总面积的74.5%。

【气候特征】

利通区属温带半干旱气候区，冬无严寒，夏无酷暑。年降水量在260毫米，年蒸发量在2000毫米，平均气温11.2℃，极端气温最低为－22.4℃，四季分明，日照充足，蒸发强烈，雨雪稀少，昼夜温差大，全年日照3000小时，无霜期171天，是全国太阳辐射最充足的地区之一，适宜农作物及瓜果生长。每年5—10月间，利通区气候宜人，是旅游观光的黄金季节。具有春暖迟、夏热短、秋凉早、冬寒长的特点。

经济建设

【总体经济情况】

2021年，利通区始终坚持以推动高质量发展为主题，以深化供给侧结构性改革为主线，以建设黄河流域生态保护和高质量发展先行区为统揽，统筹抓好“十大重点产业”，深入推进“四权”改革，加快实施“八大工程”，区域经济实力不断增强。全年实现地区生产总值236.3亿元，增长8.5%。

【现代农业】

2021年，利通区聚焦打造“高端奶之乡核心区”，加快五里坡奶牛生态养殖基地四期、五期建设，奶牛、肉牛规模养殖场分别达到95家、42家，存栏分别达到20.6万头、10.5万头，规模化养殖率达98%以上，奶牛存栏和日产鲜奶占全自治区总量近三分之一，中国黄金奶源基地优势更加彰显。高标准建设3万亩优质粮食原料基地，培育星级绿色食品加工企业28家，利通区农产品质量安全检测中心通过“双认证”。瓜菜产业稳步提质，种植面积达6.5万亩。牛家坊村入选2021年全国特色产业亿元村，利通区荣获首批全国休闲农业重点县、全国农业科技现代化先行县、国家现代农业产业园，农业增加值增长6.5%。

【工业经济】

2021年，利通区实施重点工业项目12个、技改项目4个，新增自治区级专精特新企业、智能工厂数字化车间12家，新培育国家高新技术及科技型中小企业37家，战略性新兴产业增加值占规上工业比重达到20%。严格落实“双碳”目标，扎实推动“双控”工作，开工建设中核光伏复合发电等4个新能源项目，成功申报冬季清洁取暖改造和分布式光伏试点项目，全区单位工业增加值能耗同比下降9.3%。三峡光伏、大洋饲料等12家企业入规纳统，规模以上工业增加值增长15.4%。

【现代服务业】

2021年，利通区坚持以“做大规模、做优结构、做高层次”为目标，推动生活性服务业向高品质和多样化升级、生产性服务业向专业化和价值链高端延伸。文化旅游产业融合发展，全域旅游示范区创建全面推进，宁夏农富基地特色商贸、金积镇现代物流产业、牛家坊民俗文化村等集聚区加快形成，实现旅游收入增长38.8%。“早茶文化”“夜市经济”成为消费增长的新动力，成功举办“2021大西北吴忠早茶美食文化节”，培育早茶示范店22家，“游在宁夏、吃在吴忠、味在利通”品牌效应逐步显现。在线消费、电商直播、信息技术等新业态稳步发展，孵化吴忠严选、紫鼎影视等电商小微企业，成功举办首届电商直播营销大赛和网上年货节，推动线下体验与线上电商互补融合，第三产业增加值增长6.3%。

【改革开放】

2021年，利通区坚持以改革破解发展难题，以开放提升发展质量和水平。聚焦“四权”改革，建立健全资源有价、使用有偿、交易有市、节约有效的制度体系，为高质量发展持续释放活力。坚持问题导向，扎实开展改革任务落实情况“回头看”，建立台账、压实责任、对账销号，整改完成率达到98%。基层整合审批服务执法力量改革和农村产权交易市场多元化服务改革试点工作全面完成，乡村治理体系建设、数字乡村、共青团基层组织国家级试点改革任务有序推进。持续深化“放管服”改革，全面推行政务服务“好差评”评价机制，83.7%的政务服务事项实现了可“不见面”办理。深化与京津冀、长三角、东南部沿海地区的交流合作，同中国东方电气集团有限公司、中核汇能有限公司等一批知名企业建立了战略合作关系，实施招商引资项目41个，到位资金48亿元以上。

政治建设

【党的建设】

2021年，中共利通区委坚持以习近平新时代中国特色社会主义思想为指导，深入学习贯彻党的十九大和十九届历次中央全会精神，全面贯彻落实习近平总书记系列重要讲话和视察宁夏重要讲话精神，坚定不移落实党中央、自治区党委和吴忠市委决策部署。坚持常委会“第一议题”制度，对习近平总书记发表的重要讲话、作出的重要指示批示，及时传达学习，认真研究落实。聚焦党的十九届六中全会精神、习近平法治思想、习近平生态文明思想等主题，分层级开展交流研讨，分领域开设“六大课堂”，各级党员干部的政治判断力、政治领悟力、政治执行力不断提高。建立健全32项区委议事制度，调整优化109个议事协调机构，严格执行民主集中制、重大事项请示报告等制度，科学执政、民主执政、依法执政水平不断提高。扎实开展党史学习教育。紧紧围绕学懂弄通做实党的创新理论，激励广大党员在学史明理、学史增信、学史崇德、学史力行中鼓舞斗志、凝聚力量。建立周二“夜学”和“四讲”常态化学习机制，通过领导讲党课、专家作辅导、基层微宣讲、周末大讲堂等多种方式，推动党史学习教育“往深里学”。扎实开展“传承党的百年光辉史基因、铸牢中华民族共同体意识”主题教育活动，授牌“金银花”宣讲员288名，结合“板凳会”说党史、“红色收藏”学党史等微宣讲，讲活党的故事，传递红色正能量，推动党史学习教育“往心里走”。深入开展“我为群众办实事”实践活动，全面推行为民办实事“1+1”工作模式，完成区级办实事63项、重点民生项目6项，解决了一批急难愁盼问题，推动党史学习教育“往实里干”，广大党员干部群众切身感受到了党史学习教育带来的新成效。坚持把纪律和规矩挺在前面，全面夯实管党治党政治责任，一体推进不敢腐、不能腐、不想腐。聚焦工程建设政府采购等重点领域突出问题专项治理和粮食购销领域腐败问题专项整治，不断巩固反腐败压倒性胜利。依规依纪依法查处群众身边的腐败和作风问题，立案73件81人，给予党纪政务处分72人。严格执行中央八项规定及其实施细则精神和自治区“八条禁令”，常态化纠治“四风”，开展违规吃喝隐形变异问题专项整治。充分发挥审计监督和巡察利剑作用，实现四届区委巡察全覆盖，党风政风持续向好。

【基层组织建设】

2021年，中共利通区委以提升组织力为重点，大力实施基层党建“六项行动”，全力提升各领域党建工作水平。深入推进“三大三强”行动和“两个带头人”工程，扎实开展“一抓两整”示范县乡创建活动，持续锻造“三个过硬”乡村振兴干部队伍。深化城市党建“五联五化”机制，着力优化组织设置、延伸组织链条，拓展红色物业、在职党员双报到双服务、社区联合党委等载体，不断提升社区抓党建、抓治理、抓服务的能力水平。统筹抓好机关和“两新组织”党建工作，以“五型”模范机关创建、“五强五促”行动为重点，打造了“红石榴”等16个机关党建品牌，“两新组织”覆盖面持续扩大。严把政治标准和实干导向，对标换届要求选优党政正职、调优年龄结构、配优专业干部，全面完成区乡村“三级”领导班子换届。深入实施干部政治能力和专业能力提升工程，注重在疫情防控、基层治理、改革攻坚等一线工作中考察识别干部，一批政治素质过硬、经过基层历练的年轻干部脱颖而出。建立健全干部担当作为的激励和保护机制，完善基层干部上升渠道及权责划分、考核评价等制度，持续营造干事创业的良好氛围。

【基层治理】

利通区加快推进县域社会治理现代化试点工作，落实“1+6”基层治理政策体系，打造利通区社会治理综合服务中心，网格化管理、精细化服务、信息化支撑的治安防控体系日趋完善，上桥司法所荣获“平安中国建设”先进集体。政法队伍教育整顿取得扎实成效，常态化开展扫黑除恶斗争，各类乱象得到全面整改，利通公安分局荣获全国扫黑除恶专项斗争先进集体。重复信访、各类积案专项整治有序开展，矛盾纠纷化解率达99.4%。“八五”法治宣传教育全面启动。安全生产专项整治三年行动扎实推进，全域创建食品药品安全区成效明显，社会大局和谐安宁。

文化建设

2021年，中共利通区委大力弘扬社会主义核心价值观，深化公民思想道德建设，狠抓创建全国文明城市“四色管理”责任落实，建成兰花芬芳志愿服务中心暨社会组织孵化基地，巩固拓展新时代文明实践试点建设成果，古城镇秦桥村荣获全国“最美文艺志愿服务社区”。大力繁荣文化事业，启动建设利通区融媒体中心，全区综合文化服务中心实现全覆盖。成功申报国家级非物质文化遗产项目3个，开展各类群众文艺活动300余场次，利通区文化馆被命名为国家二级文化馆。

社会建设

【脱贫攻坚】

利通区全面落实移民致富提升行动，聚焦产业、就业、社会融入“三件事”，统筹推进巩固拓展脱贫攻坚成果与乡村振兴有效衔接。严格落实“四个不摘”要求，完善“领导包村、部门包片、干部包户”包抓机制，常态化开展“四查四补”工作，坚决防止发生规模性返贫。因地制宜发展特色产业，培育新型农业经营主体，加快实施扁担沟移民肉牛养殖园项目，扩大“国有企业＋合作社＋银行＋农户＋保险”融资入股分红模式覆盖面，加大技能培训，组织劳务输出，增加公益性岗位，强化社保兜底，移民群众增收致富更加稳定、更可持续。

【就业创业】

利通区全面落实城乡居民收入提升行动，统筹抓好城乡居民工资性、经营性、财产性、转移性收入，拓宽增收渠道。紧盯退役军人、高校毕业生、农民工等重点群体就业，开展职业技能培训促进就业计划，培育创业实体714个，认定创业孵化示范基地4家，实现城镇新增就业3862人，农村劳动力转移就业2.2万人，城镇登记失业率、调查失业率分别控制在3.8%、5.5%，城乡居民人均可支配收入分别增长7.8%、9.4%。

【教育科技】

利通区全面落实基础教育质量提升行动，坚持教育优先发展战略，推进城乡教育资源扩容增量。加快“互联网＋教育”融合应用，创建各级信息化应用试点标杆校6所，新建、改扩建中小学、幼儿园8所，大班额占比控制在2%以内，学前三年毛入园率、九年义务教育巩固率均完成自治区下达目标任务，成功创建全国中小学劳动教育实验区、青少年儿童近视防控试验区、规范化家长学校实践活动实验区。

【社会保障】

利通区聚焦群众切身利益，织密社会保障网，兜住民生底线。健全完善城乡低保、临时救助、救灾救济、特困人员供养等保障体系，累计发放各类救助金8700余万元。城市职工养老、失业、工伤保险参保人数持续增加，养老、医疗保险参保率均达到90%以上。加快推进医疗卫生和养老服务融合发展，累计建成养老机构4家、社区日间照料中心18个、农村老饭桌23个，养老服务质量不断提高。

生态文明建设

【污染防治】

利通区坚决打好“蓝天、碧水、净土”保卫战，实施农村清洁能源“双替代”工程，加大“两河一沟”流域综合治理力度，加强畜禽粪污综合利用，入黄排水沟水质稳定在Ⅳ类及以上，土壤环境质量总体保持稳定，空气优良天数占比达到81.3%。坚决把中央、自治区环保督察反馈问题整改作为重大政治任务，成立专班，压实责任，中央环保督察63件转办件全部整改完成。

【生态保护修复】

利通区统筹推进山水林田湖草沙综合治理、系统治理、源头治理，大力开展苦水河、清水沟等支流和沿岸区生态修复，实施苦水河利通区段生态治理、退耕还湿、清水沟上段人工湿地水质改善等项目，加快推进利通区“三北”防护林六期项目建设，完成各类营造林任务2.62万亩，村庄绿化覆盖率、森林覆盖率分别达到25%、9%，草原盖度达到53%。

【人居环境】

2021年，利通区完成老旧小区改造20个。启动新一轮农村人居环境整治提升五年行动，打造苦水河沿线人居环境整治示范带，高标准实施牛家坊村、白寺滩村等6个美丽乡村及111个“一村一年一事”项目，加大7个重点生态移民村基础设施、人居环境整治力度，梯次推进生活垃圾分类收集转运处理，城乡环境卫生保洁覆盖率、生活垃圾无害化处理率均达到100%。

组织机构及领导人

（2021年1月1日—12月31日在职）

中共吴忠市利通区委员会

书　记：周　涛（2021年8月免）
　　　　陈　宏（2021年8月任）
副书记：李玉山（回族，2021年8月免）
　　　　宋　喜（2021年8月任）
　　　　赵彦林（2021年7月免）
　　　　马　泰（2021年6月任）
常　委：周忠德（回族，2021年9月免）
　　　　李　宁（回族，2021年5月免）
　　　　兰　林（回族，2021年7月免）
　　　　卓恺浩（2021年7月免，挂职）
　　　　钱晓明
　　　　金　淼（女，回族，2021年7月免）
　　　　宗立冬（2021年7月免）
　　　　温丽娟（女）
　　　　马长军（回族）
　　　　王贻宁（2021年5月任）
　　　　马　迁（回族，2021年5月任）
　　　　王学海（回族，2021年7月任）
　　　　郭志强（2021年7月任）
　　　　马铁斌（回族，2021年7月任）

区委办公室

主　任：王贻宁（2021年6月免）
　　　　任少平（2021年6月任）
副主任：莫　鹏（2021年6月免）
　　　　吴伟伟（女，回族）
　　　　马　伟（回族，2021年4月任）

利通区人大常委会

主　任：陈　宇（回族，2021年11月免）
　　　　赵金峰（2021年11月任）
副主任：马金鹏（女，回族，2021年11月免）
　　　　闵　波（2021年11月免）
　　　　张志军（2021年11月免）
　　　　郭建成（2021年11月免）
　　　　李　渊（回族，2021年11月任）
　　　　张庆华（2021年11月任）
　　　　马学军（2021年11月任）
办公室主任：任少平（2021年6月免）
　　　　洪　军（2021年12月任）
人大民族宗教法制工作委员会主任：
　　　　马晓琴（女，回族）

人大代表联络与选举委员会主任：梁成勇

人大财经农业教科文卫工作委员会主任：李绍斌

办公室副主任：马玲红（女，回族）

利通区人民政府

区　长：李玉山（回族，2021年8月免）

宋　喜（2021年8月任代区长，11月任区长）

副区长：宗立冬（2021年7月免）

马长军（回族，2021年8月任）

马　迁（回族，2021年6月任）

卓恺浩（挂职，2021年7月免）

官　雨

杨有凯（回族，2021年5月免）

赵丽亭（女，2021年5月免）

杨晓娟（女，2021年6月任）

郭春晖（2021年8月任）

政府办公室

主任（信访局局长）：徐建军

副主任（信访局副局长）：唐新军（2021年6月免）

副主任：马忠吉（回族）

张建民（回族）

政协利通区委员会

主　席：赵　峰（2021年11月免）

周忠德（回族，2021年11月任）

副主席：李娟清（女，2021年11月免）

何振贵（回族，2021年11月免）

杨学武（回族，2021年11月免）

杨红梅（女，回族，2021年11月任）

马金良（回族，2021年11月任）

徐建军（2021年11月任）

办公室主任：李建宁

政协提案和委员联络委员会主任：

马学军（回族，2021年6月免）

刘少荣（女，2021年6月任）

政协教科文卫体委员会主任：沈天惠（女）

政协社会治理委员会主任：张振江（2021年6月免）

田　升（2021年6月任）

政协经济委员会主任：韩向荣（女，回族）

办公室副主任：李洋（女，2021年4月免）

李潇（女，2021年4月任）

利通区纪委监委

纪委书记、监委主任：兰　林（回族，2021年7月免）

郭志强（2021年7月任）

纪委副书记、监委副主任：杨晓勃

马文霞（女，回族）

纪委常委、监委委员：曹瑞瑛（女）

马学贵（回族）

虎　鹏（2021年2月任）

纪委常委：绽　蕾（女，回族，2021年6月任）

监委委员：赵玉春（回族）

利通区人民法院

党组书记、院长：郭　勤

党组成员、副院长：王晓明（回族）

王学祥（回族）

张道春

利通区人民检察院

党组书记、检察长：郭生鹏
党组成员、副检察长：
张国栋（回族）
贾少川
陈丽春（女）

利通区人民武装部

政　委：钱晓明
部　长：纪　波
副部长：陈红军（2021年9月免）
朱立志（2021年9月任）

区委工作部门

区委组织部

部　长：温丽娟（女）
副部长（区直机关工委副书记）：谭学军
副部长：马　雯（女，回族，2021年2月免）
何金容（女，回族，2021年2月任）
陈云佳（女，2021年4月任）

区委宣传部

部　长：李　宁（回族，2021年5月免）
王贻宁（2021年5月任）
副部长（文明办主任）：宁晓宇（回族）
副部长：王红苗（女）

区委统战部

部　长：周忠德（回族，2021年10月免）
王学海（回族，2021年10月任）
副部长（民族宗教事务局局长）：
马林忠（回族，2021年6月免）
马建云（回族，2021年6月任）
副部长：鲍文强

区委政法委

书　记：赵彦林（2021年7月免）
马　泰（2021年7月任）
副书记：马俊平（回族）
杨誉荣（回族，2021年6月免）
王彦萍（女，2021年6月任）

区委政研室

主　任：马铁马（回族）
副主任：马伏江（回族）

区委网络安全与信息化办公室

主　任：聂俊花（女，回族）
副主任：杜晓刚

区委机构编制委员会办公室

主　任：洪　军
副主任：俞　娇（女）

区委巡察工作领导小组办公室

主　任：冯学军（2021年9月免）
副主任：康立功

区委关心下一代工作委员会

副主任：张福新

区政府工作部门

区发展和改革局

局长（金融工作局局长、粮食和物资储备局局长）：

田　升（2021年6月免）

杨卫军（2021年6月任）

副局长：周保军（回族）

马　阳（女）

区教育局

局　长：周茂

副局长：王耀林（回族）

田学明（2021年4月免）

马婷婷（女，回族，8月任）

区科学技术局

局　长：马克勤

副局长：撒风兰（女，回族）

区工业信息化和商务局

局　长：马铁斌（回族，2021年4月免）

田学明（2021年4月任）

副局长：王　春（回族）

史文丹（女）

区公安分局

分局党委书记、局长：马学平（2021年1月免）

官　雨（2021年1月任）

分局党委副书记、政委：

马国权（回族，2021年11月免）

郭　佳（回族，2021年11月任）

分局党委副书记、副局长：

王大为（2021年11月免）

分局党委委员、副局长：

蔡明华（回族）

杨　健（回族）

王　涛（2021年11月任）

区民政局

局　长：马学军（回族，2021年11月免）

副局长：王保忠（回族）

金晓萍（女，回族）

区司法局

局　长：马　衍（回族）

副局长：陈金瑜

吴学华（女）

区财政局

局　长：张庆华（2021年11月免）

副局长：马金良（回族，2021年6月免）

鲍晓菲（女）

王　燕（女，2021年6月任）

区人力资源和社会保障局

局　长：任少军（回族）

副局长：杜小峡（女）

马　瑞（女，回族）

区自然资源局

局长（林业和草原局局长）：牛旭升（回族）

副局长：马广韬（2021年4月免）

沈玉琴（女，2021年2月免）

桂进才（2021年4月任）

和艳波（女，2021年2月任）

王　权

区生态环境分局

局　长：王宏德

区住房城乡建设和交通局

副局长：肖　飞（2021年4月免）

许晓钰（女）

马希慧（回族，2021年4月任）

区水务局

局　长：杨汉清（回族，2021年4月免）

马铁斌（回族，2021年4月任，7月免）

副局长：杜彦斌

马福军（回族）

区农业农村局

局　长：马英明（回族）

副局长：丁剑峰（回族）

马小东（回族，2021年4月免）

杨志瑞（2021年2月免）

田学福（回族，2021年2月任）

眭　浩（2021年4月任）

区文化旅游体育广电局

局长（文物局局长）：涂娜（女，回族）

副局长：张鑫（2021年6月免）

李　潇（女，2021年4月免）

金晓荣（女，回族，2021年4月任）

区卫生健康局

局　长：焦志敏（2021年4月免）

马小林（回族，2021年4月任）

副局长：吴学忠（回族）

马丽华（女，回族）

区退役军人事务局

局　长：强海涛（回族）

副局长：何　勇

马伏海（回族）

区应急管理局

局　长：马利克（回族）

副局长：何俊文（回族）

赵科军

马学军（回族，2021年6月任）

区审计局

局　长：张晓萍（女）

副局长：马林军（回族）

刘　婷（女）

区统计局

局　长：杨卫军（2021年6月免）

马金良（2021年6月任，11月免）

副局长：朱　桃（2021年4月免）

杨　丽（女，回族，2021年6月任）

区综合执法局

局　长：焦志敏（2021年4月任）

副局长：周迎春（瑶族）

何志坚

纪　纲（回族，2021年4月任）

区医疗保障局

局　长：马自强

副局长：金国仁

审批服务管理局

局　长：杨红梅（女，回族，2021年11月免）

副局长：王建辉

党派群团

中国国民党革命委员会利通区支部委员会

主　委：詹小波

中国民主同盟利通区支部委员会

主　委：张秀玲

中国民主促进会利通区总支委员会

主　委：杨晓娟

中国民主建国会利通区总支委员会

主　委：高美兰

中国农工民主党利通区总支委员会

主　委：马 阳

利通区总工会

主　席：李娟清（女）

副主席：周国鸿

艾永峰

沈玉琴（女，2021年2月任）

共青团利通区委员会

书　记：王芝兰（女，回族）

副书记：张雨萌（女）

利通区妇女联合会

主　席：丁素红（女，回族，1月任）

副主席：丁丽琴（女，回族）

利通区红十字会

会　长：杨晓娟（女，2021年7月提名候选人，12月选举当选）

常务副会长：马金瑞（回族，2021年6月提名人选，12月选举当选）

专职副监事长：王海燕（女，2021年2月提名人选，12月选举当选）

利通区残疾人联合会

副理事长：绽红花（女，回族，2021年6月提名人选）

企事业单位

巴浪湖农场

党委书记、董事长：孟卫成

党委副书记、总经理：郭彦斌

纪委书记：周立春

副总经理：李万虎

李建军

陈泽贵

吴忠林场

场　长：冯　骦

副场长：徐志勤（女）

刘飞飞（2021年6月任）

机关事务管理中心

主　任：唐少梅（女）

副主任：盛立霞（女，2021年3月任）

吴忠市供销社

主　任：谢万奇（2021年2月任）

利通区城乡环境卫生管理中心

党总支书记、主任：

何伟民（回族）

党总支副书记、副主任：

张　媛（女，2021年6月任）

融通公司

董事长、总经理（财政局委派）：

纳鹏毅

利通区供电公司

党委书记：强　荣（回族）

经　理：吴宝贵

副经理：杨瑞亮

副经理：陈腾飞

自治区驻利单位

税务局

局　长：马占宏（回族，2021年1月免）

马维国（回族，2021年1月任）

副局长：张　龙（2021年6月免）

赖学忠（2021年6月免）

李克琳（回族）

来建斌

杨　兵（2021年2月免）

罗　京（女）

丁学忠（回族）

李　鑫（女）

市场监督管理局利通区分局

党总支书记、局长：孙尚杰

党总支副书记：靳宁雯（女）

党总支委员、副局长：黄　毅（满族）

马洪志（回族）

党总支委员：丁光荣（回族）

消防救援大队

大队长：张　甲

教导员：马冬生（回族）

副大队长：李　梁

气象局

副局长（主持工作）：宋慧萍

供电局

客户服务中心综合室主任：严军

乡　镇

金积镇

党委书记：马长军（回族，2021年7月免）

马铁斌（回族，2021年7月任）

党委副书记、政府镇长：

周立峰（回族，2021年6月免）

莫　鹏（2021年6月任）

人大主席：马　晶（回族）

党委副书记：金晓荣（女，回族，2021年4月免）

马广韬（2021年4月任）

纪委书记：刘晓东（回族）

党委委员、组织委员：

何金容（女，回族，2021年2月免）

牛晓娟（女，回族，2021年2月任）

党委委员、政府副镇长：

桂进才（2021年4月免）

童晓英（女，回族）

朱　桃（2021年4月任）

党委委员、武装部部长：

杨　林（回族，2021年2月免）

李　铁（回族，2021年6月任）

政府副镇长：杨攀龙（2021年2月任）

高闸镇

党委书记：马小林（回族，2021年4月免）

柏永宏（2021年4月任）

党委副书记、政府镇长：

赵小林（女）

人大主席：张玉梅（回族，2021年4月免）

马小东（回族，2021年4月任）

党委副书记：王　琦（回族）

纪委书记：马　毓（女，回族）

党委委员、组织委员：顾晓莉（女）

党委委员、政府副镇长：金存军（回族）

杨作义（回族）

党委委员、武装部部长：

马学军（回族，2021年6月免）

苏晓明（回族，2021年6月任）

金银滩镇

党委书记：王　瑛（女）

党委副书记、政府镇长：

王志武（回族）

人大主席：文　林

党委副书记：王　晶（女，回族）

纪委书记：张建军（回族，2021年4月免）

张　荣（2021年4月任）

党委委员、组织委员：

余海娜（女）

党委委员、政府副镇长：

黎龙强（2021年6月免）

马　萍（女，回族）

杨志瑞（2021年2月任）

党委委员、武装部部长：

何玉滨（回族）

政府副镇长：马　奔（2021年6月任）

扁担沟镇

党委书记：刘少荣（女，2021年6月免）

周立峰（回族，2021年6月任）

党委副书记、政府镇长：

马建云（回族，2021年6月免）

黎龙强（2021年6月任）

人大主席：刘　海

党委副书记：王　莹（女）

纪委书记：马天龙（回族，2021年4月免）

赵宏军（2021年4月任）

党委委员、组织委员：

绽　蕾（女，回族，2021年6月免）

唐　刚（2021年6月任）

党委委员、政府副镇长：

张　荣（2021年4月免）

马克凤（女，回族）

马天虎（回族，2021年6月任）

党委委员、武装部部长：

赵宏军（2021年4月免）

马如刚（回族，2021年6月任）

政府副镇长：田学福（回族，2021年2月免）

李小强

古城镇

党委副书记、政府镇长：

丁学林（回族）

人大主席：王玉兰（女，回族，2021年4月免）

马卫宁（回族，2021年4月任）

党委副书记：王彦萍（女，回族，2021年6月免）

张　鑫（2021年6月任）

陈　冲（挂职，2021年7月免）

纪委书记：刘兰芳（女，2021年4月免）

黄建军（回族，2021年4月任）

党委委员、组织委员：刘梦彬（女）

党委委员、政府副镇长：

纪　刚（回族，2021年4月免）

马海燕（女，回族）

张　玉

党委委员、武装部部长：

和艳波（女，2021年2月免）

吴志军（回族，2021年2月任）

政府副镇长：锁国心（回族，2021年6月任）

上桥镇

党委书记：辛建平

党委副书记、政府镇长：吴建林（回族）

人大主席：许福斌（2021年6月免）

唐新军（2021年6月任）

党委副书记：官　民（2021年2月免）

马国云（2021年2月任）

王孝国（挂职，2021年7月免）

纪委书记：赵红星（2021年4月免）

吴　媛（女，回族，2021年4月任）

党委委员、组织委员：王伊莎（女，回族）

党委委员、政府副镇长：

马国云（回族，2021年2月免）

马彩霞（女，回族）

王小宏（回族）

李　洋（女，2021年4月任）

党委委员、武装部部长：

艾　蔼（女）

政府副镇长：毕　涛（女，2021年6月）

胜利镇

党委书记：丁爱华（女，回族）

党委副书记、政府镇长：赵建强

人大主席：杨德云

党委副书记：金晓菲（女，回族）

纪委书记：李　蕊（女，2021年4月免）

刘宁芳（2021年4月任）

党委委员、组织委员：马荔枝（女，回族）

党委委员、政府副镇长：

黄建军（回族，2021年4月免）

金冬至（回族）

黄　鑫（2021年6月任）

党委委员、武装部部长：杨　文（回族）

金星镇

党委书记：张广军

党委副书记、政府镇长：马　琰（女，回族）

人大主席：刘丽萍（女）

党委副书记：马淑娟（女，回族）

纪委书记：高振军（2021年4月免）

马光兵（回族，2021年4月任）

党委委员、组织委员：

杨　静（女，回族）

党委委员、政府副镇长：

王　乐（回族，2021年4月免）

马利军（回族）

兰　芳（女，回族，2021年6月任）

党委委员、武装部部长：

马光兵（回族，2021年4月免）

聂文庆（2021年4月任）

东塔寺乡

党委书记：尤　韬

党委副书记、政府乡长：

王　乐（回族，2021年4月任）

人大主席：叶自明

党委副书记：李　玲（2021年4月免）

肖　飞（2021年4月任）

董乐赢（挂职，2021年7月免）

纪委书记：王　锦（女，回族，2021年4月免）

马　勇（回族，2021年4月任）

党委委员、组织委员：王　颖（女，回族）

党委委员、政府副乡长：

张宝宁（2021年6月免）

刘宁芳（2021年4月免）

眭　浩（2021年4月免）

马国兵（回族，2021年4月任）

魏娜娜（女，2021年4月任）

党委委员、武装部部长：武丽莉（女）

政府副乡长：马　林（回族，2021年6月）

板桥乡

党委书记：郝学忠（回族）

党委副书记、政府乡长：马学军（回族）

人大主席：韩　磊

党委副书记：万文霞（女）

纪委书记：马新民（回族）

党委委员、组织委员：武　桐（女，回族）

党委委员、政府副乡长：郝　健（回族）

闫丽璐（女，2021年6月免）

马　勇（回族，2021年4月免）

张宝宁（2021年6月任）

党委委员、武装部部长：杨　婷（女，回族）

政府副乡长：范钊槐（2021年6月任）

马莲渠乡

党委书记：马忠国（回族）

党委副书记、政府乡长：刘东阳

人大主席：杨兴荣（回族）

党委副书记：王　萍（女，回族）

纪委书记：马瑞峰（回族）

党委委员、组织委员：田　梦（女）

党委委员、政府副乡长：马天虎（2021年6月免）

杨静美（女）

丁　宇（女，回族，2021年2月任）

党委委员、武装部部长：梁　栋

政府副乡长：马霭（女，回族，2021年6月任）

郭家桥乡

党委书记：白学军（回族）

党委副书记、政府乡长：李　玲（2021年4月任）

人大主席：鲁兴平

党委副书记：杨冰云（回族）

叶　飞（挂职，2021年7月免）

纪委书记：丁广云（回族）

党委委员、组织委员：

杨　丽（女，回族，2021年6月免）

安洋洋（女，2021年6月任）

党委委员、政府副乡长：

马希慧（回族，2021年4月免）

景旭萍（女）

马成林（回族，2021年6月任）

党委委员、武装部部长：黑岳峰（回族）

中国共产党吴忠市利通区委员会

综　述

2021年，利通区委坚持以习近平新时代中国特色社会主义思想为指导，深入学习贯彻党的十九大和十九届历次中央全会精神，全面贯彻落实习近平总书记系列重要讲话和视察宁夏重要讲话精神，坚定不移落实党中央、自治区党委和吴忠市委决策部署，团结带领全区广大干部群众迎难而上、拼搏进取，坚决守好“三条生命线”，持续做好“调转增融”四篇文章，坚持走好高质量发展新路子，实现了“十四五”良好开局。全年实现地区生产总值236.3亿元，增长8.5%，一般公共预算收入15.96亿元，年均增长6.4%，城乡居民人均可支配收入分别增长7.8%、9.4%。

重要会议

【利通区委四届十二次全会】

6月25日，利通区召开区委四届十二次全会。全会由利通区委书记周涛主持。全会审议通过了《关于召开中国共产党吴忠市利通区第五次代表大会的决议》。全会号召，全区各级党组织、广大党员和干部群众要坚持以习近平新时代中国特色社会主义思想为指导，全面贯彻党的十九大和十九届二中、三中、四中、五中全会精神，深入贯彻落实习近平总书记视察宁夏重要讲话精神，增强“四个意识”、坚定“四个自信”、做到“两个维护”，坚持和加强党的全面领导，坚持和完善人民代表大会制度，深入贯彻新时代党的建设总要求和新时代党的组织路线，认真落实自治区党委、吴忠市委和利通区委部署要求，努力做好各方面工作，以优异成绩迎接吴忠市利通区第五次党代表大会的胜利召开。

【利通区委五届一次全会】

9月26日，利通区召开区委五届一次全会。全会由吴忠市委常委、利通区委书记陈宏主持并讲话。全会表决通过了《中国共产党吴忠市利通区第五届委员会第一次全体会议选举办法（草案）》和监票人、计票人名单。以无记名投票的方式选举了中国共产党吴忠市利通区常务委员会委员和书记、副书记。陈宏当选为中国共产党吴忠市利通区第五届委员会书记；宋喜、马泰当选为中国共产党吴忠市利通区第五届委员会副书记；马迁、马泰、马长军、马铁斌、王学海、王贻宁、宋喜、陈宏、钱晓明、郭志强、温丽娟当选为中国共产党吴忠市利通区第五届委员会常务委员会委员。全会通过了中国共产党吴忠市利通区第五届纪律检查委员会第一次全体会议选举结果的报告。全会号召，站在新的发展起点上，新一届区委面临着光荣而艰巨的任务，肩负着重大而神圣的职责，要在中央和区、市党委的坚强领导下，以更加敬业和创新的精神，更加勤奋和务实的作风，更加公正和廉洁的形象，凝心聚力、拼搏奋进，共同谱写利通区高质量发展的新篇章！

【四届区委2021年第一次常委会会议】

1月12日，区委书记周涛主持召开。会议传达学习了中央、自治区党委、吴忠市委经济工作会议和自治区建设黄河流域生态保护和高质量发展先行区第三次推进会精神等内容；会议研究审定了《区委常委会2021年工作要点》《关于推进黄河流域生态保护和高质量发展先行区的实施方案（送审稿）》《利通区推进基层整合审批服务执法力量的实施方案（送审稿）》等事宜。

【四届区委2021年第二次常委会会议】

1月20日，区委书记周涛主持召开。会议传达学习了习近平总书记在省部级主要领导干部学习贯彻党的十九届五中全会精神专题研讨班开班式、中央政治局常务委员会会议、中央全面深化改革委员会第十七次会议上的重要讲话精神等内容；会议通报了自治区社科联《关于对社会科学普及工作成效突出的单位和个人予以表扬的通知》；会议研究审定了《吴忠市利通区经济发达镇建设实施方案（送审稿）》《利通区2021年春季造林绿化实施方案（送审稿）》《利通区农村道路交通安全“两站两员”建设工作实施方案（送审稿）》等事宜。

【四届区委2021年第三次常委会会议】

2月4日，区委书记周涛主持召开。会议传达学习了中央、自治区党委农村工作会议及《自治区关于全面推进乡村振兴加快农业农村现代化的实施意见》精神，十九届中央纪委五次全会、自治区纪委十二届五次全会精神等内容；会议通报了2020年度各县市区脱贫攻坚成效考核情况和2020年实施乡村振兴战略有关考评情况；会议听取了利通区安全生产工作情况汇报；会议研究审定了《利通区纪委四届六次全体会议上的工作报告（送审稿）》《利通区关于开展工程建设政府采购等重点领域突出问题专项治理工作方案（送审稿）》《利通区2020年低温冻害农业生产救灾补助资金使用实施方案（送审稿）》等事宜。

【四届区委2021年第四次常委会会议】

2月26日，区委书记周涛主持召开。会议传达学习了《中国共产党统一战线工作条例》及全国全区统战部长会议、组织部长会议、宣传部长会议精神等内容。会议研究审定了《利通区2021年老旧小区改造实施方案（送审稿）》等事宜。

【四届区委2021年第五次常委会（扩大）会议】

3月4日，区委书记周涛主持召开。会议传达学习了中央、自治区、吴忠市党史学习教育有关会议精神。会议研究审定了《中共利通区委关于在全区开展党史学习教育的实施方案

（送审稿）》。

【四届区委2021年第六次常委会会议】

3月19日，区委书记周涛主持召开。会议传达学习了中央政治局会议、自治区党委巡视指导督导工作专题培训会议、自治区党委第十一轮巡视动员部署会议、陈润儿同志听取自治区党委第十轮巡视情况汇报时的讲话和吴忠市委第十一轮巡察动员部署会议精神等内容；会议听取了利通区村（社区）“两委”换届工作，奶产业、瓜果蔬菜产业和饲草产业发展情况汇报；研究审定了《关于中国共产党成立100周年庆祝活动的通知》《关于成立中国共产党成立100周年庆祝活动领导小组的通知》《2021年利通区组织工作要点（送审稿）》等事宜。

【四届区委2021年第七次常委会会议】

3月30日，区委书记周涛主持召开。会议传达学习了中央、自治区党委关于政法队伍教育整顿有关文件精神和《宁夏回族自治区生态环境保护督查工作实施办法》；会议听取了肉牛滩羊产业、绿色食品产业和文化旅游产业发展情况汇报，通报了《2020年度自治区效能目标管理考核结果的通报》；会议还研究审定了《利通区政法队伍教育整顿实施方案（送审稿）》《2021年利通区高标准重点小城镇高质量美丽宜居村庄建设实施方案（送审稿）》、利通区2020年效能目标管理考核等事宜。

【四届区委2021年第八次常委会会议】

4月8日，区委书记周涛主持召开。会议通报了《2020年自治区平安建设考核结果通报》和利通区村庄清洁行动“春季战役”情况；听取了利通区校园安全整治工作，纺织产业、装备制造产业和清洁能源产业发展以及考察江苏省和浙江省农村人居环境整治情况的汇报；会议研究审定了《2021年利通区全面从严治党党风廉政建设和反腐败工作主要任务分工方案》《吴忠市利通区政治生态分析研判评价办法（试行）》（送审稿）《利通区2021年宣传思想文化工作要点》等事宜。

【四届区委2021年第九次常委会（扩大）会议】

4月15日，区委书记周涛主持召开。会议传达学习了《中共中央关于加强对“一把手”和领导班子监督的意见》精神，自治区基层党建工作重点任务推进会精神；会议研究审定了《关于开展“导师帮带制”工作的实施方案（送审稿）》、自治区“两优一先”推荐人选等事宜。

【四届区委2021年第十次常委会会议】

4月28日，区委书记周涛主持召开。会议传达学习了自治区党委陈润儿书记在吴忠市调研座谈时的讲话精神、自治区建设黄河流域生态保护和高质量发展先行区第四次推进会精神等内容，通报了《关于徐光金严重违纪违法案的通报》；会议研究审定了《关于开展“我为群众办实事”实践活动工作方案（送审稿）》《吴忠市利通区深化“放管服”改革优化营商环境重点任务分工实施方案（送审稿）》《利通区经营性国有资产运营管理方案（送审稿）》等事宜。

【四届区委2021年第十一次常委会会议】

5月11日，区委书记周涛主持召开。会议研究了干部提拔有关事宜。

【四届区委2021年第十二次常委会会议】

5月11日，区委书记周涛主持召开。会议研究了干部考察有关事宜。

【四届区委2021年第十三次常委会会议】

5月27日，区委书记周涛主持召开。会议传达学习了全国巡视工作会议暨十九届中央第七轮巡视动员部署会精神，中央、自治区、吴忠市关于严肃换届纪律，加强换届风气监督的文件精神，自治区庆祝建党100周年安保维稳工作动员部署会议、信访安全保障工作会议和全区扫黑除恶专项斗争总结表彰大会精神等内容。会议研究审定了《四届区委第十二轮建设黄河流域生态保护和高质量发展先行区专项巡察方案（送审稿）》《利通区矛盾纠纷排查化解专项行动方案》《利通区“唱红歌·感党恩”合唱比赛实施方案》等事宜。

【四届区委2021年第十四次常委会会议】

6月8日，区委书记周涛主持召开。会议传达学习了《中国共产党组织工作条例》等内容，通报了《关于7起醉驾违纪违法典型问题的通报》；会议研究审定了《四届利通区委第一轮至第十轮巡察反馈问题整改落实情况监督检查工作方案（送审稿）》《利通区“1533”乡村治理模式操作手册（送审稿）》《关于做好全区区乡两级人民代表大会换届选举工作的意见（送审稿）》等事宜。

【四届区委2021年第十五次常委会会议】

6月17日，区委书记周涛主持召开。会议传达学习习近平总书记对湖北十堰市张湾区艳湖社区集贸市场燃气爆炸事故作出的重要指示和李克强总理批示、陈润儿同志在自治区“四大提升行动”部署推进会上的讲话精神等内容；会议听取了利通区政法队伍教育整顿工作情况汇报；会议还研究审定了《中共吴忠市利通区第五次代表大会筹备工作方案》《关于开展“六个先锋”示范引领行动深入推进抓党建促乡村振兴工作方案（送审稿）》，利通区2021年“七一”前走访慰问老党员、困难党员等事宜。

【四届区委2021年第十六次常委会会议】

区委书记周涛主持召开。会议研究了干部考察有关事宜。

【四届区委2021年第十七次常委会会议】

6月25日，区委书记周涛主持召开。会议研究审定了《中国共产党吴忠市利通区第四届委员会第十二次全体会议关于召开中国共产党吴忠市利通区第五次代表大会的决议（草案）》及其说明（送审稿），《利通区常态化开展扫黑除恶斗争实施方案（送审稿）》，关于成立利通区扫黑除恶斗争领导小组等事宜。

【四届区委2021年第十八次常委会（扩大）会议】

7月2日，区委书记周涛主持召开。会议传达学习了习近平总书记在庆祝中国共产党成立100周年大会上的重要讲话精神。会议强调，各级党组织要迅速行动起来，加强组织领导，制定学习方案，精心安排部署，要用心用情学、丰富载体学、结合实际学，迅速掀起学习宣传贯彻习近平总书记在庆祝中国共产党成立100周年大会上的重要讲话精神热潮。

【四届区委2021年第十九次常委会会议】

7月8日，区委书记周涛主持召开。会议传达学习了习近平总书记在中央政治局第二十九、三十、三十一次集体学习时的重要讲话，《中国共产党党徽党旗条例》精神，中办、国办《关于坚决遏制“两高”项目盲目发展的通知》精神，自治区党委关于《加强对“一把手”和领导班子监督实施办法（试行）》《“一把手”和领导班子开展党内谈话实施办法（试行）》《“一把手”述责述廉实施办法（试行）》精神等内容。会议听取了利通区上半年党风廉政建设和反腐败工作、基层党建等工作汇报，并对相关工作作出安排部署。会议还研究审定了《利通区支持民营企业加快改革发展与转型升级的实施方案（送审稿）》《利通区退役军人立功受奖人员褒奖工作方案（送审稿）》等事宜。

【四届区委2021年第二十次常委会会议】

7月9日，区委书记周涛主持召开。会议研究了干部考察有关事宜。

【四届区委2021年第二十一次常委会会议】

7月16日，区委书记周涛主持召开。会议传达学习了自治区纪委《关于徐力群严重违纪违法案件及其教训警示的通报》，吴忠市纪委《关于马林华严重违纪违法案件的通报》精神等内容。会议研究审定了《中共吴忠市利通区委员会党务公开工作制度（试行）》《关于废止、宣布失效和修改部分党内规范性文件的决定（送审稿）》等事宜。

【四届区委2021年第二十二次常委会（扩大）会议】

7月26日，区委书记周涛主持召开。会议传达学习了自治区党委、吴忠市委换届工作有关精神。

【四届区委2021年第二十三次常委会会议】

7月27日，区委书记周涛主持召开。会议传达学习了习近平总书记对防汛工作作出的重要指示精神，中央全面深化改革委员会第十九次、二十次会议精神等内容。会议听取了乡镇出席中国共产党吴忠市利通区第五次代表大会代表候选人预备人选资格审查情况的汇报。会议研究审定了《关于利通区第五届人民代表大会下放代表的建议》等事宜。

【四届区委2021年第二十四次常委会会议】

7月30日，区委书记周涛主持召开。会议通报了利通区领导班子换届考察谈话调研推荐情况和利通区纪委领导班子换届考察谈话调研推荐情况。

【四届区委2021年第二十五次常委会会议】

区委书记周涛主持召开。会议研究了干部考察有关事宜。

【四届区委2021年第二十六次常委会会议】

区委书记周涛主持召开。会议研究了干部考察有关事宜。

【四届区委2021年第二十七次常委会会议】

8月12日，区委书记周涛主持召开。会议传达学习了习近平总书记在西藏考察时、在中央政治局第三十二次集体学习、中央政治局会议、在党外人士座谈会上的重要讲话精神，自治区党委办公厅关于认真学习贯彻《中国共产党领导国家安全工作条例》的通知精神等内容。会议听取了上半年利通区工程建设政府采购突出问题专项治理工作情况汇报。会议研究审定了《关于调整吴忠市利通区工程建设政府采购等重点领域突出问题专项治理工作领导小组组成人员的请示》《吴忠市利通区2021年度效能目标管理考核实施方案（送审稿）》《实施全民健康水平提升行动的实施方案》等事宜。

【四届区委2021年第二十八次常委会会议】

8月19日，区委书记周涛主持召开。会议研究审定了《利通区委新一届委员会委员、候补委员和区纪律检查委员会委员候选人初步人选名单》。

【四届区委2021年第二十九次常委会会议】

8月23日，区委书记周涛主持召开。会议研究推荐中共利通区第五届委员会委员、候补委员和区纪律检查委员会委员候选人选，研究审定了利通区委、纪委、人大、政府、政协领导班子和法院、检察院换届人事安排有关事宜。

【四届区委2021年第三十次常委会会议】

9月6日，吴忠市委常委、区委书记陈宏主持召开。会议传达学习了习近平总书记在河北承德考察时、在中央民族工作会议、在中央全面深化改革委员会第二十一次会议、在中共中央政治局会议、在中央党校（国家行政学院）中青年干部培训班开班式上的重要讲话精神等内容。会议听取了利通区“双控”工作、食品药品安全工作、四届区委第十二轮建设黄河流域生态保护和高质量发展先行区专项巡察情况的汇报。会议研究审定了《平安利通建设领导责任制实施办法》《平安利通建设考核奖惩办法（送审稿）》《利通区委巡察工作五年总结和下一步巡察工作思路（送审稿）》《利通区2021年本级财政及自治区财政衔接推进乡村振兴补助资金使用方案（送审稿）》等事宜。

【四届区委2021年第三十一次常委会会议】

9月10日，市委常委、区委书记陈宏主持召开。会议研究审定了利通区出席中国共产党吴忠市第六次代表大会代表候选人推荐人选。

【四届区委2021年第三十二次常委会会议】

9月13日，市委常委、区委书记陈宏主持召开。会议研究审定了利通区出席中国共产党吴忠市第六次代表大会代表候选人初步人选名单和区直机关工委、教育工委、部队出席中国共产党吴忠市利通区第五次代表大会代表选举结果。

【四届区委2021年第三十三次常委会会议】

9月17日，市委常委、区委书记陈宏主持召开。会议传达学习了自治区粮食购销领域腐败问题专项整治工作动员部署会议精神。会议研究审定了《中国共产党吴忠市利通区第四届委员会工作报告》《中国共产党吴忠市利通区第五次代表大会关于中国共产党吴忠市利通区第四届委员会工作报告的决议（草案）》、关于召开中国共产党吴忠市利通区第五次代表大会等事宜。

【四届区委2021年第三十四次常委会会议】

9月21日，市委常委、区委书记陈宏主持召开。会议传达学习了习近平总书记在陕西榆林考察时的重要讲话精神，在《求是》杂志上发表的重要文章《毫不动摇坚持和加强党的全面领导》等内容。会议研究审定了《利通区进一步加强红十字会基层组织建设的实施方案（送审稿）》、调整利通区城镇社区工作者工资待遇和出席中国共产党吴忠市第六次代表大会候选人预备人选等事宜，并观看了红色党史纪录片《初心铸就辉煌》。

【五届区委2021年第一次常委会会议】

9月29日，市委常委、区委书记陈宏主持召开。会议传达学习习近平总书记在上海合作组织成员国元首理事会第二十一次会议、在第七十六届联合国大会一般性辩论上的重要讲话精神，习近平总书记关于作风建设和构建新型政商关系的重要论述，《关于新形势下党内政治生活的若干准则》《中国共产党纪律处分条例》、中央八项规定及其实施细则精神等内容。会议听取了利通区防范化解金融领域风险工作、法治政府建设工作进展情况的汇报。研究审定了《利通区常态化开展扫黑除恶斗争巩固专项斗争成果工作措施（送审稿）》，安排部署了生态环境保护、国庆节期间安全生产、信访维稳、疫情防控、应急值守、廉洁过节等工作。

【五届区委2021年第二次常委会会议】

10月11日，市委常委、区委书记陈宏主持召开。会议传达学习了习近平总书记在纪念辛亥革命110周年大会、中央人才工作会议、中央政治局第三十三次集体学习、出席上海合作组织和集体安全条约组织成员国领导人阿富汗问题联合峰会时的重要讲话精神，自治区党委十二届十三次全会精神等内容。会议听取了利通区1—9月份全区安全生产工作、未成年人思想道德建设工作情况汇报。会议研究审定了政协吴忠市利通区第五届委员会委员推荐提名建议人选、召开利通区第五届人民代表大会第一次会议、《关于在全区开展第八个五年法治宣传教育的实施方案（送审稿）》等事宜。

【五届区委2021年第三次常委会会议】

10月18日，市委常委、区委书记陈宏主持召开。会议传达学习了习近平总书记在中央人大工作会议、《生物多样性公约》第十五次缔约方大会领导人峰会上的重要讲话精神，学习《黄河流域生态保护和高质量发展规划纲要》《中国共产党宣传工作条例》《中国共产党统战工作条例》等内容。会议听取了全区政法队伍教育整顿工作情况汇报。会议研究审定了《利通区人大常委会工作报告（送审稿）》《政府工作报告》《关于利通区2021年国民经济和社会发展计划执行情况与2022年国民经济和社会发展计划草案的报告》等事宜，并对安全生产、疫情防控、校园安全和食品安全等工作作了安排部署。

【五届区委2021年第四次常委会会议】

11月10日，市委常委、区委书记陈宏主持召开。会议传达学习了习近平总书记在中央政治局会议、中央政治局第三十四次集体学习、深入推动黄河流域生态保护和高质量发展座谈会、中华人民共和国恢复联合国合法席位50周年纪念会议、二十国集团领导人第十六次峰会第一阶段会议上的重要讲话精神，自治区党委常委会会议、全区深入实施“四大提升行动”全面促进乡村振兴工作现场会精神等内容。会议研究审定了《利通区今秋明春造林绿化实施方案（2021—2022年）》《利通区扁担沟镇移民村庄今秋明春绿化工作方案（送审稿）》《利通区扁担沟镇万头肉牛养殖项目移民户融资实施方案（送审稿）》等事宜。

【五届区委2021年第五次常委会会议】

11月14日，市委常委、区委书记陈宏主持召开。会议传达学习了中国共产党第十九届中央委员会第六次全体会议及自治区党委常委会扩大会议精神，习近平总书记关于强化党内监督重要论述及《中国共产党纪律处分条例》《中国共产党党内监督工作条例》等内容。会议研究审定了吴忠市利通区2021年保障性安居工程配套基础设施建设项目古城中心村、北湖花园A区初步设计等事宜。

【五届区委2021年第六次常委会会议】

11月24日，市委常委、区委书记陈宏主持召开。传达学习了《求是》杂志发表的习近平总书记重要文章《坚定理想信念补足精神之钙》，习近平总书记在推动黄河流域生态保护和高质量发展座谈会上重要讲话精神，自治区贯彻落实习近平总书记在推动黄河流域生态保护和高质量发展座谈会上重要讲话精神暨先行区建设第六次推进会精神，《中国共产党问责条例》《中华人民共和国监察法实施条例》等内容。会议研究审定了区级领导联系指导乡镇工作等事宜，并对迎接中央生态环境保护督察工作作了安排部署。

【五届区委2021年第七次常委会会议】

12月1日，市委常委、区委书记陈宏主持召开。会议传达学习了习近平总书记在中共中央政治局会议、第三次“一带一路”建设座谈会、中央全面深化改革委员会第二十二次会议、中央军委人才工作会议上的重要讲话精神，2021年全国文明城市创建工作培训班精神，自治区党委十二届十四次全会精神等内容。会议听取了利通区工程建设和政府采购领域专项治理工作、中央和自治区环保督察反馈问题整改工作、“双减”工作情况的汇报。会议还研究审定了成立调整规范撤销利通区议事协调机构及区级领导包抓机制、2021年符合政府安排工作条件退役军人和国家综合性消防救援队伍退出消防员安置工作、利通区2021年自治区农村一二三产业融合发展资金（第三批）分配等事宜。

【五届区委2021年第八次常委会会议】

12月9日，市委常委、区委书记陈宏主持召开。会议传达学习了习近平总书记向2021年“读懂中国”国际会议（广州）开幕式的致辞，习近平总书记在全国宗教工作会议上的重要讲话精神和自治区党委常委会会议精神，全国、全区新冠病毒疫情防控工作电视电话会议精神等内容。会议听取了利通区当前疫情防控形势、新时代文明实践中心建设情况、信访化解工作情况的汇报。会议还研究审定了政协吴忠市第六届委员会委员拟推荐建议人选、《吴忠市利通区关于深化市辖区跨领域跨部门综合执法改革工作方案（送审稿）》等事宜。

【五届区委2021年第九次常委会会议】

12月17日，市委常委、区委书记陈宏主持召开。会议传达学习了《求是》杂志发表的习近平总书记重要文章《深入实施新时代人才强国战略加快建设世界重要人才中心和创新高地》，习近平总书记在中共中央政治局会议、党外人士座谈会、中央政治局第三十五次集体学习时的重要讲话精神，中央经济工作会议、自治区党委常委会会议精神等内容。会议听取了利通区2021年意识形态工作责任制落实情况，人大常委会党组、政府党组、政协党组、人民法院党组、人民检察院党组2021年工作汇报。会议还研究审定了《中共吴忠市利通区委员会议事规则汇编（送审稿）》《利通区村干部日常管理考核办法（送审稿）》，关于成立利通区统计局党组等事宜。

【五届区委2021年第十次常委会会议】

12月30日，市委常委、区委书记陈宏主持。会议传达学习了习近平总书记在中央全面深化改革委员会第二十三次会议、中共中央政治局党史学习教育专题民主生活会上的重要讲话精神，中央农村工作会议、自治区党委经济工作会议、全区奶产业高质量发展现场会精神等内容。会议听取了中央第八巡视组巡视宁夏反馈问题自查整改情况、自治区党委第一巡视组巡视利通区委反馈问题整改情况，四届区委第十一、十二轮巡察反馈问题整改落实监督检查情况，工程建设政府采购等重点领域突出问题专项治理工作情况，全区涉粮问题专项巡察工作情况汇报以及纪委监委、组织部等部门工作情况汇报。会议还研究审定了《利通区重大决策社会稳定风险评估实施办法》《平安利通建设任务分工清单（送审稿）》《利通区2022年信访工作示范区创建活动实施方案（送审稿）》等事宜，并安排部署“两节”期间信访维稳、疫情防控、应急值守、廉洁过节等工作。

纪委监委

【概况】

利通区纪委监委机关行政编制47名，实有人员43人。事业人员编制6名，实有人员6名。设区纪委常委8名（其中，区纪委书记1名，副书记2名〈正科长级〉）；区监委主任1名，由区纪委书记兼任；区监委副主任2名，由区纪委副书记兼任；区监委委员4名，内设室主任职数7名，派驻纪检监察组组长职数6名。下设办公室、党风政风监督室、信访室、案件监督管理室、纪检监察室、案件审理室、宣教室共7个内设机构和派驻第一至派驻第六6个派出纪检监察组。2021年，是中国共产党成立100周年，是全面实施“十四五”规划的第一年。区委始终以习近平新时代中国特色社会主义思想为指导，深入学习贯彻习近平总书记视察宁夏重要讲话精神，坚决执行党中央和自治区党委、市委决策部署，坚决扛起管党治党政治责任，坚定不移全面从严治党、持之以恒正风肃纪反腐，引领保障“十四五”开局起步、全面建设社会主义现代化美丽新利通迈出坚实步伐。区纪委监委在市纪委监委和区委的坚强领导下，忠诚履行党章和宪法赋予的职责，以高度的政治责任意识，充分发挥监督保障执行、促进完善发展作用，坚持监督执纪问责、正风肃纪反腐职能，一体推进不敢腐、不能腐、不想腐，反腐败斗争取得压倒性胜利并全面巩固，纪检监察工作高质量发展取得新成效。

【政治监督】

推动落实全面从严治党政治责任。协助区委制定全面从严治党、党风廉政建设和反腐败工作主要任务分工，将重点任务分解为8大项64小项。督促各党委（党组）制定全面从严治党“三个清单”并进行审核，组织各党委（党组）及班子成员报告责任落实情况，4个党组书记在区委常委会上述责述廉并接受评议。精准规范用好问责利器，查处落实主体责任不力党员干部14人，进一步压实责任，传导压力。以有力的政治监督推动重大决策部署落实。坚持党中央决策部署到哪里，监督检查就跟进到哪里。对贯彻落实习近平总书记视察宁夏重要讲话精神、党史学习教育、巩固拓展脱贫攻坚成果同乡村振兴有效衔接、巡视巡察整改等重点工作以及区委、政府中心工作落实情况，开展监督检查13次，下发通报11期、整改提醒督办函22份，反馈督查清单230余份。在疫情防控中展现强烈政治担当，全区纪检监察系统闻令而动、担当作为，举全区纪检监察之力投入抗疫斗争。在疫情防控期间，紧盯属地内大型企业、商超、交通检测点、乡镇、村（社区）等重点场所，开展拉网式监督检查21次，发现问题160个，发送点对点督办函6份。建立每日通报机制，下发通报17期，精准稳慎监督执纪问责，压实防疫责任，促进疫情防控工作各项部署落实见效，坚决守住人民生命健康防线。紧盯重点持续净化政治生态，印发《吴忠市利通区政治生态分析研判评价办法（试行）》，明确评价办法、分析研判评价指标，全区各党委（党组）全面、准确、客观分析研判年度政治生态，形成报告，区纪委对全区政治生态进行综合评价。动态更新273名领导干部廉政档案，回复党风廉政意见10100人（次），严把政治关。以严明纪律护航全区换届工作，对4733名区乡村换届拟留任干部和拟参选人员进行了廉政审查。加强对“一把手”和领导班子监督，聚焦监督首责，积极探索对“一把手”监督的有效路径和措施，通过靠前监督、精准监督、全程监督，不断推动“一把手”监督有形有效。认真贯彻落实各级关于加强对“一把手”和领导班子的监督办法，分级分类制定工作任务80项，以清单化管理压实责任。区委书记对2个党委（党组）书记开展警诫谈话，区纪委书记约谈各单位“一把手”48人，受理党委（党组）“一把手”问题线索12件，组织处理12人（次），给予党纪政务处分5人（次），切实抓住“关键少数”，带动“大多数”。

【专项治理】

深入推进脱贫攻坚成果同乡村振兴有效衔接专项监督。联合区委组织部、乡村振兴局、派驻纪检监察组开展巩固拓展脱贫攻坚成果同乡村振兴有效衔接专项监督工作3次，印发通报3期，反馈督查清单90份，对发现问题已督促整改。2021年我委查处巩固拓展脱贫攻坚成果同乡村振兴有效衔接领域案件6件，立案2件4人，处理13人，其中给予4人党纪政务处分，以严明的纪律助力巩固拓展脱贫攻坚成果同乡村振兴有效衔接。深化拓展群众身边腐败和不正之风专项整治。2021年以来，开展监督检查4次，印发通报2期，查处群众身边腐败和不正之风问题18件，处理28人（次），其中给予党纪政务处分5人。公开通报曝光1期，公布专项整治成果2批。加强扫黑除恶专项斗争监督执纪问责。今年以来，区扫黑办共向我委移交问题线索10件，已办结9件，未办结1件，立案1件1人，处分1人，问责6人（次），印发监察建议书3份。开展工程建设政府采购等重点领域突出问题专项治理，梳理限额以上工程建设、政府采购项目365个，发现问题513个，整改487个，整改率94.9%。区纪委监委主要负责人对26个单位的主要负责人进行约谈，自治区专项督查发现的35个问题已经全部整改完成。以部门监管＋纪委监督的方式，对农村人居环境整治、河湖长制督查通报的重点单位，开展约谈16人，印发监察建议书4份。开展粮食购销领域腐败问题专项整治，成立专项整治工作协调小组，开展自查自纠，制定销号问题台账，在监督检查中发现2个问题。

【作风建设】

始终把落实中央八项规定精神、纠治“四风”作为工作的重中之重，严格落实自治区“八条禁令”精神，驰而不息打好作风建设攻坚战、持久战，坚决防止反弹回潮。开展违规吃喝隐形变异问题专项整治，组织全区各部门（单位）党员干部和公职人员开展自查，填写《党员干部、公职人员违规吃喝问题自查自纠情况报告表》，对全区公车使用情况进行排查，开展监督检查、明察暗访6次，发现问题17个，现场反馈问题清单14份。严肃查处违反中央八项规定精神问题4件，给予党纪政务处分3人，通报曝光典型案例3人。把坚决破除形式主义、官僚主义作为党的政治建设重要内容，不断细化落实减负举措，巩固拓展减负成果。将推动解决问题作为监督检查考核的重要内容，进一步推动改进方式方法，简化流程、注重实绩，推动基层减负。查处形式主义、官僚主义问题1件，给予党纪处分1人，问责2人。多措并举强化作风建设。打好“节前＋节中＋节后”组合拳，采取节前警示提醒、节中明察暗访、节后精准处置、及时通报曝光方式，聚焦公车私用以及违规吃喝、大操大办等作风问题，深入辖区农家乐、餐厅和部门（单位）开展监督检查4次，下发通报1期，持之以恒正风肃纪，确保节日期间风清气正。向区委四套班子成员及各乡镇（部门）单位主要负责人赠送《清风传家》《严以治家》书籍41套。为全区党员干部印发习近平总书记关于作风建设重要论述及相关规定学习资料1000份，引导党员干部弘扬好作风、好传统。

【巡察监督】

全面推进巡察全覆盖。认真贯彻党中央、自治区党委、吴忠市委、利通区委巡视巡察工作要求，紧扣“三个聚焦”内容，提高政治站位，深化政治巡察，开展第十一轮常规巡察和社区治理专项巡察、第十二轮建设黄河流域生态保护和高质量发展先行区和涉粮问题专项巡察，共巡察单位党组织11个，延伸巡察村（社区）7个，如期完成四届区委巡察工作全覆盖任务。强化制度机制建设。对标对表中央巡视工作方针，出台《关于进一步强化巡察整改工作的实施方案》《利通区委巡察整改质效评估实施办法（试行）》，完成四届区委巡察的档案归档、查漏补缺，建立4大类28种86册档案。系统归纳巡察工作制度26项，规范巡察工作流程，提升巡察工作制度化、规范化水平，推动巡察工作高质量发展。上下联动推动问题整改落实。按照自治区党委上下联动巡视组指导督导意见，修改完善巡察方案和谈话提纲、巡察“三聚焦”清单，同步制定了进度安排，完善工作流程，进一步提高巡察工作水平。严格落实区委《关于开展巡察整改质效评估实施办法》，联合区纪委监委、区委组织部，针对第十一轮、第十二轮巡察反馈的141个问题整改情况开展监督检查，有力推动被巡察单位整改落地见效。

【案件查处】

强化不敢腐的震慑。建设规范化信访接待场所，畅通群众信访举报渠道，成立监督执纪执法协作区，建立审理联动“4+”机制，进一步提升案件质效。全区召开执纪监督专题会议71次，审查调查专题会议74次，受理信访举报340件，对市纪委监委指定管辖案件采取留置措施5人，移送司法机关审查起诉2人，暂扣涉案违纪资金188.26万元，收缴违纪资金5.71万余元。开展工程建设政府采购等重点领域突出问题专项治理，发现问题513个，查处问题线索6件，给予党纪政务处分2人，组织处理12人。开展粮食购销领域腐败问题专项整治，在监督检查中发现问题2个。积极配合政法队伍教育整顿，办理涉及政法干警相关问题线索38件，给予党纪政务处分3人，组织处理32人（次）。切实扎牢不能腐的笼子。做好案件查办“后半篇文章”，坚持处置问题、查办案件和建章立制相结合，严格落实违纪违法典型案件“三会两书两报告”工作办法，发放纪检监察建议书62份，下发以案促改通知书1份，督促相关单位完善工作机制、健全内控制度、规范权力运行。紧盯行业主管部门责任落实，督促发改、财政等部门完善内控制度25个。对2020年给予的108个党纪政务处分决定执行情况进行专项检查，对存在问题及时督促整改落实，切实维护处分的严肃性和权威性。坚持严管与厚爱并重。关心关爱受处分人员，推行季度回访教育与分级负责制，对94名受处分人员进行回访教育，为被失实检举控告的2名党员干部澄清正名。坚持惩前毖后、治病救人，精准运用监督执纪“四种形态”处理党员干部325人（次），同比下降42.68%，实现政治效果、纪法效果、社会效果有机统一。

【警示教育】

理论学习强化正面引导。利通区组织乡镇、部门100家单位700余名领导干部到利通区初心馆接受廉政警示教育并观看警示教育片《叩问初心》，并重温入党誓词。各单位通过“三会一课”、支部主题党日活动等形式，组织党员领导干部深入学习《习近平关于党风廉政建设和反腐败斗争论述摘编》《习近平关于严明党的纪律和规矩论述摘编》、习近平总书记在十九届中央纪委四次全会上的重要讲话等内容，通过学习深刻领会、融会贯通，切实把思想和行动统一到党中央对党风廉政建设和反腐败斗争的形势判断和任务部署上来。廉政教育推进“三不”机制。各单位和部门结合工作实际，通过召开警示教育大会、理论学习中心组学习会、专题组织生活会、廉政警示教育主题党课、集体提醒谈话会、观看警示教育片、旁听人民法院职务犯罪庭审、就近组织参观廉政警示教育基地或进监管场所听取职务犯罪服刑人员现身说法、开展廉政风险排查、撰写心得体会等形式多样的警示教育活动，发挥身边典型案件反面教材作用，教育引导党员领导干部守住纪律和法律底线，一体推进不敢腐、不能腐、不想腐。典型案例夯实正风肃纪。组织党员干部观看警示教育片《知法犯法的法院院长——利通区人民法院原院长马龙受贿案警示录》，组织学习自治区纪委监委编印的《忏悔警示录》和吴忠市纪委监委编印的《忏悔录》。10家单位观看警示教育片《染黑的权力》《围猎之祸》。各乡镇、部门坚持分级分类开展警示教育，充分挖掘典型案例，用活忏悔书、检查书等“活教材”，突出警示教育的针对性，进一步推动以案示警、以案促改、以案正风、以案肃纪，深化标本兼治，巩固发展反腐败斗争压倒性胜利。以案促改完善监管机制。利通区以廉政教育周为契机，认真落实《自治区纪委关于深化警示教育推进以案促改制度化常态化实施办法（试行）》通知的相关要求，研判利通区部门（单位）政治生态，用好纪律检查建议书，监察建议书、巡视巡察整改建议书，查漏补缺，完善监管机制，健全内控制度，规范权力运行，做好以案促改“后半篇文章”，确保警示教育的内容和实效。

【队伍建设】

打造政治过硬的纪检监察队伍。持续加强自身建设，带头旗帜鲜明讲政治，严格落实民主集中制，严肃落实“三会一课”制度，制定“基层党建全面提升年”工作任务作战图，扎实推进模范机关和文明单位创建。积极与共建社区对接，督促党员落实“双报到”制度，深入开展志愿服务活动，下沉开展疫情防控，促进纪检监察干部坚定理想信念、主动担当作为。区纪委监委党支部被区委评为五星级基层党组织。建设高素质专业化纪检监察队伍。强化全员培训提升综合素质，举办纪检监察综合培训班1期，业务培训6期，开展测试8次，交流讨论2次，组织12名纪检监察干部参加中央、自治区级培训学习，4名乡镇纪检干部到区纪委跟班学习。开展“案件质量提升年”活动，建立利通区首批办案人才库、审理人才库，举办全区精品案件评选活动，提升全区纪检监察干部业务水平和案件质量“硬实力”。选送的1件案件在吴忠市精品案件评选中获得全市第三名的好成绩。锻造作风过硬的纪检监察队伍。筑牢安全底线，建立从上到下、层层负责的执纪执法安全责任制，召开审查调查安全工作会议4次，安全陪送被谈话对象1712人（次），实现审查调查工作“零事故”。动态更新纪检监察干部廉政档案，邀请特约监察员参加会议2次，参与督查4次，对纪检监察干部进行监督。开展全区纪检监察系统“六查六看六提升”强化作风建设行动，结合岗位职责，深入查找自身存在的问题，制定措施，坚决整改落实，促进作风转变。查处纪检监察干部问题线索5件，其中3件问题线索经调查不属实，问责1人，给予党纪处分1人。

组织工作

【概况】

2021年，利通区委组织部全面聚焦自治区组织部长会议、全市组织工作座谈会议和区委部署要求，紧紧围绕抓好“一条主线”、突出“三件大事”、做实“七项重点”的“三步走”工作思路，逐项抓落实、抓推进，引导督促各基层党组织在服务大局中抓根本破难题，在真抓实干中攻堡垒强基础，以高质量的党建工作服务高水平的发展，为全区经济社会高质量发展提供了坚强组织保证。

【领导班子建设】

以区乡领导班子换届为契机，进一步鲜明选人用人导向，大力发现培养选拔优秀年轻干部，着力建设忠诚干净担当的高素质干部队伍。严格按照区、市换届部署要求，选优党政正职、调优年龄结构、配优专业干部，高起点筹划、高标准推进、高质量完成区乡领导班子换届。换届后，区委常委平均年龄下降2.4岁，党政领导班子中“80后”干部增加至3人；24名乡镇党政正职中具有乡镇工作经历的23人，班子成员中具有2年以上乡镇工作经历的达到95%，35岁以下的达到39名，各乡镇班子成员中配备至少1名30岁以下年轻干部。从乡镇事业编制人员、优秀村党组织书记、驻村第一书记等“五方面人员”选拔任用15人进入乡镇领导班子，进一步拓宽干部选拔渠道，优化调整班子结构，振奋干部干事信心。

【干部监督管理】

从严从实抓换届纪律。聚焦换届“十个严禁”要求，利用“12388”“12380”及利通党员微家、利通党建网等线上监督平台，广泛宣传发动，提高换届风气监督广度。聘请30名换届风气监督员，联合区纪委监委开展明察暗访，组成违反换届纪律问题核查专班，对违反换届纪律的行为实行“一案双查”。落细落小抓日常管理。进一步畅通“四位一体”监督举报渠道，充分发挥群众监督、舆论监督作用，共核查各类举报5件，给予批评教育1人。接续接力抓监督检查。对新进领导班子成员及时开展廉政谈话，规范领导干部配偶、子女及其配偶经商办企业行为，对4000余名干部出入境和持有护照情况进行全面排查，做到应备尽备，应销尽销。

【干部教育培训】

实施干部专业化能力提升计划，分层分类开展社会治理、乡村振兴等专题培训班6期，选派15名干部参加区、市各类培训班，以训提能、以训促干。强化实战历练，上挂下派44名干部以干代训，15名新录用选调生到村任职。

【干部选拔任用】

2021年共研究调整任免干部7批267人次，其中，提拔68人（正科级22人，副科级46人），进一步使用13人，晋升职级78人，平职交流57人（正科级24人，副科级33人），因机构改革重新任职1人，换届后重新任职10人，调任1人，因职务调整予以免职39人。

【公务员管理】

突出政治标准，坚持事业唯上，着力建设忠诚干净担当的高素质公务员队伍。严格落实《中华人民共和国公务员法》及配套法规，圆满完成招录公务员39名（含选调生11名），4名优秀村（居）干部通过笔试、面试进入乡镇街道公务员录用考察环节，调任1名政治过硬、业务突出的副科级事业干部至急需紧缺的工作岗位。强化日常管理，激励担当作为。对74名平时表现优异的公务员晋升职级，对2020年度考核结果为优秀等次的122名公务员给予嘉奖，对连续三年考核结果为优秀等次的26名公务员记三等功并发放奖金，切实发挥正向激励作用，激发公务员干事创业热情。公务员系统管理落实专人管理，定时更新、及时完善。

【人才管理】

2021年制定《利通区2021年人才工作要点》《利通区人才工作领导小组成员及职责分工》和《利通区“人才＋重点产业”行动计划》，推行“互联网＋县域特色经济”电商发展模式，建成利通区电子商务公共服务中心，培育“明天生活”“吴忠严选”等为主的大中型电子商务平台（企业）21家。打造农业品牌创建博士工作室1个，创建全国农业产品知名品牌2个。培育创业孵化基地10个，共入驻企业430家，带动就业3890余人。

【档案管理】

2021年，利通区档案工作按照《全区国有企事业单位干部人事档案专项审核工作实施方案》和相关文件要求，完成了587名事业干部专项审核工作，9月份接受自治区党委组织部的调研，11月份完成了事业干部专审“互检互评”工作。对2021年新录用的11名选调生、29名公务员、49名事业干部、区外调入的26名干部档案进行了整理、审核、扫描、归档工作。对51名需要转出人员档案按照程序进行了转递。配合各级纪委、各单位开展档案调阅892人次。9月份开展“干部人事档案材料收集月”活动，共集中收集材料7280份。

【基层组织建设】

2021年在各级党组织举办的培训班中设置专门教学单元，组织党员干部扎实开展理论宣讲、专题学习、交流研讨、实地教学等活动5260余场次，督促各单位编制《政治理论和业务知识应知应会》45本、政治理论水平测试卷185份，开展政治理论水平测试96期1980人次，通过直抵人心的深入学习、寻根问本的交流研讨、田间地头的基层宣讲、党员带头的示范引领，引导党员干部持续筑牢“两个维护”的思想根基。

【庆祝建党100周年系列工作】

紧扣党中央和各级党委关于庆祝建党100周年的安排部署，对照自治区确定的6类情形走访慰问1177名党员，为715名“光荣在党50年”老党员颁授纪念章，隆重举办“唱红歌·颂党恩”合唱晚会、“两优一先”表彰大会和庆祝建党100周年座谈会，策划制播《信仰》《新路》《“两优一先”先进事迹集》等党员教育专题片6部，推荐评选出各级优秀共产党员123名、优秀党务工作者38名、先进基层党组织42个，组织开展“学习身边榜样”活动50余次，兰花热心小组党支部书记王兰花获颁“七一勋章”、金星镇金花园社区党委获评全国先进基层党组织。

【党史学习教育】

组织开展“党旗在基层一线高高飘扬”等系列教育实践活动246场次、“学习身边榜样”活动50余次、“党课开讲啦”62场次，组织各基层党组织开展“向党送祝福，感恩新时代”主题党日活动，督促广大党员干部到基层联系点开展“我和群众心连心，我为群众办实事”活动1260余场次，通过“圆梦微心愿”“三建四关心”等机制帮助基层办理民生实事358件，激励引导广大党员干部不忘初心、开拓奋进，展现新时代共产党人的良好风貌。

【村级班子和队伍建设】

2021年换届后，全区134个村（社区）选举产生新一届党组织委员566名，57名致富带头人、34名复转军人、19名返乡大学生、63名村集体经济合作组织负责人进入村党组织班子。

【党员队伍建设】

坚持政治标准发展党员，储备入党申请人628名、入党积极分子411名，新发展党员238名。深入开展农村发展党员违规违纪问题排查整顿工作，对2012年11月以来发展的1804名党员全覆盖摸排起底，2021年已完成乡镇自查、部门联审和区级审查环节。开展“党员进党校”36场次4930余人次，助力党员圆了梦寐以求的“党校梦”。

【强化基层基础保障】

严格落实自治区关于进一步完善村级组织运转经费的部署要求，兑现星级基层党组织奖励资金126.03万元，参照乡镇新录用公务员工资标准落实村干部报酬，村“两委”负责人报酬均超过了5万元，其他村干部超过4万元；在保障每村6万元办公经费的基础上兑现每村乡村治理经费10万元，确保乡村两级干部待遇保障到位。实施村集体经济倍增计划，积极争取扶持壮大村集体经济项目18个，兑现村集体经济增幅达标奖励资金5个村25人8.05万元，金积镇产业联盟、高闸镇跨村联建、扁担沟镇强村带弱村等模式，有效助推乡村产业齐振兴、村民共致富。

【基层党组织建设】

抓党建促乡村振兴。持续推动“一抓两整”示范县乡创建，细化确定22项重点任务98条推进措施，对2020年创建的5个示范乡镇、73个示范村全面进行“回头看”，督促乡村两级差异化制定“问题、任务、措施”三个清单，梳理问题536条、盘点任务583条、制定措施1753

条，有力促使“问题清单”不断转变为“满意答卷”。积极对接自治区吴忠市组织部门，为利通区板桥乡蔡桥村等15个脱贫村、移民安置村、乡村振兴重点村选派15支驻村工作队、38名工作队员，同时从利通区机关企事业单位中选派38名干部到重点村任第一书记，已覆盖全区50%的村。持续开展“五级人才服务‘三农’”工作，柔性引进4名农业高层次人才，选派136名乡村科技特派员下沉到农业生产一线开展服务。依托博士工作站和农村实用人才工作室，开展经果林种植、蔬菜高产栽培、肉牛养殖等实用技术培训66场次620余人次，持续加强对梳理出的572名本土人才的培训提升，形成了各级优秀人才向农村集聚的良好局面。抓党建增基层治理效能。完善村党组织对村级各类组织领导机制，推动115名村“两委”成员通过法定程序担任其他村级组织负责人，制定了《利通区“1533”乡村治理模式操作手册》，形成了顶层设计科学、方法措施有效、治理成效明显的乡村治理新格局。实施“六个先锋”示范引领行动，成立评议会151个，评选勤劳致富等六类先锋示范户2420个，遴选101名“先锋讲师”，举办“先锋讲堂”宣讲活动128场次，形成了以党风带民风、以党心聚民心的良好格局。

【非公企业和社会组织党组织建设】

狠抓“基层党建全面提升年”任务落实，严格落实工委直接联系服务基层党组织制度，非公企业和社会组织党组织覆盖率分别达到90.06%和83.8%。

【中小学校党建】

进一步完善党组织领导下的校长负责制，深化“双培养”机制，推动高知识群体发展党员3名，在优秀青年教师中发展党员50名，将20名党员培养成学科骨干。推动民办学校党建工作要求进章程，有效强化党组织在学校治理、重大决策等方面的领导权、监督权、参与权，党建引领贯穿校园治理全过程、全方位。

宣传工作

【概况】

中共吴忠市利通区委宣传部（以下简称区委宣传部）截至2021年12月，共有行政编制6人，事业编制4人，工勤编制1人，新闻中心劳务派遣8人，其中副科级以上（含事业编副科级）领导干部5人。区委宣传部是利通区委主管意识形态方面工作的职能部门，为正科级单位，挂区精神文明建设指导委员会办公室、区新闻出版局牌子。主要职责有16项，设置内设机构（岗位）5个，分别为办公室、意识形态和理论工作岗、文明创建和宣传教育工作岗、新闻工作岗、文艺及出版和电影工作岗。

【理论学习中心组学习】

2021年，吴忠市利通区深入实施习近平新时代中国特色社会主义思想铸魂工程，充分发挥区委理论学习中心组带头作用，把学习宣传贯彻习近平新时代中国特色社会主义思想和习近平总书记视察宁夏重要讲话精神作为长期重大政治任务，列为理论学习中心组学习的第一议题和常设议题，开展区委理论学习中心组学习24次，围绕习近平总书记在中央政治局民主生活会上的重要讲话精神等主题开展专题研讨12次，邀请上级领导、专家举办全区领导干部“周末大讲堂”专题学习班10期，带动各级党委（党组）学习400余场次，理论宣讲深入人心。

【党史学习教育】

深化党史学习教育，铸牢思想夯实基础。实施庆祝中国共产党成立100周年聚力工程，区委常委会坚持带头贯彻、走在前面，分专题分阶段研读指定书籍，围绕党史学习教育4个专题及习近平总书记“七一”重要讲话精神等专题开展交流研讨8次。区级领导先后到分管领域和基层联系点开展巡回指导21次，专题调研20次，讲党课15次。全区412个党支部坚持问题导向、严字当头，及时召开党史学习教育专题组织生活会，覆盖党员干部1.8万余人次，推动党史学习教育走深走实。创新活动载体，拓宽内容增活力。组织全区党员干部坚持每周二“夜学”活动，采取讲理论、讲故事、讲体会、讲实际“四讲”模式，常态化开展“我学习、我推荐、我分享”活动，先后组织专题研讨210场次，撰写体会文章1000余篇。创新开展“板凳会”说党史、大棚里的党史“微课堂”等活动，围绕“学党史、感党恩、跟党走”“算好身边账，感恩共产党，共创新生活”等主题开展宣讲550场次，受众达6万余人次；邀请“七一勋章”获得者王兰花开展“兰花芬芳遍城乡，志愿服务润心田”故事会100余场次。围绕庆祝建党100周年，举办“共产党好，黄河水甜”群众合唱节、“献礼百年·红色旋律舞起来”广场舞大赛等群众性文化活动320余场次，组织党员干部参观“吴忠党史文献展”“翰墨丹青颂党恩——庆祝中国共产党成立100周年书画巡展”130余场次，进一步赓续红色资源、发扬红色传统。聚焦“急难愁盼”，求真务实办实事。坚持把办实事、解难题贯穿党史学习教育全过程，推行为民办实事“1+1”工作模式，围绕就业创业、社会保障、义务教育、医疗卫生等群众反映集中的共性需求和普遍性问题，共梳理出区级办实事清单68项，12月中旬完成为民办实事事项。同时，加强巡回指导力度，10个巡回指导组对各乡镇、各部门（单位）“我为群众办实事”实践活动情况开展督查6轮次，确保实践活动不走过场、取得实效。抓实重点任务，锐意进取开新局。深入推进黄河流域生态保护和高质量发展先行区建设，健全完善重点特色产业政策措施和推进机制，对奶产业、肉牛滩羊、瓜果蔬菜等十大产业建立“领导包抓、部门参与、定期协商、督导落实”产业推进机制，加快五里坡奶牛肉牛养殖基地、鸽堂沟奶牛养殖园区建设进度，实施现代纺织、清洁能源等工业项目17个。全面落实“四大提升行动”，巩固提升脱贫攻坚成果，落实就业优先战略和更加积极的就业政策，深化义务教育优质均衡发展，全面推进健康利通建设，补短板、强弱项、固根基，以党史学习教育推动全区经济社会发展各项事业稳开新局。

【基层理论宣讲】

深入实施“五朵金花向阳开”群众理论宣讲工程，举办“五朵金花向阳开”理论微宣讲比赛，授牌第一批“金花宣讲员”52名，围绕“铸牢中华民族共同体意识”“学习‘七一’重要讲话精神，践行社会主义是干出来的伟大号召”等主题开展宣讲800余场次，形成“5533”理论宣讲、“董毅说书”“楼栋院落说党史”等一批特色宣讲品牌。线上学习见行见效。持续推广“学习强国”学习平台，通过健全架构、定期通报、督导考核、举办线上线下“学习强国”达人挑战赛暨党史学习教育知识竞赛等方式，营造比学赶超的浓厚学习氛围，增强了党员干部群众学习的积极性和主动性。截至目前，全区注册上线党员8351人，在“学习强国”上刊发稿件70余篇。

【精神文明创建】

2021年，吴忠市利通区持续推进群众性精神文明创建。实施精神文明建设提质工程，扎实推进社会主义核心价值观“六进”活动，扎实开展全国道德模范、自治区道德模范、第五届“宁夏好人”等推选评选活动，落实2021年到届自治区文明村镇、文明单位及文明校园重新申报工作，加大对各级各类文明单位推荐力度，开展文明家庭、最美家庭等评选活动，推荐自治区文明单位4个、文明村镇2个，吴忠市文明单位5个、文明村镇7个、文明校园9个、文明家庭18户，全民素质和社会文明程度显著提高，结合“百村万户大走访”等活动，大力宣传移风易俗“利八条”，累计网络刊播30余期、电子屏滚动播放8000余条（次），发放宣传单1万余份、宣传挂历6万余个、宣传围裙1万余个，开展宣传宣讲130余场次，评选“移风易俗先锋”318户。

【新时代文明实践中心工作】

2021年，吴忠市利通区深化拓展新时代文明实践试点建设工作，深入开展“牢记嘱托 行胜于言”志愿服务提升行动，建成兰花芬芳志愿服务中心暨社会组织孵化基地，深化拓展建设新时代文明实践所（站）100个。持续发挥“兰花芬芳”品牌带动作用，常态化实行“14536”志愿服务工作模式，广泛开展“文明实践+”活动，先后举办“学雷锋志愿服务月”启动仪式、“牢记嘱托·行胜于言”志愿服务等活动，组织各类文明实践7600余场次。

【新闻宣传工作】

2021年，吴忠市利通区加强新闻策划力度，坚持“一月一策划，一月一统计”，先后策划实施“深入贯彻全国两会精神”“决战脱贫攻坚”“学习贯彻自治区党委十二届十次全会精神”“扫黑除恶专项斗争”“认真学习宣传贯彻习近平总书记视察宁夏重要讲话精神”“兰花芬芳·文明实践在利通”等专题报道。截至目前，“多彩利通”微信公众号共发布信息230期，发稿2070余篇，阅读次数达115万人次。围绕讲好利通故事，积极对接中央、自治区和市级主流媒体，做好“习近平总书记视察宁夏重要讲话精神”“决战决胜脱贫攻坚”“民族团结”等系列采访活动。截至目前，利通区在中央级重点媒体发稿75篇，在自治区级重点媒体发稿511篇。按照“小规模大宣传、小现场大活动”的要求，成功举办荷花节、大青葡萄采摘节、中国农民丰收节暨奶产业文化节、红枣采摘节等节庆活动10余场，文化旅游和节庆活动宣传有声有色。

【文化文艺工作】

2021年，吴忠市利通区积极开展“三下乡”线上录制展播、“献礼百年·红色旋律舞起来”广场舞比赛等活动，创编《五里坡的牛》《唱支山歌给党听》等文艺作品，指导基层组织文艺演出、比赛、技能培训等33场次。举办利通区第二届冰雪旅游文化节、第三届中小学校园足球联赛等大型活动。实施郭家桥乡涝河桥村等6个图书分馆建设项目，改造提升村综合文化服务中心25个，打造集非遗传承精粹展示、活态传习、交流体验为一体的非遗保护传承基地。扶持金积镇文沁艺术团、高闸农民艺术团等文艺团队，培育濮传勇、商科等一批文化带头人，以庆祝中国共产党成立100周年为主题，举办“唱支山歌给党听”歌手大赛、“律动利通”舞蹈大赛、“刺绣剪纸寄初心”等群众文艺活动300余场次。开展利通区迎新春健身走、2021年“亚足联女足日·女孩足球节（宁夏站）”及机关篮球比赛等全民健身及青少年竞技活动50余场次。

【特色亮点工作】

《对标使命任务坚持守正创新》在《学习与宣传》上刊发。2021年，吴忠市利通区持续发挥“兰花芬芳”引领作用，建成兰花芬芳志愿服务中心暨社会组织孵化基地，“七一勋章”获得者王兰花当选第八届全国道德模范，金花园社区书记张丽萍入选2021年10月份“中国好人榜”候选人，古城镇秦桥村荣获“最美文艺志愿服务社区”称号，利通区被评为自治区社会科学普及工作先进单位。

统战工作

【概况】

中共吴忠市利通区委统战部共有行政编制12个，在编11人，空编1人，工勤岗1人。2021年，利通区统一战线工作坚持以习近平新时代中国特色社会主义思想为指导，以学习贯彻《中国共产党统一战线工作条例》为重点，以庆祝中国共产党成立100周年为契机，发挥统战优势，凝聚统战力量，为建设现代化美丽新利通贡献统战力量。

【宣传教育】

区委主要负责同志带头讲统战理论党课，把学习宣传贯彻落实党的十九届六中全会、中央民族工作会议、全国宗教工作会议、习近平总书记视察宁夏重要讲话精神作为重点，深入全区开展宣讲累计400余场次，教育引导广大干部群众真正把重要会议精神内化于心、外化于行。持续开展马克思主义“五观”教育、“传承党的百年光辉史基因·铸牢中华民族共同体意识”主题教育、“五项特色教育”和民族团结宣传教育“十进”活动，注重品牌宣传设计，建设了一批石榴籽广场、石榴籽工作室、石榴籽长廊，设计制作了利通区民族工作标识、伴手礼和文创产品，制作民族团结宣传视频8部，讲好利通民族团结故事，不断形成民族团结进步创建的浓厚氛围。

【党外人士工作】

指导各民主党派利通总支扎实开展“不忘合作初心、继续携手前进”主题教育活动，通过专题学习、调研视察和网络学习等形式，固化政治教育、主题教育和平常教育效果。选派2名党外干部挂职，提拔1名党外干部到乡镇任职、2名党外干部担任区直部门主要负责人，交流使用1名乡镇副职党外干部。认真落实好多党合作和政治协商制度，引导党外政协委员围绕中心工作积极开展考察调研、撰写提案，组织党外人士列席区委全委会、常委会和政府常务会，确保党外人士知情明政，提高其参政议政水平。党外政协委员提交区政协提案29件，社情民意11件，撰写理论文章6篇。围绕“四大提升行动”等重点工作，争取少数民族发展资金300万元、民贸民品贴息引导支持资金546万元，助推经济社会发展。组织非公经济人士积极参与光彩事业，民主党派成员开展“暖心助学基金”“同心·彩虹”等社会服务活动，捐资捐物150余万元，捐资助学50人。引导各民主党派、非公经济人士积极发挥自身优势，参加核酸采集、核酸采样运输等志愿活动300余人次，捐款捐物近150万元。

政法工作

【概况】

中共吴忠市利通区委政法委员会（以下简称“区委政法委”）行政编制7人，其中书记1名、副书记2名。下设办公室、综治维稳室、执法监督和队伍建设室、国家安全委员会办公室四个科室。2021年，区委政法委以防控化解各类风险源为着力点，以扫黑除恶斗争、平安利通建设为重点，以政法领域全面深化改革、政法队伍教育整顿为切入点，构建安全的政治环境、稳定的社会环境、公正的法治环境。

【加强组织领导】

2021年，区委政法委发挥统筹协调作用，认真贯彻落实《中国共产党政法工作条例》，严格执行重大事项请示报告制度，涉及重大工作部署、重要问题处理，主动向区委汇报，确保政法工作政治属性。先后召开政法委委员会3次，教育整顿工作座谈会6次，召开平安利通建设协调小组第一次会议、扫黑除恶推进会，全面安排部署政法各项工作。

【维护国家政治安全】

2021年，区委政法委先后召开区委国家安全委员会会议2次，召开政治安全维护、重点人员管控、风险隐患排查专题会议7次，深入开展国家安全人民防线建设专项督查，全力守好维护国家政治安全生命线。圆满完成中国共产党建党100周年等安保维稳工作任务，确保重要活动及敏感节点顺利、平稳度过。

【扫黑除恶专项斗争】

2021年，扫黑除恶专项斗争转入常态化后，利通区逐步健全完善联席会议、乱点整治、结案评估、领导包案等制度机制142项，同时在各乡镇、各成员单位中开展了“以案释法”宣传周活动，采取庭审释法、典型案例释法、专题讲座释法等措施进一步加大扫黑除恶宣传力度。印发《利通区扫黑除恶专项斗争有奖举报公告》600余份。区扫黑办及法院、检察院、公安分局均保留了扫黑除恶工作专班，确保了常备一支有战斗力的专业队伍常态化开展扫黑除恶斗争工作。

【强化矛盾纠纷排查化解】

2021年，区委政法委常态化开展横向到边、纵向到底的矛盾隐患大排查，充分发挥县、乡、村（社区）三级综治中心及全区1132名基层网格员的作用，及时将矛盾纠纷隐患排查出来，建立完善台账，运用人民调解、行政调解和司法调解多元调解方式，借助“一村一法律顾问”“三官一顾问”“法律明白人”力量，对摸排出的矛盾纠纷及时化解回访，切实将矛盾纠纷化解在最基层。利通区共排查各类矛盾纠纷13959件，化解13887件，化解率99.5%，回访100%。

【完善治安防控体系建设】

2021年，由区委政法委牵头，推进政法工作信息化、智能化建设，实现12个乡镇、138个村（社区、场、办）综治“视联网”系统全覆盖，并与自治区、吴忠市互联互通。开展校园周边安全隐患大排查大整治，全面排查全区28所小学、48所幼儿园周边问题，发现24处校园存在问题，相关问题基本整改完成。

【推进社会环境治理】

2021年，将电信网络诈骗作为重点打击对象，区委政法委牵头，公安分局等相关部门配合，向全区人民群众推广注册“国家反诈中心APP”，公安分局保持对电信网络诈骗打击的高压态势，立案554起，抓获犯罪嫌疑人120名，及时止付银行账户3610户，挽损9652万元。严厉打击八类刑事案件，2021年，八类刑事案件立案23起，破案率100%。打击非法集资4起，涉案资金2364万元。

【强化政法队伍建设】

2021年，区委政法委通过听取汇报、查阅档案、现场测评、一对一谈话等形式对各单位队伍建设、干部管理情况进行巡查。发放调查问卷228份，民主测评表227份，集体约谈228人，开展个别谈话170人。多措并举强化队伍素质，优化队伍结构，有力推动了信念坚定、执法为民、敢于担当、清正廉洁的政法铁军的建设。

政策研究

【概况】

2019年2月，根据自治区党委、吴忠市委机构改革安排，利通区成立政策研究室，核定行政编制5名。设主任1名（正科级），副主任1名（副科级），内设政策研究岗、综合管理岗、改革财经岗。2021年，在利通区委、区政府的坚强领导下，区政研室坚持以习近平新时代中国特色社会主义思想为指导，全面落实中央、自治区、吴忠市及区委有关会议精神，紧紧围绕全区工作大局，聚焦主责主业，深入调查研究，积极建言献策，注重文稿服务，较好地发挥了政研室以文辅政、参谋助手作用，各项工作任务圆满完成。

【重要文稿起草】

2021年区政研室围绕全面深化改革，推进乡村振兴，加强基层治理等。利通区委、区政府重点中心工作，牵头起草了第五次党代会报告、全委会报告、区委常委会2022年工作要点等6篇重要文稿的初稿，并会同区委办公室对文稿进行反复修改、精心雕琢，确保文稿质量。另外还起草了深改委会议的主持词、上级精神传达提纲、领导讲话等会务材料，以及各类约稿、改革专项汇报、重要改革信息等20余篇。起草了《利通区疫情“平战结合”网格化防控工作方案》，汇总各乡镇、各部门、各单位疫情防控人员、责任、网格等大数据信息，利用PPT建立了疫情防控指挥体系，为利通区开发疫情防控智慧管控系统奠定了基础。牵头制定了《利通区“1533”乡村治理模式操作手册》，总结提炼利通区“党建引领、五方联动、三治融合、三化支撑”的乡村治理模式，为利通区创建全国乡村治理示范县奠定基础。

【重大课题调研】

2021年区政研室聚焦利通区重点工作，着眼领导决策需要、立足群众关心的热点难点问题，深入开展调查研究，形成了《利通区乡村治理情况的调研报告》《利通区数字经济发展情况的调研报告》等调研报告6篇。统筹推进全区调研工作，制定年度调研工作安排，建立调研进度台账，督促各单位落实调研任务，筛选高质量调研报告制作调研成果汇编，促进调研成果相互交流和有效转化。

【推进改革任务落实】

2021年区政研室牵头制定了《利通区2021年全面深化改革工作要点》，确定改革任务22项，做到了改革任务、责任领导、牵头单位、具体措施、完成时限“五明确”。认真落实深化改革任务推进计划表月报、重要改革事项深改委会议研究审议、改革任务落实情况分类考核等制度，确保改革落实进度和成效。制定了《利通区改革任务推进情况台账》，筹备召开深改委会议3次，研究审定了“四权”改革方案、《乡镇机构改革方案》等改革文件14个，制定了改革考核赋分细则，22项改革任务全部完成。全面建立了中央、自治区、利通区三级改革文件落实情况整改台账，采取“一月一盘点、一月一销号”和下发督办函等措施，督促各牵头单位落实整改措施，388个文件中确定的2642项改革任务全部完成了问题整改。

【财经工作】

2021年区政研室认真履行财经职责，发挥利通区委财经办衔接沟通职能作用，承接落实好财经工作任务，做好经济领域重大工作的顶层设计、总体布局、统筹协调、整体推进、督促落实，为利通区委财经工作做好服务协调，确保财经工作落地见效。

【队伍建设】

2021年区政研室立足年轻干部工作经验不足、业务能力不强的实际情况，创新年轻干部教育、培养和成长载体，实施学习实践型、开拓创新型、能言善谋型、统筹协调型、爱岗敬业型“五型”干部培育工程，着力打造开口能说、提笔能写、问策能对、遇事能办、团结协作的政研干部队伍。

机关党建

【概况】

2021年，区直机关工委持续抓好“三强九严”工程落实，深入开展“让党中央放心、让人民群众满意”模范机关创建活动，在全市率先开展机关党务工作者区级备案管理制度，紧盯各级党委巡视巡察反馈问题整改工作抓整改、促提升，打造“红石榴”等机关党建品牌16个，以机关带系统、以党建带业务，推动党建与业务工作深度融合、互促互进。

【机关党员教育】

注重思想武装，扎实开展党史学习教育，举办“十个一”系列活动，广泛开展“党课开讲啦”等教育实践活动，切实增强党员在党爱党的思想自觉和行动自觉。精心组织庆祝建党100周年系列活动，开展党员慰问、“向党送祝福、感恩新时代”主题党日等活动，参加“唱红歌·颂党恩”红歌比赛并荣获二等奖。先后推荐各级“两优一先”31名，为23名老党员颁发“光荣在党50年”纪念章，广大党员干部提振精神、共谋发展的决心显著增强。从严落实机关党组织书记抓党建“四个清单”，坚持半年促评、年度考核等制度，督促指导10个部门党组织做好巡察反馈问题整改，将整改情况纳入模范机关创建内容。

【支部建设】

建立换届提醒机制，督促指导5个机关支部按期换届，对支部班子差额的17个机关党组织进行补选。优化调整税务局、农业农村局下设支部，累计撤销党支部8个，合并成立4个，不断完善党组织功能。

【星级党组织创建】

深化星级基层党组织创建工作，常态化整顿提升软弱涣散党组织，带动各级党组织创先争优。对2020年度评定的4个五星级党组织和11个四星级党组织集中授牌，9个一星级党组织集中整顿。

【模范机关创建】

坚持点面结合、抓点示范，56个机关单位参与模范机关创建，先后探索出“红石榴”“稻花飘香传科技”等29个机关党建品牌，党建品牌成为推动中心工作的红色引擎。

【疫情防控】

充分发挥基层党组织在疫情防控中的组织优势，46个区直机关单位1385名党员干部闻令而动，奋战防疫一线，自觉接受社区党组织统一调度，以实际行动践行初心使命。

【为民办实事】

聚焦“四大提升行动”、全国文明城市创建、巩固拓展脱贫攻坚成果同乡村振兴有效衔接等重点任务，发挥机关党员模范带头作用，落实“双报到双报告”机制，在职党员参与社区志愿服务活动2083次，办实事239件，解决了一批群众关心关注的烦心事、操心事、揪心事。助力“百万移民致富提升行动”，积极参与基础设施改造、环境卫生整治、防返贫动态监测等帮扶工作，选派24名机关干部为驻村第一书记、工作队员，为乡村振兴注入“新活力”。

【机关党员管理】

开展“党员干部素质能力大提升”行动，举办各类培训班6期528人次，评选各领域学习标兵、业务能手等150余人，实现了机关党员政治能力和专业能力“双提升”。制定《利通区党务工作者培养管理办法》，对44名党务干部进行备案管理。全年接收预备党员44名，转正党员34名。

巡察工作

【概况】

2021年，利通区委巡察工作按照中央、自治区党委、吴忠市巡视巡察工作要求，按照“三个聚焦”内容，不断提高政治站位、深化政治巡察，立足工作实际，扎实开展巡察工作。2021年3月12日至4月30日，组织开展四届区委第十一轮常规巡察和社区治理专项巡察。2021年6月16日至7月30日，组织开展第十二轮建设黄河流域生态保护和高质量发展先行区专项巡察。2021年10月15日至12月10日，组织开展五届区委涉粮问题专项巡察。

【政治巡察】

2021年共开展了四届区委第十一轮常规巡察、第十二轮建设黄河流域生态保护和高质量发展先行区专项巡察和涉粮问题专项巡察。分别对10个部门党组织开展巡察，延伸7个村（社区）开展巡察。受理信访件5件，边巡边改问题20个，发现、反馈问题125个，移交问题线索2件。

【上下联动】

自治区党委巡视组开展人民法院党组织巡视巡察上下联动工作，通过协调开展一次业务培训、定期开展一次沟通指导、主动通报一些情况信息、适时列席一次巡察会议和对接开展一次现场交流等“十个一”联动机制，提升了巡察工作系统性、针对性。

【巡察整改】

强化巡察机构与纪委监委、组织部协作配合，2021年3月份按照区委巡察工作领导小组安排，纪委监委、组织部对四届区委第七轮至第十一轮巡察单位反馈问题整改落实情况开展专项监督检查。专项监督检查共检查单位（部门）22个，发现问题42个，形成专题报告1个，有力推动被巡察单位巡察整改工作的落实。

【自身建设】

区委在编制较为紧张的情况下，增加事业编2个（纪委监委调配），确保了区委巡察工作正常运转。牢固树立巡察机构人员的制度意识、法治思维，坚决贯彻落实党章党规、巡视巡察工作条例和工作规则，防止“灯下黑”，确保巡察取得良好政治效果、纪法效果和社会效果。建立完善37人组长库、副组长库和215人巡察工作人员库、专业人员库，确保巡察工作“有人可抽、有人可用”。

党校工作

【村级党校】

2021年利通区村级党校工作从建设规范化、内容多样化、形式创新化、管理制度化等方面着手，聚焦党员教育“在哪学”“学什么”“怎么学”“学的好”等问题，积极打造有思想、有色彩、有温度、有力量的新时代农村党员教育新阵地，做到农村党员教育培训覆盖全面、训有实效。村级党校课程设置立足农村实际，聚焦理论武装、聚焦党性修养、聚焦业务培训，全方位激发党员听众兴趣，增强课堂的实效性和感召力。2021年度，区委组织部为每所村级党校划拨4万元党员教育补助经费，鼓励支持村级党校更好地开展党员教育培训工作。

网信工作

【概况】

中共吴忠市利通区委员会网络安全和信息化委员会办公室（以下简称区委网信办）成立于2019年，作为区委网络安全和信息化委员会的办事机构，挂利通区互联网信息化办公室牌子，下设综合办公室，行政编制5名，其中主任1名（正科），副主任1名（副科）。2021年，利通区委网信办在区委的坚强领导下，认真学习习近平新时代中国特色社会主义思想，贯彻党的十九大精神和习近平总书记关于网络强国的重要思想，扎实推进网信各项工作。

【主题宣传】

2021年，区委网信办以“两微一端”和政务网站为平台，组织推送主流思想相关学习视频和理论文章，及时推送落实重大会议和重大部署精神实际行动和取得成效的相关文章160余篇，做到网上有声音，网上网下同频共振，扩大主题活动影响力，推动党的创新理论走深走心走实。

【法治宣传】

2021年，区委网信办联合吴忠市委网信办开展以“网络安全为人民网络安全靠人民”为主题的网络安全宣传周活动，设立启动日、金融日、电信日、校园日、法治日、青少年日、个人信息保护日等七个主题日，并开展网络安全知识答题竞赛等活动，宣传普及网络安全知识，营造健康文明的网络环境。

【舆情监督】

2021年，组织协调开展舆情监督工作，指导协调网络舆情信息工作；组织开展网络舆情信息收集、分析研判和处置，跟踪了解和掌握网络舆情动态；提升队伍思想政治素养和业务能力，建设政治过硬、本领高强的高素质网信队伍。做大做强网上主流舆论，弘扬正能量，积极推进网络文明建设。做好网上舆论引导，对社会舆论实施正确引导。

【网络安全】

2021年，严格落实网络安全工作责任制，切实担负起网络安全工作的主体责任，全面加强网络安全检查，对网络系统安全风险进行排查和预警处置，不断完善应急预案。定期开展风险点排查，完善全区新媒体、自媒体平台的管理，对有害信息进行处置，凝聚人心民心，构建清朗网络空间。全区共计备案政务网站6个，微信公众号56个，微博账号20个。着力推进数字利通建设，推动新一代信息基础设施建设升级。区委网信办联合吴忠市委网信办开展网络安全应急演练，组织区政府、纪委监委、人民法院、人民检察院、区委组织部、区教育局参加演练，以演促练，以演促学，切实提高全区网络突发事件应对处置意识和能力。

【脱贫攻坚】

2021年，区委网信办坚持以党建为统领，真正落实移民致富提升行动，主动作为、精准发力，整合资源优势，投入6万余元对扁担沟镇同利村10户移民群众进行庭院硬化、巷道整治、维修大门等，加强该村基础设施建设，推进现代农业、美丽乡村发展，带动帮扶村村民增收致富，实施乡村振兴战略取得阶段性成效。

【信息化建设】

2021年，区委网信办协调推进信息化建设，做好国家数字乡村试点建设工作。建立健全数字乡村服务体系，切实提升农业农村数字化水平，构建“一中心五平台”体系，深度融合数字化建设和农业农村发展。开展信息进村入户工程，实现村级信息服务全覆盖。基于淘宝、京东等平台发展农村电商，利用大数据中心、智慧农业云平台全面管理全区农业信息、物联网设施。通过大数据分析和智能化管理，实现农业生产各环节智慧运行，将智慧化应用到研发、生产、流通、消费以及服务全产业链。统筹协调“互联网+”建设，实施数字校园规范建设行动。推进学校联网攻坚行动，使在线课堂实现区属学校全覆盖，全面提升信息化基础设施设备水平，通过网络学校、网络课程等形式，系统化、全方位推动优质教育资源在全区范围共享，满足学生对个性化发展和高质量教育的需求。建立健全互联互通管理系统，发挥联调联通的工作合力。继续加大对乡镇卫生院、村卫生室的人才引进力度，从源头解决乡镇卫生院信息技术人才不足的问题，同时，积极对接区市两级卫生健康部门，健全乡镇卫生院人员信息化培训机制，扎实推进北斗导航、5G建设等相关工作。

【党风廉政建设】

2021年，区委网信办严格落实中央八项规定及其实施细则精神，贯彻落实全面从严治党“三个清单”，加强对中央八项规定执行情况的监督检查，把纠查不正之风工作贯穿于网信工作全过程，从严整改形式主义、官僚主义等突出问题，扎实开展指尖上的形式主义整治工作，进一步为基层减负。

【干部队伍建设】

2021年，区委网信办始终把学习贯彻习近平新时代中国特色社会主义思想和党的十九届六中全会精神等作为抓思想理论武装的重中之重。制定《区委网信办2021年干部理论学习计划》，每周组织全体干部集中学习，认真落实“三会一课”制度，扎实开展党史学习教育，开展党员干部集中学习50余次，交流研讨11次，“我学习、我推荐、我分享”活动22次，撰写心得体会17篇，对学习内容积极探讨、深刻领会，确保学习成果入脑入心。

机构编制

【概况】

利通区委机构编制委员会

办公室（以下简称“区委编办”）成立于2019年2月，为区委机构编制委员会的常设办事机构，归口区委组织部管理，挂事业单位登记管理局牌子，主要承担区委机构编制委员会日常工作，负责行政管理体制和机构改革以及机构编制管理等工作。2021年区委编办立足新发展阶段，贯彻新发展理念，服务新发展格局，着眼于机构职能优化协同高效和基层社会治理体系建设，真抓实干、力促改革、开拓创新，扎实推进基层整合审批服务执法力量改革、深化跨领域跨部门综合执法改革等重点领域改革，奋楫争先，推动新时代机构编制工作高质量发展。

【编制管理】

2021年区委编办科学核编、统筹调编，进一步充实工作力量。统筹调剂下沉编制，坚持“减上补下”原则，在2019年经济发达镇行政管理体制改革为金积镇下放16个编制的基础上，按照“编随事走、人随编走”原则，跨部门调配100名编制下放至乡镇统筹使用，乡镇编制总数达626名，最多增加编制16名，最少增加编制6名，较改革前增加21%。明确标准核定编制，依据乡镇人口规模和村（社区）数量，将12个乡镇划分为3类，其中村（社区）15个以上且人口2万以上为一类乡镇，共2个，分别核定编制66名、62名；村（社区）10~15个或人口2万以上为二类乡镇，共7个，核定编制49~52名；其他为三类乡镇，共3个，核定编制45~46名。创新乡镇编制管理，探索行政编制和事业编制统筹使用，打破编制界限，人员分类管理，由乡镇根据“人岗相适”原则，科学安排岗位；制定《利通区条线辅助人员管理办法》，盘活现有人员编制，整合条线辅助人员，由乡镇统筹指挥调配。

【机构改革】

2021年区委编办优化机构、提升效能，进一步增强统筹能力。一是统筹乡镇机构。按照优化协同高效的原则，乡镇党政机构和事业单位设9个。胜利镇和金星镇不设农业综合服务中心、财经服务中心，设公用事业服务中心。金积镇作为自治区经济发达镇行政管理体制改革试点镇，按照“五办四中心”调整设置党政机构和事业单位，级别均为副科级。二是优化职能配置。制定印发乡镇“三定”规定、《乡镇“五办四中心”主要职责指导目录》《乡镇内设机构与上级职能部门“一对多、多对一”职责对应表》，科学分解机构工作职责，进一步理顺区乡工作对应关系，突出乡镇抓党建、抓治理、抓服务的主责主业。制定乡镇职责准入制度，明确各部门不得将职责范围内的行政事务委托或交由乡镇承担，切实为基层减负。三是健全机构设置。争取2个群团机构限额，先后成立利通区残疾人联合会和利通区红十字会，核定4名领导职数，调配8名全额预算事业编制，确保上下贯通、执行有力。调整完善全区乡村振兴工作机构和工作体系，强化农办职责定位，加强区委对农业农村工作的全面领导，助推脱贫攻坚和乡村振兴有效衔接。

【审批改革】

2021年区委编办积极推进基层审批服务执法力量改革，并取得成效。2021年，吴忠市印发《吴忠市利通区推进基层整合审批服务执法力量的实施方案》，利通区正式开展基层审批服务执法力量改革，整合基层审批、服务、执法等方面力量，推动治理重心下移、资源下沉。一是再造重构乡镇机构设置。按照“五办四中心”结构新组建乡镇党政机构和事业单位，采取“减上补下”原则，将国土资源所、农业服务中心、林业、水利等工作站职能职责及100名部门派驻机构人员编制力量整合下放，改革后，乡镇编制总量达到626名。二是组建综合行政执法机构。由乡镇综合执法办公室与综合执法局派驻乡镇综合执法队开展联合执法，形成“两个机构、两个清单、一支队伍”的执法体制。三是建设综合便民服务机构。搭建基层便民综合服务平台，进驻行政审批和公共服务事项123项，事项进驻率达80%以上，实现了面向企业和群众办理的各类行政审批和公共服务事项在乡镇民生服务中心“一窗受理、集成服务”。全覆盖建设村（社区）便民服务代办点134个，进驻服务事项48项，实现简单事项不出村（社区）、复杂事项可代办的“一站式”服务。四是持续拓展掌上服务功能。截至2021年6月底，宁夏网上政务服务功能完善项目建设完成，共梳理“我的宁夏”政务APP乡镇可办理事项111项、乡镇办理（查询）事项234项，录入“四级四同”事项1404项，实现“一网通办”，政务服务事项“综合受理”达到80%以上，政务服务事项网上可办率达到100%。五是构建三级社会治理全科网络。将全区划分为771个农村社区网格和361个城镇社区网格，实行“多网融合、一网治理”，带动形成区、乡镇、村（社区）三级网络的纵向治理和多部门联合调处的横向联动机制，构建点面结合、上下联动的社会治理新模式。

【“放管服”改革】

2021年区委编办下放权限、扩权赋能，进一步激发治理动能。一是精准赋权赋能。坚持基层实际需要、宜放则放的原则，将直接面向基层、量大面广、基层迫切需要的经济社会管理权限下放给乡镇，把12个乡镇分为涉农乡镇、非涉农乡镇、经济发达镇（金积镇）三类，首批分别下放59、51、55项管理权限。规范属地管理，按照部门法定职责中需乡镇协同落实的痛点事项、高频事项，全面梳理条块职责，编制《乡镇“属地管理”事项主体责任和配合责任清单》，将自然资源、生态环境、城乡建设等5个领域36项事项，逐一明确部门和乡镇责任，实行依单监管、依单考核。二是调整执法清单。2021年，利通区根据自治区《关于深化市辖区跨领域跨部门综合执法改革的指导意见》和吴忠市《关于深化市辖区跨领域跨部门综合执法改革的实施方案》，持续深化跨领域跨部门综合执法工作，健全完善综合执法协调联动机制，建立市级业务主管部门与区综合执法局、区直业务部门与乡镇之间协作配合机制，制定联席会商、协作配合、案件移送制度，依托“数字利通”综合管理平台，进一步发挥联合执法效应，打造资源共享、信息互通、协作通畅的工作新格局。根据深化市辖区跨领域跨部门综合执法改革工作要求，进一步细化任务清单，压实工作责任，经与市区两级有关部门沟通对接，初步确定综合执法局划入原主管部门执法事项75项、减少执法事项25项、新增执法事项72项，调整后，综合执法局执法事项为398项。

【编制监督】

2021年区委编办强化监督、落实责任，进一步提升履职能力。一是制定《利通区机构编制监督检查方案》，结合自上而下机构编制第二次核查要求，突出单位自查、关键数据核查，加强与组织、财政、人社等部门协调合作，全面比对干部配备情况、预算单位信息、参保信息等方面的数据，建立数据共享机制，形成工作合力。二是制定《关于进一步规范机构编制请示事项报送工作的通知》，严格执行机构编制管理权限和工作程序，对照动议、论证、审议决定、组织实施等程序要求，对不符合规范报送的请示公文，按规定予以退文处理，进一步强化机构编制规范化管理。三是做好事业单位登记管理工作。今年以来督促指导68个事业单位进行了年报公示，对6个事业单位法人公示信息进行了抽查，对14个单位统一社会信用代码证书、13个事业单位法人证书进行了变更登记，对43个已撤销事业单位进行注销登记。四是开展编制督查工作。2021年10月至2022年3月利通区开展机构编制监督检查，对现有的32个党政机构、1个人大委员会机关、1个政协机关、5个群众团体、12个乡镇、167个事业单位以“三定”规定和机构编制批复文件为依据，重点就机构设置、编制核定、职数核定、实有人员等方面进行核查和自查。

老干部工作

【概况】

利通区离退休干部党工委成立于2015年6月，未单独核定人员编制，老干部局局长（党工委书记）由区委组织部副部长兼任。随着利通区退休老干部人数逐年增加，为解决党工委“空挂”问题，确保老干部工作有人抓有人管，2017年6月经吴忠市委编办同意，为利通区核增1名副科级离退休干部党工委专职副书记，利通区委组织部同时定岗1名工勤岗事业编干部负责利通区老干部活动中心日常工作，2名“4050”人员作为服务及后勤工作人员。

【政治建设】

紧紧围绕新时代党的建设总要求，教育引导离退休党员不断增强“四个意识”、坚定“四个自信”、做到“两个维护”，坚决维护以习近平同志为核心的党中央权威和集中统一领导，始终在政治立场、政治方向、政治原则、政治道路上同以习近平同志为核心的党中央保持高度一致。

【思想武装】

组织引导离退休党员认真学习习近平新时代中国特色社会主义思想和党的十九届五中、六中全会精神。结合党史学习教育，组织开展集中研讨、专题座谈等60余场次，让离退休党员在看中学、听中悟，营造真学实做的浓厚氛围。

【政治待遇】

认真落实离退休干部参加重要会议、征求意见、参观学习等政治待遇，区委全委会、党代会工作报告等征求意见均邀请离退休干部参与。建立较为稳定的经费保障机制，全年返还离退休干部党员党费25489.46元，发放离退休干部党支部书记工作津贴15人37440元。强化对离退休干部关心关爱，累计慰问困难离退休干部150人65300元。

【党组织设置】

持续深化“一完善六强化”工作举措，按照“应建必建”的要求，加强“三缘型”离退休干部党组织建设，新成立单独离退休党支部2个，“趣缘型”党支部3个。督促指导5个任届到期支部按期换届。

【队伍建设】

将离退休干部教育培训列入全区干部教育培训计划，举办离退休干部党支部书记培训班1期，召开座谈会2期，推荐6名离退休党支部书记参加区、市培训班。督促相关单位对不称职、发挥作用不明显或因个人原因无法继续任职的3名党支部书记和4名委员进行了调整。

【制度建设】

将离退休干部党建工作纳入全区党建工作总体布局，与其他行业领域党建同安排、同部署、同检查。指导乡镇、部门结合实际制定离退休干部党支部职责等规章制度，保证了离退休干部党支部各项工作的顺利开展。

【阵地建设】

充分利用区位优势，积极与市老年大学合作，整合区文化馆、乡镇综合文化中心、社区党群服务中心等资源，探索建立了“1+N”（以市老年大学为中心，设立N个教学点）办学新模式，在全区形成了“一地两馆多点”的教育格局，推动资源共建共享，活动共建互融，实现了教育阵地多点布局，多元发展，扩大了教育覆盖面。

【基础保障】

按照老干部需求，借助社区资源，免费向老干部提供场地、乐器、服装等教学资源，通过引进社会组织，结合老干部需求，设置融合科学性、知识性、趣味性、实用性为一体的专业，如书法绘画、民乐、舞蹈健身等课程并逐步形成办学特色，形成了胜利镇中华社区合唱班，秦渠社区黄梅戏班、民乐班等一系列特色班。依托中华社区百姓讲堂、金花园社区开放式党校等开展形式多样的思想教育。

【作用发挥】

以庆祝建党100周年活动为契机，组织开展“我看建党百年新成就”等各类活动20余次。组织开展庆祝建党100周年系列活动，为84名符合条件的离退休党员干部颁授“光荣在党50年”纪念章，举办庆祝建党100周年书画比赛、红歌比赛等，广泛凝聚老干部听党话、感党恩、跟党走的共识。聚焦中心工作，以离退休干部党组织为引领、专业人才为核心，对在党建、科技、教育、文化等方面有专业特长和工作经验的离退休党员，组建党建政策等志愿服务队12支。疫情防控期间，广大离退休干部不畏艰险、挺身而出，主动参与志愿服务，得到社会广泛赞誉。

利通区人大常委会

综 述

【概况】

2021年，利通区人大常委会共有区级人大代表216人、常委会委员32人。常委会主任1名、副主任4名，常委会下设三委一办，分别是：民族宗教法制工作委员会、财经农业科教文卫工作委员会、代表联络与选举工作委员会和办公室。2021年，利通区四届人大常委会坚持以习近平新时代中国特色社会主义思想为指导，全面贯彻落实习近平总书记对地方人大及其常委会工作的重要指示精神和习近平总书记视察宁夏重要讲话精神，着力把人大制度优势转化为治理效能。共召开常委会会议7次，主任会议10次，组织调查、视察和执法检查活动23次。

【重大事项决定】

严格落实人大常委会议事决策规则，依法作出关于批准预算、地方债券项目预算调整决议2次，调整资金4.8亿元，有力地推动了农村供水工程、厕所改造及污水处理、美丽村庄建设、教育卫生信息化建设、城南生态文化公园等20多个重点项目的顺利实施。

【人事任免】

坚持党管干部和人大依法任免有机统一，落实好任前考试、依法提请、供职报告、审议表决、颁发任命书、任职宣誓等制度。依法任免国家机关工作人员31人次，为利通区国家机关的正常运转和各项重大决策部署落实，提供坚强组织保证。

【重点工作监督】

坚持聚焦重点难点，做到精准有效监督。在促进投资持续增长上发挥积极作用，视察重点项目18个，提出加强项目谋划、强化要素保障等意见建议。关注脱贫攻坚工作，围绕产业、健康、教育、社会兜底保障等开展调查，助推“四查四补”工作，全区11个贫困村1827户7562名建档立卡贫困户全部如期脱贫。对“一府两院”和公安分局扫黑除恶专项斗争工作进行调查，推动其向纵深发展，维护社会大局和谐稳定。听取审议区人民政府关于民族团结进步创建、推进全域旅游、优化营商环境、服务业集聚区建设等工作情况报告，为全区经济社会发展把脉献策。依法听取国有资产管理情况报告，摸清资产家底，促进国有资产保值增值。

【财政审计监督】

紧盯年度预期目标任务，对计划执行情况进行审查，促进经济健康发展。深化预算审查监督，建成人大预算联网监督中心，稳步推进预算审查监督重点向支出预算和政策拓展。持续关注政府债务问题，紧盯债务余额和限额管理，强化风险预警评估，助力打好防范化解重大风险攻坚战。坚持听取审议本级预算执行和其他财政财务收支审计查出问题整改落实情况的报告，依法维护了审计监督的严肃性。

【民生福祉监督】

始终坚持民生优先，把促进民生改善作为人大监督工作的主题。聚焦优质教育资源均衡发展开展调查，推动城乡教育资源配置不平衡、大班额等问题得到有效解决。听取审议区人民政府关于全区农业产业调整、农业产业化发展情况报告，促进产业增效、农民增收。关注医疗卫生事业发展，对乡镇卫生院新建和改扩建、基本药物制度改革等工作进行调查，促进农村就医环境改善。持续跟踪全区饮水安全项目实施，全区乡村饮水安全供水管网覆盖率达100%。关注健康养老产业发展，推动区人民政府研究制定健康产业园入园优惠政策、健康产业发展行动计划，促进经济新动能的培育。

【生态环保监督】

深入贯彻习近平生态文明思想，听取审议生态文明先行示范区建设、清水沟流域综合治理、生态保护修复和环境保护目标完成等工作情况报告，推动“蓝天、碧水、净土”三大保卫战取得积极进展。把植树造林、国土绿化作为守护绿水青山的重要途径，持续对春季植树造林工作进行检查，督促完成各类造林绿化任务，全区林业生态建设取得了明显成效。对农村人居环境整治情况进行视察，聚焦“五清一绿一改”，提出意见监督落实，推动形成人居环境整治齐抓共管的浓厚氛围。

【执法监督】

自觉贯彻落实宪法宣誓、常委会第一议题学法和执法检查前学法制度，抓好民法典的学习宣传实施。组织对《中华人民共和国动物防疫法》《宁夏回族自治区动物防疫条例》等2部法规条例贯彻落实情况进行执法检查，保障了有关法律法规在利通区的贯彻实施。

【公正司法监督】

高度关注司法体制改革，听取审议法检“两院”工作和专项报告，先后对司法公开、破解执行难、信息化建设、惩治和预防惠农领域职务犯罪、公益诉讼、认罪认罚从宽制度落实等工作进行专项调查，督促支持“两院”完善工作机制，保障司法公正。积极组织人大代表旁听庭审、参加“检察开放日”，有力监督和支持司法机关公正司法。

【代表培训】

始终把加强代表培训作为服务保障代表履职的一项基础性工作来抓，着力推动代表高质量履职。组织开展人大代表宪法知识培训、代表履职知识宣讲等教育培训活动1场次，组织常委会委员、部分代表外出参加专题培训1批次。坚持为市区乡三级人大代表订阅《中国人大》《宁夏人大》杂志，向代表印发《政情通报》，保障代表的知情权。

【代表议案建议办理】

不断完善集中交办、常委会重点督办、政府领导领办、部门单位承办机制。组织代表开展集中视察，深入了解利通区经济社会发展情况和群众关注急难愁盼问题，为代表提出高质量建议提供有利条件，有效解决了一批事关经济社会发展和人民群众切身利益的问题。

【丰富代表活动】

认真组织代表参加各种履职活动，如执法检查、专题调研、建议督办、政风行风评议、政府开放日以及列席区委常委会会议、全委会议等相关活动，帮助代表找准履职着力点，让人民群众切实感受到代表在身边、人大在行动。围绕推进精准扶贫，组织开展“助力脱贫攻坚、人大代表在行动”主题活动，常委会领导带头对接招商项目、协调争取资金、开展产业扶贫，助力脱贫攻坚取得了明显成效。组织妇女代表参加观摩、党性教育等活动，进一步拓展妇女代表视野，提高女性代表参政议政积极性。

【代表履职平台】

围绕“人大代表之家”规范化建设的目标，坚持软件、硬件“两手抓”，按照“八有八化”标准，完成12个乡镇“人大代表之家”建设，金星镇、上桥镇代表利通区接受全市“人大代表之家”建设现场观摩。不断深化“双联”工作，将市区乡三级人大代表编为99个代表活动小组，搭建了代表活动和联系选民的平台，促进代表和选民的密切联系。扎实推进区人大代表向选区选民述职、市人大代表向常委会述职制度的落实，人大代表述职实现全覆盖，增强了“人民选我为代表，我为人民履好职”的代表意识。研究制定《利通区人大代表活动经费管理使用的意见》，提高无固定收入代表参加履职活动补助标准，保障代表履职尽责。

【换届选举工作】

按照自治区党委、吴忠市委和区委关于换届选举工作的要求，依法成立选举委员会13个，建立常委会领导包抓指导乡镇换届选举工作机制。组织对区乡两级人大换届选举工作进行专题调研，摸清底数，掌握现状，针对存在的困难和问题提出相应对策和建议，制定了《中共吴忠市利通区人大常委会党组关于做好全区区乡两级人民代表大会换届选举工作的意见》《利通区区乡人民代表大会换届选举工作实施方案》，在区委的领导下，换届选举工作扎实有序推进。召开乡镇人大换届推进会议5次，印发《致选民的一封公开信》44万张，发放宣传挂图480张。各乡镇人大主席团高度重视，全区31.66万选民密切配合，近27万选民积极参加投票，充分行使自己的民主权利，选举产生了216名区人大代表和814名乡镇人大代表。各乡镇按规定召开了新一届人民代表大会，乡镇换届工作取得圆满成功。

【自身建设】

进一步加大对党支部规范化建设指导力度，严格执行“三强九严”“三会一课”和党员领导干部双重组织生活等制度，党组班子成员坚持参加党支部活动和党史学习教育专题组织生活会。全面贯彻党的民族政策和宗教工作基本方针，持续开展马克思主义“五观”教育，不断铸牢中华民族共同体意识。全面落实意识形态工作责任制，牢牢把握意识形态工作主动权，对意识形态工作研究部署2次，季度分析2次，月度分析研判5次。强化对意识形态工作极端重要性的认识，坚持政治引领，站稳政治立场，增强政治敏锐性和政治鉴别力。强化阵地意识和宣传思想教育，传播人大正能量，发出人大好声音。坚决贯彻中央八项规定精神，持续改进文风会风，厉行勤俭节约。严格落实“三重一大”事项决策办法，集体审议重要事项49项，进一步加强领导班子民主集中制建设，推动决策的科学化、民主化、制度化。主动适应全面从严治党新要求，制定全面从严治党“三个清单”，认真落实党风廉政建设“一岗双责”。开展廉政警示教育4次，在重大节假日提醒廉洁过节5次，不断加强纪律约束和教育管理，筑牢思想道德防线和廉洁从政底线。

重要会议

【区四届第33次常委会会议】

2021年1月22日，利通区第四届人大常委会第33次会议在区人大常委会会议室召开。区人大常委会主任陈宇主持会议，副主任闵波、张志军、郭建成出席会议。区委常委、政府副区长卓恺浩，区人民政府副区长、公安分局局长官雨，区人民法院院长郭勤，区人民检察院检察长郭生鹏，区直有关部门负责人列席会议。区政协副主席杨学武应邀参会。会议传达学习了自治区党委十二届十二次会议、市委五届十二次会议和区委四届十一次全会精神；审议通过了区人大常委会2021年工作要点，向区人民政府、人民法院、人民检察院转交了区四届人大五次会议代表议案建议和审议意见；通过了区人民政府提请的人事任免议案。

【区四届第34次常委会会议】

2021年4月9日，利通区第四届人大常委会第34次会议在区人大常委会会议室召开。区人大常委会主任陈宇主持会议，副主任马金鹏、闵波、张志军、郭建成出席会议。区委常委、政府副区长马长军，区人民法院院长郭勤列席会议，政府各工作部门主要负责人列席会议。会议传达学习了全国两会精神和新修订的《中华人民共和国全国人民代表大会组织法》，审议通过了区人民政府关于现代服务业集聚区建设情况的报告和全区林业建设情况的报告，对区科学技术局和统计局工作进行了评议，依法任免了有关人员。

【区四届第35次常委会会议】

2021年6月24日，利通区第四届人大常委会第35次会议在区人大常委会会议室召开。区人大常委会主任陈宇主持会议，副主任闵波、张志军、郭建成出席会议。区委常委、政府区长李玉山，区人民法院院长郭勤，区直有关部门负责人列席会议。会议学习了习近平总书记重要文章《以史为镜、以史明志，知史爱党、知史爱国》和自治区党委全面依法治区工作会议精神；表决通过了人员请辞决定草案，通过了区人民政府《关于提请任少平同志免职的议案》《关于提请田学明等同志职务任免的议案》《关于提请马长军同志免职的议案》《关于提请杨晓娟等同志职务任免的议案》和《关于提请杨卫军等同志职务任免的议案》；听取和审议了区人民政府关于贯彻实施《中华人民共和国动物防疫法》和《宁夏回族自治区动物防疫条例》工作情况的报告，关于全区奶牛肉牛养殖产业高质量发展情况的报告，关于全区农村人居环境综合整治及村规民约制定实施情况的报告；听取和审议了区人民法院关于开展两个“一站式”建设情况的报告，听取和审议了区人民检察院关于适用认罪认罚从宽制度情况的报告；审议通过了《利通区本级财政2021年地方政府债券项目预算调整方案》，表决了《关于乡镇新一届人民代表大会代表名额的决定（草案）》《关于区乡两级人民代表大会换届选举时间的决定（草案）》，审议通过了《利通区区乡两级人民代表大会换届选举工作实施方案》，表决了《关于成立吴忠市利通区及各乡镇选举委员会的决定（草案）》。

【区四届第36次常委会会议】

2021年8月27日，利通区第四届人大常委会第36次会议在区人大常委会会议室召开。区人大常委会主任陈宇主持会议，副主任闵波、张志军、郭建成出席会议。区委常委、政府代区长宋喜，副区长杨晓娟、郭春晖列席会议，区直有关部门负责人列席会议。会议学习了习近平总书记的重要文章《学史明理、学史增信、学史崇德、学史力行》；听取区人民政府关于2021年重点项目建设情况的报告，关于全区乡村振兴工作情况的报告，关于城乡社区治理工作情况的报告；听取了区发展和改革局局长杨卫军受区人民政府委托所作《关于利通区2021年上半年国民经济和社会发展计划执行情况的报告》，听取了区人大常委会财经农业教科文卫工作委员会主任李绍斌所作《关于利通区2021年上半年国民经济和社会发展计划执行情况的审查结果报告》；听取了区财政局局长张庆华受区人民政府委托所作《关于利通区2020年决算和2021年上半年预算执行情况的报告》，听取了区人大常委会财经农业教科文卫工作委员会主任李绍斌所作《关于2020年利通区决算和2021年上半年预算执行情况的审查结果报告》；听取了区审计局局长张晓萍受区人民政府委托所作《关于2020年度利通区本级财政预算执行和其他财政收支情况的审计工作报告》，听取了区人大常委会财经农业教科文卫工作委员会主任李绍斌所作《关于2019年度利通区本级预算执行和其他财政收支审计情况的审议报告》；表决了区人民政府关于2021年重点项目建设情况的报告，全区乡村振兴工作情况的报告，城乡社区治理工作情况的报告，关于利通区2021年上半年国民经济和社会发展计划执行情况的报告，关于利通区2020年决算和2021年上半年预算执行情况的报告，关于2020年度利通区本级预算执行和其他财政收支情况的审计工作报告；表决了区人大常委会关于批准2020年利通区决算的决议（草案），表决了请辞决定草案；听取了区人大常委会副主任闵波受主任会议委托所作《关于提请宋喜等同志职务任免的议案》和《关于提请郭志强等同志职务任免的议案》并表决了人事任免议案，颁发了任命书，举行了新入职人员宪法宣誓。

【区四届第37次常委会会议】

2021年9月27日，利通区第四届人大常委会第37次会议在区人大常委会会议室召开。区人大常委会主任陈宇主持会议，副主任闵波、张志军、郭建成出席会议。区委常委、政府副区长马长军列席会议，区直有关部门负责人列席会议。会议学习了习近平总书记的重要文章《总结党的历史经验　加强党的政治建设》；听取和审议了区人民政府关于区四届人大五次会议代表议案建议办理情况的报告，关于全区生态保护修复和环境保护目标完成情况的报告；对区教育局工作进行了评议，审议通过了利通区第五届人民代表大会代表资格的审查报告（草案），表决了人事任免议案。

【区四届第38次常委会会议】

2021年10月15日，利通区第四届人大常委会第38次会议在区人大常委会会议室召开。区人大常委会主任陈宇主持会议，副主任闵波、张志军、郭建成出席会议，区直有关部门负责人列席会议。会议学习了习近平总书记在纪念辛亥革命110周年大会上的重要讲话精神，听取和审议了区人民政府《关于提请审议〈关于在全区深入开展第八个五年法治宣传教育的决议（草案）〉的议案》，听取了区人民政府关于2020年度国有资产管理情况综合报告，听取了区人大民族宗教法制工作委员会关于区四届人大以来规范性文件备案审查工作情况的报告，研究审议了关于召开利通区第五届人民代表大会第一次会议有关事宜，讨论了利通区人大常委会工作报告。

【区五届人大第1次常委会会议】

2021年12月29日，利通区第五届人大常委会第1次会议召开。区人大常委会党组书记、主任赵金峰主持会议，区委常委、政府副区长马长军，区纪委书记、监委主任郭志强，区人民法院院长郭勤，区人民检察院检察长郭生鹏列席会议，区政协副主席杨红梅应邀参加会议。会议学习传达了党的十九届六中全会精神和中央人大工作会议精神，吴忠市两会精神；表决通过了关于谭学军请辞区人大常委会委员职务的议案，向区人民政府转交了吴忠市利通区五届人大一次会议代表议案建议；听取和审议了区人民政府关于2020年度区本级预算执行和其他财政收支审计查出问题整改情况的报告，审议了利通区本级财政2021年地方政府债券项目预算调整方案；审议通过了区五届人大常委会代表资格审查委员会组成人员的名单，审议通过了区人大常委会2022年工作要点；表决通过了区人大、区人民政府、人民法院提请的人事任免权，决定任命：洪军为人大常委会办公室主任，谭学军为区人民政府办公室主任，杨卫军为区发展和改革局局长，周茂为区教育局局长，丁剑峰为区科学技术局局长，田学明为区工业信息化和商务局局长，马利克为区民政局局长，马英明为区司法局局长，涂娜为区财政局局长，任少军为区人力资源和社会保障局局长，牛旭升为区自然资源局局长，张广军为区住房城乡建设和交通局局长，马铁马为区水务局局长，辛建平为区农业农村局局长，马克勤为区文化旅游体育广电局局长，马小林为区卫生健康局局长，强海涛为区退役军人事务局局长，马学军为区应急管理局局长，张晓萍为区审计局局长，马瑞为区统计局局长，焦志敏为区综合执法局局长，马自强为区医疗保障局局长，马阳为区审批服务管理局局长，杨培佳、白秀秀、高晓飞、马晶雪、王蓉、马佳、金富函7人为区人民法院审判员。

利通区人民政府

【概况】

利通区人民政府共有22个政府工作部门，包括政府办公室、发展和改革局、教育局、科学技术局、工业信息化和商务局、民政局、司法局、财政局、人力资源和社会保障局、自然资源局、住房城乡建设和交通局、水务局、农业农村局、文化旅游体育广电局、卫生健康局、退役军人事务局、应急管理局、审计局、统计局、综合执法局、医疗保障局、审批服务管理局。利通区政府直属事业单位共有4个，包括吴忠林场、机关事务管理中心、城乡环境卫生管理中心、吴忠市供销社。利通区政府下属的国有企业为吴忠市利通区融通城乡建设投资有限公司。

2021年面对复杂多变的外部环境，经济下行的严峻挑战，脱贫攻坚的时代考题，新冠病毒疫情的重大考验，全区上下坚持以习近平新时代中国特色社会主义思想为指导，深入贯彻党的十九大和十九届历次全会精神，全面贯彻落实习近平总书记视察宁夏重要讲话精神，坚持稳中求进工作总基调，坚持以新发展理念引领高质量发展，圆满完成了区四届人代会确定的目标任务，实现了“十三五”规划顺利收官，如期实现与全国同步全面建成小康社会，为开启全面建设社会主义现代化美丽新利通奠定了坚实基础，向“十四五”新征程迈出坚实步伐。全区实现地区生产总值236.3亿元，总量相比2020年大幅提升36亿元，创2012年以来新高；全年全区固定资产投资同比增长0.6%；社会消费品零售总额87.5亿元，同比增长2.5%；全年实现公共财政预算收入3.8亿元；全年公共财政预算支出23.1亿元，同比下降2.4%；全年全区城镇居民人均可支配收入36626.4元，同比增长7.8%；农村居民人均可支配收入19159.9元，同比增长9.4%。

【项目建设】

落实“扩大有效投资年”行动，开展扩大有效投资百日攻坚行动，全力以赴扩大有效投资。全区实施项目111个，完成投资57.95亿元，占年度计划投资的62.31%；固定资产投资63.4亿元，同比增长2.9%。落实上争项目180个，争取中央和自治区政策资金13.36亿元，完成全年目标任务的80.96%。区级领导带队外出招商8批次，开展“云招商”1批次，签约项目11个，签约金额13.95亿元。全年共实施科技项目92项，科技成果登记26项，培育国家高新技术企业4家，国家科技型中小企业12家，自治区科技小巨人企业7家，自治区科技型中小企业27家。招商引资项目开工建设40个，到位资金32.93亿元。牵头谋划储备2022年项目110个，总投资285.48亿元。

【创新驱动】

深入贯彻落实自治区“创新驱动30条”“转型升级十大行动”，利通区辖区规上工业企业中企业上云、智能制造、量化融合线上评估率达到100%。截至2020年年底，利通区累计获得自治区“专精特新”中小企业106家，示范企业36家、“技术标杆”企业7家、“成长标杆”企业3家、“配套标杆”企业3家。获得自治区智能工厂、数字化车间5个，自治区制造业行业领先示范企业（产品）2个，自治区服务型制造示范企业4个。已建成了3个科技研发中心，12家企业荣获国家高新技术企业。支持精艺裘皮、黄河电焊机等20多家企业和四川大学、哈尔滨工业大学等区内外科研院所、大专院校，建立产学研合作基地、“卓越工程师”实习基地、焊接装备创新研发中心等。落实自治区“创新驱动30条”“工业经济稳增长24条”等一系列优惠政策，出台了《利通区关于推进创新驱动战略的实施方案》。

【现代农业】

利通区荣获首批全国休闲农业重点县称号，被列为全国农业科技现代化共建先行县，牛家坊村成功申报并入选为2021年全国特色产业亿元村名单。全区实现农林牧渔业总产值61.9亿元，同比增长6.9%。奶产业龙头地位稳固，全区牛存栏29.8万头，奶牛存栏18.8万头，鲜奶产量82万吨，伊利等国内知名乳企持续扩大产能，奶产业全产业链产值接近200亿元。全年粮食播种面积24.91万亩，粮食总产量达15万吨，粮食产量实现“五连增”。蔬菜种植面积9.15万亩，蔬菜产量26.5万吨。建设高标准优质粮食生产基地3万亩、千亩以上蔬菜示范基地4个，建成国家绿色农产品标准化示范基地3个、自治区农业标准化生产基地12个，申报认证绿色食品10个、良好农业规范（GAP）6个。国家农业科技园区设施农业新技术走在全区前列，涝河桥牛羊肉、扁担沟苹果等29个产地品牌走向全国，荣获国家农产品质量安全县，入选全国农业科技现代化先行县共建名单。

【服务行业】

积极打造现代服务业集聚区，擦亮“多彩利通·美味之城”品牌。抢抓直播带货等新业态、新模式机遇，做大做强宁优汇、刘三朵等电商品牌，培育大中型电商平台（企业）21家。积极创建全国特色景观旅游名镇名村，牛家坊村、石佛寺村被列入“全国乡村旅游重点村”；全力打造旅游品牌化，创建3A级景区4家、2A级景区3家，培育星级农家乐14家；支持伊利乳业、强家老醋文化养生园、红山河餐饮体验等二三产业融合，打造“叫得响”的工业旅游品牌，召开“第二届宁夏美丽乡村休闲旅游精品线路推介会”活动。成功举办了“吴忠早茶·味你而来——2021大西北吴忠早茶美食文化节”，中国烹饪协会授予吴忠市早茶文化地标城市，评出吴忠早茶示范店22家。落实自治区服务业发展引导资金990万元，实施牛家坊吴吃堡城、嘉豪丽致酒店等服务业项目17个。全区建设群众文化广场235个，建设乡（镇）综合文化站12个。建设村级农家书屋107个，社区图书阅览室28个，完成图书馆书库提升改造升级及数字化图书馆建设项目，实施古城镇、郭家桥乡涝河桥村等6个图书分馆建设项目。完成利通区11人制足球场、利通区全民健身中心（羽毛球馆）、古城全民健身中心等项目建设，续建金积、上桥等5个全民健身中心及城南生态公园7公里健身步道，新建利通区4.2公里健身步道。

【城乡面貌】

全力打造黄河金岸宜居区，实施北部绿色发展区防护林等工程，实施2021年农村公路建设等项目，新建农村公路14公里。实施美丽村庄整治、老旧小区改造等项目，改造抗震宜居农房2607户，拆除“空心房”300户，建设美丽乡村6个，改造城镇老旧小区20个。实施绿化提升工程，投资3093.1万元，完成造林任务2.29万亩，栽植树木150万株，森林覆盖率达到9%。实施10个乡镇18个村生活污水集中收集处理工程，治理水土流失18平方公里；发展高效节水灌溉面积0.6万亩，建设了水量计量监测设施800余套，治理沟道8.9公里。加快实施农村人居环境整治五年行动，申报创建人居环境综合整治示范乡3个、示范村10个。农村改厕达到4.74万户，农村卫生厕所普及率达到92.5%；新建城市公厕47座，改造城市公厕35座。规模养殖场畜禽粪污处理设施配套率达到100%。农村生活垃圾资源化利用率达到25%，城乡生活垃圾无害化处理率保持在100%，街道机械化清扫率保持在90%。成功创建“全国农村生活垃圾分类示范县”。

【生态建设】

大力实施乡村建设行动，打造特色小城镇4个，建成美丽宜居村庄48个，占行政村总数的45%。深入开展农村人居环境整治提升行动，农村自来水水质达标率达到100%、垃圾无害化处理率达到96%、卫生厕所普及率达到91%。荣获全国农村人居环境整治激励县、全国村庄清洁行动先进县。全区森林覆盖率达到9%，水环境质量持续好转，重点入黄排水沟苦水河、清宁河、南干沟、清水沟水质稳定在Ⅳ类标准，黄河利通断面水质稳定保持在Ⅱ类优水质。全年城市环境空气优良天数300天，优良天气率达82.2%。

【民生事业】

全区“十项民生”支出21.04亿元，减税降费1.9亿元。每年将85%以上的财力用于发展民生事业，群众获得感、安全感、幸福感不断提升。城乡居民收入分别达到33977元、17512元，位居宁夏各县市区前列。实施义务教育薄弱环节改造和能力提升项目，投资2.57亿元，新建幼儿园及中小学8所，改扩建学校2所；强化就业优先政策，举办各类职业培训班102期5075人，城镇新增就业3506人，新增城乡公益性岗位195个，农村劳动力转移就业2.2万人；积极推进“互联网＋医疗健康”，11个乡镇卫生院、105所卫生室标准化率达到100%；深入推进“互联网＋教育”“互联网＋医疗健康”示范区建设，入选全国中小学劳动教育实验区名单，荣获国家慢性病综合防控示范区建设特色突出奖；全区参加城乡居民基本养老保险114.28万人，参加城乡居民基本医疗保险31.66万人，城乡居民基本养老保险和基本医疗保险参保率分别达95%、100%。退役军人事务工作扎实推进，接收安置退役士兵101名，退役军人稳定就业35人。

【脱贫攻坚】

制定印发了《利通区巩固脱贫攻坚成果同乡村振兴有效衔接实施方案》等方案，建立三级书记包抓帮扶机制，建立完善一村“1领导 +1部门 +1方案”的工作推进机制。按照自治区、吴忠市委部署安排，完成了利通区乡村振兴局、利通区乡村振兴服务中心的挂牌。脱贫户、监测对象自然增加93人、减少58人，采集录入调整18个部门、8个乡镇帮扶责任人结对关系126人，涉及脱贫户206户。利通区政策性搬迁移民3054户13918人，总劳动力人数7467人，现务工就业人数7390人。新安置乡村公益性岗位60人，续聘237人。稳妥有序推进现有2个就业帮扶车间，2家扶贫非遗工坊增效扩面，累计带动就业376人。实施扶贫项目575个，投入扶贫资金81954.1万元，累计形成641个资产81935.2万元。持续做好巩固拓展兜底、脱贫保障成果同乡村振兴的有效衔接，发放城乡低保、特困供养人员供养资金、孤儿养育津贴等救助资金5127.11万元。社会帮扶力度不断加大，发放城乡保险金5480.84万元。城乡享受最低生活保障户8108户，救助人数11005人。新增发放创业担保贷款4171万元，全民创业带动就业3554人。

【行政效能】

县域社会治理现代化试点纵深推进，持续推进自治区乡村振兴示范区、全国乡村治理体系建设试点县、全国数字乡村试点县创建工作，在创新村民协商议事制度、加强平安乡村建设、壮大村集体经济、数字乡村治理等方面成效显著。全面完成金积镇经济发达镇行政管理体制改革年度任务。全力推进“四权”改革，农业水价改革工作取得重大成效，灌区农业灌溉用水量节约10%，群众亩均水费支出下降10%。深化农村集体产权制度改革，股份量化经营性净资产达8.1亿元。推动利通区产权交易流转中心发挥实效，有效破解了“三农”融资难、融资贵的问题。深入推进优化营商环境，891个事项实现不见面办理，可不见面办理事项达83.5%，申请材料、办理环节、办理时限分别压缩24.67%、29.8%、82.7%，即办件比率达到58.5%，“12345”便民服务热线诉求7333件，办结率93.78%、满意率98.51%。“七五”普法圆满完成，“三官一顾问”实现全覆盖，荣获全国信访工作“三无”县区。扫黑除恶专项斗争成效显著，社区戒毒康复执行率达96%。常态化开展“社区邻居节”等民族团结进步创建活动，荣获第八批全国民族团结进步示范区。宗教领域突出问题整改顺利完成，基层宗教治理水平不断提升。培育“兰花芬芳”“吉财”等志愿服务品牌，王兰花同志被授予“七一勋章”“第八届全国道德模范”，入选全国乡村治理体系建设首批试点县区、全国新时代文明实践中心建设试点县区。人民武装、国防动员、外事侨务等工作全面发展。气象、工会、共青团、妇联、红十字会、残联、机关事务、供销社、关心下一代等事业有了新进步。

重要会议

【区政府第五次全体会议】

2月25日下午，利通区委副书记、政府党组书记、区长李玉山主持召开区政府第五次全体（扩大）会议暨廉政工作会议，深入学习贯彻党的十九届五中全会、十九届中央纪委五次全会、中央经济工作会议和习近平总书记视察宁夏重要讲话精神，全面贯彻落实自治区党委十二届十二次全会、市委五届十二次全会、区委四届十一次全会，自治区、吴忠市及利通区两会精神，对《政府工作报告》确定的目标任务进行再分解、再细化、再安排、再落实，确保全面完成各项任务，实现“十四五”良好开局。区人民政府全体组成人员，区纪委监委有关负责人及各乡镇人民政府、直属事业单位、驻利各单位主要负责人参加会议。会议印发了2021年区政府工作报告目标任务落实分工方案，政府各副区长安排部署了2021年相关工作。会议指出，2021年是实施“十四五”规划、开启全面建设社会主义现代化国家新征程的第一年，也是中国共产党成立100周年，做好今年的政府工作，责任重大、意义重大、任务艰巨。全区政府系统要切实把思想和行动统一到区委的决策部署上来，拿出“开局就是决战，起步就是冲刺”的奋斗姿态，坚定信心、振奋精神，抢抓机遇、主动作为，迅速掀起真抓实干的热潮，以新的工作业绩迈准第一步、迈出新气象、迈出新成效。会议强调，要坚持把“两个维护”作为最高的政治原则和最根本的政治规矩，始终把准政治方向、站稳政治立场、保持政治定力、强化政治担当，站位“两个全局”，心怀“国之大者”，自觉从政治上看待问题、分析问题、把握问题、解决问题，切实提高政治判断力，做到思想上高度认同核心、政治上忠诚维护核心、组织上坚决服从核心、行动上自觉紧跟核心。要自觉站位新发展阶段，立足产业基础、资源优势、发展潜力，始终把完整准确全面贯彻新发展理念作为推动高质量发展的“指挥棒”和“红绿灯”，着力在转变发展方式、拓展发展路径、增强发展动能方面狠下功夫，加快融入新发展格局，全力推动经济社会高质量发展。要始终把群众的安危冷暖放在心中最高位置，紧紧围绕群众最关心、最直接、最现实的急难愁盼问题，进一步健全完善责任落实、资金投入、工作推进、后续管理长效机制，用心实施民生“四大提升行动”，用情办理民生实事，用力增加优质公共服务供给，不断增强老百姓的获得感、幸福感、安全感。要始终坚持系统治理、依法治理、综合治理、源头治理，注重堵漏洞、强弱项，建机制、管长远，筑牢社会和谐稳定的坚实基础，努力实现更高质量、更有效率、更加公平、更可持续、更为安全的发展。要创新行政方式，优化政务服务，加快构建职责明确、依法行政的政府治理体系，有效发挥法治固根本、稳预期、利长远的保障作用，让法治成为利通发展核心竞争力的重要标志。要牢固树立实干就是能力、落实就是水平的理念，大力发扬为民服务孺子牛、创新发展拓荒牛、艰苦奋斗老黄牛的“三牛”精神，知责于心、担责于身、履责于行，真正把发展思路转化为具体行动，把发展目标转变为具体现实。要全面落实新时代党的建设总要求，保持“严”的主基调，发扬“实”的好作风，恪守“廉”的硬要求，推动廉洁政府建设取得新成效。主动作为、务实重行、接续奋斗，争当建设黄河流域生态保护和高质量发展先行区的排头兵，为继续建设经济繁荣民族团结环境优美人民富裕的美丽新宁夏作出新的更大贡献！

【区政府四届第54次常务会议】

1月15日召开，利通区政府

区长李玉山主持。传达学习了十二届自治区党委2020年第41次常委会会议精神、《关于2021年元旦、春节期间全区党政机关、企事业单位落实疫情防控要求的通知》，听取了全区火灾形势工作汇报，安排部署下一步工作；审议了《利通区2021年春季造林绿化实施方案（送审稿）》《利通区2020—2021年度受灾困难群众冬春生活救助工作实施方案（送审稿）》《吴忠市利通区经济发达镇建设实施方案（送审稿）》，研究了关于实施利通区农村饮水安全工程补短板项目有关事宜。

【区政府四届第55次常务会议】

2月3日召开，利通区政府区长李玉山主持。会议传达学习了十九届中央纪委五次全会、自治区纪委十二届五次全会精神及自治区、吴忠市两会精神，研究区人民政府部分副区长分工有关事宜，安排部署有关工作。会议还传达学习了近期工信、商务、财政、农业农村、审计工作会议精神，研究审议了利通区信访“三无”乡镇、村（社区）创建结果报告及拨付奖补资金有关事宜，利通区全面集中清理行政规范性文件结果有关事宜及其他事项。

【区政府四届第56次常务会议】

2月25日召开，利通区政府区长李玉山主持。会议传达学习了自治区发展改革重点工作对接会议精神，听取利通区2021年春耕备耕工作进展情况的汇报，安排部署下一步工作。会议还传达学习了自治区教育工作会议精神、自治区科技工作会议精神、自治区生态环境保护工作电视电话会议精神及全国、全区水利工作会议精神，审议了《利通区2021年老旧小区改造实施方案（送审稿）》《吴忠市利通区粮食储备实施方案（送审稿）》，研究拨付宁夏凯悦投资置业有限公司应对新冠病毒疫情影响、促进市场健康发展奖补资金有关事宜。

【区政府四届第57次常务会议】

3月23日召开，利通区政府区长李玉山主持。会议学习了《中华人民共和国突发事件应对法》，传达学习了全国两会精神、自治区统计工作会议精神和自治区市场监管工作、药品监督管理及党风廉政建设工作电视电话会议精神，并研究贯彻意见；通报了《自治区就业工作领导小组关于2020年全区就业创业工作考评激励的通知》，听取了全区2021年第一季度经济运行情况汇报，安排部署下一步工作；审议了《吴忠市利通区加强基层应急救援队伍建设实施方案（送审稿）》《吴忠市利通区重大林草有害生物突发事件应急预案（送审稿）》《利通区农村房屋安全隐患及自然灾害风险排查整治方案（送审稿）》《2021年利通区高标准重点小城镇高质量美丽宜居村庄建设实施方案（送审稿）》；研究了拨付利通区绿化管护费用和资金保障，环卫中心提请的职工工装采购、农村有机垃圾清运处理经费、利通区城南生态文化公园管护费列入区财政预算，2018—2020年公共体育普及工程中央基建投资配套资金有关事宜。

【区政府四届第58次常务会议】

4月8日召开，利通区政府区长李玉山主持。会议研究审议了《利通区金积镇设施农业标准化种植示范基地建设项目实施方案（送审稿）》。

【区政府四届第59次常务会议】

4月20日召开，利通区政府

区长李玉山主持。会议学习了《中华人民共和国行政处罚法（2021修订）》，传达学习了习近平总书记在福建考察期间重要讲话精神、自治区党委办公厅《2020年国家脱贫攻坚成效考核反馈问题整改方案》、2021年全区招商引资工作推进会议精神和全国、全区防汛抗旱工作会议精神，并研究贯彻意见；听取了利通区新冠病毒疫苗接种工作情况汇报、利通区第一季度安全生产和应急管理工作情况汇报，安排部署下一步工作；审议了《吴忠市利通区深化“放管服”改革优化营商环境重点任务分工实施方案（送审稿）》《利通区贯彻落实自治区生态环境保护督察反馈意见整改方案（送审稿）》《利通区关于支持多渠道灵活就业和创新创业工作措施（送审稿）》；研究了利通区教育局2021年实施项目配套资金、利通区科技型中小微企业风险补偿贷款基金有关事宜。

【区政府四届第60次常务会议】

5月27日召开，利通区政府区长李玉山主持。会议学习了《中华人民共和国乡村振兴促进法》，传达学习了国务院第四次廉政工作会议和自治区人民政府廉政工作会议精神，安排部署政府系统党风廉政建设和反腐工作，传达学习了陈润儿、咸辉同志在全区当前经济形势分析通报会上的讲话精神和沈左权、喜清江同志在全市第一季度经济运行调度会上的讲话精神，传达学习了陈润儿、咸辉同志在建设黄河流域生态保护和高质量发展先行区第四次推进会上的讲话精神，研究贯彻意见，传达学习了陈润儿同志《传承党的百年光辉史基因，铸牢中华民族共同体意识》党课报告精神，传达学习了陈润儿同志在全区脱贫攻坚总结表彰大会上的讲话精神、在全区实施百万移民致富提升行动会议上的讲话精神；听取了黄河利通区段河道及滩地被占问题整治落实情况汇报，利通区集中治理重复信访、化解积案专项工作攻坚行动进展情况汇报，利通区2021年1—4月食品药品安全监管工作情况汇报，安排部署了下一步工作；审议了《利通区乡镇权力清单（送审稿）》《利通区乡镇赋权清单（送审稿）》《利通区乡镇政务事项清单（送审稿）》《利通区乡镇行政执法事项清单（送审稿）》《利通区区乡“属地管理”事项主体责任和配合责任清单（送审稿）》《吴忠市利通区支持民营企业加快改革发展与转型升级的实施方案（送审稿）》《吴忠市利通区推进义务教育优质均衡发展（送审稿）》，研究了教育局提请的东塔寺乡中心幼儿园（八幼）设施、设备采购项目有关事宜。

【区政府四届第61次常务会议】

6月21日召开，利通区政府区长李玉山主持。传达学习习近平总书记、李克强总理对湖北十堰市张湾区艳湖社区集贸市场燃气爆炸事故作出的重要指示、批示精神和全国、全区安全生产电视电话会议精神，听取利通区2021年上半年安全生产情况汇报，审议《提升县域科技创新能力推进乡村振兴行动方案（2021—2025年）（送审稿）》，安排部署下一步工作。会议还传达学习李克强总理，咸辉主席在全国、全区深化“放管服”改革，着力培育和激发市场主体活力电视电话会议上的重要讲话精神，学习全国就业创业工作暨普通高等学校毕业生就业创业工作电视电话会议精神，听取利通区就业创业进展情况汇报，审议《吴忠市利通区推行科技特派员制度实施方案（送审稿）》《吴忠市利通区科技特派员管理办法（送审稿）》及其他事宜。

【区政府四届第63次常务会议】

8月9日召开，利通区委常委、政府副区长提名人选马长军主持。会议传达学习了李克强总理关于做好大宗商品保供稳价及相关工作的讲话精神，传达学习了刘可为同志在2020年全区土地例行督查反馈问题整改工作电视电话会议上的讲话精神，研究贯彻意见，安排部署相关工作。会议还研究了《吴忠市利通区2021农村生活污水治理项目实施方案（送审稿）》《金积镇农业产业强镇项目实施方案（送审稿）》等其他事项。

【区政府四届第65次常务会议】

9月5日召开，利通区委副书记、区人民政府代理区长宋喜主持。会议传达学习习近平总书记在中央民族工作会议上的重要讲话、在中央党校（国家行政学院）中青年干部培训班开班式上的重要讲话精神，以及自治区党委全面依法治区工作会议精神、自治区全区深入实施“四大提升行动”，全面促进乡村振兴工作会议上的讲话精神。会议还听取了利通区依法治区工作汇报和利通区2021年“为民办实事”工作落实情况汇报，审议《吴忠市利通区关于推进养老服务高质量发展实施方案（送审稿）》，研究《2021年利通区农村公路建设项目及村道安全生命防护工程》和《吴忠市利通区中医药研究创业基地PPP项目》等有关事宜。

【区政府四届第66次常务会议】

9月19日召开，利通区委副书记、区人民政府代理区长宋喜主持。会议传达学习自治区生态环境保护督查工作领导小组会议精神、自治区生态环境保护工作视频调度会会议精神，自治区评比达标表彰工作领导小组关于重申表彰工作纪律的通知，安排部署下一步工作。会议还听取了利通区1—9月安全生产工作汇报，审议《利通区进一步加强红十字会基层组织建设的实施方案（送审稿）》。

【区政府四届第67次常务会议】

10月9日召开，利通区委副书记、区人民政府代理区长宋喜主持。会议传达学习了自治区党委常委会关于中央民族工作会议精神的贯彻意见和吴忠市利通区第五次党代会精神，听取利通区土地权、用水权、山林权改革工作汇报，安排部署相关工作。会议还传达学习了习近平总书记在陕西榆林考察时、在金砖国家领导人第十三次会晤上的重要讲话，给全国高校黄大年式教师团队代表、“高原戍边模范营”全体官兵的回信，审议了《关于在全区开展第八个五年法治宣传教育的实施方案（送审稿）》等其他事项。

【区政府四届第68次常务会议】

10月17日召开，利通区委副书记、政府代理区长宋喜主持。会议传达学习中共宁夏回族自治区第十二届委员会第十三次全体会议精神，审议《利通区人民政府工作报告（送审稿）》《利通区2021年财政预算执行情况和2022年预算草案的报告（送审稿）》《利通区2021年国民经济和社会发展计划执行情况与2022年国民经济和社会发展计划草案的报告（送审稿）》，安排部署相关工作。会议还研究审议《吴忠市利通区扁担沟镇渔光湖村（2021年—2022年）移民致富提升方案（送审稿）》《吴忠市利通区扁担沟镇利原村（2021年—2022年）移民致富提升方案（送审稿）》《利通区“智慧利通”指挥中心建设项目实施方案（送审稿）》《利通区融媒体中心建设项目实施方案（送审稿）》及其他事宜。

【区政府四届第69次常务会议】

11月8日召开，利通区委副书记、政府代理区长宋喜主持。会议传达学习《中华人民共和国安全生产法》《自治区安委办关于加强十九届六中全会期间安全风险防范工作的紧急通知》、全区深入实施“四大提升行动”全面促进乡村振兴工作现场会议精神，审议《利通区今秋明春造林绿化实施方案2021—2022年（送审稿）》《利通区扁担沟镇移民村庄今秋明春绿化工作方案（送审稿）》，安排部署相关工作。会议还研究审议了《利通区农村饮水安全工程运行管理办法（征求意见稿）》《吴忠市利通区推进全域旅游发展三年行动计划（2021—2023）（送审稿）》及其他事宜。

【区政府五届第1次常务会议】

11月23日召开，利通区委副书记、政府区长宋喜主持。会议研究了《吴忠市利通区人民政府与宁夏环保集团有限责任公司项目合作框架协议》《吴忠市利通区人民政府与宁夏供销集团、宁夏环保集团推动畜禽粪污处置及资源化利用合作框架协议》《关于拟推荐自治区级第七次全国人口普查先进集体和先进个人的请示》《吴忠市牛家坊民俗文化村现代服务业集聚区吴吃堡城建设项目框架合作协议》等有关事宜，研究拨付了利通区奶牛科技服务中心项目相关资金、扁担沟镇同利村、渔光湖村生态移民产业发展补助资金等有关事宜。

【区政府五届第2次常务会议】

11月25日召开，利通区委副书记、政府区长宋喜主持。会议传达学习党的十九届六中全会精神、习近平总书记在推动黄河流域生态保护和高质量发展座谈会上重要讲话精神以及自治区贯彻落实习近平总书记在推动黄河流域生态保护和高质量发展座谈会上重要讲话精神暨先行区建设第六次推进会精神，听取利通区1—10月份经济运行、项目建设、能耗双控工作汇报，安排部署相关工作。会议还审定《吴忠市利通区人民政府工作规则（修订稿）》，听取利通区安全生产工作汇报及有关事宜。

【区政府五届第3次常务会议】

12月12日召开，利通区委副书记、政府区长宋喜主持。会议传达学习中央经济工作会议精神，全国宗教工作会议精神，自治区党委十二届十四次全会精神，生态环境保护督察组督察宁夏回族自治区动员会上的讲话精神，吴忠市第六次党代会等会议精神，听取中央环保督察信访转办件办理情况汇报、利通区扫黑除恶斗争常态化进展情况等工作汇报，安排部署相关工作。会议还审议了《吴忠市利通区关于进一步减轻义务教育阶段学生作业负担和校外培训负担的实施方案（送审稿）》《利通区国家数字乡村试点工作实施方案（送审稿）》等。

【区政府五届第4次常务会议】

12月26日召开，利通区委副书记、政府区长宋喜主持。会议传达学习自治区党委经济工作会议精神，自治区《关于深入推进“四大提升行动”的若干措施》精神，吴忠市两会精神，研究审议《吴忠市利通区关于推进全域科普工作的实施方案（送审稿）》《吴忠市利通区全民科学素质提升行动规划纲要实施方案（2021—2025年）（送审稿）》《利通区建设全国“数字供销”示范区实施方案（2021—2025）（送审稿）》，听取了利通区人才工作开展情况汇报，安排部署下一步工作。

审批服务

【概况】

利通区审批服务管理局属利通区人民政府组成部门，内设办公室、综合审批岗及运行管理岗。主要职责是贯彻执行审批服务管理改革、“放管服”改革等方面的决策部署。2021年，利通区审批服务管理局认真贯彻落实中央、自治区、吴忠市关于深入推进“放管服”，改革优化营商环境和推进基层审批服务便民化要求，以“数字政府”建设为引领，以“一窗受理、全科服务”“跨省通办”等改革任务为突破，完善提升区、乡、村三级政务服务体系，竭力打造“审批更顺、流程更简、服务更优”的政务环境，为办事企业群众提供规范、便利、高效的政务服务。

【审批服务改革】

印发了《吴忠市利通区推进基层审批服务便民化改革实施方案》，将公安、民政、卫健、社保、医保、残联、审批局、妇联8个部门123项政务服务事项下沉至12个乡镇，48项便民服务事项下沉至村（社区）代办。修订完善乡镇政务服务事项清单，制定了全区统一的乡镇、村（社区）办事指南和操作规程，向群众公开办事清单和受理标准，并在宁夏政务服务网（利通区站点）同步公示公开，让群众“足不出乡”即可查询、预约、申请、办理，做到最大限度“少跑路”。

【“一窗受理、全科服务”模式】

打破原有专人专窗办专事的服务方式，在利通区各乡镇整合设置了3~5个综合受理窗口，通过集中培训、送教上门和跟班轮训的方式对利通区12个乡镇、140个村（社区）的275名基层政务服务工作人员的“综合受理”“网上办理”等业务进行培训，有效提升了基层窗口工作人员的业务技能和服务水平，解决了基层窗口忙闲不均，群众办事多头跑路、多窗递交材料、多头盖章等痛点堵点问题，群众办事由“一事找多窗”变为了“一窗办多事”。2021年，乡镇、村（社区）公共服务事项办件量共计14586件。

【一网通办】

建立统一的政务服务事项新增、调整、取消等动态管理机制，及时对机构改革后相关部门承担的政务服务事项进行调整完善，重新修订并编制发布统一、规范的办事指南。梳理出866项政务服务事项可通过全程网办、实现可不见面办理，可不见面办理事项占83.5%。部门351项、乡镇111项政务服务事项可在“我的宁夏”利通区站点办理，1243项政务服务事项可在“我的宁夏”利通区站点查询，努力推动“数据多跑腿，群众少跑路”。

【跨省通办】

全面落实自治区部署的57

项全国高频政务服务“跨省通办”和吴忠市143项“跨省通办”事项，推进“跨省通办”服务延伸至乡镇，户口迁入、困难残疾人生活补贴、重度残疾人护理补贴等高频政务服务事项可在乡镇民生中心“跨省通办”，满足群众“就地办”“就近办”需求。统筹设置综合服务窗口、公安户籍、金积民生服务中心三个线下“跨省通办”专窗，编制利通区政务服务“跨省通办”事项办理操作手册，强化对专窗工作人员的业务培训，加大对事项受理标准、办理流程、资料传输、结果送达等全过程规范指导，确保专窗工作人员为企业和群众提供线下咨询、帮办、导办等工作，给群众异地办事提供线上线下多样化办事渠道。

【“好差评”机制】

依托“好差评”系统、宁夏政务服务网、“我的宁夏”APP等评价渠道，主动引导办事企业和群众参与评价，建立“好差评”评价监督工作机制，通过周汇总、月通报的方式及时整改落实，服务绩效评价标准得到进一步规范。2021年，利通区累计收到有效评价21386条，满意率100%。

【接诉即办】

聚焦群众反映的操心事、烦心事、揪心事，12345便民热线建立联办机制，真正做到“民有所呼、我有所应”。健全督查回访机制和群众反映难点问题定期通报机制，针对工作开展缓慢、落实不到位的联动单位，定期下发督办通知单，确保各项任务如期完成。2021年，12345便民分中心形成有效工单转至各联动单位7957件，办结率94.21%，满意率98.60%。

政府信息公开

【概况】

2021年，利通区人民政府坚持以习近平新时代中国特色社会主义思想为指导，认真贯彻落实《中华人民共和国政府信息公开条例》，紧紧围绕区委、区政府中心工作，坚持以“公开为常态、不公开为例外”原则，把公开透明要求贯穿到工作各个环节。进一步深化决策、执行、管理、服务、结果公开，全面保障人民的知情权、参与权、表达权、监督权，助力政府治理体系和治理能力现代化。

【主动公开】

坚持以公开为常态、不公开为例外，主动公开涉及公众利益调整、需要公众广泛知晓或者需要公众参与决策的政府信息，确保法定主动公开内容全部公开到位。全年主动公开政府信息4936条，其中，通过政府网站发布政府信息2213条、政务新媒体发布政府信息2723条。公开文件数量939件，政策解读32件。推进重点领域信息公开，主动公开各项财政预决算信息349条，社会公益事业建设栏目公开教育、应急管理、卫生医疗、环境保护、扶贫工作等信息472条，重大项目建设批准和实施领域公开重大项目、征用土地信息120条，围绕政府信息公开年报、社会保障、食品药品等领域公开信息301条。印发《政府公报》4期1400余本，在乡镇、部门、政务服务中心、民生服务中心、村（社区）代办点、卫生院、图书馆进行免费发放，方便群众查阅。

【依申请公开】

按照“依法依规便民”原则，及时保障公民、法人和其他组织依法获取政府信息。严格落实《自治区人民政府政务公开办公室关于做好政府信息依申请公开在线办理工作的通知》，进一步完善政府信息公开申请登记、审核、办理、答复、归档等工作制度。2021年收到政府信息公开申请3件，均按照合法程序办理结束，未发生因政府信息公开申请引发的举报投诉、行政复议情况。

【信息管理】

严格政府信息公开程序，按照“谁制定、谁审查、谁公开、谁负责”的原则，责任直接落实到人，杜绝发生密级文件信息公开、泄露等情况。进一步严格管理政府信息，规范信息采集、审核、发布、更新等流程。严格落实“三审制”要求。全年共梳理政府文件公开目录12期，区政府名义下发文件3个，区政府办公室名义下发文件54个，及时在政府门户网站进行公示。制作《吴忠市利通区关于支持多渠道灵活就业和创新创业工作措施的政策解读》《利通区2021年义务教育阶段学校招生转学政策解读》等政策解读32篇。要求各业务单位组织干部学习《中华人民共和国政府信息公开条例》等相关法律法规，不断增强机关干部信息公开意识、保密意识，提升干部信息公开处置能力。梳理编制录入“互联网＋监管”系统监管事项清单和检查实施清单，共录入23个部门375条监管事项和295条检查实施事项，进一步明确各部门监管事项、监管责任主体、监管流程、监管措施和监管标准。

【平台建设】

一是发挥政府门户网站的政务公开第一平台作用，优化局网站栏目设置。优化“互动交流”平台，包括“领导信箱”“网上投诉”模块，全年共收到互动信箱信件49件，投诉举报29件，均已得到妥善办理。以利民、便民为中心，着力创新政府信息公开形式，利用利通区人民政府门户网站、政务新媒体主动公开信息，进行信息公开与宣传，全力宣传工作成效、解读政策文件、发布便民信息。二是充分利用利通区政务服务大厅、图书馆、法律援助大厅、综合执法局，各乡镇便民服务中心等18个政务公开专区“政务易通”政府信息公开查询一体机，积极做好政府信息线上公开工作。三是开展“政府开放月”系列活动，今年利用一个月时间组织政府各部门开展“政府开放日”活动22场次，助力提升政府公共服务能力，增进政府与群众之间的沟通联系。

【监督保障】

一是健全机构。利通区政府政务公开办公室配备3名专职人员负责推进、指导、协调、监督全区政务公开工作，电子政务中心配备3名工作人员负责政府网站管理。二是完善机制。编制并公开《利通区政府办2021年信息公开指南》，进一步明确主动信息公开的范围、形式和时限；明确依申请公开的范围、受理机构、处理程序，明确监督方式和程序。合理设置政府信息公开专栏，规范政府信息公开设置等栏目。三是加强考核。坚持将政府信息公开工作纳入年度目标考评，从制度层面保障政府信息公开工作有序实施。全年举办政务公开专题培训班2期，培训400人次，提高全区政务公开工作人员公开意识和工作水平。四是严格落实《中华人民共和国政府信息公开条例》规定的“工作考核、社会评议、责任追究”等要求，建立健全政务公开考核制度、社会评议制度和责任追究制度，定期对各乡镇、政府各部门进行考核、评议，确保政府信息公开申请登记、审核、办理、答复、归档等各项工作及时全面高质量完成。各单位均须按要求填写《主动公开政府信息审批单》后在政府门户网站发布信息，确保发布信息的真实性、准确性、一致性。

信访工作

【概况】

2021年，利通区坚持以习近平新时代中国特色社会主义思想为指导，认真学习贯彻习近平总书记“七一”重要讲话和习近平总书记关于信访工作的重要指示批示精神，牢固树立为民情怀，圆满完成建党100周年信访安全保障工作，扎实推进专项攻坚行动，成功创建信访“三无”县（市、区），网上信访提速提质，有效夯实信访基层基础，切实维护了群众合法权益和社会和谐稳定。全区未发生大规模的进京赴银群体上访及因信访事项引发的极端事件，全区信访形势逐渐平稳。

【信访维稳】

圆满完成建党100周年信访安全保障工作。区委常委会审定同意《利通区中国共产党成立100周年庆祝活动信访安全保障工作方案》，区信联办及时召开建党百年庆祝活动信访安全保障工作安排部署会，召开专题推进会2次，区委分管领导带队暗访督查2次。从2021年6月1日起，启动领导接访，信息“零报告”，开展矛盾纠纷大排查大化解行动，集中交办42名重点人员，成立“2+2+3”稳控专班。制定分级稳控台账，及时就地化解初信初访，深化形势研判，加强信息预警，对因信访问题引发的突发情况，及时高效做好处置。完成国庆及各级两会期间信访维稳工作。召开政府工作会议和区委常委会，区级领导多次强调信访维稳工作。在全区组织开展重点信访问题大排查、大调处集中攻坚活动，要求各成员单位重点信访问题每半月一摸排、一月一上报。对重点涉访人员实行一人一策、专人专包，启动“2+2+3”信访专班。各乡镇分别在每日10：00—10：30、15：30—16：00期间两次报送各乡镇信访情况，信访局实行24小时值班制，时刻关注全区信访情况。

【信访事项办理】

网上信访提速提质。持续深入开展“互联网+信访”行动，推动“最多访一次”改革。2021年利通区登记办理群众网上投诉72件（批）次、80人次，同比批次下降了21%，人次下降了25%；初信初访初次投诉66件（批）次、74人次，批次占信访总量的91%，人次占信访总量的92%。个体访23批25人次，批次和人次分别占来访的95%和78%。同时利通区信访局把党史学习教育与“为民办实事”紧密结合，加快各类信访件提质提速流程，缩短办理时限，进一步严格要求，规范办理流程，不断提升群众网上留言办理工作质效，有效解决群众在信访过程中重复访、多头访、走弯路等问题，真正实现“让数据多跑路，让群众少跑腿”。

【信访矛盾化解】

区信联办及时安排部署百日专项攻坚行动，制定印发了《利通区开展集中治理重复信访、化解信访积案百日专项攻坚行动方案》，成立了利通区涉法涉诉信访事项稳控专班。区委、政府主要领导主动带头包案，约访、下访、面见信访群众；区政府常务会议专题听取研究专项攻坚行动汇报，召开专项攻坚行动推进会7次；区委、政府分管领导带队开展督导3次。11月25日，利通区对48件交办件（第一批国家局交办件中“倒流”件4件、案结事未了2件；第二批国家局交办2件、自治区6件，吴忠市22件、利通区12件）逐案分析、完善台账，逐一落实处级包案领导及相关部门主要责任人，明确化解稳控责任，切实以责任到位确保化解到位，努力实现案结事了。

【创建信访“三无”县（市、区）】

2021年，经过全区上下各级的共同努力，利通区信访“三无”乡镇、村（社区）创建取得了比较丰硕的成果。根据2021年5月20日自治区信访局《关于2020年度信访工作“三无”县（市、区）创建情况的通报》，利通区被国家信访局评为2020年信访工作“三无”县（市、区），予以授牌，也被自治区在全区范围内进行通报表扬。

机关事务

【概况】

利通区机关事务管理中心核定事业编制7名，正科级1名，副科级2名，科级以下4名。主要承担机关后勤事务管理工作和集中接待工作的有关规章、制度、规划、方案制定并组织实施。

【公车管理】

严格执行《宁夏回族自治区公务用车管理办法》，切实加强全区公务用车的监督管理。充分利用全区公务用车管理“一张网”信息化平台监督、管理公务用车。严格执行公务车辆申请、审核、燃油、维修、保险等制度。加大对各乡镇、各部门托管车辆日常管理使用的指导和监督，确保管辖车辆依纪依规管理使用。截至目前，开展公务用车监督检查3次，组织司乘人员安全教育集中学习10次，开展醉驾违纪违法专题警示教育活动1次，派遣公务用车2056次，安全行驶200026公里，有力地保障了四套班子及相关部门的公务活动用车需求。

【公房管理】

严格落实《宁夏回族自治区党政机关办公用房管理办法》，切实加强全区党政机关办公用房使用管理，不断提高办公用房集约节约使用。坚持“大稳定、小调整”的原则，先后对区民政局、红十字会等4个部门的办公用房进行调整。充分利用全区党政机关办公用房“一张网”信息化平台管理、监督办公用房管理与使用，顺利完成了全区12个乡镇、40个部门2021年度办公用房信息化管理数据审核上报工作。定期开展监督检查，确保办公用房管理使用规范有序。调整办公用房956平方米，开展办公用房检查2次。

【餐厅管理】

一是狠抓食品安全。始终把食品安全作为餐厅管理的头等大事，严格把控食材进货关、验货关、加工关，执行严格的餐具消杀制度，坚持每天对各操作间、前厅卫生及时清理，每周五进行一次大清洁。二是着力提升菜品质量。采取荤素搭配、营养均衡的方式制作菜品，合理提供膳食，每周提前制定菜谱并公示，根据大家的要求及时调整菜品，努力实现不光让大家吃的可口，更要让大家吃的健康的服务理念，干部职工就餐早中晚人数达到86955人次。三是扎实开展制止餐饮浪费行为。坚决落实习近平总书记关于制止餐饮浪费行为的指示精神，采取多种方式杜绝机关餐厅餐饮浪费现象。

【高效服务】

会务保障服务方面，切实加强会务中心设施设备日常维修、维护和服务人员礼仪培训工作，全面提高会务质量和服务水平，顺利完成了中央政法队伍教育整顿专项督导，利通区两会、党代会等大型会务活动148场次，完成全区各类会务服务432场次。物业服务水平方面，严格按照《利通区机关事务管理局物业保洁管理制度》《利通区机关事务管理局安保管理制度》，切实加强对机关大院、图书馆等管辖区域物业服务的日常监管与检查，组织开展公共区域环境卫生整治、爱国卫生月大扫除30余次，全面提高管辖区域物业管理能力和服务水平。安全生产工作方面，结合工作实际，分别与安保、会务、物业、机关餐厅负责人签订安全责任书，明确谁的区域谁负责、谁的岗位谁负责的安全生产责任机制；定期组织人员对机关大院、职工餐厅及会务中心的电、水、气、消防设施进行检查，确保365天无事故；严格执行来访人员登记制度，加强对机关大院的巡查力度，严控不明身份人员进入机关大院。共开展安全生产检查5次，累计引导上访人员8500余人次，登记来访来客17000余人次。机关大院办公环境改善。在机关大院政府楼前新安装国旗台。按照“小修不过夜，大修不过天”的服务理念，投入资金68041元，及时对机关大院内各公共区域路面及各办公楼上下水、电路等进行维修，全力保障机关大院广大干部职工办公环境，完成机关大院零星维修291次。

政协利通区委员会

综　述

【概况】

2021年是建党100周年，是实施“十四五”规划的开局之年。区政协高举习近平新时代中国特色社会主义思想伟大旗帜，贯彻落实中共十九大和十九届二中、三中、四中、五中全会精神，坚持以党的建设为统领，提高政治协商、民主监督、参政议政水平，着力发挥社会主义协商民主重要渠道和专门协商机构作用，全力做好思想引导、凝聚共识、服务大局各项工作，为实施“八大工程”，努力打造绿色农业示范区、低碳经济样板区、现代服务业集聚区、黄河金岸宜居区、民族团结进步模范区、社会治理创新区贡献了政协智慧和力量。各专委会牵头，建立专委会功能型党支部，扎实开展“协商平台建设年”主题活动。利通区政协于11月进行了换届，五届区政协开启新征程、新任务、新使命。

【思想政治建设】

以习近平新时代中国特色社会主义思想为指导，全面贯彻落实中共十九大和十九届二中、三中、四中、五中全会精神，深入学习领会习近平总书记关于新发展阶段、新发展理念、新发展格局的重要论述，贯彻落实中共中央和自治区党委重大决策部署，中共中央、全国政协和自治区党委关于人民政协工作的重要会议、重要文件、重要精神。在全体党员干部和党员委员中开展党史学习教育主题活动，深入学习新中国史、改革开放史、社会主义发展史和统一战线历史、人民政协历史，坚持学原文、悟原理，从党的百年伟大奋斗历程中汲取前进的智慧和力量。

【调研考察】

先后对利通区五里坡奶牛养殖基地生态环境、高效节水体系建设、住宅小区物业服务管理工作、绿色农业产业发展、法治乡村建设情况、贯彻落实《宁夏回族自治区促进民族团结进步工作条例》情况6个课题进行了调研考察。6篇报告被区委和政府主要领导批示，促进了政协协商成果的落实。

【关注社会民生】

通过常委会会议、专题座谈会等形式，围绕全区建设黄河流域生态保护和高质量发展先行区及利通区国民经济和社会发展

"十四五"规划建言献策。

【民主监督工作】

紧盯区委、区政府年度决策部署推进落实的重点难点问题和全区重点项目实施、重点工作开展情况实施民主监督。支持委员担任行业监督员，安排委员分批次参加区委、政府重大活动和重要会议。

【提案工作】

四届五次会议以来，共收到提案247件，立案132件，提案办结率100%。提案工作围绕中心、服务大局，坚持问题导向，讲求质量实效，通过发布提案征集参考目录、公示优秀提案、加强委员培训等，鼓励和引导委员提高提案质量。健全提案"清单式"管理机制，继续实施了党政领导领衔督办重点提案制度，建立"双向评议"、提案办理"回头看"评价机制，完善承办单位绩效考核等机制，强化了提案督办，提案工作稳中求进、务实开拓、迈向高质量发展。

【社情民意信息】

深化反映社情民意信息工作，以党政所需、群众关注的问题为重点，确定20个社情民意"微调研"课题。继续拓宽收集渠道，采取领导点、委员提、专委会搜、活动找、提案转、会议听等多渠道搜集社情民意信息234件，整理报送转办91件。其中，报送自治区政协56件，采用9件；报送吴忠市政协20件，采用5件；转利通区相关部门办理15件。社情民意信息报送的针对性进一步增强，意见建议的实效性进一步提高。

【联系党派群团】

发挥人民政协作为实行新型政党制度重要政治形式和组织形式作用，加强与各党派团体的合作共事。建立健全各党派参加人民政协工作的共同性事务情况交流机制，对各民主党派以本党派名义在政协发表意见、提出建议等作出机制性安排。建立委员大讲堂，采取线上和线下相结合方式，开展法律知识、卫生健康等专题讲座，在群众中宣传党的创新理论，普及科学文化知识，积极协助党委政府做好政策宣传、解疑释惑、化解矛盾、理顺情绪工作。

【促进民族团结】

全面贯彻党的民族政策和宗教工作基本方针，针对少数民族群众、宗教界人士和信教群众生产生活的难点，焦点问题开展界别协商和调研视察活动。重大节日走访慰问民族宗教界代表人士，落实少数民族界和宗教界委员专题学习考察、界别协商和反映社情民意工作。

【拓展协商平台】

开展"协商平台建设年"年度主题活动，探索政协协商与基层协商有效衔接，成立"委员工作室"和"界别工作室"。依托现有资源，搭建"有事好商量"协商平台，搭建沟台人家委员联系点、"有事好商量"民生实事协商平台，融合政协委员基层联系点、界别工作室、委员工作室功能于一体，推动委员联系界别群众工作更加深入、更有实效。

重要会议

【四届五次会议】

2021年1月5—7日在利通区会务中心举行。会议应出席委员150人，实到137人。赵峰同志代表政协利通区第四届委员会常务委员会作了工作报告，李娟清同志作了提案工作情况的报告。会议期间，委员们列席了利通区第四届人民代表大会第五次会议，听取并讨论了《政府工作报告》和其他报告，协商讨论了《吴忠市利通区国民经济和社会发展第十四个五年规划纲要》，区委书记周涛及有关区委政府党政领导分别参加了委员分组讨论；审议通过了《利通区政协2021年协商工作计划》《利通区政协四届五次会议关于提案审查情况的报告》《利通区政协四届五次会议决议》。

【五届一次全委会会议】

2021年11月15—18日在吴忠红宝宾馆举行。会议应出席委员203名，实到183名。赵峰同志代表政协利通区第四届委员会常务委员会作了工作报告，李娟清同志作了提案工作情况的报告；吴忠市委常委、利通区委书记陈宏在开幕式上讲话。会议期间，委员们列席了利通区第五届人民代表大会第一次会议，听取并讨论了《政府工作报告》以及其他重要报告；市委常委、区委书记陈宏，区委副书记、政府代区长宋喜，四届区政协主席赵峰，区政协党组书记周忠德，区委副书记、政法委书记马泰，区委常委、常务副区长马长军，副区长杨晓娟，四届区政协副主席李娟清、杨学武在各分组讨论点与委员进行了面对面的讨论和交流；会议听取了《利通区政协关于五届一次会议提案审查情况的报告（草案）》，审议通过了《利通区政协2022年协商工作计划（草案）》《政协吴忠市利通区第五届委员会第一次会议决议（草案）》；按照《政协章程》，经过民主协商，选举产生政协吴忠市利通区第五届委员会主席会议成员和32名常务委员。

【第二十次常委会会议】

1月7日在红宝宾馆主楼三楼会议室召开。会议应到常委28人，实到28人。区政协主席赵峰主持会议。会议听取了区政协四届五次会议各组关于各项报告、决议讨论情况的汇报，审议了政协吴忠市利通区委员会2021年度协商工作计划（草案）；审议了政协吴忠市利通区第四届委员会第五次会议关于提案审查情况的报告（草案）；审议了政协吴忠市利通区第四届委员会第五次会议决议（草案）。

【第二十一次常委会会议】

5月19日在孙家滩管委会召开。会议应到常委28人，实到25人。区政协主席赵峰主持会议。会议集中视察了利通区奶产业、肉牛养殖重点项目建设情况，听取了区政府关于奶产业、肉牛产业高质量发展情况的通报。

【第二十二次常委会会议】

10月19日在政协四楼会议室召开。会议应到常委28人，实到23人。区政协主席赵峰主持会议。会议传达学习全国政协系统党的建设工作经验交流会议主要精神、中国共产党宁夏回族自治区第十二届委员会第十三次全体会议决议、吴忠市利通区第五次党代会会议精神。审议通过了政协第五届委员会委员界别设置和委员组成，审议通过了政协吴忠市利通区第五届委员会第一次会议有关事宜，审议通过了政协吴忠市利通区第五届委员会第一次会议关于四届委员会常务委员会工作报告（送审稿），审议通过了政协吴忠市利通区第五届委员会第一次会议关于政协吴忠市利通区四届会议以来提案工作情况报告（送审稿），审议通过了利通区政协2022年协商工作计划（送审稿）。

政协专门委员会

【提案和委员联络委员会】

四届五次会议以来，共收到提案247件，立案132件，提案办结率100%。提案工作围绕中心、服务大局，坚持问题导向，讲求质量实效，通过发布提案征集参考目录、公示优秀提案、加强委员培训等，鼓励和引导委员提高提案质量。健全提案“清单式”管理机制，继续实施了党政领导领衔督办重点提案制度，建立“双向评议”、提案办理“回头看”评价机制，完善承办单位绩效考核等机制，强化了提案督办，提案工作稳中求进、务实开拓、迈向高质量发展。深化反映社情民意信息工作，多渠道搜集社情民意信息234件，整理报送转办91件。其中，报送自治区政协56件，采用9件；报送吴忠市政协20件，采用5件；转利通区相关部门办理15件。

【经济委员会】

对利通区五里坡奶牛养殖基地生态环境、高效节水体系建设等2个题目进行了专题调研视察，接待自治区、吴忠市政协来利调研视察5批次，先后接待外县（区）兄弟政协来利学习考察4次；对利通区奶牛良种繁育工作等3个课题进行了“微协商”调研，形成社情民意信息4条。

【教科文卫体委员会】

专题调研方面，对利通区住宅小区物业服务管理工作、绿色农业产业发展2个课题进行了专题调研视察。微协商民意方面，撰写了《关于加大农村文化阵地利用情况的建议》《关于进一步常态化开展全区公共卫生疾病防控工作的建议》等社情民意8件。信息宣传方面，编写《利通政协》工作简报15期，向自治区、吴忠市政协及区委办报送信息15条；向区委宣传部“多彩利通”报送信息17篇。《人民政协报》《华兴时报》累计刊登稿件达12篇。文史工作方面，分别形成了自治区、吴忠市、利通区3级2020年度《利通区政协工作年鉴》，完成《自治区政协志》利通区部分。功能型党支部活动方面，组织委员开展“红色党费”建党100周年诗朗诵、“四史”知识竞赛等主题活动。

【社会治理委员会】

对利通区法治乡村建设情况、贯彻落实《宁夏回族自治区促进民族团结进步工作条例》情况2个题目进行了专题调研视察，形成报告2篇；选派委员参加案件公开审理、执法听证和检察院、税务、教育、住建等部门的“政府开放日”活动共计134人次。选派27名委员先后参加利通区委和政府的重要会议、重大活动。邀请党派团体和无党派人士参加政协组织的调研、视察和座谈讨论等活动，各党派团体参加区委常委会及重要会议活动8次，参与政协会议、调研视察22次。

民主党派

民革利通区总支

【概况】

民革利通区总支以习近平新时代中国特色社会主义思想为指导，在民革吴忠市委会和利通区委的坚强领导下，在区委统战部的关心支持下，团结带领民革党员，自觉践行习近平总书记提出的“四新”“三好”总要求，以建设高素质参政党为总目标，深入贯彻落实民革中央、区委会“作风建设年”各项工作任务，紧扣区委、政府的中心工作，出力献智、履职尽责，各项工作稳中有进、进中有新，取得良好成效。年末，利通区总支共有民革党员90人，平均年龄52.2岁，其中本科及以上学历62人，自治区人大代表2人、政协委员2人，吴忠市人大代表2人、政协委员6人，利通区政协委员5人。

【思想教育】

引领党员增强“四个意识”、坚定“四个自信”、做到“两个维护”。学习全国两会精神和习近平总书记“七一”重要讲话精神，并进行学习讨论，撰写心得体会，做到入脑、入心融会贯通。开展了“铭记历史·缅怀先烈”清明祭扫活动。着力深化对中国特色社会主义道路和中国特色社会主义参政党的认识，深化对发挥民主党派功能作用的认识，增强把多党合作制度优势转化为治理效能的思想自觉、政治自觉和行动自觉。

【组织建设】

充分发挥利通区总支“民革党员之家”作用，让其成为基层组织政治学习、参政履职、互动交流、支部活动、展示形象的阵地，为党员政治参与和诉求表达提供了重要平台。示范支部创建工作成效明显，在创建活动中各基层支部对标指标体系，先后召开创建示范支部推进会，基层组织的活力得到有力激发，支部活动内容更加丰满，支部间联系更加紧密，规章制度更加完善，党员参加活动更加积极，基层组织的整体战斗力更加强劲，所有基层支部达到达标支部标准，并顺利通过区委会验收组的验收。民革利通区总支社会法制支部获“2021年度民革全市参政议政工作先进集体”，民革利通区总支文教卫生支部获“2021年度民革全市社会服务工作先进集体”。

【参政议政】

聚焦区委、政府中心工作，围绕区委、政府确定的十大产业，聚焦利通区绿色食品产业高质量发展，形成《利通区绿色食品产业高质量发展情况调研》，为绿色食品产业高质量发展科学决策提供更具针对性和操作性的参考建议。参加区委常委会、政协会议，参加视察调研，提出建设性意见建议2条。在利通区政协四届五次会议上，民革利通区总支集体提案立案5件，党员委员个人提案立案8件。在各党派中提案提交数量和立案数量居六个党派之首，提交的《关于利通区奶产业高质量发展的建议》的提案被确定为区政协重点督办提案。

【社会服务】

赴社会服务基地——红寺堡区新庄集乡沙草墩村小学开展“扬帆起航”图书捐赠活动，共为红寺堡区3所小学，盐池县10所小学捐赠少儿课外图书共计201包，价值10余万元，并开展“学党史办实事”捐赠暨义诊活动，捐赠衣物价值2万元。开展了庆祝三八妇女节义诊健康宣传活动。文教卫生支部在沙草墩村开展义诊活动，为村上50余人进行义诊，并发放了宣传材料100余份。利通总支社会法制、文教卫生、农牧科技支部联合邀请吴忠市司法局及4家律师事务所到阳光娇子社区开展民法典宣讲及法律咨询宣传活动。

民盟利通区总支

【概况】

2021年，在民盟自治区委员会、中共利通区委统战部、民盟吴忠市委会的领导下，以中国共产党十九大精神为指导，民盟利通区总支紧紧围绕本职工作，加强理论学习，积极建言献策，通过全体盟员共同努力，扎实工作，认真完成了各项工作。2021年末，民盟利通总支共有民盟盟员41人，平均年龄50岁，其中本科学历29人，吴忠市政协委员1人，利通区政协委员4人。

【思想建设】

积极组织各支部盟员学习中共中央第十九次代表大会精神，全国人大、全国政协十三届会议，自治区第十二次党代会及自治区十二届人大会议、民盟自治区第十一次会议、民盟吴忠市委员会各次会议精神，组织盟员开展“重温五一口号 增强四个意识”学习活动，组织全体盟员参加民盟吴忠市主题教育动员大会、党史学习教育专题培训活动，学习习近平在中央政协工作会议暨庆祝中国人民政治协商会议成立70周年大会上的讲话，中央民族工作会议精神，参与“学习强国”学习，组织盟员参加革命传统教育等活动。自觉将盟员思想统一到中国共产党十九大精神上来，不断增强中国特色社会主义的道路自信、理论自信、制度自信、文化自信，切实承担起作为中国特色社会主义事业亲历者、实践者、维护者、捍卫者的政治责任，为全面建成小康社会贡献力量，为利通区的建设贡献力量。通过学习，增强盟员对中国共产党领导的多党合作和政治协商制度的认识，坚定了自觉接受中国共产党领导的信念。

【组织建设】

在民盟吴忠市委员会的指导及利通区委统战部的关怀下，顺利完成民盟利通总支的换届选举工作。新一届班子共有主任委员1名、副主任委员3名、委员3名、秘书长1名，体现了年轻化、高学历的特点，有朝气，有想法，能作为，有担当。同时保持盟员重点界别优势，进一步增强组织发展的计划性、目的性和主动性，提高非重点界别发展质量。坚持正确的用人导向，着重搭台子、压担子，帮助盟内年轻和后备干部尽快成长，发展1名新盟员。探索创新基层组织工作模式，促进活力支部建设。继续完善内部监督工作制度化、规范化，切实发挥盟内监督对盟员和支部履职的促进作用，增强支部的凝聚力和履职力。

【参政议政】

2021年共有盟员政协委员10余人次参加中共吴忠市委，利通区委、政府、政协及统战等部门，召开的情况通报会、党外人士座谈会、征求意见会、行风评议会和调研视察活动。列席利通区经济工作会议、四届利通区委会议，听取利通区委工作汇报。参加了由利通区委统战部组织的重大项目建设和扶贫工作调研，对利通区各部门开展的精准扶贫工作多次进行实地调研监督。在利通区两会期间提交集体提案3件，盟员委员个人提案3件。社情民意被采纳12篇，其中利通总支4篇，盟员个人8篇，切实发挥好党委政府与老百姓的纽带作用。

【社会服务】

民盟利通区总支持续发挥自身优势，开展各类社会服务。“六一”国际儿童节民盟利通区总支在社会服务基地扁担沟镇同利燕宝小学开展捐资助学、送教下乡等社会服务活动，为该校60名品学兼优的同学赠送了书包、水彩笔、笔记本等学习用品，鼓励学生刻苦学习，树立远大理想；来自利通区第二小学的多位盟员教师为六年级毕业班同学带来了语文、数学、英语示范课。三中、四中支部还先后派出多名教师到对口帮扶的扁担沟同利燕宝小学、扁担沟镇中心学校开展送教活动，派出一名骨干教师到太阳山支教。盟员发挥自身优势，助力疫情防控。有的盟员积极参与社区值勤，有的盟员坚持线上教学，有的盟员积极主动参与到社区入户排查、信息登记。2021年，广大盟员就涉及老旧小区项目改造、建设社区体育锻炼场地、解决社区居民使用天然气、加强对社区物业管理进行监督、制止物业服务企业乱收费、残障人士出行等问题，通过民情直通车、社情民意的方式反映到主管部门，引起了相关部门的重视，解决了部分群众生产生活中的难题、困难，受到群众的好评。广大盟员在思想上行动上与党委、政府保持一致，同舟共济、患难与共、共克时艰。

民建利通区总支

【概况】

民建利通区总支坚持以习近平新时代中国特色社会主义思想为指导，贯彻落实中共十九届六中全会精神和民建十一届五中全会精神，紧紧围绕中共吴忠市委、政府中心工作，切实加强自身建设，不断提升履职能力，充分发挥特色和优势，积极参政议政，为吴忠市利通区经济社会高质量发展作出应有的贡献。2021年年末，利通区总支共有民建会员63人，平均年龄50岁，其中研究生4人，本科学历27人，省级政协委员1人，市级政协委员2人，利通区政协委员13人。

【思想教育】

按照《民建宁夏区委会开展党史会史学习教育工作方案》、市委统战部《关于开展党史学习教育的实施方案》精神和要求，市委会制定《民建吴忠市委会关于开展党史会史学习教育工作方案》。利通区总支积极参与市委会的学习活动，4月29日上午，民建利通区总支21名会员按照市委会要求参加学习，市委党校杨红教授以“中国共产党百年奋斗的光辉历程、伟大成就及基本经验”为题，开展党史会史学习教育专题讲座，在民建会员中开展党史会史学习教育。利通区总支推荐司法教育支部杜建霞和市直工委马惠参加吴忠市各民主党派无党派人士庆祝中国共产党成立100周年主题演讲比赛，演讲比赛由会员杜建霞主持，马惠演讲的《恰风华正茂迎百年华诞》获得三等奖，会员宋鸣作品毛泽东《水调歌头·游泳》荣获书法作品类一等奖。2021年10月13—14日，利通区总支在市委会的安排下积极参与区委会“学党史、感党恩、跟党走”暨“铸牢中华民族共同体意识”主题教育活动。按照市委统战部开展的“学党史、知党情、感党恩、跟党走”为主题的读书月活动，按照学习活动统一安排，组织会员积极参加市委统战部举办的党史学习教育，统战理论方针政策等专题学习和红色革命传统教育等系列活动，切实提高了会员政治理论素养。

【组织建设】

为充分发挥民主党派参与和谐社区建设的积极作用，不断拓展活动形式和内容，继续开展了民建基层支部和中共基层支部结对共建活动。为庆祝“三八”妇女节，3月5日利通区总支积极响应共建单位——清宁河社区的邀请，部分骨干会员在吴忠博物馆参观了自治区非物质文化遗产项目“剪纸”代表性传承人赵文花老师的剪纸艺术展，到清宁河社区的利通区总支民建活动基地进行了书画创作及剪纸培训活动；4月9日，民建利通区总支企业支部在羽飞青少年羽毛球训练基地，举行了“民建利通区总支企业支部活动基地”揭牌仪式并举办了以“凝聚思想共识，汇聚民建力量”为主题的团建活动。利通区总支召开三届二次会议，传达学习习近平总书记《在庆祝中国共产党成立100周年大会上的讲话》，传达《各民主党派中央关于纪律处分工作座谈会纪要的通知》，并要求会员要提高政治站位，充分认识《纪要》的重大意义，以身作则强化纪律意识、红线意识，筑牢拒腐防变的思想防线；还学习了《民建宁夏区委会基层组织积分制管理办法（试行）》，通过学习，加强了支部建设，以增强会员政党意识、服务意识，提高利通区总支创造力和战斗力。2021年11月9日联合民建之家到扁担沟镇进行疫情防控慰问，捐赠价值1万元的慰问物资。

【参政议政】

两会前，我会人大代表、政协委员深入调查研究，认真准备议案提案，在会议上认真履行职责、积极建言献策。民建利通区总支集体提交的提案立案2件，社情民意6件，民建政协委员个人提交的提案立案8件、社情民意24件，涉及经济、民生、“三农”、生态、教育、文化、发展等多个领域，其中《关于以老旧小区改造普惠民生福祉的建议》被列为重点提案。2021年紧紧围绕区委、政府中心工作，完成了《利通区奶产业高质量发展调研报告》

【社会服务】

4月26日，由中国烹饪协会主办，中国烹饪协会民族餐饮旅游委员会、成都市烹饪协会承办，以“传承食俗文化　助力乡村振兴”为主题的“2021首届中国民俗美食产业发展大会”在成都举办，会员牛华平的企业——吴忠市食名轩饭店被中国烹饪协会评为2020年度中国民族餐饮特色企业百强荣誉称号。牛华平同志当选为第四届吴忠市个体私营企业协会会长。6月18日，会员杨玉英应民建青海省委会邀请参加庆祝中国共产党成立100周年暨“一带一路”民建西北五省区文化之旅书画联展交流活动。司法教育支部主委杜建霞创办《吴忠文明大讲堂》，立足时代要求，坚持“一月一讲堂，一期一主题”，2021年7月，《吴忠文明大讲堂》被市委宣传部评为2021年“优秀宣讲品牌”，节目主持人杜建霞荣获2021年“优秀宣讲员”称号。8月7日，会员牛华平、高美兰、魏冬捐款6000元支援河南的防汛救灾工作。9月14—17日，民建吴忠市委会参加民建中央在天津市举办的2021年中国（天津）非公有制经济发展论坛，利通区总支选派企业支部会员吴忠市第三建筑工程有限公司总经理郭永标、吴忠市利通房地产开发有限公司总经理罗鹏飞、宁夏佰拓建设工程咨询有限公司董事长马建兴由市委会副主委何坤平带队参加。

民进利通区总支

【概况】

2021年，在民进市委会和利通区委的坚强领导下，利通总支坚持以习近平新时代中国特色社会主义思想为指导，以“四新”“三好”为目标，以反映社情民意信息主题年为抓手，团结带领广大会员，提高政治站位，加强自身建设，积极履职尽责。2021年末，民进利通总支共有会员75名，吴忠市级人大代表1人，市级政协委员3人，利通区级人大代表1人，政协委员10人。

【思想教育】

开展学习教育活动，教育引导会员持续深入学习习近平新时代中国特色社会主义思想，始终保持同中国共产党同心同德、团结奋斗的政治本色，筑牢“不忘合作初心，继续携手前进”的思想根基。抓好专题培训学习，组织骨干会员参加区委会和市委会在重庆市社会主义学院举办的参政党理论研究及探索培训班，参加区委会举办的思想政治能力提升培训班和市委统战部举办的党外代表人士能力提升培训班，学习中国共产党的统一战线理论、中国新型政党制度。参加庆祝建党百年系列活动，选派会员参加吴忠市各民主党派庆祝建党百年演讲比赛和吴忠市统战系统书画展，积极参与庆祝宁夏民进成立40周年活动，夏宾林、武志刚、张探武、李娟、李小强5名会员获得先进个人。

【组织建设】

加强制度建设，认真学习民进中央印发的各项制度，将《会员工作条例》《社会服务工作条例》《参政议政工作条例》等作为会员年度学习的重要任务，提升会员对各项制度的知晓度，加大对各基层支部执行各项制度的工作指导，将各项制度落实到具体工作中。加强会员队伍建设，严格会员发展程序，坚持“三为主”的原则，严格把好会员入口关，全年发展会员3名。集中抓好新会员入会教育，开展新会员集体谈心谈话活动、组织新会员参加入会仪式。加强干部队伍建设，选派会员参加民进区委会、市委会等举办的各类培训班，加强与统战部门和组织部门的沟通联系，为会员挂职锻炼争取更大支持，会员李小强到扁担沟镇任职副镇长。

【参政议政】

积极参加政治协商会议。严格按照政协委员推荐要求，将一批政治素质好、理论水平高的会员推荐为利通区政协委员，10名会员通过党派或行业部门推荐成为利通区第五届政协委员。在利通区政协五届一次会议上，民进界别会员提交提案17件，立案11件，转社情民意6篇。深入开展调查研究。按照利通区委重点调研课题要求，利通总支负责村集体经济发展课题调研，总支组织部分骨干会员到相关部门开展调研，听取意见建议，形成《吴忠市利通区村集体经济发展情况调研报告》。积极开展民主监督。积极参加利通区召开的各类座谈会、情况通报会、征求意见会。在利通区法院开放日、检察院开放日和各类意见征求会上，总支政协委员积极建言献策，提出意见建议。

【社会服务】

开展微公益活动。总支联合市委会和民进宁夏回族自治区人民医院支部到利通区扁担沟镇渔光湖村开展送医送药义诊活动，共接待群众120人次，免费发放了价值7000余元的常用药品。帮助困难群众就业。依托会员企业宁夏永进健康产业公司，采用托管的方式，免费为建档立卡户提供优质幼鸡苗，签订回收协议，保证困难群众的收益，总经理李娟获得“民进全国社会服务暨脱贫攻坚工作先进个人”称号。

农工党利通区总支

【概况】

农工党利通区总支坚持学习宣传贯彻习近平新时代中国特色社会主义思想，围绕中心、服务大局，自我加压、务实苦干，为继续建设经济繁荣民族团结环境优美人民富裕的美丽新宁夏贡献农工党员力量。2021年年末，利通区总支共有农工党党员19人，平均年龄48岁，其中本科学历11人，市级政协委员2名，县级政协委员4名。

【思想教育】

组织开展中共党史学习教育专题会议，传达学习了2021年全国两会精神、习近平总书记在党史学习教育动员大会上的讲话以及关于党史的重要论述和新修订的《中国共产党统一战线工作条例》及《中国农工民主党纪律处分办法（试行）》，使全体党员充分认识到开展中共党史学习教育的重大意义，切实增强政治责任感和使命感。通过自我革命、自我教育、自我约束、自我提升，始终保持同中国共产党同心同德、团结奋斗的政治本色，筑牢“不忘合作初心，继续携手前进”的思想根基。党员杨博晓获得2021年度农工党宁夏区委会学党史先进个人。

【组织建设】

积极开展庆祝建党100周年系列活动。推荐党员参加“中国农工民主党与中国共产党肝胆相照、荣辱与共——庆祝中国共产党成立100周年理论征文活动”，杨帆等党员提交理论征文5篇，其中3篇在区委会网站刊登。党员杨博晓的演讲获得吴忠市各民主党派、无党派人士庆祝中国共产党成立100周年主题演讲比赛三等奖。

【参政议政】

充分发挥参政党作用，认真履行参政议政职能，强化党派意识，树立政治意识、大局意识和群众意识，抓“热点”盯“难点”，提提案、写建议，务实创新促实效。2021年，利通区总支共有4名党员当选为利通区政协五届委员会委员。在利通区政协五届委员会第一次会议上共提交提案9件，其中被立案提案6件，转社情民意3件，提交社情民意4件。

【社会服务】

利通区总支委员会积极参加市委会举行的各项社会服务活动，支部党员积极参与为公众普及医疗保健、心理健康、慢病防治等健康知识，不断提升中老年人保健意识和慢病防治能力。

人民团体

利通区总工会

【概况】

2021年利通区总工会（以下简称区总工会）机关内设综合办公室（含经审办、女工部、财务部）、组织部、宣教网络部、经济技术部、权益保障部（含职工服务中心）5个部室。利通区总工会机关行政编制6名，社会化工会工作者29人。利通区总工会下辖12个乡镇（总）工会、1个园区工会、50个直属机关工会。全区建立工会组织456家，涵盖法人单位2032个，会员39467人，农民工会员9960人。

【模范机关创建】

2021年区总工会按照新时代党建带工建工作思路，巩固深化“三强九严”工程成果，制定完善《“让党中央放心、让人民群众满意”模范机关创建台账》5个方面11项内容。制定“基层党建全面提升年”任务清单4个方面28项内容，挂图作战。健全党组抓党建工作责任制，召开党组会议12次，开展主题党日12次。党支部获评“四星级党组织”。党组书记带头开展困难帮扶、工会组建及“会站家”阵地建设等专题调研，形成调研文章5篇。

【基层工会建设】

2021年区总工会全年新建工会组织29家，发展会员2438人；完成已缴筹备金未建会企业任务306家，新增农民工会员534人，涵盖法人单位335个；开展“八大群体”集中入会行动5场次，吸引货车司机、快递员、商场信息员、家政服务员、美团外卖送餐员等新就业形态1150人加入工会组织，工会服务平台录入会员合格率达100%。深入推进“会站家”一体化建设，6月中旬在自治区职工之家建设现场会上作了经验交流；12月中旬自治区总工会以奖代补奖励建会资金9万元，补助12家乡镇（总）工会阵地建设资金26万元。

【劳动模范推荐评选】

2021年区总工会大力弘扬劳模精神、劳动精神、工匠精神，推荐全国五一劳动奖章1人；组织成立利通区劳模志愿服务队，广泛开展“劳模聚服务”专项活动；开展劳模家乡游、劳模座谈会、劳模话初心和上门为劳模党员送党史书籍等服务活动4场次；做好劳模关爱服务，春节期间慰问劳模28人，发放慰问金1.4万元。

【劳动和技能竞赛】

2021年区总工会全面优化竞赛活动，积极引导基层工会广泛开展“建功十四五·奋进新征程”主题劳动和技能竞赛，举办餐饮中餐摆台、厨师厨艺、建筑、服装服饰行业区域性技能竞赛4场次，覆盖一线职工220余人次；高质量承办吴忠市毛皮加工制品职业技能竞赛，辖区3名选手分别荣获一、二等奖，区总工会荣获优秀组织奖；举办“安康杯”网上知识竞赛，参与人数8500余人次，奖励金额8000余元。

【厂务公开民主管理】

2021年区总工会推行厂务公开“123X”和职代会“153N”民主管理规范化建设工作机制，深化“公开解难题、民主促发展”主题活动，打造厂务公开示范点10家，上报职工代表提案3个，事业单位厂务公开、职代会建制率动态保持在98%以上，规范化率达80%以上；非公企业厂务公开、职代会建制率动态保持在90%以上，规范化率达70%以上；区域（行业）职代会建制率动态保持在90%以上，规范化率达65%以上。

【精准帮扶】

2021年区总工会以“我为群众办实事”实践活动为重要载体，联动式开展“春送岗位”活动，联合举办专场招聘会8场次，提供岗位7635个，达成就业意向532个岗位；发布线上招聘信息40期，提供就业岗位2.2万人次，促成就业意愿超过1万人次。组织开展“学党史办实事·夏送清凉关爱职工”走访慰问活动，筹措资金10万余元慰问一线单位45家、惠及一线职工5000人。六一儿童节慰问困难环卫职工及子女34人，发放慰问金及学习礼包共计2.32万元。常态化组织“冬送温暖”活动，双节期间慰问困难职工（农民工）180人，发放慰问金64万余元；上报困难职工173人，实现“1对1”结对帮扶全覆盖。示范性实施职工互助活动，2021年共有4.53万人参与职工互助，收缴互助金230万余元，补助患病职工469人，发放互助金132万余元；探索实施“互助+”项目3个，为47名符合残疾儿童困难补助和特殊补助条件的职工发放互助金4.07万元。精准推进关爱女职工行动，联合开展“见证她力量”主题爱心慰问活动，慰问困难女职工40名，发放红包、米面等生活必需品共计1.6万元；举办各类专题服务讲座20余场次。

【职工文化生活】

团结带领广大职工讴歌中国共产党百年以来的光辉历程和丰功伟绩，举办职工文艺汇演、体育赛事、普惠观影等活动60余场，征集文章、摄影、书法绘画等作品200余幅。荣获庆祝中国共产党成立100周年“颂歌献给党·全市劳动者之歌”合唱大赛三等奖、优秀组织奖。

【工资集体协商】

2021年区总工会召开协调劳动关系会议1次。深化工资集体协商“四季要约”行动，发放“一函两书”提示函163份，开展集体协商“四季要约”启动会、推进会、模拟演练17场次，召开区域（行业）协商现场会13场次，利通区家庭服务业协会荣获市级工资集体协商示范点。全年签订工资专项集体合同163份，覆盖企业389家，覆盖职工8780人，签订率达96%。

【维护职工合法权益】

2021年区总工会组织开展“尊法守法·携手筑梦”服务职工法治宣传、“以案释法”基层法律宣讲、“庭审旁听”等学法活动5场次，举办法治专题培训

30余次；建设劳动关系监测点12个，新建户外劳动者服务（法律援助）站7家，古城镇五星村、翔宇职业技能培训学校、利通区工会环卫1站分别获评自治区百家“工会户外劳动者服务（法律援助）站”二类、三类站点。全年受理来信来访、平台转办72人次，成功调解企业工会账户被冻结、农民工讨薪、货车司机跨省维权等案件14起，涉及金额10余万元，信访诉求办结率达98%以上。

【工会经费审查审计】

2021年区总工会大力发挥工会经审监督作用，特邀专业审计对本级工会经费预算执行情况进行审计，对49家基层工会经费进行了审查审计，审计覆盖率达36%，其中对乡镇工会审计覆盖面达100%。实施小微企业工会经费减免援助行动，为全区38家小微企业全额返还工会经费28万元。

共青团利通区委员会

【概况】

利通区团委（以下简称区团委）核定机关行政编制4人，机关后勤服务编制1人。其中：书记1名（正科）、副书记1名（副科）。2021年团员新增126名基层团组织新增35个，截至2021年底，利通区共有基层团组织442个，共有团员16675名。2021年，区团委坚持以习近平新时代中国特色社会主义思想为根本指引，以党史学习教育为政治主线，以解决好“三个根本性”问题为关键，将培养社会主义建设者和接班人作为根本任务，将巩固和扩大党执政的青年群众基础作为政治责任，将围绕中心、服务大局作为工作主线，聚焦主责主业、夯实基层基础全面从严治团，推动各项工作务实有为、提质增效。

【重要会议】

2021年1月21日区团委召开利通区青年志愿者协会成立大会暨第一届会员大会，4月9日召开共青团利通区委员会三届三次全体（扩大）会议，12月13日召开利通区推进县域共青团基层组织改革暨中长期青年发展规划联席会议第二次全体会议。

【政治建设】

2021年区团委将学习贯彻党的十九届六中全会精神和党史学习教育作为政治主线，以“四个发力”为抓手，线上开辟“青年学党史”专栏，开展“学党史强信念跟党走”主题教育300余次，录制献礼建党百年“利通少年说”主题微团课32期。采取“你点单我服务”的送课方式，开展“蒲公英”青年宣讲团“学全会精神做有为青年”巡回宣讲60余场次。在重要节点举办学习贯彻党的十九届六中全会精神专题学习班、“传承党的百年光辉史基因铸牢中华民族共同体意识”演讲比赛、“青春向党·奋斗强国”文艺汇演、“书写新时代的青春之歌”寄语活动、全区示范性集中入团入队仪式等各项思想政治引领活动总计362场次，覆盖青少年2.3万余人次。

【基层团建】

2021年区团委深化团代表联络站“1512”联络机制，新建“两新”团组织73个，构建“党建＋团建＋单元”的层级化网络塔群，形成5分钟团青信息到达工作机制。成立青年就业创业孵化中心，入驻12家青年初创企业，实现团的组织方式多样化。将团建、队建工作纳入党建工作部署和年度考核。优化团区委班子结构，配齐配强挂职副书记1名、兼职副书记1名，书记助理1名。公开选聘大学生担任乡（镇）、村（社区）团组织兼职副书记，实现团的干部来源多元化。

【新闻媒体宣传阵地建设】

2021年区团委持续推动“青春献利通”团属新媒体矩阵和网宣骨干队伍建设，围绕党史学习教育、“四大提升行动”、疫情防控、创建全国文明城市等推出线上青少年新媒体产品431期，累计阅读量360万余次。

【青年社会融入工作】

2021年区团委召开利通区中长期青年发展规划联席会议第二次全体会议，开展“共青团与人大代表、政协委员面对面”主题调研活动，推荐市、区两级人大代表、政协委员10名，在两会提交高质量提案12件。

【青年创业就业】

2021年区团委成立青年就业创业孵化中心，入驻12家青年初创企业，打造青年就业见习基地7个，青年投身乡村振兴示范基地6个、青创农场3个，举办“招才引智青春助企”、返家乡大学生社会实践活动3期，青年就业创业培训会5期，挖掘、培育农村青年致富带头人、岗位能手等先进典型50名。推荐申报的5个青年创业项目在吴忠市青年创新创业大赛中获1金1银3优秀的成绩。

【服务青年】

2021年区团委切实发挥团中央联络点——金星镇金花园社区团代表联络站和全区24家“青年之家”阵地平台作用，开启线上预约热线。筹集“希望工程·助力四大提升行动”公益资金39.21万元。摸底梳理特需关爱青少年22名，制定一对一帮扶清单，护航特殊群体青少年成长成才。

【基层建设】

印发《利通区关于加强和改进新时代党建带团建工作的实施意见》《利通区共青团基层组织改革试点工作实施方案》，细化10个方面26条改革任务，明确31个责任单位改革职责，配备32.8万元、争取专项经费11万元支持试点工作，形成了“区委抓总、团委牵头、责任单位协同”的改革格局。探索实施“共青团＋社会组织＋志愿者”模式，聚焦“五项青春行动”，出台《利通区“两新组织”团的建设工作指引》，通过项目化设计和运作，借助社会组织覆盖面和影响力优势，凝聚广大志愿者，将志愿服务的触角延伸至基层的重点领域和重点工作，为基层治理体系和治理能力的现代化贡献共青团智慧。

【青年志愿服务活动】

2021年区团委用“1+4”工作模式打造青年志愿服务亮丽名片。成立青年志愿者协会，深化“志愿服务＋”模式，探索实施“3333”模式，常态化开展“凝聚青年志愿者力量投身新时代文明实践”志愿服务，结合“我为青年办实事”活动，以“青春献利通”志愿服务队为抓手，开展守护母亲河、创建文明城、维护民族团结、建功乡村振兴等各类主题志愿服务活动110余场次。

【“希望工程”圆梦活动】

2021年区团委自启动希望工程助力“四大提升行动”以来，共募集资金392114元，用于实施移民帮扶、兴业助农、助学育人、健康守护、青少年科技创新等项目。助力“99公益日——山窝窝助学圆梦行动”项目，共筹集善款8433元。确定2021年希望工程·圆梦行动黄河银行助学金资助学生50名。

利通区妇女联合会

【概况】

利通区妇女联合会（以下

简称利通区妇联），现内设4个工作岗位，包括综合工作岗（办公室）、城乡工作岗、组宣工作岗、维权与儿童工作岗，现有行政编制5人，其中，主席1人，副主席1人，妇儿工委办副主任1人，机关后勤服务事业编制1人。2021年，利通区妇联积极培树“巾帼心向党”“兰花芬芳巾帼红”“好宁嫂”巾帼家政三大品牌，扎实推进妇女各项工作。

【妇女思想教育】

2021年，区妇联按照“党有号召、妇联有行动”，突出妇联工作的政治性，唱响“巾帼心向党”品牌。利用妇女之家、新时代文明实践中心（站、所）、执委之家等阵地，在各乡镇、村（社区）开展“党的声音进万家”党史宣讲及习近平总书记“七一”重要讲话、十九届六中全会及自治区第十二次党代会精神百村百场系列巡回宣讲100余场次，举办“巾帼心向党——学党史颂党恩”演讲比赛，进一步引导广大妇女学党史，增强对党的感情，坚定听党话、感党恩、跟党走的思想自觉和行动自觉。利通区王兰花被评为全国三八红旗手标兵，杨丽娟被评为全国妇联系统劳动模范，成立自治区首个三八红旗手标兵传帮带工作室。

【巾帼创业行动】

2021年，利通区妇联积极组织广大农村妇女开展“乡村振兴巾帼行动”，进一步深化“创业创新巾帼行动”，发放农村妇女创业担保贷款268户2228万元，协调吴忠市完成农村妇女创业担保贷款1500万元。争取自治区妇联“母亲小额循环”项目2个60万元，支持巾帼创业带头人刘晓虹、丁国庆发展八宝茶产业和巾帼家政服务产业。推行“好宁嫂”家政服务品牌，累计举办巾帼家政技能培训班6期300余人次，输出宁夏首批10名金牌“好宁嫂”巾帼家政服务从业人员奔赴天津就业。

【妇儿权益维护】

2021年，利通区妇联围绕维权需求，常态化开展“大走访大排查＋关爱帮扶”活动，畅通12338妇女维权热线，接待妇女群众来信来访262件，处结率98%。深化“建设法治中国巾帼在行动”普法宣传教育活动，开展《民法典》《反家庭暴力法》等法律法规宣传教育培训40余场次，成功化解了自治区领导批示的婚姻家庭矛盾纠纷。利通区婚姻家庭矛盾纠纷工作在自治区妇联系统婚姻家庭纠纷预防化解工作推进会上作了交流发言。马莲渠乡“妮好”家事联调工作室迎接了全国人大常委会委员、社会委副主任委员邓凯一行的调研；“平安关爱启心驿站”迎接了全国政协常委、社会和法制委员会副主任强卫一行的调研，利通区妇联也被评为全国妇女儿童权益维护先进集体。

【创建文明家庭】

2021年，利通区妇联持续开展“文明家庭”“美丽庭院”“健康家庭”创评和寻找活动，完善评选标准，严格评选程序，经常性组织开展“学史崇德、感恩奋进”红色家风故事分享、“颂党恩传家风”故事会、“传承红色家风献礼百年华诞”家庭教育宣讲等活动，通过标兵户的榜样故事，引导全社会形成注重家庭、注重家教、注重家风的共识。评选美丽庭院120户，创建健康家庭237户，创建吴忠市级文明家庭18户。美丽庭院笑脸积分制被自治区妇联作为优秀案例在全区推广。

【关爱妇儿健康】

2021年，利通区妇联扎实建立城乡“两癌”妇女“筛查＋救助＋保险＋关爱”四位一体健康保障体系，筛查妇女1.15

万人，发放“两癌”救助金14人14万元，“爱妮宝”参保2.1万人（赔付189万元），开展“两癌”关爱服务项目50人15.05万元。利通区“两癌”及“爱妮保”参保工作在自治区妇联“巾帼健康行动”推进会上作交流发言。为642名困难儿童家庭送去价值4万余元慰问品。利通区顺利通过自治区妇女儿童“两规划”终期评估验收。

【妇联自身建设】

2021年，利通区妇联按照利通区党委有关乡（镇）、村（社区）妇联组织换届的通知精神，依法依规选举产生了新一届乡镇、村（社区）妇联组织。利通区12个乡镇106个村、28个城镇社区全部完成换届，行政村中女性担任村书记13人，女性担任村主任11人（“一肩挑”5人）；村妇联主席进“两委”人数106人，社区书记担任社区妇联主席23人，共配备村（社区）妇联执委2014人。推选出席吴忠市第五次妇女代表大会代表候选人47人，执委候选人5人。在10个村（社区）试点建立妇女儿童活动微中心，迎接了自治区妇联叶宪静巡视员的调研。积极争取农村基层妇女工作者“双培双带”项目4人20万元、提升基层妇女参政议政能力和妇联组织力项目2个，以循环扶持模式，将村妇联主席中的优秀分子培育成为村级组织带头人和农村致富带头人，逐步提升妇联组织参与社会治理的能力。

利通区文学艺术界联合会

【概况】

利通区文学艺术界联合会（以下简称利通区文联）成立于2020年6月22日，挂靠在宣传部，由副科级副部长兼任文联主席，副部长占宣传部编制（宣传部总行政编制6名，领导职数3名，干部3名），承担精神文明创建、移风易俗、意识形态、新闻出版，扫黄打非、文明城市创建、新时代文明实践、理论学习、新闻中心、社会宣传等多项职责，文联没有编制，没有专职文化干部。2020年6月22日利通区文联召开了第一次代表大会，选举产生了第一届委员会委员和主席团，主席王红苗，副主席李潇、马悦、王力、张铁涛，秘书长李元坤。利通区文联始终坚持党对文艺工作的全面领导，坚持文艺“二为”方向和“双百”方针，围绕中心、服务大局，广泛团结带领全区广大文艺工作者听党话、跟党走，紧扣全区中心工作和重点任务，紧盯人民热切期盼和精神需求，弘扬主旋律、唱响新时代，讲好利通故事，发出利通好声音，创作出了一大批反映新时代精神和地域特色的文艺作品，开展了一系列主题鲜明和寓意深刻的文艺活动，为推进利通区文学艺术事业繁荣和经济建设发展贡献文艺力量。

【文艺人才培养】

构建橙色文化家园，发挥文化传承功能。依托12个乡镇综合文化站打造新时代文明实践所（站）文化阵地，扶持金积镇文沁艺术团、高闸农民艺术团等文艺团队，培育濮传勇、商科、马佐珍等一批文化带头人。胜利镇新时代文明实践所深入挖掘辖区文艺爱好者、基层文艺骨干、文艺志愿者等身边资源，组建“好邻里文化艺术团”“嫣然旗袍协会”“秦之韵民乐团”等文艺志愿服务队22支，培养了一批带不走的文艺骨干队伍。设立“红色艺苑”“爱尚手工坊”“红石榴家园”“翰墨空间”等功能室，为全镇文艺志愿服务提供了坚实的阵地保障。2021年9月，秦桥社区被中央文明办、中国文艺志愿者协会评为“最美文艺志愿服务社区”。

【文艺精品创作】

2021年作家协会马悦创作中短篇小说《飞翔的鸟》出版发行，深受广大观众的喜爱。区音乐家协会创作《老家》《美丽乡村牛家坊》《五里坡的牛群，五里坡的河》《塞上河山》《春天还会来》《黄河知道我爱谁》《宁夏人》《宁夏我可爱的故乡》等多首耳熟能详的原创歌曲，在老百姓当中广为传唱。以“艺”抗疫，共克时艰。疫情期间区文联坚持多形式、全社会发声，组织各协会以多种文艺宣传形式，助力疫情防控工作，创作《吴忠加油》《决战第一线》等美术、诗词作品45个，编创《抗疫花儿》MV、《和你在一起》诗朗诵等文艺节目20余部，凝聚起人民群众抗击疫情的强大精神力量。区美协主席、中国美协会员张铁涛生动再现黄河今昔之美，绘就32米长《天下黄河富宁夏》巨幅油画长卷，收藏在吴忠市美术馆。一年多来，各协会创作书画、舞蹈、曲艺、摄影、微电影等作品共计4500多个。

【文化惠民活动】

利通区文联聚焦乡村振兴等新时代重大主题，以“文明相伴·情满利通”八大赛事文艺作品创作为平台，组织实施歌舞、曲艺、摄影、书法等文学艺术精品创作。结合党史学习教育，因地制宜、创新形式、突出特色，加强文化引领，以党员群众喜闻乐见的文艺形式唱响红色旋律，成功举办“青春向党·奋斗强国”文艺汇演、“党史颂恩践初心·石榴花开共圆梦”庆祝建党100周年暨学习贯彻中华民族共同体意识文艺演出等活动，深入推动学习教育深入基层、润泽民心。金积镇文联以美丽乡村画卷为轴，精心编排快板舞《乡村振兴唱欢歌》、小品《好儿媳》等倾心、倾情、倾力的文艺节目，把言简意深的书面语变成群众喜闻乐见的文艺作品，使文艺宣讲“活起来”。上桥镇举办利通区第七届桃花节期间，各文艺家协会纷纷助阵，以翰墨、光影等创作形式展现大美利通山水、非遗艺术风采，提升了桃花节的吸引力和影响力。区舞蹈家协会参加在南通市举办的“逐梦百年舞在江海”2021年全国优秀广场舞展演，用具有地方特色的广场舞作品表达了各族儿女对祖国的热爱，原创广场舞作品《幸福花儿唱起来》以欢快的音乐、优美的舞姿赢得了专家及现场观众的一致好评。举办了“共产党好黄河水甜”大型群众拉歌合唱比赛，来自12个乡镇合唱队参加了表演，用激情嘹亮的歌声共同唱响“共产党好、伟大祖国好”的时代主旋律。

【文联组织建设】

利通区文联选举产生了利通区作协、音协等8个协会，现有协会会员582名，代表358名，理事103名，主席团成员52名。在建立文联组织上，严格按照程序和要求推荐代表，召开乡镇文联代表大会，选举产生乡镇文联第一届委员会，选举以乡镇宣传委员或综合文化站站长任主席、民间文艺人才任副主席的基层文联领导班子模式。乡镇文联紧紧围绕乡镇中心工作、乡村振兴、基层治理等方面开展工作，积极开展新时代文明实践活动，培养群众文艺骨干，充分发挥职能作用，活跃乡村文化氛围，把党的声音和温暖送到千家万户。

利通区科学技术协会（科协）

【概况】

2021年利通区科协坚持以科普项目为带动，将科普资源向基层下沉，本级安排项目资金92万元。打造“科普＋基地”3个，科普宣传栏8个，科普示范学校4个，新时代文明实践站所5个，“三长”示范引领项目2个，科普书屋33个，“三长”志愿服务联系点4个、“三长”科技志愿服务站5个。强化农村中学科技馆建设，争取上级农村中学科技馆可持续发展项目1个，获批资金12.8万元。申报自治区科普基地项目1个，资金15万元。在新时代文明实践中心设立科普角、科普书架、青少年科普作品展示平台，滚动播放科普宣传片，宣传科技工作者典型事迹，真正让各类科普资源落地开花。同时根据行业特点，结合自身领域，以产业助力、科技培训、青少年科学普及、农业技术服务、健康义诊等为主要手段，深入全区农村、社区、学校、企业等地，联动开展多形式、广覆盖的基层科技志愿服务活动60余场次，科技培训42场次，技能培训25场次，义诊40余次，青少年科普活动18场、组织现场会20多次，形成了良好的工作模式。2021年累计推广“日光温室有机质栽培”“大青葡萄早熟及延秋”“无公害西瓜高效栽培”等新技术11项，累计引进樱桃、葡萄、草莓等新品种9个，培训农民500余人次，服务农户200余户，开展科普讲座5场次，宣传30场次。以“公司＋合作社＋农户＋基地”的方式，组织实施自治区科技特派员创业行动专项和乡村振兴科技成果引进示范推广项目11项，开展各类试验15项，展示各类新品种33个。组织实施本级科技农业项目19项。

【科普服务】

2021年坚持将科普资源向基层下沉，建设自治区级示范农技协会1个，科普示范社区1个，科普基地1个。打造利通区级“科普＋基地”3个，科普宣传栏8个，新时代文明实践站所5个，“三长”示范引领项目2个，科普书屋33个，“三长”志愿服务联系点4个、“三长”科技志愿服务站5个。利用科普中国APP手机应用平台，强化科普信息员队伍建设，注册科普信息宣传员7744人。制定了《利通区科普中国APP宣传信息员奖励办法（试行）》，对传播突出的信息员每季度给予奖励，将优质科普资源送到基层百姓家。开展“科技之光”志愿服务，有效提升社会治理水平。积极吸纳科技特派员、科技工作者、基层科协“三长”、科技专家等进入利通区“科技之光”志愿服务组织。围绕庆祝中国共产党成立100周年，组建利通区“稻花飘香传科技”宣讲队，吸纳宣讲员50名，采用志愿服务内容清单化、活动主题多元化、志愿服务常态化的工作模式，深入温室大棚、田间地头、葡萄庄园、文化广场等，开展农业政策、适用技术、科学普及等专题宣讲和集中科技培训等各类科技志愿服务活动42场（次）。组织开展“全国科普日”“全国科技工作者日”等各类科普主题宣传活动28场，科普展览4次，科普大讲堂5场，发放各类宣传品20余种4万多份。在疫情期间，组织36名科技志愿者参加社区疫情防控执勤验码等工作，开展抗疫应急科普线上线下宣传，转发各类疫情防控宣传知识5万余条，印发宣传彩页2万余份。

【培育科技人才】

整合“三长”资源，构建“三长”服务体系。坚持将科普服务资源向基层倾斜，支持引导以“三长”为代表的“关键人物”在基层科协组织建设中发挥积极作用。在本级科普项目中以“三长”引领项目的给予项目资金支持。在新时代文明实践站设立“三长”志愿服务联系点、“三长”科技志愿服务站，以点单接单的形式开展科技志愿服务活动71场次，科技培训42场次，技能培训25场次，义诊50余次，组织现场会20多次，形成了良好的工作模式。

【助力乡村振兴】

紧紧围绕利通区设施农业、林果业、养殖业等特色产业，采取科普宣传、专家现场实地指导与培训等多种方式，邀请自治区知名专家教授开展科技助力乡村振兴集中服务活动，为利通区农民解决技术难题，宣传科技知识，推广先进科学技术等活动8场次，受益农户达到1000余人次。投入20万元，在扁担沟镇同利村、利原村等5个移民村，选派5名科技特派员开展技术、管理、销售、政策等方面的科技培训服务20余场次，移民参与400余人次。投资276万元，在扁担沟镇利原村实施百万移民提升工程，对该村道路、巷道、庭院进行环境整治美化，提升人居环境质量。组织开展“乡村大喇叭唱响新时代”庆祝建党百年广播宣传活动，现场为村民提供政策、技术咨询等科技服务，发放各类科普资料3000余份。着力打造“科技之光”志愿服务品牌，开展特色志愿服务活动。积极吸纳科技特派员、科技工作者、基层科协“三长”、科技专家等进入利通区“科技之光”志愿服务组织。一是10名“三区”人才继续深入扁担沟镇黄沙窝村、同利村、海子井村等11个村农业一线，持续推动技术服务、培训指导，带动产业发展等科技助力乡村振兴工作有效落实，累计推广果园剪枝、疏花疏果、病虫害防治、拉枝套袋、夏季育肥羊、黑果枸杞标准化栽培、手工挂件制作、黄花菜种植、饲草料高效利用、奶牛规范化饲养等农村实用技术12项，举办各类技术培训班30余次，参与农户800人次。二是以扁担沟镇同利村、利原村、利同新村和渔光湖村，上桥镇涝河桥村为重点，围绕5个村的特色支柱产业，选派了5名“三区”人才开展技术、管理、销售、政策等方面的科技服务，鼓励和支持相关法人特派员在以上重点村开展种植及养殖技术集成示范推广、科技成果转化，推动农村绿色发展和一二三产业融合发展。5名科技特派员在服务村开展各类技术培训班80余场次，参与人数近200人次，不断提升科技服务能力和产业技术水平。

利通区红十字会

【概况】

利通区红十字会经区委机构编制委员会审核，报区委批准同意后于2021年4月25日挂牌成立。按照《吴忠市利通区红十字会职能配置、岗位设置和人员编制规定》，利通区红十字会列入机构编制管理的群团机关序列，是由区委领导分管、政府领导联系的正科级单位，核定全额预算事业编制3名。设常务副会长兼秘书长1名（正科级）、专职副监事长1名（副科级），设置综合管理岗和救助救护岗等工作岗位2个。

【应急救护培训服务】

2021年，共举办普及性应

急救护培训班13期，培训学员1016人次；举办CPR+AED持证救护员培训班11期，培训学员697人次，考试合格持证人员677人，合格率为97.1%。按照业务开展需求，选派了2名有医护资质的工作人员参加了全国（北京）应急救护师资力量提高培训班，基本打造出一支理论知识扎实、操作技能过硬、教学水平优良的应急救护培训师资团队，有力地推动了利通区应急救护培训向更高水平发展。

【人道救助】

2021年，共接受社会各界捐赠款（物）共计226.83万元。其中，用于疫情防控工作216.83万元，按照利通区疫情防控指挥部指示精神及捐赠方意愿第一时间全部发放到疫情防控一线，支持利通区疫情防控工作；“博爱送万家”活动项目中，为辖区180户生活困难家庭送去价值10万多元生活救助物资和慰问金，帮助他们解决实际困难。

【造血干细胞捐献、无偿献血、捐赠器官及遗体工作】

2021年，完成造血干细胞采集40人份，全面完成了年度任务。利用“5·8红十字博爱周”“6·14世界献血日”“99公益日”“世界急救日”等主题活动，积极开展宣传，本年度共举办各类宣传活动8场次，大力传播红十字人道精神，发放无偿献血、造血干细胞及人体器官捐献等宣传册2000余份，宣教人数达3600余名。

【积极争取项目】

2021年，积极争取宁夏红十字会在全区旅游重点村建设红十字救护站项目1.5万元，在上桥镇牛家坊村建成红十字救护站。

利通区工商联合会

【概况】

利通区工商联属社会团体性质运行，会员145名，所辖行业协会5个，设主席1名，副主席14名，均由非公经济人士担任。2021年在利通区委、政府的坚强领导下，利通区工商联围绕“两个健康”工作主题，坚持“团结、服务、引导、教育”工作方针，认真履职，充分发挥了党和政府联系非公有制经济人士的桥梁和纽带作用。坚持以习近平新时代中国特色社会主义思想为指导，以学习贯彻党的十九大精神和全国工商联组织工作会议精神为主线，坚持围绕中心服务大局，团结凝聚非公有制经济人士，引导非公有制经济人士积极承担社会责任，以改革创新精神加强自身建设，切实提高参政议政水平、增强办事能力、执行能力，努力达到“两个健康”的职责要求。9月份，区委统战部牵头完成了工商联换届工作，选举产生了三届工商联主席1名、副主席7名，均由非公经济人士担任；工商联三届执行委员会委员27名，平均年龄43.9岁，其中，中共党员8名，占30%，大专及以上学历21名，占77.8%。

【思想引领】

全面落实《利通区加强新时代统战成员思想政治引领广泛凝聚共识的工作措施》，深入开展理想信念、社会主义核心价值观教育，常态化开展民营经济人士“守法诚信经营　坚定发展信心”“传承党的百年光辉史基因　铸牢中华民族共同体意识”、党史学习和马克思主义“五观”等主题教育，利用初心馆、涝河桥烈士陵园等开展红色教育，不断增强共识，坚定跟党走的信心和决心。

【服务企业】

围绕“四大提升行动”等重点工作，争取少数民族发展资金300万元助力脱贫攻坚与乡村振兴有效衔接，争取民贸民品贴息引导支持资金546万元，激发企业经济活力，助推经济发展。联合人社局开展劳动力再就业培训50余期，企业用工招聘会20余场次；非公企业积极对接工信部门对受疫情影响的74家餐饮企业补助食材损失补贴105.34万元，参与动员各大型商贸企业采取歇业免租、营业减租、减缓交租等方式，为全区1831家商户减免房租和物业费2743万元。

【扶贫工作】

组织非公经济人士、网联会成员积极参与光彩事业，开展“暖心助学基金”“同心·彩虹”等社会服务活动，捐资捐物150余万元，捐资助学50人。争取宁夏“希望之光”公益基金，助力利通区42所学校教育信息化工作水平提档升级。组织工商联会员企业竞相驰援疫情防控，宁夏昊凯牧业有限责任公司、宁夏恒远地产、宁夏佰拓建设工程咨询有限公司等企业先后捐助防疫用品、牛奶、方便面、面包等物资59万元，尽显非公经济人士担当，用实际行动践行初心使命。

人民武装

【概况】

利通区人民武装部（以下简称利通区人武部）编制3名军官（部长、政治委员、副部长）、7名文职人员；编制3个科，分别为军事科（1名科长、2名参谋）、政治工作科（1名科长、1名干事）、保障科（1名科长、1名助理员）。2021年，利通区人武部在习近平强军思想的指引下，坚持不懈用习近平新时代中国特色社会主义思想武装头脑，认真学习贯彻党的十九届六中全会精神，系统学好全会精神的丰富内涵，深刻领悟“两个确立”的决定性意义，迈进新征程、建功新时代的信心更加坚定。突出实训实练，坚持在用兵中练兵强兵，顺利完成了“卫宁–2021”开训动员演训、战备值班分队临战训练、“西部·联合–2021”演习外围警戒管控、民兵基地化轮训任务和辖区5940名学生军事训练任务，民兵队伍遂行使命任务的能力进一步提升。聚焦主责主业精准发力，狠抓国防动员工作高质量落实，将国防动员建设列入利通区“十四五”规划，扎实开展潜力调查，核实更新国防动员7个领域5000余条潜力数据，积极适应征兵改革进程，圆满顺利完成年度征兵任务。着眼人武部建设长远发展，积极转观念、拓思路、打基础，认真抓好人武部“四个秩序”和基层武装部规范化建设，12个基层武装部全部通过军分区规范化建设达标考评。注重发挥军地之间的桥梁纽带作用，大力营造关心支持国防和军队建设的浓厚氛围，军政军民团结更加巩固。认真贯彻新时代党的建设总要求，积极履行管党治党政治责任，全面从严治党持续深入。狠抓安全稳定工作落实，深入开展安全大检查、“百日安全”和“学法规、用法规、守法规”活动，每季度分析一次安全保密形势，落实常态化疫情防控，确保了人武部和谐稳定、集中统一。人武部被宁夏军区表彰为“安全管理暨疫情防控工作先进单位”，被吴忠市委、吴忠市人民政府、吴忠军分区联合表彰为国防后备力量建设先进单位。

【“西部·联合–2021”警戒管控任务】

2021年7月28日至8月15日，利通区人武部根据宁夏军区和吴忠军分区指示，组织50名基干民兵赴青铜峡合同战术训练基地，执行中俄“西部·联合-2021”演习警戒管控任务，保障了演习顺利进行，受到了各级首长和领导的充分肯定，展现了利通民兵的良好风采。

【民兵基地化轮训】

2021年5月9—22日，人武部根据年度训练计划安排，依托吴忠市民兵训练基地，围绕共同基础训练、专业训练和任务行动训练3项内容21个课目，组织吴忠市民兵应急营饮食保障排、利通区民兵应急连、胜利镇民兵应急排141人进行为期12天的基地化轮训，依据《民兵军事训练指导法》和《民兵军事训练大纲》进行了规范化试点，进一步强化民兵的专业技能、身心素质、国防观念和战斗作风，提高快速动员和成建制遂行任务的能力。

【专武干部培训】

2021年1月17—22日，在吴忠军分区、利通区区委、政府的坚强领导和大力支持下，利通区人武部采取理论辅导、专题研讨、实践训练、个人自学、考核验收的方法，组织22名专武干部集中培训，通过要素齐全、系统全面的学习，有效提升了专武干部整组业务能力水平。

【征兵工作】

2021年，人武部积极适应征兵改革进程，1月，先后召开年度征兵工作部署会、推进会，深入分析研判“一年两次征兵”新形势、新矛盾，有针对性地制定加强宣传发动、严格把关审查、动态跟踪管理、杜绝责任退兵4个方面19条具体措施。全区18周岁男性适龄公民兵役登记工作提前3个月100%完成，应征报名人数、大学生和大学毕业生征集比例三项重要指标再创新高，全年为部队输送优质兵员153人。认真做好廉洁征兵教育宣传，严格落实廉洁征兵监督员和“零报告”制度，在辖区人流密集区公布监督举报电话，会同利通区纪委、公安分局先后4次派出督导组赴一线检查督导、明察暗访，全年未发生廉洁征兵方面信访举报和违规违纪线索问题，征兵风气持续向上向好。

【国防教育】

2021年7月22日，邀请国防大学韩旭东教授为利通区副科级以上干部进行国防教育辅导授课，接续开展第十轮“百场国防形势报告”，有效提升了利通区各级领导干部的国防观念。7月，以庆祝建党100周年为契机，认真开展国防教育进机关、进学校、进企业、进寺院、进社区、进家庭活动，努力打开全民国防教育新格局。

【双拥共建】

2021年3月，为利通区胜利镇正源社区打造了红领广场。春节、“八一”期间，军地共同慰问戍边守防官兵家属125名，联合退役军人事务局为40余名立功受奖军人送喜报，让关心支持国防建设、尊崇军人职业、维护军政军民团结成为社会新风尚。

【乡村振兴】

2021年，利通区人武部聚力巩固拓展脱贫攻坚成果同乡村振兴有效衔接，接力做好“1村+1校”帮扶工作，全年投入10万元参与了扁担沟镇同利村肉牛养殖场建设，为该村燕宝小学建成了党史学习教育长廊，努力使村民增产增收，使学生树牢爱国信仰。组织民兵分队积极参与扁担沟镇同利村、渔光湖村道路改建和村容村貌整治，以实际行动为驻地经济建设发展贡献力量。

法治建设

政法与综合治理

【概况】

中共吴忠市利通区委政法委员会（以下简称“区委政法委”）行政编制7人，其中书记1名、副书记2名。下设办公室、综治维稳室、执法监督和队伍建设室、国家安全委员会办公室4个科室。2021年，区委政法委以防控化解各类风险源为着力点，以扫黑除恶斗争、平安利通建设为重点，以政法领域全面深化改革、政法队伍教育整顿为切入点，构建安全的政治环境、稳定的社会环境、公正的法治环境。

【加强组织领导】

2021年，区委政法委发挥统筹协调作用，认真贯彻落实《中国共产党政法工作条例》，严格执行重大事项请示报告制度，涉及重大工作部署，重要问题的处理，主动向区委汇报，确保政法工作政治属性。先后召开政法委员会3次，教育整顿工作座谈会6次，平安利通建设协调小组第一次会议，扫黑除恶推进会，全面安排部署政法各项工作。

【维护国家政治安全】

2021年，区委政法委先后召开区委国家安全委员会会议2次，召开政治安全维护、重点人员管控、风险隐患排查专题会议7次，深入开展国家安全人民防线建设专项督查，全力守好维护国家政治安全生命线。圆满完成中国共产党建党100周年等安保维稳工作任务，确保重要活动、敏感节点顺利、平稳度过。

【扫黑除恶专项斗争】

2021年，扫黑除恶专项斗争转入常态化后，利通区逐步健全完善联席会议、乱点整治、结案评估、领导包案等制度机制142项，同时在各乡镇、各成员单位中开展了“以案释法”宣传周活动，采取庭审释法、典型案例释法、专题讲座释法等措施进一步加大扫黑除恶宣传力度。印发《利通区扫黑除恶专项斗争有奖举报公告》600余份。区扫黑办及法院、检察院、公安分局均保留了扫黑除恶工作专班，确保常备一支有战斗力的专业队伍常态化开展扫黑除恶斗争工作。

【强化矛盾纠纷排查化解】

2021年，区委政法委常态化开展横向到边、纵向到底的矛盾隐患大排查，充分发挥县、乡、村（社区）三级综治中心及全区1132名基层网格员作用，及时将矛盾纠纷隐患排查出来，建立完善台账，运用人民调解、行政调解和司法调解多元调解方式，借助“一村一法律顾问”“三官一顾问”“法律明白人”力量，对摸排出的矛盾纠纷及时化解回访，切实将矛盾纠纷化解在最基层。利通区共排查各类矛盾纠纷13959件，化解13887件，化解率99.5%，回访100%。

【完善治安防控体系建设】

2021年，由区委政法委牵头，推进政法工作信息化、智能化建设，实现12个乡镇、138个村（社区、场、办）综治“视联网”系统全覆盖，并与自治区、吴忠市互联互通。开展校园周边安全隐患大排查大整治，全面排查全区28所小学、48所幼儿园周边问题，发现24处校园存在问题，相关问题基本整改完成。

【推进社会环境治理】

2021年，将电信网络诈骗作为重点打击对象，区委政法委牵头，公安分局等相关部门配合，向全区人民群众推广注册“国家反诈中心APP”，公安分局保持对电信网络诈骗打击的高压态势，立案554起，抓获犯罪嫌疑人120名，及时止付银行账户3610户，挽损9652万元。严厉打击八类刑事案件，2021年，八类刑事案件立案23起，破案率100%。严厉打击非法集资，2021年，打击非法集资4起，涉案资金2364万元。

【强化政法队伍建设】

2021年，区委政法委通过听取汇报、查阅档案、现场测评、一对一谈话等形式，对各单位队伍建设、干部管理情况进行巡查。发放调查问卷228份，民主测评表227份，集体约谈228人，开展个别谈话170人。多措并举强化队伍素质，优化队伍结构，有力推动了信念坚定、执法为民、敢于担当、清正廉洁的政法铁军的建设。

公　安

【概况】

2021年，利通区公安分局在区委、政府和市局党委的坚强领导下，牢牢把握对党忠诚、服务人民、执法公正、纪律严明总要求，以做好庆祝建党100周年安保维稳工作为主线，以开展党史学习教育、公安队伍教育整顿为牵引，以改革和加强派出所工作为抓手，以推进平安利通建设为支撑，按照“11335”工作思路，实现了利通区政治安全和社会治安大局平稳可控。分局民警张美霞被公安部授予“全国公安系统二级英雄模范”，吴忠市政务服务中心户籍窗口和民生街派出所“七微”警务被确定为全区政务服务示范点，公安分局被评为全国扫黑除恶先进集体。

【安保维稳】

2021年利通公安分局圆满完成了党的十九届六中全会、全国两会、庆祝建党100周年、全国政协主席汪洋来吴忠调研、吴忠早茶美食文化节等83次安保警卫任务，实现了“零事故、零差错”。

【社会治理】

2021年利通公安分局将改革和加强派出所工作上升至“党政工程”，区委、政府出台了《关于改革和加强新时代利通公安派出所工作的实施方案》，明确32项措施，推动责任落实。依托“1+9”制度框架，全面实行“一室两队”“一警多能”警务运行模式，实现了“进班子”和社区警力全覆盖，建成警务室120个（建成率92.3%），新设立无人警局5

处，改建了4个执法办案区，改造迁建了2个派出所。精心培育打造了“七微”“四心”、警企“六联”等特色鲜明的警务室，行业场所三色等级管理平台、流动人口管理APP等经验做法被大力推广，基层社会治理“双向积分”模式暨创建“和谐积分服务站”在辖区全面推行，建成和谐积分服务站76个，覆盖居民家庭28699个，已兑换奖品金额10万余元，进一步激发了居民群众参与社会治理的积极性。“天网”“地网”工程建设稳步推进，在老旧安置小区、滨河大道等重点部位布建视频监控3020路，立体信息化防控体系日臻完善。

【规范执法】

2021年利通公安分局健全完善执法监督管理机制，压实执法办案责任，为推进执法规范化建设提供强有力的法治服务保障。结合派出所改革需要，研究出台“加强派出所执法规范化建设”“一站式执法办案一体化监督管理”等工作机制，推行法制员跟班培训制度和“五个当场”举措，着力规范民警执法，提高办案效率。全年巡查警情、案情44848起；快速办理案件245起，同比增长690%。深化公安“放管服”改革，户政大厅、户籍派出所窗口实行365天×24小时“全天候”服务，在民生街派出所设置夜间办理点，全年办理户政业务49267件，其中非工作日办理1491人次、送证上门258人次。通过“互联网＋公安政务服务”平台答复群众咨询3545件，办理业务3441件。吴忠市政务服务中心户籍窗口和民生街派出所“七微”警务被确定为全区政务服务示范点。

【队伍建设】

2021年利通公安分局统筹推进党史学习教育和公安队伍教育整顿，创新推出“101计划”“四强四促”“五查”等8个特色亮点做法，“五项教育”参与率达到100%。推出便民利民惠民举措15项，为民办实事1876件，“‘微’你寻亲”服务品牌被确定为全国公安机关5个特殊公共服务项目之一。延伸开展作风建设“三大活动”和辅警队伍教育整顿，全警政治忠诚进一步筑牢，纪律作风进一步加强，执法公信力进一步增强。在抓实全面管党治警的同时，进一步强化先进典型选树，落实从优待警措施。6个集体、113名民辅警先后荣获省级、市级表彰奖励，张美霞被公安部授予“全国公安系统二级英雄模范”，马慧芳被评为全区“最美基层民警”。常态化落实慰问、体检、休假等暖警措施，全力营造拴心留人的工作环境。

检　察

【概况】

2021年吴忠市利通区人民检察院（以下简称区检察院）现有政法专项编制57名，院党组班子由6名成员组成。2020年5月，经吴忠市利通区区委决定，郭生鹏同志担任吴忠市利通区人民检察院党组成员、书记；2021年1月，在吴忠市利通区第四届人民代表大会第五次会议第三次全体会议上，郭生鹏同志全票当选为吴忠市利通区人民检察院检察长。区检察院有政治部（法警大队）、办公室、第一检察部、第二检察部、第三检察部、第四检察部、第五检察部、综合业务部8个内设机构。2021年被平安宁夏建设协调小组授予平安宁夏建设优秀部门称号。

【护航发展大局】

2021年，区检察院研究制定了《吴忠市利通区人民检察院关于做好庆祝中国共产党成立100周年期间维稳工作实施方案》，详细明确了责任领导及责任部门，在做好安保维稳工作的同时，认真履行检察机关严厉惩治危害政治安全犯罪，充分发挥批捕、起诉等职能，严厉打击“法轮功”等邪教组织犯罪，全力投入“平安利通”建设，依法打击各类刑事犯罪，共批准逮捕犯罪嫌疑人256人、提起公诉493人。

【惩治刑事犯罪】

2021年，区检察院严惩非法集资等破坏金融秩序犯罪，受理审查逮捕案件124件177人，受理审查起诉案件343件469人，审结328件417人。

【推进扫黑除恶斗争】

2021年，区检察院常态化开展扫黑除恶斗争，办理了马坤川等4人涉恶案、马新忠等16人涉黑案，提起公诉2件20人。

【参与社会治理】

2021年，区检察院开展“首办即息诉首访即罢访”专项活动，运用“1+5+N”检察工作模式，共接收群众信访134件，接收群众来信3件，具备回复条件1件，7日内回复1件，回复率100%。对符合受理条件的1件群众来信，做到3个月内办理进展或者办理结果答复，答复率100%。办理司法救助案件7件，发放救助金2件2人1.54万元，院领导包案办理信访案件8件，公开听证办理案件7件。

【刑事检察】

2021年，区检察院全面落实宽严相济刑事政策，对涉嫌犯罪但无逮捕必要的、适用认罪认罚从宽制度333人，认罪认罚适用率85.2%。监督立案3件4人，监督撤案6件8人。向侦查机关书面发出纠正违法通知书9件。向审判机关发出纠正违法通知书1件，发出检察建议2件。办理羁押必要性审查7件8人。核查判处财产刑人员建档85人，核查金额1073.438万元。办理财产刑执行违法违规案件1件，对执行活动其他违法情形提出书面纠正意见1件，制发检察建议书6件，采纳率100%。

【民事检察】

2021年，区检察院受理各类民事检察监督案件49件。受理审判程序违法监督案件8件，提出检察建议8件。受理执行监督案件14件，提出检察建议9件，执行和解2件。受理支持起诉20件，支持起诉17件，和解3件。

【行政检察】

2021年，区检察院受理行政审判程序违法监督案件3件，发出检察建议1件，回复1件。受理行政非诉执行案件4件，发出检察建议2件。受理社会治理类案件3件，向涉案单位发出检察建议2件，办结行政争议实质性化解案件3件。

【公益诉讼检察】

2021年，区检察院共摸排公益诉讼案件线索68件，立案70件，发出诉前检察建议47件，收到回复47件；经磋商受理线索18件，立案18件，完成整改1件。受理刑事附带民事公益诉讼案件线索1件，立案1件，诉前公告1件；公开听证16件，公开宣告送达44件。拆除侵占河道牛、羊圈2座，污水处理泵站1座，私自搭建便桥1座，帐篷1座；清理彩钢板房约20间，私搭乱建构筑物8处；拆除违建6000余平方米。国有资产保护方面，督促行政机关收回违规发放的养老金、丧葬费20余万元。开展“黄河干流宁夏段取水工程专项活动”，与利通区水务局、生态环境分局等单位摸排受理线索1件，立案1件，发出检察建议1件，收到回复1件，拆除取水泵站1座。

【未成年人检察】

2021年，区检察院全面落实自治区党委办公厅、政府办公厅印发的《关于进一步加强未成年人司法保护工作的意见》，深化“小白杨”未成年人检察品牌，批捕成年人侵害未成年人犯罪嫌疑人28人。受理审查起诉案件83件128人。起诉成年人侵害未成年人权益犯罪人37人。观护帮教涉案未成年人106人，心理疏导100次，社会调查106次，引入社会力量86次，提供未成年人刑事被害人司法救助线索13件。聘请“七一勋章”获得者王兰花同志及10名“兰花芬芳”志愿服务队员、辖区25所学校老师、消防救援工作人员为“未成年人公益诉讼观察员”，共摸排公益诉讼案件线索35件，立案32件，发出诉前检察建议23件，开展“法治进校园”活动27次。

【接受人民监督】

2021年，区检察院先后邀请各行各业代表参加3次开门纳谏座谈会，发动全院干警5次深入村、社区、企事业单位、辖区学校大走访，广泛征求意见建议。

【队伍建设】

2021年，区检察院开展政法队伍教育整顿，聚焦“六大顽瘴痼疾”和日常检察监督办案中人民群众反映强烈的突出问题，共梳理出需集中整治的11个方面53类突出问题，围绕“减存量、控增量、防变量”的工作目标和“6+4+1”模式制定顽瘴痼疾专项整治工作方案，建立工作台账。层层解读“自查从宽、被查从严”政策，对61名在编在职干警，分层面开展谈心谈话工作。召开问题专题研讨会，“对照是否存在不忠、不公、不为、不能”等10个方面查找出295条问题，并分门别类制定整改措施，予以查纠整改。

法　院

【概况】

利通区人民法院根据人民法院职责和实际工作需要，设政治部、综合办公室、立案庭、刑事审判庭、民事审判第一庭、民事审判第二庭、综合审判庭、审判管理办公室、执行局、法警队、古城法庭、金积法庭、金银滩法庭、高闸法庭共14个部门。核定中央政法编制数123名，现有在编干警116人，事业编制6名。院党组成员7人，员额法官39人，司法辅助人员53人，司法行政人员11人，司法警察12人，工勤人员6人。院机关党委下设7个党支部（包括退休党员支部），共有党员106人。近年来，利通区人民法院在区委的坚强领导下，在上级法院的精心指导下，坚持以习近平新时代中国特色社会主义思想为指导，深入贯彻党的十九大精神以及中央、自治区政法工作会议精神，忠实履行宪法法律赋予的职责，为统筹推进疫情防控和经济社会发展提供了有力司法服务和保障，各项工作取得新成效。2021年，我院共受理各类案件13285件，审执结各类案件9539件，结案率达71.80%。收案、结案数量位居全区法院第四、全市法院第一。

【刑事审判】

共受理各类刑事案件568件，其中旧存32件，新收536件，审结519件，未结49件，结案率91.37%。上、抗诉案件64件，上、抗诉率为12.3%，其中检察院抗诉案件6件，抗诉率1.2%，发回重审5件、改判7件，发改率18.8%。

【民事案件审理】

针对婚姻家庭、人身损害、相邻关系纠纷等容易激化矛盾的案件，注重做好调解工作，有效地化解矛盾纠纷，消除社会不安定因素；准确区分民间借贷与“套路贷”，妥善审结民间借贷等纠纷案件；在买卖合同纠纷、工程承包纠纷等案件审理中，注重引导市场经济参与者遵纪守法、合法经营，提倡讲诚信守信用的良好商业道德，从而保障正常有序的社会主义市场经济秩序。强力推进案件繁简分流，明确案件繁简划分标准，运用简易程序审理相对简单的案件，简易程序使用率达62%，提高了审判效率，减轻了当事人诉累。推进家事审判，注重案件调解和家庭修复，在促进家庭和睦、引领良好家风方面取得积极成效。

【行政案件审理】

利通区人民法院受理行政案件62件。审结的一审行政案件数量57件（旧存11件），其中判决撤销行政行为5件、判决撤销行政行为并责令作出1件、确认行政行为违法4件、驳回诉讼请求25件、撤诉11件、按撤诉处理4件、裁定不予立案1件、驳回起诉7件。受理非诉行政案件46件，其中裁定不予执行2件、准予执行40件、撤回申请4件；非诉行政案件不予受理10件。

【案件执行】

利通区人民法院共受理各类执行案件5065案（含旧存758案），执结4107案，执行到位资金2.7156亿元。

【司法改革】

完善审判权运行体系。依托数字法院业务应用系统和信息化手段对案件实现全线监管、进度管控、行权留痕，类案检索初步过滤、专业法官会议研究咨询、审判委员会讨论决定的法律统一适用机制构建完成，与本院案件体量相适应、与高效率专业化相匹配的审判团队运行机制逐步完善，院庭长监督管理权限进一步厘清，“让审理者裁判，由裁判者负责”的司法责任制改革形成体系。深化综合配套改革。针对顽瘴痼疾靶向施策，按照有序放权、科学配权、规范用权、严格限权的审判权运行原则，制定了本院《审判执行团队工作规则（试行）》等制度15项，初步形成了权责明晰、系统集成、协同高效、具有利通法院特色的制度体系。人民陪审员制度改革基本完成，共提请任命人民陪审员80名，人民陪审员参审案件15419件，让人民群众参与司法、监督司法。立案登记制改革、以审判为中心的刑事诉讼制度改革、认罪认罚制度改革等全面落实。“两个一站式”建设深入推进，集中送达、评估、鉴定、拍卖有序开展，审判辅助事务外包进行了有益尝试，有限的司法人力资源进一步解放。以执行指挥中心实体化运行为驱动力，以裁执分离、指挥一体的执行警务化管理机制为保障，以速执团队、“五定一包”执行制度与团队集约化执行相配套的执行机制“三线”发力，助推执行效能持续提升。优化司法资源配置。职能划分更为科学的内设机构改革全面完成，人员分类管理改革不断深化。符合现代审判执行工作需要的审判综合大楼建成并投入使用，符合安全标准的诉讼服务、审判、执行、办公以及“六专四室”等功能性区域升级改造完成，筑牢深化改革的物质基础。

【“智慧法院”建设】

坚持向信息化要战斗力，立案大厅自助诉讼服务设备领先全区法院系统，建成高清数字法庭22个，开通直播平台13

路，实现所有庭审同步录音录像、自主直播。建成“远程提讯”“云上法庭”，远程开庭审理、调解案件1239件，实现了所有类型案件都能在网上审理，建设红利在疫情防控期得到充分释放，为抗疫决战提供有力的司法支撑。

【司法救助】

给予司法救助案件15件，救助人数15人，救助金额为57.79万元。

【参与社会治理】

坚决维护国家安全和社会稳定。心怀“国之大者”，依法审理利用邪教组织破坏法律、实施犯罪案件5件，对8名罪犯判处刑罚，坚决维护政治安全。严惩新型网络犯罪，审结电信诈骗、网络传销案件17件112人；严惩集资诈骗、非法吸收公众存款等涉众型经济犯罪10件41人，加大对涉案款物的追缴、执行、返还力度，阻断金融风险向社会领域传导；注重防范区域性金融风险，加强与金融机构衔接，打击“砍头息”“逃废债”等行为；严惩涉疫情犯罪，共办理涉疫刑事案件4件11人，对妨害疫情防控的11人作出有罪判决，努力为抗疫护航。全力决胜扫黑除恶专项斗争。充分发挥扫黑除恶主力军作用，坚决打赢扫黑除恶攻坚战，打赢“深挖根治、长效常治”持久战。坚持严打方针，三年多来，共审结涉黑涉恶案7件93人，判处五年以上有期徒刑35人；依法审结了由公安部、最高人民检察院联合挂牌督办的郭金发等52人涉黑案件，打掉了赵玉清、叶少军、马建忠等为害一方、影响基层治理的涉恶团伙，人民群众安全感明显提升。推进“黑财清底”，共判处财产刑1351.2万元，判决追缴违法所得1756万元，责令退赔被害人经济损失946.65万元，铲除了黑恶势力滋生的土壤。全力“打伞破网”，坚持“一案三查”，受理线索162条已全部办结，发现问题线索89条，已移送相关部门办理。着眼长效常治，制定扫黑除恶常态化制度6项，向相关部门发出司法建议22份，促进社会综合治理、系统治理、依法治理、源头治理。切实保障生态环境安全，服务保障黄河流域生态保护和高质量发展，依法审结破坏环境资源犯罪25件41人。受理涉环保领域行政非诉执行案件58件，裁定准予执行56件，并开通执行绿色通道，加强对涉案企业进行法治教育，发挥典型案例的警醒示范作用，让企业真正认识到环境污染的危害与拒不执行的法律后果，全力守护“绿水青山”。努力营造法治化营商环境。坚持谦抑、审慎、善意司法理念，依法慎用强制措施，最大限度减少司法活动对涉案企业正常生产经营的影响，精准服务“六稳”“六保”。加大对民营企业司法保护力度，制定服务和保障民营经济发展10条措施，有力保护民营企业合法权益。积极开展“司法大走访”活动，准确把握企业司法需求，以案说法，帮助企业提高风险防控能力。

【自身建设】

旗帜鲜明加强政治建设。坚持党对法院工作的绝对领导，深入贯彻《中国共产党政法工作条例》，始终坚持以习近平新时代中国特色社会主义思想特别是习近平法治思想武装头脑、指导实践、推动工作。扎实开展党史学习、政法队伍教育整顿等主题教育，以全面实施基层党组织组织力提升工程与执法办案深度融合为抓手，严格落实意识形态工作责任制，坚决执行重大事项请示报告制度，教育引导干警增强“四个意识”、坚定“四个自信”、做到“两个维护”。刮骨疗毒持续正风肃纪。坚持全面从严治党，压紧压实“两个责任”，自觉接受区委政治巡察和上级法院司法巡察、审务督察，支持派驻纪检监察组履行职责。扎实开展“打伞破网”行动和政法队伍教育整顿，以刀刃向内的勇气和决心，协助纪检监察部门查处违纪违法干警23人，6名法官被免去审判职务，21名干警受到组织轻处理，整治顽瘴痼疾67项，全部整改落实。坚持问题导向，制定制度29项，确保长效长治。创新学习方式，丰富教育载体，建立“五学”机制，采取“五微举措”，开展“五个一”读书活动，常态化开展警示教育，强化党史学习和党纪党规教育，提升干部“政治三力”，培塑队伍忠诚干净担当的法魂。多措并举提升司法能力。以建设学习型法院为抓手，注重提升干警司法能力，厚植履职之本。坚持法官职业导师制度，广泛开展岗位练兵、庭审观摩、裁判文书评比、书记员技能评比活动；坚持轮流接访制度，注意新老搭配，受理信访案件228件，均予以妥善处理；以需求为导向加强教育培训，组织各类培训60余期，参训干警800余人次，干警群众工作能力和职业素养不断提升。五年来，共有4个集体、14名个人获得自治区级以上表彰奖励。古城法庭被自治区高院评为全区首批“塞上枫桥”人民法庭，1名干警被评为全国法院系统扫黑除恶先进个人，队伍精神风貌整体向好。

【司法公开】

自觉接受人大及其常委会的监督，认真落实区四届人大历次会议决议和人大常委会审议意见，向区人大常委会专题报告司法公开、破解执行难等工作5次，积极配合开展执法专项检查调研。自觉接受民主监督，加强与政协委员沟通联系，认真听取其意见建议。完善代表、委员结对联络机制，认真办理意见建议提案，跟踪督办，全部按时办结。依法接受检察监督，审结检察机关抗诉案件32件，改判13件。主动接受社会各界监督，积极回应社会关切，及时召开新闻发布会，向社会公开重大案件、重要工作，利用“一网两微四平台”公开裁判文书4100余份，审判流程信息公开率达100%，在中国庭审公开网直播庭审200余件，切实保障人民群众对司法审判的知情权、监督权。

司法行政

【概况】

利通区司法局（以下简称区司法局）是区政府组成部门，领导职位数3人，分别为部门正职1人，副职2人，下派12个乡镇司法所，副科级司法所所长11名。机关内设办公室、依法治区办公室、法制室、普法和依法治理室、公共法律服务工作室、基层管理室、社区矫正与安置帮教室7个科室。核定政法专项编制52个，事业编1个。截至2021年底，在编人员47名（其中政法专项编46名，事业工勤编1名），司法辅助员（退役军人）10人，专职人民调解员57人。

【法治政府建设】

2021年，全区1470项政务服务事项可在“我的宁夏”利通区站点查询和办理。全面落实权责清单制度，明确了21个部门1528项权责事项，取消证明事项45项，保留证明事项15项。政府法律顾问共列席政府常务会议16次、相关专题会议50次，参与重大事项5次（件），审查区政府及各部门各乡镇相关合同文本60份，出具法律意见书4件。开展法治宣传与法律讲座12次，提供法律咨询100次。

【普法与依法治理】

2021年，区司法局服务为民，全面推进普法依法治理。印发《2021年全区普法依法治理工作要点》，安排部署全区各乡（镇）、各部门（单位）2021年法治宣传教育工作有序推进。开展好民法典学习宣传活动，在“利通普法”微信公众号举办民法典知识网上有奖竞答，21300余人次参与。指导各乡（镇）、部门（单位）推进普法责任制落实，完成2021年度普法责任制“四清单一办法”修订和公示，指导各普法责任单位开展“法律八进”普法宣传活动420余场次。印制法治宣传资料3.7万余份。组织开展国家工作人员现场旁听庭审活动，12个乡（镇）、5个部门（单位）共50人参加了活动。组织新任职的干部开展任前法律知识考试30人次。

【基层治理】

2021年指导区教育局在利通区校园纠纷调解委员会基础上于所管辖的每一所中小学设置校园纠纷调解工作室；与区人社局、工会联合成立利通区劳动纠纷人民调解委员会并纵向延伸至各乡镇，设置乡镇劳动纠纷调解工作室；打造有特色品牌效应的工作室3个。积极落实金星、胜利等5个标准化司法所建设，实现标准化司法所建设全覆盖。利通区各级调解组织排查调处矛盾纠纷673起，调解疑难复杂及重特大矛盾纠纷644起，成功调解641起，成功率95.2%，涉案金额5464.54万元。

【公共法律服务建设】

进一步完善区公共法律服务实体平台建设，为全区配备146台可视化桌面机。2021年，利通区公共法律服务中心共受理指派及当事人申请各类援助案件1128件，其中民事案件716件，刑事案件412件；累计接待来访群众6724人次，为困难群众节省律师费用逾1万元。村（居）法律顾问解答群众法律咨询5024人次，免费代写法律文书87件，提供法律意见258条，起草、审核、修订合同118份，参与化解重大矛盾纠纷120件，协助处理信访问题84件，开展民法典讲座等各类法治宣传活动共计799余场次，受众人数达43000余人次。

【社区矫正工作】

在社区矫正对象中开展大排查、大走访专项活动，确保100%摸底排查，掌握社区矫正对象动向。积极开展个别谈话教育，融入警示教育内容。创新社区矫正警示教育模式，组织开展专题警示教育活动。通过集中警示教育活动，时刻警醒社区矫正对象要提高身份意识，严格遵守法律法规和社区矫正相关管理规定。

【安置帮教】

开展安置帮教工作，切实做到刑释解矫人员“出来有人接，接回有人管，就业有人扶，困难有人助”，努力实现无漏管、无脱管、无重新犯罪、无影响安全稳定事件的工作目标。落实由司法所、派出所、村（社区）、家庭“四位一体”的帮教小组。2021年建党100周年期间对24名安置帮教人员开展了困难帮扶。

农牧水利

农业和农村工作

【概况】

2021年利通区农业农村局坚持把“三农”工作作为重中之重，全区农业农村工作取得了显著成效。创建了利通区品牌创建教授工作站，与西北农林科技大学动物医学院签订了奶牛产业高质量发展产学研合作协议，承办自治区第二届宁夏美丽乡村休闲旅游精品线路推介，扶持壮大村集体经济，农业生产托管社会化服务及合作社发展等现场会、观摩会。利通区荣获首批全国休闲农业重点县称号，被列为全国农业科技现代化共建先行县，牛家坊村成功申报并入选为2021年全国特色产业亿元村名单。全年完成农林牧渔业总产值61.9亿元，同比增长6.9%。

【农业发展】

建立了区级领导包抓重点产业工作机制，全力推动乡村产业振兴。推进五里坡奶牛生态养殖基地四期，鸽堂沟标准化奶牛养殖示范区、肉牛养殖基地等重点项目建设进程。建成金银滩、扁担沟、高闸等优质粮食原料基地3万亩，金积大庙桥村日光温室蔬菜、油粮桥村露地蔬菜等4个千亩以上瓜菜示范基地。建成国家绿色农产品标准化示范基地3个、自治区农业标准化生产基地12个，申报认证绿色食品10个、良好农业规范（GAP）6个。评定二星级绿色食品加工企业14家、三星级12家、四星级2家。农产品质量安全监管网格化管理，食用农产品合格证制度试点推行。生鲜乳检测合格率100%，农产品抽检合格率常年保持在98%以上，利通区农产品质量安全检测中心通过“双认证”。

【农业现代化】

全年规模以上绿色食品加工企业营业收入增长10%以上，农产品加工转化率达到71%。成功申报全国休闲农业重点县，成为首批60家全国休闲农业重点县之一。成功举办第二届宁夏美丽乡村休闲旅游精品线路推介会，推介休闲旅游精品线路3条。

【人居环境整治】

聚焦农民群众最关心的“脏乱差”问题，深入开展村庄清洁行动，严格落实“门前三包”责任，对106个行政村进行全区域、无死角、高标准整治，全面清理房前屋后、院内院外、沟渠路边等区域垃圾和乱堆乱放现象，基本实现了村庄存量垃圾清零、生产生活杂物有序摆放。2021年开展农村人居环境整治督查百余次，发现各类问题2000多处，发动农民群众投工投劳25万余人次，开展集中整治350余次，整治点位1万余处，清理残垣断壁2454处，清理乱堆乱建18927座，进村入户宣传教育1064场次，张贴宣传标语1410条；村庄植树22.4万株；清理各类生活垃圾9.5万吨，秸秆、树枝、畜禽养殖粪污等农业生产垃圾3.5万吨；清理村内水塘68口，清理村内沟渠2231公里。加大新增“四类重点对象”住房改造力度，抓好抗震宜居农房建设，实施抗震宜居农房改造建设837户。全面推进畜禽粪污资源化利用、农作物秸秆综合利用和农膜农药包装废弃物回收利用，健全完善农业废弃物综合利用和管控体系。2021年畜禽粪污资源化利用率达到95%，农作物秸秆综合利用率达到92.8%，农用残膜回收率达到90%，农药包装废弃物回收率和安全处置率分别达到85%和100%。按照美丽乡村建设要求，支持村集体和农民群众充分利用村道、巷道等空闲地，开展村庄绿化，2021年全区实施村庄绿化美化和庭院经济林0.16万亩。

【农村改革】

2021年土地流转面积达到11.49万亩，流转面积占农村土地承包总面积的37%。流转出耕地的农户数为2.9万户，占家庭承包户数的57%。2021年农村土地承包经营权流转主要涉及板桥、东塔、郭桥、马莲渠、高闸、金银滩、扁担沟7个乡镇，其他乡镇为流转合同到期后续签，主要用于种植青贮玉米、水稻及设施农业。

【新型农业经营主体】

利通区在农业行政主管部门登记备案的各类农民专业合作社共有239家，其中以种植业为主的105家，占备案合作社总数的43.9%；以畜牧养殖业为主的87家，占比36.4%；以林业为主的27家，占比11.3%；以服务业、渔业及其他等为主的20家，占比8.4%。资产总额达到1亿多元，年经营收入达到8000多万元，成员数12537人，带动非成员农户数约2.23万户。2021年家庭农场125家，经营土地总面积40106.3亩，其中家庭承包经营4129.3亩，流转经营35977亩。家庭农场劳动力数量477个，其中家庭成员劳动力350个，常年雇工劳动力127个。培育各级星级家庭农场59家，其中四星级家庭农场18家，三星级家庭农场15家，二星级家庭农场26家。

种植业

【概况】

2021年粮食播种面积24.91万亩，与上年相比减少0.54万亩，同比下降2.1%。粮食总产量15万吨，与上年相比减少0.13万吨，同比下降0.9%。其中小麦种植面积0.31万亩，同比下降23%，产量0.1万吨，同比下降21.9%；水稻种植面积4万亩，同比下降23.8%，产量2.4万吨，同比下降21.9%；玉米种植面积20.5万亩，同比增长5.1%，产量12.5万吨，同比增长5%。蔬菜种植面积9.15万亩，同比增长1%，蔬菜产量26.5万吨，同比下降6%。其中设施蔬菜面积1.21万亩（不含供港蔬菜），同比下降26.7%，产量6.84万吨，同比下降17.6%；瓜果面积0.83万亩，产量3万吨；供港蔬菜1.8万亩，与上年持平（单茬）。

【示范推广】

建立了稳粮保供绿色转型科技创新综合示范区5个，面积

5000亩；建立优质粮食标准化种植示范基地20个，积极示范推广小麦匀播耕播一体化技术，开展水稻精量穴播技术、小黑麦复种水稻、籽粒玉米“一年两熟”粮饲高效技术模式示范推广，玉米全程机械化轻简栽培技术示范推广。全区粮食作物优良品种覆盖率达到100%，关键性技术应用率达到85%以上。加快种植业结构调整，积极推进优质饲草高质量发展。在稳定粮食安全的基础上，实现优质饲草种植面积4.26万亩，其中晋饲一号小黑麦冬牧草1.86万亩、秋季复种燕麦草0.05亩，优质苜蓿2.35万亩，累计提供优质饲草（干草）35732吨，初步测算总产值达7761.5万元。青贮玉米种植面积达11.97万亩。平均亩产鲜草3.82吨，实现亩产值2139元，经初步分析统计，累计提供饲草（含青贮玉米）52.85万吨，优质饲草累计实现总产值33369万元。建立了青贮玉米有机肥应用高效示范推广区1个，建成苜蓿高质量标准化示范基地1.2万亩，全面开展苜蓿青贮裹包技术示范推广，示范推广小黑麦冬牧草复种青贮玉米1.86万亩，完成建设600亩优质饲草科技示范园1个。在扁担沟镇五里坡旱作农业区，建立了3000亩玉米水肥一体化核心示范区1个，在高闸镇、马莲渠乡实施2020年国家级产业园有机肥替代化肥项目1万亩。针对小黑麦复种模式，在金银滩镇金川办事处开展小黑麦牧草复种青贮玉米优质高效模式试验示范等工作。围绕保障粮食安全“一个中心”，着力实施粮食作物绿色高质高效、化肥减量增效、农药减量增效“三项行动”，建立优质粮食标准化种植示范基地20个。完成小麦绿色高质高效技术模式示范项目建设。在利通区马连渠乡杨渠村吴忠市耕祥种植专业合作社实施小麦绿色高质高效技术模式示范项目，示范面积300亩，示范品种宁春50号。建成水稻绿色高质高效技术模式示范项目稳粮保供示范基地，在利通区马莲渠乡廖桥村宁夏军顺达农机作业服务有限公司实施，面积510亩，品种为宁粳50号、秋优88。开展了腐殖酸水溶肥替代尿素追肥示范、硅钾水溶肥叶面喷施示范和羟芸·噻苯隆叶面喷施3项示范和腐殖酸水溶肥替代尿素不同时期叶面追肥对比试验1项。2021年，利通区扎实推进化肥减量增效示范县创建工作，建设化肥减量增效核心示范区5个，面积共计5800亩。核心示范区在有机肥或堆肥替代化肥的基础上，展示个性化配方肥3000亩，成品配方肥2300亩，玉米一次性施肥500亩。示范推广化肥减量增效技术共计2.02万亩。完成取土化验100个，采集植株样共75个，开展各类田间试验8项。发放施肥建议卡及其他资料共5000份，开展施肥调查106户（有效样本数），引导5家智能配肥站开展个性化配肥共计54吨。在扁担沟旱作农业区，建成玉米水肥一体化示范区1个，面积3071亩，通过辐射带动，共推广水肥一体化技术3.8万亩；在各乡镇建设化肥减量增效核心示范及辐射推广区，落实成品配方肥示范1.66万亩。通过个性化配方肥或成品配方肥示范引领，带动全利通区测土配方施肥推广面积共计39.6万亩（粮食、青贮玉米、冬牧草等播种面积41.28万亩），其中成品配方肥4.5万亩，测土配方施肥技术覆盖率达到95.9%。依托有机肥应用示范推广项目及产业园有机肥替代化肥行动项目建设，开展商品有机肥示范17558亩，堆肥示范13917亩，辐射带动全利通区各类有机肥面积共计23万亩（商品有机肥4.9万亩、堆肥18.1万亩）。推广水稻侧条施肥1.38万亩，小麦及玉米种肥同播21.3万亩，机械化施肥3.2万亩（不含玉米），水稻、玉米一次性施肥3.5万亩。开展秸秆还田6.71万亩（玉米秸秆还田3.58万亩，小麦秸秆还田0.11万亩，水稻秸秆还田3.02万亩）。项目区成品配方肥、个性化配方肥、一次性施肥、水肥一体化技术应用面积2.1万亩，平均亩增产31.2公斤，增产率3.73%，增收84.67元；亩节肥4.26公斤，与习惯施肥相比节肥率达到10%，项目区总节本增效149.53万元。为提升农产品质量和品质，通过采取稻田养鱼，安装杀（诱）虫灯、性诱捕器、黄蓝板等措施，减少农药使用次数1~2次。大力推进病虫害绿色防控与统防统治，今年绿色防控面积11.39万亩，比去年增加2.84万亩，绿色防控覆盖率26.92%，增幅24.93%。全区共有中型和大型植保机械156台，其中植保无人机72架，占总数的46.2%，比2020年多24架。今年利通区农作物病虫害面积69.85万亩次，比去年增加22.41万亩次，统防统治覆盖率达49.8%，增幅15.97%。今年举办各种技术培训班5次，现场会2次，培训人员290人次；发放培训资料1000多份，下乡开展送技术宣传活动3次，发放资料900余份。同时，加强与新闻媒体合作，在重大病虫防控关键时期及时在吴忠市电视上播放防治技术，今年制作电视宣传统防统治视频2期；网络宣传达1.4万多人次。

【农产品质量安全监管】

截至2021年12月底，中心实验室共抽检5类产品30个品种，完成定性检测1006批次，合格率为100%。配合农业农村部完成第一季度例行监测10批次，检测合格率为100%；完成监督抽检10批次，配合农业农村厅完成例行抽检9批次、监督抽检30批次，合格率均为100%；配合吴忠市完成农产品例行抽检85批次，合格率为100%。节日期间共抽检8个种植基地产品156批次，合格率为100%。抽检6个种植基地产品32批次，检测合格率为100%。

【化肥减量增效示范项目】

利通区2021年化肥减量增效示范项目资金220万元，建设化肥减量增效核心示范区5个，面积0.58万亩。集成推广有机肥＋配方施肥＋种肥同播、有机肥＋配方施肥＋机械施肥、有机肥＋水肥一体化等化肥减量增效技术，加快农作物专用肥、高效水溶肥、缓控释肥等新型肥料的推广应用。项目区共完成化肥减量增效示范面积2.02万亩，其中示范成品配方肥1.36万亩，玉米个性化配方肥0.3万亩，玉米水肥一体化0.31万亩，玉米一次性施肥0.05万亩。完成小麦、水稻、玉米肥料利用率试验3项，完成新型肥料增效试验2项。示范区通过优化肥料配方，新型肥料应用、有机肥替减无机肥实现化肥减量增效，平均亩减化肥10%，亩增产47.2公斤，增收132.2元。

【有机肥替代化肥示范应用项目】

2021年自治区财政下达利通区项目资金210万元，为促进畜禽粪污资源化利用，构建种养结合、农牧循环的发展格局，以粮食作物为重点，开展有机肥替减化肥示范，有效推动有机肥还田，提升耕地质量，减少化肥用量，持续提升利通区农业绿色发展水平。在金银滩镇、古城镇、马莲渠乡、郭家桥乡，依托农业新型经营主体，与化肥减量增效核心示范区结合，建设有机肥替减化肥核心示范区5个，示范面积0.58万亩。核心示范区在一次性施肥、个性化配方肥、成品配方肥、水肥一体化的基础上，增施堆肥390公斤或商品有机肥130公斤；辐射推广区在农户按方配肥的基础上，增施堆肥360公斤或商品有机肥130公斤，完成堆肥消纳能力、发酵液替减化肥试验共3项。项目区共完成堆肥替减无机肥示范1.39万亩，施用堆肥0.51万吨，按2.5：1折算，消纳畜禽粪污1.28万吨；完成商品有机肥替减无机肥示范0.71万亩，施用商品有机肥924吨，按3：1折算，消纳畜禽粪污0.28万吨；依托项目建设，共消纳畜禽粪污1.56万吨。

【一次性补贴项目】

根据自治区农业农村厅《关于印发宁夏回族自治区关于对实际种粮农民一次性补贴资金的实施方案》和自治区财政厅《关于下达实际种粮农民一次性补贴资金的通知》文件精神，下达利通区10个涉农乡镇共88个行政村实际种粮农民一次性补贴资金244.58万元，补贴面积23.45万亩，按照10.43元/亩的补贴标准通过一卡通账户拨付到2.46万户实际种粮农民的手中。

【农机购置补贴项目】

2021年争取项目资金1100万元，拉动农机具销售5500万元以上；同时开展农机报废更新工作，加快老旧机具报废更新，全面提升利通区农机装备水平，提高农机化作业质量。农机深松整地作业项目，争取项目资金125万元，实施农机深松整地作业5万亩，改善全区农业生产条件。争取到智慧农业机械化示范园区和奶牛养殖机械化示范园区各1个，资金65万元。“全程机械化+综合农事”服务中心建设示范工程项目，争取项目资金50万元，建设“全程机械化+综合农事”服务中心1个。农机免费管理项目，争取项目资金20万元，开展农机检审验、办证入户、安全培训等工作。新建宁夏富先农机作业公司1个，争取资金25万元。

【高标准农田建设】

2021年秋冬季农田水利基本建设工作，完成重点治理14个片区12.52万亩，巩固治理17个片区14.72万亩，沟道杂草清除及清淤2957条1863公里，渠道杂草清除及清淤4497条2602公里，道路整修3423条1684公里，残膜回收86吨，秸秆清理14万亩。改善灌溉面积27.24万亩，治理水土流失面积34平方公里。

畜牧业

【概况】

2021年利通区牛存栏29.8万头，同比增长15.6%；出栏6.5万头，同比下降3.3%。奶牛存栏18.8万头，同比增长12%；鲜奶产量达到82万吨，同比增长17.3%。羊存栏25万只，同比增长18%；出栏19.4万只，同比下降28.4%。家禽存栏33.7万只，同比增长67.6%；出栏76.2万只，同比下降42.2%。肉类总产量1.7万吨，同比下降11.4%；禽蛋产量1551吨，同比增长41.3%。水产养殖面积达6970亩，下降0.1%；水产养殖产量2798吨，同比增长6%。

【粮改饲项目】

2021年，农业农村厅下达利通区粮改饲项目补助资金1795万元，其中，下达种植青贮玉米14.5万亩，收贮优质全株玉米青贮52.5万吨，补助资金1600万元；推广“青贮玉米+饲用小黑麦”一年两茬种植模式，种植优质越冬型饲用小黑麦1.3万亩，补助资金195万元。

利通区已完成2021年粮改饲项目验收工作，收贮优质全株玉米青贮119.2万吨，每吨补助金额13.88元，222家项目实施单位共计补助资金1654.56万元。种植优质越冬型饲用小黑麦9362.97亩，每亩补助150元，13家项目实施单位共计补助资金140.44万元。

【5G示范牧场】

2021年，下达利通区奶产业5G示范牧场建设项目资金100万元，在宁夏沃野牧丰农牧股份有限公司完成5G管理平台的开发、5G互联网+智慧牧场的生产管控及大数据决策平台建设、5G牧场智能指挥中心建设、5G牧场全景瞭望平台建设。经过竞争性磋商，中标单位为联通数字科技有限公司宁夏回族自治区分公司，中标金额为88万元。

【政府补贴项目】

2021年，利通区下达优质奶牛性控冻精补贴任务33500支、性控胚胎2000枚。由利通区农业农村局进行初验、吴忠市农业农村局复验，经验收，利通区性控冻精、胚胎补贴项目涉及奶牛养殖场34家，使用补贴性控冻精38740支，按照使用性控冻精每支补贴100元的标准，补助资金387.4万元；性控胚胎补贴项目涉及奶牛养殖场1家，补贴性控胚胎1950枚，按照使用性控胚胎1枚补贴1000元的标准，补助资金195万元。2021年自治区下达肉牛屠宰加工补助项目资金50万元，确定宁夏涝河桥肉食品有限公司为实施单位，支持屠宰加工企业实施标准化生产、规范化管理、品牌营销，建立完善质量安全追溯体系，发展订单生产，提高屠宰加工能力，带动养殖户增收。2021年利通区在池塘开展优质水产品养殖（福瑞鲤2号）面积100亩，完成计划任务的20%；稻鱼生态综合种养（中科5号、福瑞鲤2号）面积600亩，完成计划任务的167%。共完成700亩项目目标任务，项目补助金额20万元。通过项目的实施和带动，利通区水产养殖病害发生率在5%以下，产地水产品质量检测合格率98%。共举办渔业各类培训班8期，发放各类水产养殖资料及宣传材料累计1000余份，培训水产技术人员和从渔农民累计230人次。养殖生产用药减少5%以下，水域环境检测合格率100%。

【示范养殖项目建设】

利通区奶牛良种繁育示范场建设项目由宁夏金宇浩兴农牧业股份有限公司和宁夏沃野牧丰农牧股份有限公司承担实施。具体实施内容为：建设胚胎实验室200平方米及配套仪器设备采购，购买进口优质性控胚胎2000枚（NM值大于700），完成20000枚高产奶牛性控胚胎生产任务，应用分子辅助标记及全基因组选择、DHI测定及遗传评估等奶牛选育技术，选育组建优质青年母牛核心群1000头，完成10头克隆母牛选定以及50头受体母牛的选定，完成移植克隆高产优质奶牛性控胚胎200枚，生产并移植奶牛性控胚胎800枚。是年，宁夏金宇浩兴农牧业股份有限公司完成胚胎实验室建设，并签订仪器采购合同，完成优质高产后备母牛1500头选定，移植性控胚胎1950枚。宁夏沃野牧丰农牧股份有限公司完成受体母牛的筛选工作、基因组测定工作。

【质量安全监管】

检查兽药经营企业178家（次），养殖企业用药排查28家（次），出动检查人员185人次。开展生物制品专项整治活动1次，开展防范非洲猪瘟假疫苗宣传活动2次，发放宣传材料420余份。出动监管人员45人次，完成自治区抽样送检34份。验收兽药经营企业5家均未通过验收。开展动物诊疗机构评星定级工作，检查动物诊疗机构11家（次）。检查饲料生产、经营及使用单位140家（次），其中检查饲料生产企业8家，检查饲料经营网点26家和养殖场户50余户，未发现经营及使用“三无”饲料、违禁添加剂等产品。宣传活动以悬挂横幅、展出宣传栏、发放宣传材料、播放录音等形式，全面系统地展示和宣传了饲料及饲料添加剂安全使用知识，发放宣传材料200余份。完成自治区饲料抽样送检33份。开展水产品质量安全专项检查3次，自治区抽样检测5份。

【执法监管】

排查水生野生动物，出动执法人员25人次开展《中华人民共和国渔业法》、水生野生动物保护条例等宣传工作。发放安全生产告知书27份，渔业生产宣传资料300余份，在养殖场点增加标语警示牌42幅，排除一般隐患风险点5个。开展“一法一条例”宣传培训工作，对养殖户和村级防疫员进行重大动物疫病防控知识及“一法一条例”宣传培训，共培训5期162人次，发放宣传材料2000余份。采取制作横幅、手册、宣传页及电子屏、微信群等多种形式进行广泛宣传，共制作动物防疫法宣传横幅96条，在屠宰场、规模养殖场电子屏滚动播放标语32条。

【动物疫病监测】

2021年开展了口蹄疫、高致病性禽流感和小反刍兽疫、猪瘟、猪高致病性蓝耳病等重大动物疫病免疫抗体监测与流行病学调查工作。进行了集中疫苗免疫采样和抗体监测，总共检测样品47488份。其中，检测奶牛O、A型口蹄疫1400份，采用γ－干扰素ELISA检测结核病788头；检测羊O型口蹄疫780份、小反刍兽疫780份；检测猪O、A型口蹄疫1300份，猪瘟650份、猪高致病性蓝耳病650份；检测鸡禽流感H5N2-56株780份、禽流感H5N2-57株780份、H7N9亚型780份、鸡新城疫780份；炭疽杆菌病采样、检测220份；开展布鲁氏菌病基线调查监测牛羊37800份。2021年配合自治区、吴忠市动物疾控中心采集病原学监测样品2837份。

水　利

【概况】

利通区水务局是利通区水行政主管部门，于2009年底市区分属办公。根据市编办安排，下设：扁担沟扬水站、水利管理站、农村安全饮水管理办公室、水土保持工作站、抗旱打井机电管理站5个事业单位，设板桥乡、古城镇、金银滩镇、金积镇、扁担沟镇、高闸镇6个乡镇水利工作站。2018年3月成立中共吴忠市利通区水务局党组，设党组书记1名、党组成员2名。2018年8月，撤销中共吴忠市利通区水务局委员会。2019年，根据区委、政府《关于印发〈利通区水务局职能配置、内设机构和人员编制规定〉的通知》精神，核定办公室、规划建设管理岗、河湖管理与水土保持岗、法规与水资源管理岗、安全生产和质量监督岗5个内设机构（岗位），核定行政编制5名，设局长1名（正科级），副局长2名（副科级），机关后勤服务事业编制1名。根据吴忠市利通区编制委员会《关于调整事业机构编制事项的通知》精神，将利通区水利管理站、农村安全饮水管理办公室、水土保持工作站、抗旱打井机电管理站4个事业单位合并更名为利通区水利服务和河湖管理中心，保留扁担沟扬水站。2020年，按照区委编办《关于印发利通区机关事务管理中心等33个事业单位机构编制方案的通知》，核定利通区水利服务和河湖管理中心事业编制61名（含副科级1名）、扁担沟扬水站事业编制69名（含副科级1名）。按照利通区推进基层整合审批服务执法力量改革试点工作要求，将区水务局派驻各乡镇的水利工作站及其人员编制全部划归乡镇。2021年，按照自治区水利厅及利通区委、政府安排部署，认真贯彻落实习近平总书记视察宁夏重要讲话精神及习近平总书记关于治黄兴水重要讲话指示批示精神，深入推动黄河流域生态保护和高质量发展先行区建设。利通区水务局荣获自治区脱贫攻坚先进集体。

【工程建设与管理】

2021年实施重点项目工程2个，总投资6070.78万元。其中：利通区汉渠灌域高闸镇高闸村、韩桥村及吴忠监狱片区高效节水灌溉工程，工程总投资3351.78万元，项目于2021年10月28日开工建设，2022年4月30日建成并投入使用；利通区东干渠灌域高闸镇韩桥村及吴忠监狱片区高效节水灌溉工程，工程总投资2719万元，项目于2021年11月开工建设，2022年4月30日建成并投入使用。

【现代化生态灌区建设】

2021年，持续推进现代化生态灌区建设，不断提升灌区灌排基础设施建设水平，实现水资源的高效利用，发展高效节水灌溉面积2.52万亩，砌护干饭渠3.7公里，配套渠道建筑物37座，项目投资8842万元。

【河湖长制】

2021年，利通区列入河湖长制体系内河湖42个，其中河流沟道34条、湖泊8个。建立健全了区、乡、村三级河湖长责任体系，现有成员单位40个，各级河湖长168人，巡河保洁员142人，公示牌82块。充分发挥40个成员单位职能作用，推动河湖长制工作，建立健全利通区河湖河岸垃圾及河面漂浮物收集、打捞、转运体系，对区、乡、村三级168名河湖长和142名巡河保洁员、打捞员加强管理，通过信息平台对各级河湖长及巡河保洁员巡河情况每月进行通报，对4个乡镇及7名河湖长进行通报约谈，提高巡河效率，解决河湖日常问题。区、乡、村三级河湖长及巡河保洁员全年共巡河6.9万次4.7万小时14.2万公里，解决河湖问题15个，全年综合巡河率达到100%以上。

【水资源管理】

2021年，把水资源作为最大的刚性约束，落实最严格水资源管理制度。严格控制取用水总量，强化用水计划管理。全年取水总量5.265亿立方米，灌溉用水有效利用系数达到0.538。优先保障生态流量，苦水河郭家桥控制断面实测流量大于0.1立方米/秒的控制指标。深化水利改革，各项改革任务稳步推进。自2021年起，农业用水价格执行调整后运行水价，全面完成农业水价综合改革任务。深入贯彻落实自治区《关于落实水资源“四定”原则深入推进用水权改革的实施意见》，顺利推进用水权改革工作，全面推广“乡镇级农业灌溉专业合作社”服务模式，全年农业节水4000万立方米。实行水资源消耗总量和强度双控行动，严格地下水资源管理，对城市供水管网覆盖区域内的自备井实行取水许可限批和管控，全年共办理取水许可证44本，关闭自备井12眼，发放宣传手册500余份。

【农村饮水安全】

2021年，通过完成投资1217.44万元，实施了利通区农村饮水安全工程补短板项目、利通区2021年农村饮水工程维修养护项目、利通区扁担沟镇孙家滩地区农村供水提质改造工程，主要解决了利通区东塔寺乡、扁担沟镇、高闸镇、马莲渠乡、郭家桥乡、金银滩镇、金积镇、古城镇、板桥乡、上桥镇10个乡镇1278户群众未通自来水问题和扁担沟镇吴家沟村、石家窑村、五里坡村等8处农村饮水工程的维修养护问题，全面提高农村饮水工程供水能力，保障居民的日常生活，为群众提供更为安全舒适的人居环境，对于打赢脱贫攻坚战具有重要意义。同时，坚持落实“两不愁三保障”要求，工作人员逐村逐户排查，扎实开展农村饮水安全“四查四补”清零行动，1451户建档立卡户饮水安全问题全部清零，自来水普及率100%、水质达标率100%。

【水旱灾害防御】

全面开展隐患排查治理，结合汛前和汛期水旱灾害安全隐患专项检查，组织对辖区内的水利工程现状、重点部位的防汛工程设施和黄河、苦水河、双吉沟等河道险段及山洪灾害预警广播视频水位雨量站等进行了3次拉网式检查，并对检查出的5处问题进行整改，确保安全度汛；做好监测预警预报，充分利用山洪灾害监测预警平台和信息化监测预警设备，切实做好水雨情预警预报工作，通过预警平台共发布雨水情预警信息100多条。强化旱情灾害应对，针对60年一遇极端干旱天气，加强水资源统一管理和调度，制定科学供用水计划，及时召开旱情应对措施会商会议。投资100万元，对扁担沟五里坡扬水灌区供水设施进行了维修，共更换维修水泵17台、维修35kV变压器1台、更换变频2台、翻建节制闸4座，确保扬水灌区供水安全和粮食安全。加强山洪灾害防治项目建设。

【水土保持】

2021年实施吴忠市利通区臭马井子沟小流域综合治理工程，新增水土流失治理面积18平方公里，其中：水土保持造林157.97公顷，水土保持种草126.79公顷，封禁治理1518.11公顷。同年12月，利通区水务局水保站被水利部评为黄河流域水土保持专项整治行动先进集体。

工 业

【概况】

2021年，在区委、区政府的正确领导下，区工业信息化和商务局坚持以习近平新时代中国特色社会主义思想为指导，认真学习贯彻习近平总书记视察宁夏重要讲话精神，积极抢抓黄河流域生态保护和高质量发展先行区的重大战略机遇，认真做好“调转增融”四篇文章，加快转变经济发展方式，加快产业转型升级，加快新旧动能转换，推动经济发展实现量的合理增长和质的稳步提升。工业经济平稳增长，实施工业项目12个，完成投资11.12亿元；争取并发放优势电价、融资等各类降成本和奖补资金2614.1万元，新增骅泰专用汽车、盛泰包装等自治区“专精特新”中小企业、示范企业、小巨人11家，规上工业对标备案率达100%。推进信息化和工业化深度融合，新增自治区智能工厂、数字化车间1家，自治区服务型制造业示范企业1家。商贸流通逐步向好，大力推动消费扩容升级，举办网上年货节、首届电商直播营销大赛等专项扩大消费活动10余场次，支持30余家企业参加国际肉类产业博览会、产销对接大会、第五届中阿博览会等展会10场次，加快利通区产品“走出去”步伐。持续打造“吃在吴忠”特色餐饮品牌，举办“2021大西北吴忠早茶美食文化节”，吴忠市被中国烹饪协会授予早茶文化地标城市，培育早茶示范店22家。建设“多彩利通”特色产品馆，上线利通区美食电子地图鉴，全力打造“多彩利通美味之城”区域品牌，促进住宿和餐饮业协同发展。实施吴忠市利通区古城镇朔方社区如意人家便民服务中心项目，培育安馨母婴、世恒人力家政龙头企业培育2个，红长青和北京华联超市建设消费兴农专区2个。招商引资高压推进，先后赴京津冀、长三角、珠三角等地外出考察9批次，开展“云招商”1批次，接待客商40批次，对接企业50余家。积极组织政企参加第五届中阿博览会、第十一届中国西部投资说明会、广东·宁夏经贸合作暨企业家座谈会、闽宁协作第25次联席会议、“2021大西北吴忠早茶美食文化节”等重大节会，现场签约项目8个，统计合作成果项目25个，资金43.25亿元。实施招商引资项目41个，计划总投资44.62亿元，到位资金38.26亿元，完成自治区下达目标任务的91.1%。

【经济建设】

2021年，区工业信息化和商务局认真贯彻落实习近平总书记视察宁夏重要讲话精神，按照“稳中求进、好中求快、提质增效、绿色发展”的要求，统筹疫情防控和经济社会发展，积极推进黄河流域生态保护和高质量发展先行区建设。工业经济平稳增长，商贸流通逐步向好，招商引资高压推进。2021年，网络零售额约为3.4亿元。利通区电子商务工作抢抓互联网高速发展机遇，在电商助力特色产业、促进就业和增收方面取得了一定的成效。2020年，全区实现网络零售额约为3.2亿元，同比增长14.3%。依托“游在宁夏吃在吴忠味在利通”品牌优势和地域特色产业，打造区域电商平台，吸引培育电商人才，挖掘特色产品。立足商贸资源优势，大力发展特色餐饮、日用百货等电商平台，培育“吴忠严选”等本土电商平台，打造利通美食线上专区，搭建智能一体化的城市生活服务平台，可提供美食外卖、餐饮团购、美食地图、特产商城、生活缴费、政务查询、招聘求职、汽车门户及房产门户等线上服务。支持刘三朵、红山河、夏进乳业、涝河桥、宁杨、君星坊等龙头企业积极搭建行业电商平台，开发京东、天猫、淘宝等网上店铺，全区电商应用率不断提高，网络消费规模逐渐扩大。立足本地特色，定位电子商务发展模式。一是聚焦畅通农产品上行和工业品下行通道，升级改造1处区级电子商务公共服务中心，打造集线上交易、线下展示、创业政策咨询、电商技能培训、企业孵化、物流配送、推介宣传于一体的新型电子商务产业集聚区。电商中心已入驻“吴忠严选”等4家企业（其他有宁夏紫鼎影视传媒有限公司、宁夏青飞扬电子商务有限公司、宁夏赢嘉网络科技有限公司），与刘三朵等17家企业签订孵化协议，策划开展电商营销大赛1次，组织东塔寺乡白寺滩村、“吴忠严选”等乡村团队和电商企业参与全民电商节，其中“吴忠严选”和红山河进入电商企业20强，搭建了乡村产地与电商企业间的桥梁，有力拓宽了农特产品销售渠道。二是依托本地郭家桥、东塔寺大青葡萄，扁担沟、金银滩苹果，马家湖和黄沙窝西瓜等特色优势农产品和杜优素羊杂、刘三朵八宝茶等旅游商品，打造1个区域公共品牌（多彩利通）和5个子品牌（牛羊肉、鲜奶、富硒粮油、鲜果、调味品）。开展宣传促销推介活动，先后为红山河、宁杨、刘三朵等本地企业拍摄制作宣传短视频，树立利通区特色品牌形象，拓宽农产品销售渠道，提高电商增长率。加强载体建设，完善电商物流服务体系。利通区已有邮政、中通、申通、圆通、韵达、百世汇通、极兔、顺丰、德邦、京东等10家快递企业，其中吉送通商贸物流园入驻5家快递企业，金属物流园有2家，毛纺织工业园区有1家、失地农民创业园有1家，汽车城有1家（其中邮政快递在金属物流园和汽车城各有1个集配站）。吉送通已建成村（社区）快递及商贸便民服务网点150多家，在金积镇、马莲渠乡、扁担沟镇、高闸镇和罗家湖设立5家村镇快递服务站，乡镇快递服务能实现次日到达。邮政快递在全区建设自提点118个，便民服务站142家，邮乐购站点50家，设置自有城乡段道33条，网点覆盖县、乡、村（社区）

三级行政机构，初步形成了以城区为分拨中心，乡镇设置物流服务站，部分农村开通网点的三级配送体系，为全区电商发展提供必不可少的物流支撑。抓品牌强基础，促进电商发展。积极争取自治区促进电子商务发展项目资金，制定利通区促进区域电子商务发展优化升级实施方案，出台促进电商发展的政策措施，升级完善利通区电子商务公共服务中心功能，打造1个区域公共品牌，改造升级1处10000平方米以上的快递物流分拣中心，完善区、乡（镇）、村三级城乡物流配送体系，建设12个乡镇电商服务站，106个村级电商服务网点。组建电子商务发展协会，鼓励发展“生鲜电商＋冷链宅配”“中央厨房＋食材冷链配送”“互联网＋无人售卖”等新业态。

【工业经济】

2021年利通区现有规上工业企业94家（金积工业园区68家，利通区辖区26家），重点分布在电力、卷烟、纺织、装备制造行业。国家高新技术企业12家，自治区科技小巨人企业、科技型中小企业72家，产值过亿元企业27家。工业经济平稳增长，2021年，全年工业实现增加值83.6亿元，同比增长16.5%。分别拉动第二产业、GDP增长12.7、4.6个百分点。其中，规上工业增加值同比增长15.4%，分别高于自治区、吴忠市平均水平7.4、8.3个百分点，主要集中在电气机械、仪器仪表、食品制造业，工业增加值分别同比增长86.5%、39.5%、25.6%，高位增速带动规上工业经济健康快速发展。以绿色食品工业为例，2021年利通区绿色食品工业规模以上企业32户（据不完全统计，规模以下食品企业150家左右），占规上工业比重33.3%，完成工业总产值145.5亿元，占全部规上工业总产值的51.2%。三峡光伏、中核新能源、大洋饲料3家企业入规纳统。实施工业项目12个，完成投资11.12亿元；实施吴忠卷烟厂生产结构技术改造等技改项目4个，计划总投资2.07亿元，已完成投资1.15亿元。争取并发放优势电价、融资等各类降成本和奖补资金2614.1万元，新增骅泰专用汽车、盛泰包装等自治区“专精特新”中小企业、示范企业、小巨人11家，规上工业对标备案率达100%。2021年规划建设5G基站255个，规上企业中企业上云、智能制造、量化融合线上评估率达到100%。推进信息化和工业化深度融合，新增自治区智能工厂、数字化车间1家，自治区服务型制造业示范企业1家。

【服务企业发展】

政策扶持推动产业发展。利通区相继出台《利通区工业对标提升转型发展实施方案》《促进工业对标提升转型发展的政策措施（试行）》《利通区2018—2020年农业产业特色优势产业发展扶持政策》。对于获得国家、自治区、吴忠市级农业产业化龙头企业及认证的绿色食品，获得“中国驰名商标”“中国名牌产品”等给予一定奖励，对于参加外省市特色农产品展示展销推介等活动的农产品加工企业给予补助，同时从技术改造、人才引进、“两化”融合等方面对企业进行奖补，帮助食品工业做大做强。2020年兑现扶持政策424万元。2020年吴忠市出台《吴忠市促进食品工业高质量发展政策措施》，从扩大生产、项目建设、提高创新能力、对标认证、市场开拓、品牌认证等方面给予企业扶持，利通区10家食品企业拟争取资金50.16万元。

【工业创新驱动】

一是注重加大科技创新投入，2021年利通区财政兑付424万元用于支持工业企业对标提升转型发展。是年，已建成了3个科技研发中心，12家企业荣获国家高新技术企业。1—10月高新技术产业、战略性新兴产业增加值分别占规模以上工业增加值的4.7%、16.3%。二是注重开展产学研合作。精艺裘皮、黄河电焊机等20多家企业和四川大学、哈尔滨工业大学等区内外科研院所、大专院校，建立产学研合作基地、“卓越工程师”实习基地、焊接装备创新研发中心等。先后组织8位企业负责人外出考察培训，参加市域内企业管理人员培训班12期60余人次。累计培训技术技能人才100人次，柔性引进高层次人才10名。三是注重优化发展环境。制定了《利通区关于推进创新驱动战略的实施方案》和《促进工业对标提升转型发展的政策措施（试行）》，区财政列支专项奖补资金对高新技术企业培育创建、技术改造等9个方面16项进行了扶持奖励。2018年以来，争取各类优惠政策补助资金7768.5万元。坚持以产业创新为基础，增强核心竞争力，形成了以现代纺织、健康食品、装备制造为重点的产业集群。2021年1—11月，规上纺织企业、食品企业、装备制造企业分别达到11家、23家、9家，实现产值12.8亿元、104.5亿元、39.4亿元，同比增长15.3%、30%、55.4%。四是积极促进产业转型升级。深入贯彻落实自治区“创新驱动30条”“转型升级十大行动”，实现辖区规上工业企业中企业上云、智能制造、量化融合线上评估率达到100%。累计获得自治区“专精特新”中小企业112家，示范企业40家、“专精特新”小巨人企业1个、“技术标杆”企业7家、“成长标杆”企业3家、“配套标杆”企业3家。获得自治区智能工厂、数字化车间7个，自治区制造业行业领先示范企业（产品）2个，自治区服务型制造示范企业4个。五是加大培育新兴产业。支持企业引进和发展信息化产业。帮助世民电气申报工业互联网建设和应用项目。建设完成具备交付功能的5G基站756个，市区5G网络基本实现全覆盖。依托吴忠新经济产业发展中心，建成了电商直播基地，以本地农副产品为主，通过抖音、快手等APP直播带货。

【重点工业项目建设】

中环高科电缆（宁夏）股份有限公司西北高新新能源环保铝合金电缆制造总部基地建设及风光发电项目，于2021年7月正式开工建设，拟定总投资2亿元，固定资产投入1.5亿元，项目总占地面积30亩，总建筑面积15000平方米，其中新建高新新型环保铝合金电缆车间8000平方米，检测中心1900平方米，库房139平方米，水电消防等辅助配套建设面积2800平方米。项目建成后主要生产中低压铜、铝及铝合金电力电缆、防火电缆、控制电缆、架空电缆、高端电气装备用电线电缆等产品。及时跟踪推动三峡新能源、风汇新能源风力发电项目建成达产，全力解决四川中环高科铝合金电缆制造基地、万达锦华星级酒店项目建设过程中存在的问题，推动项目早日纳统入规。紧盯签约项目抓开工。增措施力促华电一期500MW光伏发电等14个储备项目顺利实施，确保完成43亿元招商引资到位资金任务。重点做好汇君养殖业粪污治理、陕西中阳吴吃堡城建设等3个项目土地、规划、施工许可等前期手续帮办及协调工作，加快推进丰泰永晟年产2500万米高支高密小提花家纺面料和十万锭纺纱项目确定合作及建设方案。

【重点工业技术改造】

重点支持年产3600吨莫代尔纤维高品质纱线等4个技改项目投产达效。4个项目计划总投资2.07亿元，已完成投资1.45亿元，完成投资率70%。

【工业绿色发展】

加速淘汰落后产能。严格执行环保、能耗、质量、安全、技术等法律法规和技术标准，依法依规推动落后产能退出。严格落实铁合金、电石、水泥等行业差别电价政策和水泥、钢铁、电解铝等行业阶梯电价政策，倒逼落后产能退出。重点淘汰吴忠市永进混凝土制品有限责任公司混凝土搅拌站HZS120G生产线2条、混凝土制品设备生产线1条。“散乱污”企业得到有效治理。2018年以来，全区共摸底排查“散乱污”企业41家，全部整改销号。绿色制造情况。2020年，综合能源消费量107万吨标准煤，同比增长4.7%，单位工业增加值能耗同比下降9.3%，比上年同期下降7.9个百分点。充分发挥绿色制造体系建设载体引领作用，推进企业加快形成绿色化的生产方式，大幅提高工业绿色化、低碳化水平，做到环境影响最小、资源利用效率最高。伊利乳业、锦和星成功创建自治区级绿色工厂，金积工业园区被认定为国家级绿色园区。

【降低企业成本】

2021年利通区规划建设5G基站255个，95%以存量站址改造为主，需要协调解决困难站点46个，均全部解决。为中创自控阀、恒丰纺织等规上企业解决电价补贴、融资等降成本2614.1万元。规上工业“企业上云”评估率达到100%。推进信息化和工业化深度融合，支持企业开展智能应用，新增自治区智能工厂、数字化车间1家，自治区服务型制造业示范企业1家。

【人才培育】

2021年，认真贯彻落实吴忠市及利通区关于人才工作的决策部署，通过开展重点特色产业人才盘点、积极申报人才项目、深化产学研合作等措施，积极推进人才队伍建设，并取得了一定进展。开展重点特色产业人才盘点工作。按照《关于开展全区重点特色产业人才盘点工作的通知》要求，对辖区装备制造、现代纺织、绿色食品及清洁能源涉及工业企业的相关人才进行全面盘点。主要盘点范围是全区规模以上工业企业，涉及部分规模以下工业企业。被盘点工业企业共22户。其中装备制造行业6户，清洁能源行业1户，绿色食品行业12户（包含卷烟制造），纺织产业1户。共盘点绿色食品产业人才92人，清洁能源产业人才2人，装备制造产业人才19人，现代纺织产业人才4人。组织企业申请人才项目。2021年，组织申报自治区级人才项目1个，即宁夏中桦雪食品科技有限公司牛肉面专用粉品质改良技术校地合作项目。该公司已对接郑州瑞谷粮食工程有限公司高级工程师安世新教授及团队、河南工业大学食品学院陈志成教授，就牛肉面专用粉品质改良技术签订特聘专家合作协议及项目服务合作协议，设立专家服务基地，共同打造中桦雪专用粉科技研发平台。吴忠市黄河电焊机有限公司自动化数控焊割电源研发与制造项目、宁夏吴忠市好运电焊机有限公司智能焊割设备的高技能人才引育项目成功申报利通区级人才项目，获得补助资金20万元。

重点企业

【宁夏合力万兴汽车制造有限公司】

宁夏合力万兴汽车制造有限公司于2011年11月在宁夏各级政府的大力支持下成立，是国内一家具有自主研发能力的专用汽车生产企业，主要经营专用汽车的制造、改装、生产及销售，汽车零部件、环保、环卫设备及垃圾箱的制造、生产与销售，电动环卫设备的生产及销售，钢结构、非标准件的制作、安装及销售等。企业地处宁夏利通区金银滩镇装备制造产业园区，交通便利，区域优越。占地351亩，现拥有生产厂房3座，办公楼1栋，员工住宿舍5幢，投入总资本超过1亿元。公司成立了专门的网络营销部门和专用汽车网络直销中心，在生产规模、厂房建筑面积、设备精良程度方面，在西北地区的专用汽车行业属于领先。企业本着“以质量求生存，以信誉求发展。诚信待人、灵活经营”的服务宗旨，致力追求在安全、环保、高效、节能自动化方面的技术研究和应用，强调产品的功能性、经济性和美观性。产品被评为“中国消费者满意品牌”“全国质量过硬服务满意放心品牌”“宁夏名牌产品”。企业被评为“守合同重信用”企业、银行“AAA”信用企业、高新技术企业，被授予“实用新型专利创新奖”“发明专利创新奖”，通过了ISO9001质量认证、CCC认证，积极推行TS16949、ISO14000等认证体系。公司先后荣获先进工业企业、专精特新中小企业、宁夏中小企业50强、宁夏质量百强企业、工业企业履行社会责任优秀企业、民族团结进步创建模范集体、宁夏自主创新标杆企业、宁夏回族自治区科技小巨人企业等荣誉称号。

【吴忠中创自控阀有限公司】

吴忠中创自控阀有限公司（吴忠中创）坐落在黄河金岸水韵吴忠东南。公司成立于2006年10月，当时注册资金只有100万元，七八个满怀梦想的青年人组建了创业团队，一路艰辛，披荆斩棘。经过15年的发展，逐渐成长为一家资产超过5000万元，占地面积40亩，在册员工100多名，研发人员20余名的业内知名企业。公司专注于电力行业高端阀门，致力于苛刻工况高温高压差零泄漏调节阀的研究开发，自主设计研发的各种调节阀5个系列几十个品种规格。如减温水调节阀、锅炉吹灰压力调节阀、锅炉连续排污调节阀、给水泵最小流量调节阀等，使产品在300MW、600MW、1000MW超临界、超超临界机组完全取代同类进口产品，并已形成竞争力强的替代进口自主研发品牌，在同行业中处于领先地位。公司产品遍布全国各大省份的300多家大型火力发电厂，产品质量和服务质量在用户中均拥有良好口碑。吴忠中创专注创新研发，研发经费的投入始终高于科技型企业的平均水平，不断地将科技成果转化为先进的社会效益和经济价值，使企业始终保持持续发展的良好势头。公司获发明专利9项，实用新型专利17项，其中4项获得自治区科技成果鉴定证书，分别为串级多缸执行机构、多层螺旋式多孔降压调节阀、高温高压差防冲刷零泄漏调节阀、可更换压损件阀。抗冲刷高压截止阀已进入批量化生产阶段，迷宫式调节阀已用于进口阀门的检维修技术替代服务中。公司在十几年的发展过程中，受到了各级政府、部门的关心指导和支持，2014年、2015年连续两年被评为宁夏50强企业，宁夏质量百强企业，2017年被评为科技型中心企业、自治区知识产权试点企业，2018年被评为自治区科技小巨人企业，2019年被评为吴忠市工人先锋号等，累计获得30多项荣誉。公司还相继通过了压力容器TSA1级认证，ISO9000质量体系认证、ISO14000环境管理体系认证、ISO18000职业健康管理体系认证。公司产业布局和发展在火力发电领域，经过不懈的努力，改变了宁夏地区高温高压阀门制造低水平的现状，提升了宁夏调节阀制造业的整体技术状态，打破了高温高压阀门被国外垄断的格局，使宁夏高温高压阀门规模和绩效领先于全国，达到了国内先进水平。2020年随着公司经营业务的不断扩大，公司筹划云服务智能制造管理平台建设，提升企业智能制造水平；也将不断增加研发投入，扩大技术研发人员队伍，保证公司在技术领域能有一个质的提升，为未来公司的发展做好技术和人才保障。同时，公司本着诚信立足市场，发展不忘感恩的理念，为员工、为客户、为社会创造价值，为宁夏的经济社会发展贡献自己的力量。

【宁夏潞碧垦自动化灌溉设备有限公司】

公司成立于2018年1月，由北京绿谷源水利科技有限公司与澳大利亚潞碧垦全球集团共同出资创办，是一家致力于节能环保、科技节水及研发、制造、销售于一体的现代化水利企业。公司位于宁夏吴忠市利通区金银滩镇特色装备制造产业园区内，总占地面积68亩，项目计划总投资1.5亿，分三期建设。其中一期含科研楼、装配车间、设备库房共计5200平方米，于2018年初投入使用；二期已开工建设，计划建设原料车间、成品车间、职工食堂及水利闸门检测实验室共计6200平方米，已完成建设4000平方米，水利闸门检测实验室建成并投入使用；三期计划建设4个零部件生产车间及综合办公楼共计10000平方米。企业主要生产和推广管涵式测控一体化板闸、箱涵式测控一体化板闸流量计、测控一体化槽闸、测控一体化蝶形闸等硬件设备及能够实现全渠道控制系统的软件与通信系统，测控一体化设备测控精度达95%以上，小型测控一体化闸阀已经实现90%的国产化。公司年生产能力5000台套，出厂设备2558余台套。2020年实现产值5007.5万元，同比增长59.8%；2021年受疫情影响，实现产值335.2万元。企业测控一体量测水设备在现代化罐区的应用，使灌溉秩序明显改善，灌溉周期比设备安装前缩短了3~5天，实现了供水流量和供水量自动监测。以利通区现代化灌区建设项目汉渠金银滩段为例，安装干渠测控一体量测水设施后可实现节水22万方，实现了现代化灌区节水灌溉控制的精确化、系统化、科学化和节水灌溉的自动化。

烟草专卖

【经营运行】

吴忠卷烟厂位于宁夏吴忠市利通南街489号，厂区占地面积6.79万平方米（101.81亩，不含青铜峡库区），建筑面积5.44万平方米。截至12月31日，资产总额5.23亿元，其中非流动资产2.19亿元、流动资产0.26亿元，资产负债率100%。拥有员工669人，其中在岗员工383人，内退员工2人，退休员工284人。主要生产芙蓉王（荣耀细支）、白沙（硬精品三代）、白沙（硬新精品二代）、白沙（精品）等品种卷烟，合作生产品牌有冬虫夏草（和润细支）。2021年全年生产卷烟80亿支（16.9万箱），实现工业总产值23.8[illegible]亿元，同比增长6.[illegible]5%，实现税利18.50亿元，同比增长[illegible].23%。

【生产情况】

2021年，吴忠卷烟厂生产卷烟16.9万箱，其中“白沙（精品）”6.06万箱，“白沙（精品二代）”8.67万箱，“白沙（精品三代）”0.96万箱，“冬虫夏草（和润）”0.4万箱，芙蓉王（新品）0.8箱，“芙蓉王（荣耀细支）”0.01万箱，按要求完成了公司下达的生产计划。烟叶单箱消耗33.06kg/箱，比上年同期下降0.36%；卷烟纸单箱消耗2972.89米/箱，比上年同期上升0.47%；嘴棒单箱消耗12532.04支/箱，比上年同期下降0.04%，小盒单箱消耗2503.68张/箱，比上年同期上升0.04%；条盒单箱消耗250.25张/箱，比上年同期上升0.06%。

【企业管理】

2021年，吴忠卷烟厂深入学习、务实践行习近平新时代中国特色社会主义思想和党的十九大精神，以国家烟草专卖局“三高五更”总体部署为指引，全面落实湖南中烟“双新一体”发展战略，扎实推进从严治党，坚持“六个突出”，抓好“六个升级”，团结全体员工打造精益管理升级版，助推工厂高质量发展。年内，吴忠卷烟厂共获得8项奖项。2021年6月，吴忠卷烟厂党委荣获自治区“全区先进基层党组织”荣誉称号；7月，吴忠卷烟厂获得吴忠市“安康杯”知识竞赛二等奖；9月，吴忠卷烟厂获得2021第十九届国际产业互助大会科技创新奖一等奖、党建文化创新奖三等奖、十大技术创新领导者，李润喜获得2021第十九届国际产业互助大会十大行业标杆领导人物；12月，吴忠卷烟厂“爱心妈咪小屋”被正式命名为吴忠市级“爱心妈咪小屋”并获得专项奖励；同月，吴忠卷烟厂被命名为“吴忠市工资集体协商示范点”。

电力供应

【概况】

2021年，利通区供电公司共运维10千伏线路115条，全长1471.26公里，其中架空线路89条，共计1413.26公里；电缆线路26条，共计58公里。配变共计3173台，容量811兆伏安，电力供应保障能力显著增强。服务利通区辖区内客户30.72万户，完成售电量26.97亿千瓦时，完成10669户扩报装接电工作。共开展7×24小时响应低压客户用电需求7895次，10千伏供电线路不停电检修286次，供电可靠率高达99.999%，供电服务满意率100%。

【电力供应保障】

2021年，利通区供电公司为金积工业园区招商引资发展积极争取项目和资金，重点完成江南路电缆沟建设工程，投资1198万元新建高标准电缆线路通道，为后期西郊园区新建10千伏配出线路、增加金积工业园区负荷接入能力打牢基础，提高该园区供电可靠性，满足入园企业负荷需要。2021年，利通区供电公司面向政府、基地养殖户展现责任央企形象，全力配合政府规划，投资1851.89万元，新建10千伏线路6条共计64.16公里，接入负荷约43600千瓦，确保五里坡奶牛养殖园区三、四期，鸽堂沟奶牛养殖园区新（扩）建和养殖企业顺利入园。积极协调在五里坡四期牧场建设35千伏牧园变1座，计划投资3020.25万元，高标准打造该地区配网线路和配网网架结构，提高供电能力和设备装备水平，满足养殖基地地区现有用电负荷和未来用电需求接入。为满足利通区高闸镇、东塔乡现代农业特色产业示范园建设需求，投资130.3万元，架设10千伏线路2.73公里，安装变压器6台总容量2.2兆伏安，为两个农业园区提供充足的电力保障。

【提升供电服务能力】

2021年，利通区供电公司积极争取各类电网投资项目和资金，优化网架结构，提高绝缘化水平，改善农村地区配电网设施老旧、用电容量不足等问题，下达配电网工程项目共计47项，计划资金8236.25万元，新建及改造10千伏及以下线路172.21公里，新建及改造配电变压器24台，容量8.36兆伏安。对郭桥、金积、扁担沟、孙家滩等乡镇配电台区进行新增布点及增容改造工程，有效解决日益增长的农业生产、灌溉和畜牧养殖等项目的用电需求接入问题，提升供电服务能力。

【赋能社区美好生活】

2021年，利通区供电公司以党建联盟为纽带，在吴忠市利通区金花园社区创新构建“供电＋社区”双网格，每个网格配备一名台区经理，主动融入社区“楼道红管家”，发挥“用电宣传员”和“社区网格员”双重职能，实现精准服务片区电力诉求。推动与金花园社区党委联建“光明驿站”党员服务队活动阵地和“电亮梦想”志愿服务支队，利用“组织联建、资源联享、活动联办、服务联动”做好社区治理。自实施以来，累计投资522.1万元，维修整治小区箱式变6台，整治低压分支箱16台，维修楼道开关箱125面，更换老旧计量表箱45面，使故障报修工单数量降低60%以上，12个台区线损合格率全部稳定在5%以内，“网上国网”APP完成注册5000余户，为社区居民解决实际用电难题78次，实现供电服务“零投诉”，打通供电服务“最后一公里”。

【提升客户办电体验】

2021年，利通区供电公司以“绿色、低碳、环保”为主题，对秦蕊供电营业厅实施“三型一化”改造，打造零售体验、能源互联网互动、综合能源展示、自助办电等智慧用电体验展示区域，促进供电服务从传统模式向“线上办电＋线下体验”转变，深化“供电＋能效”服务，引导客户开启更加绿色、低碳的生活方式，“三型一化”营业厅建设经验在《中国电力报》《电网头条》等主流媒体发布。

【优化营商环境】

2021年，利通区供电公司全力推广“网上国网”，发挥台区客户经理网格化管理优势，完成3.4万户低压客户“网上国网”手机APP的绑定注册，极大方便了客户缴费办电。全面推广远程电表，借助新建小区新装、调价失败本地转远程、集团用户申请转远程等，共完成25241户远程费控电能表的推广工作，为后期商业用户全面进入市场打下了基础。加快充电设施建设，有序推进巴浪湖供电所等7个充电桩项目开工建设，积极储备2022年充电桩项目8项共59个桩，为电动汽车充电提供便利条件。全面落实“三零”政策，完成936户“零投资”接电任务，开展“三指定”专项整改，加强关键岗位监督，首次开展供电方案“现场直接答复”。

经济管理

商贸服务

【概况】

2021年，全区实现社会消费品零售总额87.5亿元，同比增长2.5%，增速比上年同期加快10.1个百分点，排名位居全自治区第15，川区第6，市辖区第4，全市第5。大力推动消费扩容升级，举办网上年货节、首届电商直播营销大赛等专项扩大消费活动10余场次，支持30余家企业参加国际肉类产业博览会、产销对接大会、第五届中阿博览会等展会10场次，加快利通区产品“走出去”步伐。持续打造“吃在吴忠”特色餐饮品牌，举办“2021大西北吴忠早茶美食文化节”，吴忠市被中国烹饪协会授予早茶文化地标城市，培育早茶示范店22家。建设“多彩利通”特色产品馆，上线利通区美食电子地图鉴，全力打造“多彩利通美味之城”区域品牌，促进住宿和餐饮业协同发展。深化电子商务发展，建成利通区电子商务公共服务中心，孵化吴忠严选、紫鼎影视等4家电商小微企业，组织企业参加“阅宁夏鉴优品”全民电商节活动，吴忠严选、刘三朵八宝茶等3家企业成功入围100强。推进重点项目建设，实施吴忠市利通区古城镇朔方社区如意人家便民服务中心项目，培育安馨母婴、世恒人力家政龙头企业培育2个，红长青和北京华联超市建设消费兴农专区2个，鑫鲜农副产品市场完成升级改造，银川新华百货连锁超市有限公司吴忠富康店被评为绿色超市。持续推进“一区两街四广场”改造升级，光耀美食街、吴忠万达金街申报自治区商业示范街区。实施牛家坊民俗文化村服务业集聚区夜间经济发展项目，打造吃住游购娱为一体的夜间经济特色商业街区。

【消费市场】

加强12个乡镇县域商业体系建设，拓展农村消费，完善农村消费市场供应链，推动金银滩、高闸、扁担沟农贸市场改造提升城市消费。培育国强手抓、新世纪商厦为绿色饭店、商场，支持便利店品牌化连锁化发展，积极推进老城区、金积、滨河新区、高铁商圈升级改造，对批零餐住行业开展单用途预付卡专项整治。抓促销造氛围，推进消费复苏。全年开展皮卡车等汽车下乡、家电惠民行动以及家电、家具以旧换新等大宗商品促消费活动4场次。举办早茶文化节、电商美食节等5场次活动，加大品牌节会对利通美食的宣传和推广力度，推行吴忠早茶标准，优化餐饮业供给服务，推动餐饮业提质增效、转型发展。紧抓节假日和消费旺季，鼓励吴忠万达、国贸百货等商贸流通企业开展各种形式的让利促销活动20场次以上。

【招商引资】

2021年，利通区精准聚焦清洁能源、装备制造、现代纺织、健康医养、绿色食品等十大特色优势产业强链补链延链，大力开展园区招商、以商招商、产业链招商，先后赴京津冀、长三角、珠三角等地外出考察11批次，开展“云招商”2批次，接待客商40批次，对接企业50余家。成功签约中环高科西北高新新能源环保铝合金电缆制造总部基地、青岛汇君环能养殖业粪污资源化综合利用等项目6个，签约金额13亿元。积极组织政企参加第五届中阿拉伯博览会、第十一届中国西部投资说明会、广东·宁夏经贸合作暨企业家座谈会、闽宁协作第25次联席会议、“2021大西北吴忠早茶美食文化节等重大节会”。1—12月份，对接洽谈了浙江华伊跨境贸易物流中心等项目35个；实施招商引资项目41个，计划总投资50.1亿元，申报到位资金48.28亿元（含金融项目1个4.98亿元），完成自治区和吴忠市确定的42亿元目标任务的114%。主要做法：一方面加强组织领导，强化责任落实。一是大员上阵外出招商。区委、政府主要领导亲自带队赴长三角、珠三角、京津冀等地拜会洽谈，对重大招商项目带头上阵抓谈判、抓协调、抓督办，促成了万达锦华星级酒店、民俗文化村吴吃堡城、健康医养等一批项目的顺利签约。二是召开会议促招商。区委、政府将招商引资作为推动高质量发展的关键措施来推进，对招商工作“逢会必讲、逢会必强调、逢会必安排”，对招商引资项目推进中存在的难点召开座谈会和现场会议及时解决，顺利推动利通区养殖业粪污治理＋清洁能源全产业链项目3个子项目顺利落地，中环高科电缆制造项目顺利开工实施。三是建立机制推项目。印发《关于做好2021年度全区重点招商引资项目推进工作的通知》文件，将2020年结转和2021年新签15个招商引资项目纳入重点项目管理清单，形成“一个项目、一名领导、一套班子、一抓到底”的项目推进管理机制，促进项目有序推进。科学规划产业，夯实招商基础。根据自治区九大重点产业和吴忠市9+1重点特色产业，依托国家产业政策、主体功能区划分和资源禀赋情况，科学布局规划了利通区清洁能源、现代纺织、健康产业、装备制造、绿色食品等十大特色优势产业，同时根据产业打造了产业园区和集聚区。建成的中医药研创基地吸引了爱芙帝（杭州）冻干技术研究院项目的关注；中环高科电缆制造基地项目落户金银滩特色装备制造园。高铁商圈的规划也得到了乌海万达的青睐，准备建设文旅小镇项目。孙家滩奶牛养殖基地规划引来新希望集团投资建设万头奶牛牧场项目。古城镇灵芝园、东塔寺乡白寺滩等一二三产融合规划引起了恒大高科农业高度关注。上桥镇吴吃堡城规划成功吸引陕西中阳与利通区签约。项目库建设不断充实，基本形成了“开工建设一批、宣传推介一批、整理储备一批”滚动发展、良性循环的建设格局。另一方面创新招商方式，拓宽招商渠道。在新形势下，改变传统招商方式，由粗放式招商向专业招商、高层次招商转变。一是用好优势“请进来”，用利通自然风光独特性、自然资源丰富性、区位优势便利性三张彰显地域特色的名片，把自然资源、区位优势和上级给予的政策与资金倾斜转变为招商的最大优势，吸引外商入驻利通发展。二是依托节会大招商，进一步加大节会招商力度，广泛宣传利通优势，借助第五届中阿博览会、第十一届中国西部投资说明会、广东·宁夏经贸合作暨企业家座谈会、闽宁协作第25次联席会议、“2021大西北吴忠早茶美食文化节”等重大节会，组织企业参加招商推介活动，达到了推介项目、结识客商的目的。三是委托第三方机构招商，在招商方式上，不断创新工作方法，不仅注重传统的以情招商，更加关注了专业机构招商、以企招商、以商招商，充分发挥现有落户利通区的企业“现身说法”及“扎堆效应”，大力引导已在利通区投资的外来企业家引进外来资金，通过他们介绍其同事、熟人和企业家朋友来利投资创业。贴心式的优质服务，形成了项目落地的“雁阵”效应，上半年，通过上海东方龙第三方招商机构、山东商会对接企业17家。四是强化服务意识，优化投资环境。对重大项目和重点项目，推行一事一议、一企一策和特事特办的原则，降低招商门槛，促成大项目、好项目在利通落户发展。建成利通区招商引资项目服务中心，进一步优化营商环境，为中国华电、东方电气、青岛汇君及山东尊尚等4家招商引资企业提供项目前期筹备办公场所，推动项目快速落地。针对重点签约项目成立工作专班，印发了《关于成立吴忠市利通区康养项目工作专班的通知》《关于成立利通区现代农牧业生态综合治理＋清洁能源全产业链项目工作专班的通知》，2个工作专班全力协调市、区有关职能部门在公司注册、规划选址、征地拆迁、施工环境、环保安全、建设前期报件审批及开工建设环境等方面积极做好服务，为招商项目落地提供快捷高效服务。

发展改革

【概况】

吴忠市利通区发展和改革局（以下简称区发改局）主要承担国民经济和社会发展中长期规划，拟定国民经济和社会发展报告，经济运行监测，固定资产投资管理，重大项目谋划布局，煤炭、电力、新能源行业管理和项目管理，招投标管理，经济动员，服务业发展（信用体系建设），粮食监管等工作职责。内设机构为办公室、粮食和物资储备办公室、国民经济综合办公室、服务业发展办公室、项目投资管理办公室、产业发展办公室。挂吴忠市利通区粮食和物资储备局、国防动员委员会办公室牌子，下设项目建设服务中心。

【经济运行】

2021年，利通区实现地区生产总值236.3亿元，总量较2020年提升近36亿元，同比增长8.5%。第一产业实现增加值29.8亿元，同比增长6.5%；第二产业实现增加值101.3亿元，同比增长11.8%；第三产业实现增加值105.1亿元，同比增长6.3%，三次产业比为12.6∶42.9∶44.5。

固定资产投资同比增长0.6%，规模以上工业增加值同比增长15.4%，公共财政预算收入同口径增长17.9%，社会消费品零售总额同比增长2.5%，城乡居民人均可支配收入分别增长7.8%和9.4%。

【项目建设】

2021年，利通区严格按照《宁夏回族自治区政府投资管理办法》《宁夏回族自治区企业投资项目核准和备案管理办法》等相关规定，规范高效办理项目审批、备案，全年共审批备案项目277个，其中企业投资备案项目134个，政府投资项目审批143个。落实“扩大有效投资年”行动，开展扩大有效投资百日攻坚行动，全力以赴扩大有效投资。全年计划实施项目110个，年度计划投资70.2亿元，全部开工建设，完成投资70.6亿元，完成率100.6%。3月3日召开2021年重点项目集中开工暨中环高科西北总部电缆制造项目启动仪式。全年全区确定争取项目资金目标任务17亿元，全年共落实上争资金项目218个，落实中央及自治区下达批复资金17.06亿元，全面完成了年度目标任务。争取中央和自治区预算内投资项目16个，落实资金14214万元。

【招商引资】

2021年紧盯国家、自治区新能源政策导向，加快三峡新能源一期200兆瓦光伏项目并网发电、海子井50MWp复合光伏发电项目、三峡新能源利通区五里坡70兆瓦、风汇新能源20兆瓦风电等4个新能源项目建设，累计完成投资8.86亿元。加快新能源共享储能产业布局，引进2家企业建设新型储能电站项目，投资11.6亿元，建设宁储板桥100兆瓦/200兆瓦时、宁储同利100兆瓦/200兆瓦时、北京奇点同利变100兆瓦/200兆瓦时3个储能共享电站。

【招投标管理】

2021年做好项目建设管理工作。严格按照政府投资项目管理办法、招投标法规定，加强对依法必须招标的项目监管，对72个项目进行了招标信息线上审核，并对依法招标的50多个项目进行现场行政监督，确保项目招投标公开、公平、公正，阳光透明。

【脱贫攻坚】

2021年，区发改局依托项目建设，全面巩固拓展脱贫攻坚成果，持续改善农民生活水平，推动实现乡村全面振兴。共审批乡村振兴类项目74个，总投资5.74亿元，聚焦安置区产业转型升级、基础设施补短板、生态环境保护、文化教育及民生改善等领域，实施农村人居环境整治提升等一批投资强度大、带动能力强的大项目、好项目，推动产业转型发展，进一步改善人居生活环境，进一步凸显乡村振兴生态效益、经济效益、社会效益。

【服务业发展】

2021年，区发改局积极打造现代服务业集聚区，持续擦亮“多彩利通·美味之城”品牌。培育大中型电商平台（企业）21家，牛家坊村、石佛寺村被列入全国乡村旅游重点村，创建3A级景区4家、2A级景区3家，培育星级农家乐14家。成功召开第二届宁夏美丽乡村休闲旅游精品线路推介会活动，成功举办了“吴忠早茶·味你而来——2021大西北吴忠早茶美食文化节”，被中国烹饪协会授予吴忠市早茶文化地标城市，评出吴忠早茶示范店22家。持续激发市场消费活力，在五一、十一各黄金节点开展“等各类促销活动28场次，带动消费1.5亿元。落实自治区服务业发展引导资金990万元，实施牛家坊吴吃堡城、嘉豪丽致酒店等服务业项目17个。12月20—21日在全国工业App和信息消费大赛上，利通区服务业企业宁夏聚安星荣获全国工业APP大赛信息消费技术创新奖。

【粮食监管】

2021年粮食安全体系纳入《吴忠市利通区国民经济和社会发展第十四个五年规划纲要》，设置16个粮食应急保障企业，17个粮食应急供应网点，实现粮食应急供应网点城乡全覆盖。采取竞争性磋商方式招标委托吴忠市益谷粮食购销有限公司临时储备原粮1500吨，其中小麦800吨，稻谷700吨；委托中桦雪、少武粮油、法福来3家储备政府应急成品粮1500吨，其中大米700吨，面粉800吨。2021年辖区内共有入统粮油企业26家，本级政府储备粮企业4家，吴忠市级国有粮库1家。组织申报产业化发展以奖代补资金扶持项目10个，项目总投资1654.63万元。积极开展"优质粮食工程"示范创建工作，宁夏中桦雪食品科技有限公司牛肉面专用粉、国海粮油有限公司压榨葵花籽油被评为"宁夏好粮油"产品。

【物价管理】

2021年，区发改局在春节、五一等节假日期间对48种居民生活必需品价格的变动情况进行及时跟踪、采集、分析、预测和上报，为价格调控提供服务，确保市场价格稳定。对辖区内20多家企业开展春季粮油安全生产普查。同时密切跟踪粮食、食用油、肉食、蔬菜等居民生活必需品市场供应、价格变化和流通秩序。

【社会诚信体系建设】

制定《吴忠市利通区2021年社会信用体系建设工作重点任务分工方案》。严格落实行政许可和行政处罚信息网上公开制度，做好信用制度体系建设、信用信息共享、社会诚信建设等工作，在宁夏十公示信息报送系统归集"双公示"信息6674条，合规率高达98.7%；在"信用吴忠"归集信用信息553条，在吴忠市公共信用信息服务平台归集信息1867条；主动向社会公示A级纳税人名单1376户，修复纳税信用等级1户，动态调整267户，申请纳税信用等级复评1户，都已按时完结。向金融机构推送A、B、M级纳税人名单共计9161户，"银税互动"助力企业贷款275户，共计11.12亿元；在吴忠市公共信用信息服务平台上传政务合同履约信息共161条。签署部门（乡镇）信用承诺书44份及干部（职工）信用承诺书若干份；开展"整村授信"，已完成整村授信81个，采集信用信息16036户，完成授信15673户8.43亿元。今年新增授信4408户2.51亿元。在微信平台公布了失信被执行人23期共651人，对94家失信主体开展信用修复工作，化解失信案件76件。

【优化营商环境】

2021年，区发改局深入推进优化营商环境，891个事项实现可不见面办理，可不见面办理事项达83.3%，申请材料、办理环节、办理时限分别压缩24.67%、29.8%、82.7%，即办件比率达到58.5%。"12345"便民服务热线诉求7333件，办结率93.78%、满意率98.51%。2021年度，自治区优化营商环境模拟测评反馈结果：利通区在市辖区中排名第8。

【安全生产】

印发《利通区发展和改革局2021年安全生产工作实施方案》，加强与主管道途经乡镇协调，落实管道保护属地责任，做到管行业就要管安全，监督新能源企业遵守企业规章制度，安全施工，确保人员安全。全年开展安全生产监督检查13次，协调处理矛盾纠纷2起，认真开展安全生产月、“5·12”防灾减灾日、世界粮食日和全区粮食安全宣传周、网络安全宣传周等宣传活动6次，发放宣传材料5000余份，大力弘扬公共安全文化，营造人人讲安全的氛围。同时抓好局内自查和常规安全检查等工作，做好防火防盗，营造良好的工作氛围。

【节能降耗】

2021年协助金积、金银滩、扁担沟建设3个清洁煤配送中心，积极推广使用清洁煤，加大散煤治理力度，推动减少煤炭消耗总量控制。助力利通区成功申报北方城市冬季清洁取暖改造项目和自治区整县推进分布式光伏试点项目，争取中央专项资金补助1.2亿元。

统计管理

【概况】

2021年，利通区统计局在区委、区政府的正确领导下，在自治区、吴忠市统计局的精心指导下，坚持推进统计改革创新，强化政治责任担当，夯实统计数据质量，强化统计“双基”建设，加大统计执法监督，优化统计服务体系，在攻坚克难中担当作为，在砥砺奋进中积极作为，为全区经济社会高质量发展提供坚实可靠的统计保障。2021年末，利通区统计局在编在岗干部12名，其中党组书记1名，局长1名，副局长1名，普查中心主任1名，其他干部8名。事业干部中，管理九级2名，专技八级1名，专技十级1名，专技十二级1名，专技十三级2名。

【经济建设】

2021年利通区实现地区生产总值236.3亿元，总量相比2020年大幅提升36亿元，增幅创2012年以来新高。按不变价计算，GDP同比增长8.5%，增速分别高于国家（8.1%）、自治区（6.7%）、吴忠市（8.3%）0.4、1.8、0.2个百分点，两年平均增长6.2%。在外部风险挑战明显增多的复杂局面下，全区经济保持平稳增长，显示出强大韧性。从产业发展看，由于上年基数的影响，2021年经济增速呈现“前高后低”的走势，符合预期，经济基本盘总体稳固。第一产业实现增加值29.8亿元，同比增长6.5%，增速比上年同期加快2.8个百分点，拉动经济增长0.8个百分点，两年平均增长5.1%；第二产业实现增加值101.3亿元，同比增长11.8%，增速比上年同期加快5.5个百分点，拉动经济增长4.6个百分点，两年平均增长9.0%；第三产业实现增加值105.1亿元，同比增长6.3%，增速比上年同期加快4.4个百分点，拉动经济增长3.1个百分点，两年平均增长4.1%。三次产业的结构调整为12.6∶42.9∶44.5。二、三产业首次突破百亿大关，全区经济恢复性增长态势延续，整体发展保持向好态势。

【统计执法】

2021年，利通区统计局联合市级执法人员对59家“四上”企业开展专项统计执法检查，执法检查覆盖面达20%以上，提高了防范和惩治统计造假弄虚作假。

【统计法治】

2021年，利通区统计局认真贯彻落实《自治区统计局关于统计机构负责人和统计人员防范和惩治统计造假弄虚作假责任制规定的通知》精神，持续加强对中央相关意见、办法、规定的再学习再贯彻再落实。按季度全面、如实记录和上报《领导干部违规干预统计工作记录调查表》，切实防范和惩治领导干部违规干预统计工作，公开统计违纪违法举报电话，建立举报台账。

【统计“双基”建设】

2021年，利通区委制定印发了《关于贯彻落实〈自治区人民政府关于进一步加强统计工作的意见〉的实施方案》，对其中6个部分21项具体任务进一步细化明确牵头单位、责任单位，确保实施方案落地见效。利通区统计局印发了《关于进一步建立健全企业统计基层基础台账的通知》，指导新入规企业建立健全统计台账，规范已在库企业严格落实统计报表制度。分专业建立统计信用诚信档案，及时更新实行动态监管。逐一对照“四上”企业入库标准进行全面排查，基本形成“发现—跟踪—入库”的企业跟进服务指导机制，定期更新基本单位名录库。

【第七次全国人口普查工作】

2021年，利通区统计局人普办发布了利通区1—6号第七次全国人口普查公报，撰写了利通区人口红利对经济高质量发展影响的调研报告。利通区第七次全国人口普查领导小组办公室获得国务院第七次全国人口普查领导小组先进集体荣誉称号。

【统计业务】

2021年，利通区统计局完成投资、房地产、建筑业、工业等专业年报、定期报表上报和查询工作，网上直报率达到100%。扎实开展生态移民调查、“四下”企业抽样调查、1%人口抽样调查等统计调查，圆满完成各项阶段性调查任务。

【统计分析监测】

2021年，利通区统计局编印《利通区2020年国民经济和社会发展统计公报》320册，《2021年经济发展月报手册》12期，为党代会印制《硕果累累践初心五载砥砺奏华章》统计服务手册300本，为两会印制《砥砺奋进谱华章永葆初心迈新程》统计服务手册580本。全年及时发布国民经济和社会发展主要经济指标信息168件（其中32篇信息被“多彩利通”采用，13篇经济运行分析、65篇工作动态信息被宁夏统计内部信息网采用）。

2021 年部分经济指标总量及增速

指　标	2021 年	
	总　量	增　速
粮食播种面积（亩）	249100	−2.1
规模以上工业企业数（个）	94	6.8
乡、镇（个）	12	—
规模以上工业企业工业总产值（亿元）	284.2	27.9
规模以上工业企业产品销售收入（亿元）	304.7	27.6
规模以上工业企业利润总额（亿元）	19	21.8
社会消费品零售总额（亿元）	875221.9	2.5

续表

指　标	2021 年	
	总　量	增　速
固定资产投资总额增速（%）	90.26	0.6
年末总人口（万人）	46.2	—
国内生产总值（现价，下同）（亿元）	236.3	8.5
高新技术产业总产值（亿元）	12.3	44.7
第一产业增加值（亿元）	29.8	6.5
城镇居民可支配收入（元）	36626.4	7.8
第二产业增加值（亿元）	101.3	11.8
农村居民人均纯收入（元）	19159.9	9.4
第三产业增加值（亿元）	105.1	6.3
地方财政一般公共预算收入（万元）	38180	17.9
地方财政一般公共预算支出（万元）	231422	–2.4
全社会各项存款余额（亿元）	423.2	10.9
全社会各项贷款余额（亿元）	361.1	17.9
税收收入（万元）	25737	18.4
非税收入（万元）	12442	17
农林牧渔业总产值（万元）	620390.6	7
粮食总产值（吨）	150116	–0.9
出生人口（人）	0.49	10.61
出栏羊（只）	194136	–28.4
出栏牛（头）	64913	–3.3
水果产量（吨）	99860	314
死亡人口（人）	0.31	6.71
水产品产量（吨）	2798	6
人口自然增长率（‰）	0.18	3.9

供销合作

【概况】

吴忠市供销社成立于1952年4月，先后三次与商业局合分，1976年1月1日供销社与商业局分家，成立吴忠县供销合作社。1983年11月10日，经国务院批准，撤销吴忠县恢复吴忠市（县级），县供销社相应改为市供销合作社。2005年3月市区合署办公后，7月27日市委2005年第23次常委会议决定“将吴忠市供销合作社联合社列为市人民政府管理的副处级机构”。2021年全系统实现销售4.3亿元，较上年同期基本持平；实现利润30万元，较上年同期增长14.7%；社有资产2916万元，较上年同期增长66.8%；所有者权益1161万元，较上年同期增长177%。所属农资企业、各基层农资经营网点完成农资淡季储备任务3万余吨。

【综合服务】

创新电商服务模式，与成员单位吉送通物流配送有限公司联合，分别在板桥乡、高闸镇、扁担沟镇、马莲渠乡建设村级电商服务站4个，切实推动“数字供销”发展。围绕利通区特色产业，创新为农服务新模式，积极培育刘三朵八宝茶、少武粮油、坤源种植专业合作社3家企业，着力打造集生产、供销、信用于一体的综合合作试点，促进供销合作社与新型农业经营主体、金融机构的有机融合，为有效带动供销社全面融入乡村振兴奠定了基础。鼓励支持成员社茂鑫通、福成、三郎、金谷丰、金丰源、坤源等合作社及企业，主动承接农业、农机、农技等农业综合服务中心功能，增加统防统治、配方施肥、农机作业等，实现农业社会化服务面积7万亩。积极开展土地托管服务，围绕谁来种地、怎么种地，重点抓好“服务规模化和小农户”，开展从耕、种、管、收、储、加工等农业生产各环节的多项或全程农业社会化服务，探索开展“菜单式”“保姆式”土地托管服务，全系统新增土地托管面积3.8万亩、流转土地面积2万亩。

【促进发展】

通过调研筛选，吸纳吴忠市少武粮油有限公司、宁夏刘三朵八宝茶科技有限公司、吴忠市福成现代农业种植专业合作社、吴忠市茂鑫通冷藏运输有限公司等21家企业、合作社为供销社成员社（单位），签订入社协议，明确双方责任义务，有效推进供销合作社培育壮大，促进供销社发展。吸纳成员社，新增基层社社员0.3万人。同时，通过与成员社绿源果蔬种植专业合作社和坤源种植专业合作社的嫁接、联合，共同在上桥镇和古城镇新建解放村供销社和新华桥供销社，填补了上桥镇和古城镇无村级供销社的空白。2021年，新增领办创办专业合作社12个。制定《2021年深化综合改革重点工作任务实施方案》，明确2021年建设目标、重点工作和重点任务，全力做好新型基层组织体系建设工作。结合利通区发展和项目申报方向，储备项目4个。积极申报2家为2021年区社新型基层组织体系建设项目。利用金银滩镇沟台村闲置的村民房屋和无人耕种的土地，与沟台村联合建设吴忠市福成现代农业种植专业合作社，结合乡村旅游承办农家乐、大食堂，流转土地种植、加工、销售有机水稻，让旅客亲自体验大米加工过程，进一步带动了乡村旅游，增加了农民收入，提升了农村资产增值空间，为乡村振兴发挥了积极作用。同时，通过规范财务管理、建立规章制度、设定供销社标识、文化元素宣传等方式，重点打造金银滩镇沟台供销社，着力提升服务能力，打造基层标杆社。积极与吴忠市少武粮油有限公司、吴忠市中盛农药销售有限公司、利通区联丰种植专业合作社、利通区福成现代农业种植专业合作社等联合，共同组建利通区沃野现代生态农业产业化联合体，进一步提高服务化程度，推进农村经济发展。

【助力发展】

2021年，吴忠市供销社集团公司自筹资金70万元，支持吴忠市新丝源纺织公司用于购置再生资源加工利用设备，为废旧物资回收利用和建设美丽新宁夏发挥积极作用。累计投入合作基金400万元（其中历年政府拨付200万元，自筹200万元），先后滚动投入到玉静果品种植、点点红草莓种植、三郎果蔬种植3家农民专业合作社和宁夏红长青农副产品有限公司、吉送通物流配送有限公司、茂鑫通冷藏运输有限公司、宁夏新丝源纺织有限公司、吴忠市稻香柳岸生态观光公司5家企业，通过联合合作带动成员社（单位）进行基层社建设、基地建设、基础设施改造、现代农业服务中心建设、农村电商服务站建设等，切实发挥了供销社服务“三农”作用。

融通公司

【概况】

利通区融通城乡建设投资有限公司2016年1月经利通区委、区政府批准成立，注册资本5亿元，公司下设全资子公司6家（利通区融通公务用车服务有限公司、利通区融利融资担保有限公司、利通区利浩农业开发有限公司、利通区利盛实业有限公司、利洁环境卫生管理有限公司和利通区数字建设运营有限公司）、控股公司1家（利通区融众人力资源服务有限公司）。同时，以参股方式与中国核工业华兴集团公司共同组建了吴忠市华兴融通建设发展有限公司（占股16.7%），与宁夏水发集团、大禹节水集团等5家公司共同组建了宁夏水发利通现代农业供水有限公司（占股30%）。

【党建工作】

融通公司始终坚持党对国有企业的全面领导，充分发挥国有企业党组织把方向、管大局、保落实的领导作用，加强员工思想教育，推进党建工作和公司经营发展同频共振。以思想教育为根本，深入学习贯彻习近平新时代中国特色社会主义思想、党的十九届六中全会精神，2021年全年组织开展集中学习50次，结合党史学习教育，举办“学党史知党情跟党走”知识竞赛，深化学习成效，达到“以赛促学，学以致用”的目的。严格落实党风廉政教育，组织党员和入党积极分子观看警示教育片，赴红寺堡区人民法院警示教育基地、同心县西征纪念馆等地参观学习，采取以案释纪、实地体验等方式，使全体党员时刻保持清醒头脑，不断提高党员干部廉洁从业意识，切实筑牢“不敢腐、不能腐、不想腐”的思想底线。发挥党员先锋模范作用，组织党员带头参加各类志愿服务活动。先后安排16名党员、入党积极分子及员工下沉、社区开展疫情防控工作，联合区财政局深入共建社区开展综合治理、创城志愿服务活动，为打赢疫情防控阻击战和创建全国文明城市贡献力量。积极壮大党组织力量，鼓励员工向党组织靠拢，2021年以来，融通公司党支部新接收党员1名，预备党员转正1名，从12名提交入党志愿书的员工中确定了4名入党积极分子。扎实开展党内生活，召开党史学习教育专题组织生活会1次，开展12次形式多样的主题党日活动，及时召开党员大会，充分发挥党组在公司经营中前置预审的作用。

【经营情况】

截至2021年12月底公司总资产9406.65万元，负债总额734.6万元。2021年营业收入56.03万元，同比增长2002.2%，实现净利润12.03万元。2021年累计成本费用总额为144.61万元，同比增长133.48%，其中，人工成本78.08万元（包括人员工资、社保、医保及住房公积金），同比增长155.23%，主要由于承担利通区国有经营性资产管理和涉案资产管理工作新招录了5名员工；办公经费支出6.39万元，同比减少22.25%；营业成本占营业收入比重为68.65%，同比下降98.31百分点。

【优化产业布局】

结合经营性国有资产管理，扩大了公司的经营范围。同时新设立农业公司和食品公司两家全资公司，所属子企业业务范围从公务用车服务、政府性担保和人力资源服务扩大到肉牛养殖和营养餐配送，产业布局进一步得到优化。公司牵头起草了《利通区经营性国有资产运营管理方案》，明确了资产管理方式和类型，并结合方案修改公司章程，增加公司相应的经营范围。积极对接相关资产管理单位，摸排资产底数，掌握资产现状，接收管理闲置校园9个、门面商业房3间、闲置办公楼1栋、科研楼5栋。落实自治区“百万移民提升计划”，新设立利通区利浩农业开发公司，注册资本金为1亿元。公司采用“国企＋合作社＋农户＋银行＋保险”的模式，由农户进行贷款，合作社统一购买肉牛，农业公司负责统一养殖管理的方式，年末为移民户分配养殖收益。经初步测算，若每户贷款10万元，2021年年末可得净收益0.7万元，净收益率7%，在实现乡村振兴规划中彰显国企担当。利通区利盛食品有限公司注册资本金1000万元，主要负责为扁担沟镇中小学生提供营养午餐配送任务。为落实区委、区政府尽快恢复营养餐配送要求，利盛公司出资620万元购买原宁夏美念食品有限公司米饭生产线、米饭分装机、厂房等资产，并对生产设备检修后于2021年12月13日正式恢复营养午餐配送。截至年底，利盛食品公司共送餐49321份。

【利通区PPP项目建设运营工作】

参与PPP项目运营，切实落实政府股东方职责。一是协助中医药研创基地运营管理工作。该项目于2019年5月5日投入运营，由融通公司代表政府出资方与中核华兴集团公司共同负责运营。研创基地入驻企业4家，分别为宁夏超瑞施健康科技有限公司、宁夏西麒麟生物科技有限公司、浩普（宁夏）张氏回药制药科技有限公司等。已租赁房屋面积11252.05平方米，占园区总建筑面积的33.30%。二是参与了吴忠市利通区生态灌区PPP项目建设财务管理工作。融通公司作为该项目政府出资方，在项目实施过程中主要负责项目资金的监督和管理。资金使用做到了集中管理、专款专用、统一支付和严格把关，有效保障了项目资金及时到位和拨付，保证了项目的顺利开展。2021年全年完成各项支付1137.9万元。

文化　旅游　体育

【概况】

2021年利通区以庆祝中国共产党成立100周年为主题，开展了形式多样、内容丰富的文化体育活动，创编了一系列歌颂党、歌颂人民、歌颂时代的文艺作品，群众文化硕果累累。牛家坊旅游景区、强家老醋文化养生园成功创建成为国家3A级旅游景区。丫丫农庄、依林小镇、灵芝生态园、沟台人家4家企业被评为四星级乡村旅游示范点，荷间坊被评为三星级乡村旅游示范点。光耀美食街被评为宁夏首批旅游休闲街区。“利通区美丽乡村休闲游”线路入选全国100条精品乡村旅游线路。张少云、强海峰、丁雪芬3人被评为全国乡村旅游和文化能人。

【文旅融合发展】

印发了《吴忠市利通区全域旅游发展规划（2021—2030）》《吴忠市利通区文化旅游产业高质量发展实施方案》《吴忠市利通区推动全域旅游发展三年行动计划（2021—2023）》等规划方案；制定了《吴忠市利通区加快全域旅游发展的若干扶持政策（试行）》，兑现奖补资金100余万元，不断激发文旅企业发展积极性，为文化旅游产业发展提供政策保障。白寺滩村结合美丽村庄整治，建成文化广场、高新日光大棚30余座等。新建、改扩建牛家坊景区AAA旅游厕所、白寺滩村AA旅游厕所等，进一步加强农村资源环境保护，促进农村生活环境全面改善。编印《利通礼物》画册，在各旅游景区、乡村旅游点、宾馆、车站等场所进行宣传。利用“利通旅游小程序”“利通文旅”蓝V抖音号等，用群众喜闻乐见的形式宣传利通文旅资源，提升利通区旅游知名度。举办了桃花节、荷花节等节庆活动，统筹文、体、农、旅资源，推进融合发展。

【文体设施建设】

2021年利通区投入资金200余万元，对建成时间长、设施陈旧老化的金积镇西门村、扁担沟镇渔光湖村等25个村，古城镇朔方社区、板桥乡乃光湖社区等6个社区综合文化服务中心进行功能提升。完成金积、板桥等5个全民健身中心、城南生态公园4.2公里健身步道、利通区11人制足球场建设，其中利通区11人制足球场于2021年底已对社会免费开放。更新配备健身器材，投入资金70余万元，为各乡镇、村（社区）配备健身器材。申请项目资金2000余万元，投入吴忠市利通区金积体育公园建设，公园占地面积126025平方米（189亩），主要包括常规球类篮球场、羽毛球场、五人制足球场、网球场、排球场、门球场、健身步道、儿童娱乐区等及配套设施。

【线上文体活动】

受疫情影响，“三下乡”演出改为线上，1月28日，利通区组织胜利镇好邻里文化艺术团、胜利镇永昌唐风健身艺术团等6个民间文艺团队参与了线上演出录制，录制节目12个，通过吴忠电视台、多彩利通等平台进行了展播。利用微信小程序举办了“体育健身知识大比拼”“线上亲子体育活动大比拼”“体育局教您做运动”等线上活动。广泛开展各类群众体育赛事活动，举办了庆祝建党100周年广场舞大赛、机关篮球、羽毛球比赛，2021年宁夏足球协会乙级联赛（利通赛区·紫悦府杯比赛），其中利通区篮球协会作为利通区赛事活动承办的中坚力量，获得2021年全国群众体育先进集体。

【文化惠民送戏下乡】

开展了利通区2021年“送戏下乡”“戏曲进乡村”文化惠民演出活动，全年演出50场，其中进乡镇、贫困村、移民村30场，进社区12场，进工地2场，进军营2场，进景区2场，进企业2场。分别由金积镇文沁艺术团、高闸镇农民文化艺术团等8个群众文艺团队承演。开展“戏曲进校园”演出6场次。2021年利通区“文化惠民送戏下乡”演出获得自治区“文化惠民送戏下乡”评比二等奖。

【文艺创作】

创编《五里坡的牛》《唱支山歌给党听》等文艺作品，线上播放量和点赞量均过万。新编创作舞蹈《亲吻祖国》《劳动托起中国梦》《竹之韵》，表演唱《习主席到咱吴忠来》《赞利通》《老两口夸吴忠》《规矩与方圆》《利通致电》，小品《好儿媳》《看狗》，音乐快板《万众一心战疫情》等剧目16个。利通区选送的广场舞《吴忠美》参加宁夏回族自治区庆祝中国共产党成立100周年“永远跟党走，幸福生活舞起来”广场舞大赛获得一等奖。

【非遗保护传承】

2021年成功申报宁夏手抓羊肉制作技艺、吴忠老醋酿制技艺和马氏济慈堂生育药剂制作技艺国家级非物质文化遗产扩展项目3个，通过利通区级非物质文化遗产扩展项目9个，分别是传统手工家具制作、马莲渠乡杨渠村大兴渠舞狮、编结、张玉宁黄酒酿造技艺、刺绣、龙二大青葡萄、古琴制作技艺、吴忠杨氏辣椒酱制作技艺和传统手工铸造技艺。截至2021年底，利通区有非物质文化遗产项目58个，非物质文化遗产保护传承人118人。

【文艺培训】

围绕庆祝中国共产党成立100周年主题，下基层为辖区内民间文艺团队进行专项提升辅导，历时2个月对5个重点文艺团队进行日常训练、广场舞编排、舞蹈作品打磨等专业辅导，直接辅导200余人，指导民间文艺团队编排创作舞蹈、情景剧、音乐快板、小品等作品15个。区文化馆全年免费开设的中老年电子琴、声乐、舞蹈、古筝、二胡、形体礼仪等培训100余课时，覆盖学员达到2000余人次。馆内常驻团队“红半边艺术团”免费开放舞蹈排练厅100余次。

【文艺交流】

利通区选送的歌曲《五里坡的牛》，少儿音诗舞《唱支山歌给党听》、舞蹈《幸福花儿唱起来》参加吴忠春晚的节目录制，音诗舞《幸福花儿唱起来》在万达广场参加了“非遗过大年”节目录制。参与利通区《学习雷锋好榜样》快闪活动。参与“奋斗百年路，启航新征程”吴忠市2021年“滨河百姓大舞台”广场文化活动启动仪式，演出音乐快板《十九届五中全会指方向、砥砺奋进十四五》和广场舞《民族团结一家亲》。

【青少年文体活动】

完成17个项目青少年体育运动员注册，2021共注册队员397名。强化竞技体育队伍建设，完善青训中心建设，成立了4个利通区足球青训基地。建立优秀教练员人才库，做大做强教练员人才规模。利通区青训中心外聘教练员15人。联合利通区教育局承办2021年“亚足联女足日・女孩足球节”，推进校园女子足球普及。组织开展利通区2021年“奔跑吧・少年”系列活动，利通区第三届校园篮球、足球联赛，吸引了5000余名中小学生参与，为利通区青少年体育提供了一个相互交流的机会。利通区文化体育服务中心联合利通区足球协会，承办了2021年自治区足球精英梯队联赛U9、U10系列比赛。在2021年青少年锦标赛暨第十六届全区运动会资格赛中，利通区共有308名运动员参加16个项目（24个分项）的比赛，取得了8金4银12铜的良好成绩，共有236名运动员取得全区第十六届运动会参赛资格，15人获得国家二级运动员证书。

【建党100周年活动】

5月25日，利通区庆祝中国共产党成立100周年“献礼百年红色旋律舞起来”广场舞大赛在开源广场举办，共有16支代表队500多名爱好广场舞的干部群众参与了本次比赛。金星镇选送的广场舞《花儿绽放幸福来》荣获了一等奖。6月19日晚，利通区在开源广场举办“唱支山歌给党听”歌手大赛，大赛由参赛选手齐唱《唱支山歌给当听》拉开帷幕。经过海选，最终18位选手进入决赛。大赛评选出一等奖1名，二等奖2名，三等奖3名。6月20日晚，利通区在开源广场举办庆祝中国共产党成立100周年主题系列活动——“律动利通”舞蹈大赛。6月21日下午，利通区举办庆祝中国共产党成立100周年“共产党好，黄河水甜”群众合唱节，来自各乡镇的12支合唱队参加了比赛，各单位干部职工及群众2000余人参加活动。经过激烈角逐，胜利镇获得比赛一等奖，古城镇、高闸镇分获二等奖，金积镇、扁担沟镇、板桥乡分获比赛三等奖。6月28日晚，利通区“奋斗百年路，启航新征程”庆祝中国共产党成立100周年文艺晚会在吴忠市开源广场隆重举办，区委领导与各界干部群众近3000人一道观看了演出。整场晚会分“星星之火，可以燎原”“改革开放，山河巨变”“科学发展，行稳致远”“百年征程，铸就辉煌”四个篇章。

【公共图书】

2021年，参加图书采购会两次，采购成人图书2027种4054册，少儿图书1076种2152册，合计共采购图书3103种6206册，馆藏数量达到85808册。总流通人次81129人次，图书外借数量15875册，借阅率达20%，共累计办卡332张。

【总分馆制】

利通区图书馆秉承“公益性、基础性、均等性、便利性”的原则，建成了板桥乡乃光湖社区分馆、金积镇金丰社区分馆、东塔寺乡新接堡社区分馆、郭家桥乡涝河桥社区分馆、古城镇分馆和古城镇朔方社区分馆6个图书分馆和朔方路消防救援站图书联络点、“兰花芬芳”

志愿服务联络点、利通区老干部局联络点等3个图书共建联络点。定期到分馆开展调研和业务指导，为新建的分馆共计配书7800册，配备阅览电脑20台，电子借阅机6台，电子期刊借阅机6台，3D少儿绘本机6台。截至2021年，覆盖13个乡镇的20多个图书分馆致力于成为利通区重要的知识信息枢纽、终身学习场所和文化休闲空间，总分馆网络更加完善、覆盖更加广泛。区图书馆院内增设有声图书馆，内容涵盖专辑、红色、经典、人文、精选共10万余集优质有声书，读者通过扫码有声听书二维码便可进入有声图书馆进行线上听书活动。

【全民阅读活动】

2021年，共举办“赏春意、品书香、暖万家”线上系列活动、中国梦主题人物展等线上活动5场，参与人次500余人；举办国学课堂、“4·23世界读书日”系列活动、童心向党迎国庆等线下活动29场，参与1100人次。此外各分馆也积极开展各类丰富多彩的文化活动：高闸镇图书分馆开展“多读书读好书好读书”活动，利宁社区图书分馆开展“让孩子爱上读书”家庭亲子活动，材机社区图书分馆开展“与书为伴快乐成长”暑假亲子阅读活动等。

财政　税务　审计　金融

财　政

【概况】

2021年，利通区财政工作紧紧围绕利通区委、区政府重大决策部署，聚焦“十大重点特色产业”“四大提升行动”和利通区四届人大五次会议确定的目标任务，有效统筹保障疫情防控和经济社会发展，实现了经济运行平稳、发展质量稳步提升、财政收支稳中有进。利通区财政局共有7个科室，分别为：办公室、预算股、国库股、行政事业社保股、经济建设股、农业乡镇股、教科文股，下设国库支付中心1个副科级事业单位；机关干部一共25名，其中行政编制人员8名，事业编制干部11名，事业编制工人6名。

【财政收入】

2021年，利通区一般公共预算收入完成38180万元，为预算的112.2%，同比增长17.92%。其中税收收入完成25737万元，同比增长18.38%；非税收收入完成12442万元，同比增长16.99%。主要收入项目：增值税12050万元，城市维护建设税6814万元，房产税1979万元，车船税1254万元，耕地占用税3619万元，其他税收收入21万元；专项收入305万元，行政事业性收费收入1885万元，罚没收入469万元，国有资源（资产）有偿使用收入8322万元，其他收入1461万元。

【财政支出】

2021年，利通区一般公共预算支出完成231422万元，为变动预算的80.4%。主要支出项目：一般公共服务支出16369万元，公共安全支出2872万元，教育支出51903万元，科学技术支出3048万元，文化体育与传媒支出886万元，社会保障和就业支出18016万元，卫生健康支出14660万元，节能环保支出8103万元，城乡社区支出29744万元，农林水支出59209万元，交通运输支出111万元，资源勘探信息等支出146万元，商业服务业等支出1382万元，自然资源海洋气象等支出50万元，住房保障支出17917万元，灾害防治及应急管理支出1136万元，债务付息支出5957万元。政府性基金总收入21857万元，支出21227万元，政府性基金收支相抵后滚存结余630万元，按规定结转下年使用。2021年利通区一般公共预算收支及政府性基金预算收支总体保持平衡。

【政策落实】

聚焦财政有效供给，千方百计争取均衡性转移支付、县级财力保障、专项转移支付、一般债券等各类财政性项目资金18.91亿元，有力支持利通区重点工作、重点项目建设。加大实体经济扶持力度，投入资金3187万元，落实好创业担保以及民品民贸财政贴息政策、服务业发展引导补助等产业扶持政策，激发企业发展动力。积极优化营商环境，全面落实减税降费政策，实现减税降费1.9亿元，中小微企业生存发展困境得到有效缓解。充分发挥财政资金“乘数效应”和引导作用，强化金融政策与财政政策统筹衔接，依托政府融资性担保基金，撬动金融资金1.68亿元，切实疏通服务实体经济融资“堵点”，有效稳定市场主体，着力培植壮大财源。认真落实常态化财政资金直达机制有关要求，累计拨付直达资金2.7亿元，确保直达资金直接惠企利民。严格落实“三保”任务，全面统筹预算、存量、债券、上级财政补助等各类资金，实现“三保”支出12.39亿元，其中“保基本民生”支出达到5.4亿元，切实兜牢兜实民生底线。建立健全城乡统一、重在农村的义务教育经费保障机制，投入5.6亿元，重点支持4所幼儿园、5所中小学校舍建设及保障教师工资待遇，着力促进利通区义务教育均衡优质发展。持续推进社会保障体系建设，统筹资金2.17亿元，支持就业再就业、城乡医疗保险、困难群众救助、退役军人安置等政策落细落实。大力实施全民健康水平提升行动，整合资金5709万元，推进城市社区卫生机构、乡镇卫生院、村卫生室标准化建设。支持文化体育事业发展，促进体育场馆免费或低收费开放，筹措资金4048万元，重点推进新时代文明实践中心、文化保护传承工程、农民体育健身工程、城市健身路径和便民足球场建设。把“三农”领域作为财政支出优先保障方向，积极拓展支农资金筹集渠道，落实资金1.07亿元，全力支持“四大提升行动”，有效衔接推进乡村振兴战略。优化财政支农结构，紧盯农村基础设施薄弱环节，实施农村公益事业财政奖补项目46个，落实财政奖补资金3600万元。深入实施“藏粮于地、藏粮于技”战略，发放农业直补资金和政策性农业保险补贴资金4060万元，有效保障粮食供给安全。支持乡村建设行动，深化农村人居环境治理，投入资金5028万元，有序推进农村改厕、生活垃圾处理、污水治理和农业面源污染治理工作。支持利通农担公司扩大政策性担保业务规模，全年授信担保项目879个，担保金额达到3.6亿元，财政支农政策效应持续放大。支持基层治理体系建设，整合资金6286万元，用于村级组织运转经费补助、扶持壮大村集体经济和“一村一年一事”行动。加大农村一二三产业融合发展力度，落实资金3000万元，支持特色农业、品牌农业建设，推动农业农村高质量发展。全面实行地方政府债务限额管理和预算管理，将政府债券还本付息资金足额纳入预算，全年偿还本级到期存量债务本息4795万元。严格落实地方政府不得以任何形式增加隐性债务的要求，坚决遏制债务增量，多措并举化解隐性债务2313万元。加大财政存量资金盘活力度，清理收回以前年度结余结转资金1.03亿元，切实把闲置沉淀资金用到紧要处、关键点。开展政府采购领域突出问题专项治理工作，办理移交问题线索9件，着力营造公平公正、规范透明的政府采购营商环境。充分发挥财政监督职能，积极配合审计部门开展直达资金、“十三五”易地扶贫搬迁、节能减排和大气污染防治等专项审计检查，强化问题整改，推动财政资金安全高效使用。持续深化国有企业改革，完善国资国企监管机制体制，加强经营性国有资产运营管理，对利通区闲置资产进行了逐项清理、价值评估、统一运营，确保国有资产保值增值。扩大政府购买服务范围，购买服务项目23个，涉及资金1470万元。全面推行政府采购公务服务平台线上采购管理，严格政府采购流程审核，完成政府采购项目38个、采购金额8391万元，节约资金284万元。开展预算绩效评价工作，对水利、农业、教育、环境保护、医疗卫生等领域25个重点项目进行绩效评价，涉及资金5.16亿元，财政资金使用效益大幅提高。进一步扩大行政事业性资产管理范围，依托国有资产动态管理信息平台，强化日常监管，并依法向区人大常委会报告国有资产综合管理情况。

【国有资产】

2021年，利通区有国有企业1家，为吴忠市利通区融通城乡建设投资有限公司，下属有全资子公司4家、控股公司1家。截至2021年底，资产总额1.16亿元，同比增长13.56%；负债总额2860.17万元，同比增长12.58%；净资产总额8727.71万元，同比增长13.89%；2021年实现营业收入2659.7万元，同比增长1.2倍；上缴税费8.74万元；全年亏损50.37万元。国有资本主要分布在公务用车服务、人力资源服务、政府性融资担保、肉牛养殖、学生营养餐配送、PPP项目建设、扶贫基金等领域。截至2021年12月31日，利通区资产总额（账面净值，下同）38.69亿元，同比增长2.37%；负债总额1.13亿元，同比下降44.94%；净资产37.57亿元，同比增长5.08%。2021年，利通区土地总面积166万亩，其中耕地45.41万亩，占土地总面积的27.4%；林地面积20.07万亩，占土地总面积的12.09%；草地面积47.73万亩，占土地总面积的28.75%；湿地面积6.37万亩，占土地总面积的3.84%。利通区地下水资源量为1.123亿立方米，与地表水的重复量为1.077亿立方米，地下水可开采总量为0.158亿立方米；2021年黄河水灌溉用水量计划4.476亿立方米，实际用水量为4.128亿立方米。2021年以来，利通区强化资产日常监管，增强配置源头控制，严格落实“国家统一所有、政府分级监管、单位占有使用”的国有资产管理要求，压实财政部门综合监管、各部门具体负责、单位主体监管“三个责任”，形成了分工负责、各司其职的监管体系，依法做好国有资产的报损、报废处置，强化国有资产转让拍卖审批，保障国有资产监管到位、责任到位。确保过紧日子要求落地生效，严格资产配置审核，落实通用办公设备家具配置标准等制度，将资产管理与政府采购管理有机结合，严把资产购置入口关，将新增资产购置全部纳入部门支出预算并编制政府采购预算，增强预算约束力和政府采购计划性。

税　务

【概况】

2021年，利通区税务局坚持以习近平新时代中国特色社会主义思想为指导，全面贯彻落实习近平总书记“七一”重要讲话精神、党的十九大和十九届历次全会精神，坚持稳中求进工作总基调，以党史学习教育为契机，切实增强“四个意识”、坚定“四个自信”、做到“两个维护”。以各级税务工作会议精神为指引，高质量推进新发展阶段利通区税收事业发展，实现“十四五”良好开局。

【党的建设】

2021年，利通区税务局突出政治建设，提升党建工作质效。坚持以党的政治建设为统领，扎实有序开展党史学习教育和基层党建全面提升年活动，全覆盖推进党支部标准化规范化建设，持续深化拓展模范机关创建，高质量完成庆祝建党100周年活动。坚定落实“第一议题”制度，2021年累计完成集中学习12次，集中专题研讨12次，党委书记研讨发言4次，党委委员各4次，参加党务干部专题培训16人次。扎实推进党史学习教育。严格落实党委理论学习中心组、支部“三会一课”、主题党日活动和“四史”学习教育，创新性开展党史学习教育“周二夜学”累计19次。

【深化改革】

2021年，利通区税务局深化征管体制改革，稳步提升征管质量。局党委通过八项学习活动，充分发挥“关键少数”的示范引领作用，以上率下迅速掀起学习热潮，积极编写上报征文8篇，邀请市局业务骨干专题培训1次，组织全体干部进行知识测试，对全体税务干部学习情况和掌握程度进行摸底检查，进一步巩固学习成果。深入把握改革要点，全面改进征管服务和办税缴费方式，成立个性化纳税服务团队，充分利用自助区和个人终端，助力企业税费“网上办”、个人税费“掌上办”，提升纳税人体验感和便捷性；深入推进增值税、消费税及附加税费申报表整合、财产和行为税10个税种合并申报平稳落地施行；深入研究分类分级管理办法，制定《利通区税务局纳税人分类分级管理实施意见》初稿，为2022年开展纳税人分类分级试点工作打下良好基础。

【纳税服务】

2021年，利通区税务局优化纳税服务，营造良好税收营商环境。坚持把“大服务”作为行动自觉，持续升级服务标准。推行“大预审”服务+个性化服务团队，积极宣传便利化办税渠道，科学统筹，科学分流，缓解办税大厅压力；引导纳税人通过宁夏电子税务局、宁夏税务APP，微信、支付宝等途径开具发票，大力推广发票开具“网上办”“掌上办”。通过“税银互动”平台为315户企业融资11.34亿元。充分运用宁夏税务APP、非接触式服务，加快推进税费一体化管理，实现企业税费事项100%网上办，个人税费事项100%掌上办。大力推广手机代开业务，全年共通过手机代开发票14253份，代开金额达3.8亿元。

【依法治税】

2021年，利通区税务局加强法治建设，全面推进精确执法。抓领导建机制，夯实法治建设基础工作。我局被自治区党委、人民政府表彰为“七五”普法先进集体，并在利通区国家机关“谁执法谁普法”普法责任制履职报告评议活动中被评定为优秀等次。2021年举办法律知识、税收政策培训、专题讲座、观看庭审直播10多期，干部参训率达98%以上。认真落实行政复议和第一责任人到庭应诉制度，受理行政复议1件，到庭应诉2次。全面落实税收执法“三项制度”，全年落实“首违不罚”224件，全过程记录38户次，对36起重大执法决定进行了法制审核。认真开展现金税费征缴风险排查，对2016年以来68102份税收票证、53588份代开的增值税专用发票进行核查，严明税费征缴、发票代开等工作纪律，达到了以查促改的目标。

【队伍建设】

2021年，利通区税务局抓好队伍建设，激发干事热情。加强思想建设，强化干部管理。成立青年理论学习小组，全面提升干部的政治素质和业务能力。严格落实考勤管理办法，切实抓好作风纪律，建立健全经常性监督机制，增强干部制度意识。实施《离退休干部网格化管理制度》，打造“分级管理、层层履责、一岗双责、精准到人、纵横交错、全面覆盖”的退休干部网格化服务管理新模式。强化作风纪律建设，增强干部廉政意识。2021年度开展作风纪律和违规吃喝专项整治工作，开展自查自纠，自查报告问题164人次。树立正确用人导向，营造干事创业氛围。选优配强配齐各部门负责人，注重优秀年轻干部培养和选拔，开展干部交流轮岗，统筹使用好各年龄段的干部。我局于10月份配合市局开展副科级领导干部选拔任用工作，同期启动股级干部选拔任用工作。完成了5名副科级税源分局负责人及部分股室负责人交流轮岗，2名副科级领导干部、12名正股级干部和12名副股级干部选拔任用，为我局中层干部队伍增加了有生力量。

审　计

【概况】

2021年利通区审计局内设综合管理岗、法规和政策落实审计岗、财政和社会保障审计岗、农业教科文卫审计岗、政府投资和企业审计岗、经济责任和自然资源资产离任审计岗6个岗位，共有在编人员6人。利通区委审计委员会办公室设在利通区审计局。2021年，利通区委审计委员会办公室提请召开2次区委审计委员会会议，审议通过《2020年度利通区本级预算执行和其他财政支出情况的审计报告》等文件。全年完成审计项目21个，查出主要问题金额9840.2万元，其中违规金额6382.63万元、管理不规范金额3457.57万元；审计发现非金额计量问题127个；向财政、发改等行业主管部门移送审计处理事项9件。

【跟踪审计】

2021年区审计局组织开展4项政策跟踪审计，重点关注了中央直达资金、基层“三保”、“放管服”改革、就业补助资金、治理乱收费、减税降费、推动保障基本民生情况及利通区推进黄河流域生态保护和高质量发展先行区建设政策落实情况，揭示财政借款规模过大、幼儿园收取保育费未上缴国库、乡镇卫生院应缴未缴医疗服务费、城乡低保金发放不及时、未制定残膜回收考核办法、高效节水项目未招投标先实施等问题16个。

【预算执行审计】

2021年区审计局采取“1拖N”模式，组织开展2020年度利通区本级和郭家桥乡、马莲渠乡、金积镇3个乡镇（部门）预算执行审计，揭示预算编制管理有待提升、应缴预算款未纳入预算管理、预算编制不完整、未执行政府采购预算等问题79个。

【经济责任审计】

2021年区审计局受利通区委组织部委托，采取“1拖N”模式，组织开展区纪委监委、农业农村局、科学技术局等10个单位12名党政领导干部经济责任审计，揭示违反规定举借债务、工程项目未进行竣工结算、固定资产管理不规范、会计核算不真实、往来款长期挂账、救灾资金支付不规范等问题104个。

【资源环境审计】

2021年区审计局组织开展马莲渠乡原党委书记马英明同志、原镇长马忠国同志自然资源资产离任审计，揭示落实水污染整治政策不到位、巡河制度贯彻执行不到位、落实大气污染整治政策不彻底、农村人居环境综合治理不彻底、保护发展森林资源目标未完成等问题9个。

【专项审计】

2021年区审计局组织开展信息化建设和创业贷款担保财政资金使用情况审计，揭示以前年度逾期贷款追回不及时、贴息资金申请拨付程序不规范、贴息资金拨付不及时、贴息资金未直达贷款户等问题9个。2021年区审计局与财政、纪检等部门联合开展2020年本级审计查出问题整改落实情况督查。

金　融

【概况】

利通区金融工作局为利通区发展和改革局挂牌机构，未单独核定人员编制。2021年，利通区金融工作坚持以习近平新时代中国特色社会主义思想为指导，积极贯彻国家、自治区及吴忠市金融工作政策，持续优化服务机制，扎实开展各项工作，着力提升金融服务实体经济能力。2021年12月末，辖区各项存款余额361.2亿元，同比增长13.72%；各项贷款余额314.12亿元，同比增长16.26%。

【支持绿色信贷】

积极贯彻落实《关于绿色金融支持清洁能源产业高质量发展的实施意见》精神，向辖区各金融机构重点推送利通区清洁能源储能项目实施企业10余家，引导各金融机构积极对接企业，创新绿色金融产品服务，适当延长贷款期限，激发市场活力，大力提升绿色金融专业服务能力。2021年辖区清洁能源产业绿色贷款余额21.94亿元，较年初增加9.59亿元，同比增长43.71%。

【维护现金流通环境】

2021年与人民银行吴忠中心支行联合印发《关于创建吴忠市利通区现金服务示范区的通知》，依据《宁夏辖区现金服务示范区评价标准》对辖区7家银行机构9个营业网点现金服务标准化建设等方面进行检查，进一步优化利通区现金流通环境。利通区裕民街现金服务示范区各营业网点严控“收支两条线”，均有统一的公示制度办法、窗口铭牌标识和小面额人民币及不宜流通人民币兑换绿色通道。

【助力乡村振兴战略】

贯彻落实《利通区关于实现巩固拓展脱贫攻坚成果同乡村振兴有效衔接的实施方案》精神，引导辖区银行机构在各乡镇新增自助基础设施ATM机4台，打通农村金融服务“最后一公里”。建立健全农村金融服务联络员机制，组织协调各村金融联络员137人，各银行金融联络员7人，组织开展生产技术、市场销售等方面培训，切实满足群众日益增长的金融需求。2021年涉农贷款余额151.3

亿元，较年初增加21.3亿元，同比增长14.08%。

【融资担保服务】

利通区融利融资担保有限公司出台担保内控管理监督措施，通过旬检查、月报表、季例会方式，建立三方联席会议，形成银担代偿风险分担和担保费率联审机制，推动政府性融资担保优惠政策有效落实。12月末，实现在保余额2.35亿元，惠及小微企业、“三农”主体共2076户。本年新增1623户，金额1.85亿元，其中完成全民创业担保贷款基金担保357笔，担保金额4179万元，带动就业人数817人；完成妇女创业担保贷款基金担保231笔，担保金额2030万元。支持小微企业3家，办理贴息贷款700万元。

【推动企业复工复产】

联合吴忠银保监分局统筹协调各银行网点贷款管理人员信息采集，统一为辖区11家银行机构工作人员办理疫情防控通行证200余张，在严格落实疫情防控措施前提下有序办理贷款业务，避免因突发疫情原因引发大规模逾期风险。协调各金融机构对受疫情影响到期还款困难的企业通过贷款展期、续贷、征信保护等方式予以支持。12月末，辖区金融机构共向各类企业发放贷款13.03亿元，各项贷款余额361.09亿元，同比增长17.9%。

【地方金融组织监管】

积极履行属地监管职责，建立地方金融组织月度、季度、年度报表，联合吴忠市金融工作局开展小额贷款公司的换证初审，初审通过8家、受理注销1家。实行“线上动态监测+线下走访检查”监管措施，对辖区小贷公司及典当行进行现场检查8次，通过查阅档案资料、约谈企业负责人、下发整改通知书等方式，确保小贷典当机构合法合规运营。12月末，小额贷款余额为4.26亿元，其中网络小额贷款余额为3.24亿元，占比76.06%。

【化解信贷逾期风险】

针对2021年第三季度突增逾期风险，制定《利通区脱贫人口小额信贷逾期清收工作实施方案》，成立利通区清收工作领导小组，建立防范小额信贷风险联动机制，加大逾期贷款清收力度，依规对符合风险补偿金启用条件的按照规定开展风险补偿金代偿，完成自治区下达逾期率降至0.4%以下目标任务。2021年末，辖区不良贷款余额7.9亿元，同比增长3.67%；不良贷款率2.51%，较上年末下降0.31个百分点。

【整治金融行业乱象】

印发《吴忠市利通区金融放贷行业领域突出问题专项整治方案》《关于做好利通区涉嫌非法集资风险常态化排查处置工作方案》，加强与公安、教育、市场监管等部门沟通联系、协同配合，确保金融行业领域突出问题得到有力整治。全年组织《防范和处置非法集资条例》解读培训会2次，联合区公安分局、市场监管分局现场排查辖区投资类企业3次、“扫楼行动”1次，对群众举报的涉嫌非法集资线索进行回访1次，合力守住不发生系统性风险底线。年内新增涉嫌非法集资案件4起，均属于互联网平台跨省份案件。

【开展金融知识宣传】

在全区范围内开展防范非法集资集中宣传活动及微信挑战答题活动，全年共发放扫黑除恶、非法集资宣传品20000余份，接待咨询群众4000余人，张贴宣传画近40幅、滚动播放宣传标语80条，上传原创宣传信息27条，各类网站、微信、微博等新媒体点击量达到8000余次，全区参与线上挑战答题活动1500余人次，营造了全社会共同防范非法集资的良好氛围。

【深化金融体制改革】

建立健全社会信用信息共享平台，提升信用信息征集、监管、应用功能，做好“双公示”和信用“红黑名单”信息录入，推动平台间信息共享交换，逐步实现公共信用信息、金融信用信息和社会信用信息互通共用。积极宣传“信易贷”平台，鼓励辖区金融机构入驻平台并根据企业融资需求发布特色信贷产品，构筑“信用共同体”，提高辖区金融服务“三农”水平。督促吴忠农商行完成“整村授信”行政村81个，实现授信15690户8.44亿元，着力构建农村普惠金融新生态。

生态环境

综　述

【概况】

2021年，吴忠市生态环境局利通分局（以下简称区生态环境局）深入贯彻落实习近平生态文明思想，牢固树立新发展理念，紧紧围绕黄河流域生态保护和高质量发展先行区建设，扎实推动生态环保督察整改、聚焦打赢污染防治攻坚战重点任务，着力解决生态环境突出问题，推动生态环境质量持续向好。利通区优良天数比例为82.1%，PM_{10}、$PM_{2.5}$平均浓度分别为61微克/立方米、26微克/立方米，达到国家环境空气质量二级标准。黄河吴忠市叶盛桥出境断面水质保持在二类，清水沟、南干沟等区控断面水质保持在四类及以上，金积饮用水水源地水质保持稳定，农村黑臭水体治理率达到自治区考核要求。污染物减排方面，初步核定全区化学需氧量、氨氮、二氧化硫和氮氧化物排放量分别削减4.61%、3.64%、16.25%和13.69%，完成自治区下达的目标任务。

【大气污染治理】

2021年区生态环境局聚焦冬春季攻坚重点时段，对照环境空气质量通报、自治区大气第三督导服务组等反映的问题，加大综合管控力度，确保完成了金积镇、金银滩镇、扁担沟镇3座农村洁净煤集中配送中心的建设和运营，完成68个农村清洁能源“双替代”项目。在实现利通区农村公共服务机构清洁取暖全覆盖的基础上，编制了《利通区农户、商户清洁取暖“十四五”规划》，实施农村居民、商户清洁取暖改造。2021年，争取北方地区清洁取暖项目资金1050万元，对利通区乡镇3000户农户供暖热源进行清洁化改造，确保农村清洁取暖覆盖率达到45%。

【打好碧水保卫战】

2021年，区生态环境局以源头治理为重点，积极推进黄河流域生态环境保护和高质量发展等项目建设。巩固提升清水沟、南干沟水环境治理成效，推动实现长治久清。加快流域污染治理，配合推动河湖长制工作落实。争取吴忠市黑臭水体治理示范城市奖励资金1650万元，实施上桥镇清一沟沿岸、古城镇古城湾新村、郭家桥乡涝河桥村农村生活污水治理工程，争取自治区清水沟流域农村生活污水治理资金2724万，实施了马莲渠乡马莲渠村，高闸镇李桥村、高闸村，板桥乡蔡桥村等农村生活污水治理工程。强化苦水河水质监测，建设水质监测点2个，将苦水河流域全面纳入水污染防治和环境整治项目截污纳管范围，有效减缓黄河水环境造成的不利影响。根据前期摸排的情况，针对利通区23条黑臭水体，分阶段、分年度进行污染治理。2021年，重点对金积镇秦坝关村、扁担沟镇高糜子湾村、高闸镇周闸村等3条黑臭水体进行治理。实施农村“千吨万人”水源地规范化建设项目，对列入自治区农村水源地名录的8个水源地进行围网、设立警示牌和界碑、消除污染源的规范化建设，确保农村饮水安全。全域推进“全国农村生活污水治理示范县”创建，加大农村生活污水集中处理覆盖力度，争取自治区农村生活污水治理奖补资金6710万元，实施金积镇、高闸镇、金银滩镇、古城镇等9个乡镇20个行政村农村生活污水集中收集处理工程。编制了利通区农村污水处理设施第三方运维方案，对农村11座污水处理设施进行专业化运营。同时根据自治区环保督察反馈意见和利通区整改方案时序进度要求，完成高闸镇、扁担沟镇污水处理站的扩容建设项目的招投标工作并开工建设。

自然资源管理

【概况】

利通区自然资源局核定行政编制7名，设局长1名（正科级），副局长3名（副科级），核定编制数40名（其中公务员8名、事业编制32名），现行政编制实有8人、事业编制实有31人。利通区自然资源局内设5个站室（即办公室、综合法规室、耕地保护征收室、林草湿地生态修复室、自然资源管理站），下设1个事业单位（即调查监测室）。2021年，在区委、区政府的坚强领导和区市业务部门的精心指导下，自然资源局聚焦高质量发展、生态文明建设和民生改善主要任务目标，严格保护耕地、森林、湿地、草原，持续强化自然资源管理，提升自然资源工作水平，全力服务全区经济社会科学跨越式发展。围绕大局服务发展，着力提高资源要素保障，持续开展大规模国土绿化行动。严守耕地保护红线和生态安全底线，加强森林督查力度，统筹推进“多规合一”实用性村庄规划编制，强化国土空间开发边界管控，优化城乡发展格局，以创新为抓手持续推进山林权、土地权改革，大力发展特色林业产业。盘活闲置土地资源，着力改善城乡人居环境，助推绿色发展，加快美丽新利通建设。

【生态建设】

利通区2021年生态建设按照“加大生态保护与修复力度，统筹山水林田湖草沙系统治理，实施生态造林项目，创新发展模式，调整产业结构，大力实施国土绿化和森林资源保护”的总体布局，重点实施五里坡生态养殖基地绿化工程、五里坡地区防风固沙林工程、美丽乡村绿化改造提升工程、特色经济林示范项目，完成各类营造林任务2.62万亩，完成人工造林1.536万亩，经济林0.084万亩，未成林抚育提升及退化林改造1万亩，共栽植各类苗木102万株，完成投资3350.2万元。

【经济林产业】

利通区经济林产业紧紧围绕苦水河沿线休闲农业产业带建设，按照宜林则林、宜果则果的原则，大力实施经济林基地建设、示范园建设及科技培训工作，已建成自治区级优质苹果示范基地3个，投入资金18万元；利通区级经济林标准化示范园8个，投入资金40万元。打造了富腾苹果现代集约栽培技术示范基地、苹果肥水一体化灌溉技术示范基地、吴忠林场设施葡萄防冻技术示范基地、苹果绿色果品生产技术示范基地、苹果成龄树改造提升示范基地、上桥镇设施葡萄高干水平修剪技术示范基地及扁担沟苹果防冻技术示范等一批经济林植示范基地，有力地推动了全区经济林产业高质量发展。完成经济林面积840亩，其中杞爱枸杞基地350亩，各乡镇小杂果490亩。

【龙二大青葡萄】

龙二大青葡萄，是宁夏吴忠市利通区极具地方特色的中晚熟鲜食葡萄品种之一，是地道的宁夏特产，产区位于北纬37°的黄金水果产区带。利通区共种植大青葡萄2800亩，亩均产量6000斤，于每年5~10月上市，上市高峰期售价5−10元/斤，年产值达1.2亿元以上，成为种植区群众增收致富的支柱产业。

利通区种植葡萄历史悠久，特别是“龙二大青葡萄”早在清朝中期就有种植，距今有200余年历史。“龙二大青葡萄”皮薄肉厚、甜美多汁，广受消费者喜爱，被评为“吴忠市级非物质文化遗产代表性项目”，被第十三届中国国际农产品交易组委会评为“有较强影响力的果品区域公用品牌”。

【耕地保护】

坚守利通区耕地保有量41.92万亩和永久基本农田33.578万亩的目标任务，创新农田水利建设机制和管理模式，完成高标准农田治理19.7万亩。深入开展耕地“非农化”专项工作，依法依规妥善处理。完成下达378个耕地“非农化”疑似图斑的核查摸排工作，整改到位178个。按照吴忠市及利通区“大棚房”问题专项清理整治行动“回头看”实施方案，将118个图斑全部整改完毕。对自然资源部、自然资源厅下发的各类830个图斑，开展内外业研判，对接并指导各乡镇开展整改销号工作，完成510个图斑的整改工作。

【林木检疫】

认真开展辖区林草有害病虫害检测防控工作，及时掌握害虫发生种类、数量、发生面积、危害程度、危害树种等信息，科学合理及时制定防治措施。2021年林业有害生物发生面积为1.56万亩，测报准确率90.8%；林业有害防治面积1.56万亩，林业有害生物应施监测面积11.76万亩。产地检疫面积1.75万亩，产地检疫率100%。

【村庄规划】

统筹三条控制线的方案划定、推进7个村“多规合一”实用性村庄规划编制工作，全面完成农村承包地确权。完成11个乡镇76个行政村的集体建设用地调查，完成各类调查791宗，调查面积158.69公顷。编制实施全区6个乡镇、27个行政村的1044亩搬迁坟地占补平衡项目。积极对接区自然资源厅，对区水务局实施的扁担沟镇利原村3个高标准农田建设项目进行核实，确定新增耕地面积15559.75亩。

【林地摸排颁证】

推进山林地确权登记，通过摸底调查，有林权证的17家，总面积21417.7亩。对接吴忠市不动产登记中心，对利通区登记未制证、已制证未发证和未登记的情况进行摸底调查。完善健全森林保险制度，加大保险补贴力度。加快培育新型绿化经营主体，组织推荐两家林下经济经营主体申报2021年国家林下经济示范基地。

【草原征占用】

加强草原保护管理，强化草原监测能力，丰富草原防治方法，增加草原保护工作经验，2020年共审核办理草原征占用9起，总面积2620亩，其中临时占用草原2起，共计100.19亩。

【自然资源监管】

移交综合执法局涉嫌乱砍滥伐案件2宗．移交吴忠市自然资源局涉嫌私挖乱采案件3宗。移交吴忠市公安局森林公安局涉嫌非法占用农用地案件2宗。经过审查，全部由银川铁路运输检察院提起公诉，银川铁路运输法院判决，现已执行判决结果。办理吴忠市公安局森林公安移交案件2件。

【森林草原防火和禁牧封育】

严格落实森林防火责任制，定期开展对护林员上岗情况的督导检查，组建防火巡查队伍对各乡镇重点区域进行不间断防火巡查和火灾隐患排查，严格落实火源防控。加强禁牧封育宣传，及时深入乡镇进行督查、巡查、通报禁牧封育情况，对违规放牧、偷牧情况“重点区域”“重点人员”实行重点盯防。

气象工作

【概况】

利通区气象局与吴忠市气象科技服务中心实行一套机构两块牌子，由吴忠市气象局和利通区政府双重领导，并建立双重计划财政体制。利通区气象局共有人员5名，其中高级职称3人，中级技术职称1人，初级职称1人。2021年利通区气象局在区委、区政府的坚强领导下，对区域内气象事业发展规划和气象活动进行了指导、监督及行业管理，组织实施了气象监测、预报预警信息传递，为利通区政府及相关部门防御气象灾害提供了科学决策依据。

【气候特点】

2021年，利通区年平均气温12.3 ℃，极端最高气温为39.4℃，最低气温为 −21.4℃；年降水量168.9毫米，日照时数为2924.5小时，平均风速为1.9米／秒，最大冻土深度75厘米。

【气象灾害】

利通区主要气象灾害有大风、干旱、暴雨、雪灾、冰雹、雷电、沙尘暴、高温、低温等天气。2020—2022年主要有大风、低温、沙尘暴、干旱、暴雨比较严重，给利通区造成不同程度的经济损失。2021年为深入贯彻落实习近平总书记关于提高自然灾害防治能力重要论述精神，进一步落实自治区、吴忠市、利通区第一次全国自然灾害综合风险普查工作安排部署要求，利通区气象局开展综合普查的气象灾害有暴雨、干旱、高温、低温、大风、冰雹、雪灾、雷电、沙尘暴9种，同时负责气象灾害致灾因子调查、收集、分析、评估，完成致灾因子调查数据的质量审核、危险性评估、风险评估和区划。

【气象灾害预警服务】

重大气象灾害预报预警服务：利通区预报预警服务由吴忠市气象台承担，利通区气象局没有独立发布预警的权限。2021年对利通区气象灾害预警服务对象信息进行更新和备案，面向新型农业经营主体直通式气象服务对象信息更新备案，实现了气象灾害预警信息全区覆盖。

【农业气象服务】

服务保障粮食安全，开展农业气候资源普查和区划工作，建立农业气象灾害风险预警指标，聚焦水稻、小麦、大豆玉米带状复合种植、油料作物和种业调研，完善修订精细化周年气象服务方案，开展伴随式气象服务保障，切实保障粮食安全，2021年提供决策气象服务专报42期。助力乡村全面振兴，2021年紧贴利通区优势特色产业气象服务需求，制定周年气象服务方案，紧盯关键农时农事节点，以“保姆式”“伴随式”气象服务保障好利通区农业生产。加强与农业农村局对接，全面开展特色产业气象保障服务。

【生态保障服务】

2021年聚焦气象服务新能源产业提质增效，通过发改局了解所辖区域光伏、风电场建设情况，收集人员信息，针对冬春季多大风沙尘的天气过程，及时、准确发布重污染天气预警和《未来一周大气污染气象条件预报》。依托吴忠市气象台，充分利用生态气象服务一体化平台，开发利通区区域的植被覆盖度、植被覆盖度变化趋势、温度植被干旱指数、水体变化等生态气象服务产品；加强林草区的热源点监测，及时发布火险气象等级预报和气象风险预警服务产品。2021年加强空中云水资源开发利用，抓住有利天气过程，大力实施人工增雨（雪）、防雹作业，为缓解旱情，促进生态恢复提供有效保障。

【气象站点建设】

辖区内建有吴忠国家基本气象观测站1个，观测场海拔1127.2米，始建于1959年6月1日，1960年1月1日正式运行，地址为吴忠县红旗公社秦桥四队。由于城市布局历史原因和旧城改造需要，吴忠国家基本气象观测站现址探测环境保护难度极大。为了做好吴忠国家基本气象观测站的探测环境改善和长期保护，2021年申请将吴忠国家基本气象观测站搬迁至吴忠市利通区利红慈善大道西侧扁担沟南侧海拔1210.0米。

【安全生产管理】

利通区气象局无安全监管职责，依托吴忠市气象局对利通区辖区内易燃易爆和危险化学品企业进行防雷安全隐患专项检查，确保消除安全隐患。

【助力精准脱贫】

加强暴雨、霜冻、冰雹等灾害性天气监测预报预警服务工作，实行24小时值班制度，遇有灾害性天气时，第一时间向政府领导、相关部门负责人短信电话服务，详细报告灾害性天气发生时间、区域及可能产生的影响。严格执行电话叫应服务规定，细化叫应流程，强化面向政府决策指挥和应急管理的支撑保障能力。

城乡建设

【概况】

吴忠市利通区住房城乡建设和交通局（以下简称区住建局）于2009年12月设立，2019年机构改革后，更名为吴忠市利通区住房城乡建设和交通局，核定行政编制8人，机构改革后加挂人防办牌子，设办公室、住建办、交通办、物业办、拆迁办5个科室，现有行政人员8名、事业人员20名。2021年在区委、区政府的坚强领导下，圆满完成了党建、危房、抗震宜居农房改造、老旧小区改造、重点小城镇建设、美丽宜居村庄建设、农村公路建设、安全生产隐患排查治理、征地拆迁、空心房拆除、物业管理、疫情防控等工作。

【党建工作】

以紧抓党史学习教育为主线，推动理论学习走深走实。坚持深入学习贯彻习近平新时代中国特色社会主义思想，党的十九大和十九届四中、五中、六中全会和习近平总书记来宁视察重要讲话精神，着力在学懂弄通做实上下功夫，不断提升解决实际问题的能力。年初制定党支部工作安排，以党组学习为圆心，支部学习为依托，固定日集中学习、“学习强国”APP、干部网络学习平台、党史学习教育为抓手，通过扎实落实好“三会一课”制度，组织党组书记、党支部书记、普通党员讲党课4次，观看电影9场次，主题党日活动12次，党员干部政治理论测试2次42人次，理论知识竞赛1次。建立业务技能知识题库，制作业务知识手册40本；组织全体党员到红色教育基地六盘山红军长征纪念馆，将台堡、单家集革命旧址，黄河吴忠滨河大道古城湾砌护段安澜亭及利通区初心馆，开展“向党送祝福感恩新时代”“重温红色历史·传承奋斗精神”等学习活动3次；组织“向党送祝福感恩新时代”“传承红色基因·赓续革命精神”红色故事宣讲会2次；组织全体党员到涝河桥烈士陵园开展“忠诚铸魂，永远跟党走”缅怀革命先烈、继承革命传统精神活动1次。通过系列活动，教育引导党员干部自觉主动学、及时跟进学、联系实际学、笃信笃行学，不断增强学习内生动力，紧密联系思想和工作实际，不断提高党员党性修养，从而学出坚定信仰、学出使命担当、学出成果实效。

【危房改造】

按照加固改造、原址翻建、异地迁建、房屋置换等方式，已完成自治区下达抗震宜居农房改造建设任务837户。全面开展农村房屋安全隐患排查，已完成排查36308户，存在安全隐患风险的1708户，并录入住建部农村房屋安全信息采集助手。开展全国第一次自然灾害综合风险普查，对全区房屋建筑和市政设施承灾体调查。

【老旧小区改造】

2021年，利通区计划投资7251万元，重点对金星镇、胜利镇、金积镇20个城镇老旧小区进行综合改造，共涉及80栋住宅楼，建筑面积19.06万平方米。2020年11月联合乡镇、社区对老旧小区进行认真、详细、全面的摸底调查，调查的内容包括小区的数量、面积、户数、建成年代、需改造内容等。乡镇社区组织相关工作人员深入老旧小区开展广泛宣传及征求居民改造意愿。2021年2月联合乡镇、社区，重点根据小区现状条件、居民意愿、资金筹集、初步改造方案可行性等方面，征求教育、民政、公安、自然资源、管线单位等的意见，结合小区实际和财政承受能力，报区政府、区委研究，最终确定改造20个老旧小区，并制定了老旧小区改造方案。

【美丽村庄建设】

坚持把村庄建设与环境整治、产业发展、农民增收、民生改善紧密结合起来，逐步提升群众生活质量，凸显环境美、产业兴、村庄美，投资3487万元实施上桥镇牛家坊村等6个高质量美丽宜居村庄。整治利同新村人居环境，以整治村容美化环境为标准，多举措实施利同新村人居环境整治工作，投资688.46万元，已完成包抓道路、庭院硬化等工作任务，为移民群众“搬得出、稳得住、能致富”提供有力保障。

【农村公路建设】

按照“交通＋乡村振兴”的方针，全年共建设农村道路63.8公里，我局建设14.2公里，即投资286.64万元，建设完成五里坡奶牛生态养殖基地2号公路2.9公里并投入使用；投资854万元，建设完成农村四级公路11.3公里。赵家沟苦水河大桥项目总投资1486万元，按照项目工期安排2022年6月底前全面完工。

【安全生产排查】

印发农村道路交通安全“两站两员”建设工作实施方案，建成10个交通安全管理站、5个一级交通劝导站和5个二级交通劝导站，由市交管局指导并常态化运行。实施安全生命防护工程项目，投资122万元，整治隐患里程10.4公里，安装波形防护栏6.5公里。同时，开展铁路沿线安全隐患问题整治，深入排查隐患问题148个。

【征地拆迁】

全力保障首开区范围内基础设施、生态环境、市政公用、保障性安居工程等项目用地，经过近6个月的深入走访动员，如期完成项目区内涉及集体土地拆迁的200户农户拆迁工作，任务完成率100%。高闸镇高效节水灌溉项目涉及拆迁62户，已拆除51户，同时，积极协调各乡镇对接市区财政部门，已落实安置农户的过渡费、拆迁费和各乡镇的清渣费资金2989.3万元。

【空心房拆除】

将拆除农村“空心房”作为改善农村人居环境的有效举措，督促各乡镇加强拆除后建筑垃圾清理、复耕复绿工作，完成“空心房”丈量110户，拆除73户。

【物业管理】

物业管理权已经下放乡镇，

充分赋予乡镇物业管理权限，建立乡镇属地、部门监管的分级管理、考核、督查机制，强化督查考核、激励惩戒、准入退出措施。建立物业服务企业信用档案、“红黑”名单管理制度，并将物业企业信用评级与企业招投标、项目评价、评先树优等工作相结合，建立健康持续发展的物业管理格局。由市住建局牵头，成立了吴忠市物业管理办法修改筹备组，通过调研、召开论证会，对《吴忠市物业管理办法》进行全面修改。同时，以开展卫生城市复验、文明城市创建工作为契机，在利通区社会综合管理中心设立服务窗口，及时有效解决物业服务投诉。全年动用住宅专项维修资金125.39万元，对公园世家小区、星河锦城、黄河水韵等小区房屋漏雨及监控等基础设施设备进行维修。

综合管理

综合执法

【概况】

2021年，利通区综合执法局持续推动综合执法改革，调整执法事项，牵头起草完善综合执法改革制度。认真落实法治政府建设，加强各行业领域综合执法，认真处置各类违法行为。开展创建全国文明城市综合整治工作，积极维护市辖区环境秩序。开展“高空瞭望”监测项目专项工作。助力疫情科学防控，充实疫情防控一线力量。组织干部职工积极参加吴忠市城市管理系统专题演出等活动。

【综合执法改革】

利通区综合执法局进行执法事项调整，为进一步向乡镇赋能赋权，将涉及水利、林草等8项行政处罚权下放至乡镇，利通区综合执法局2021年执法事项由416项变更为408项。吴忠市市辖区跨领域跨部门综合执法改革的做法得到自治区党委、政府的总结推广。

【法治政府建设】

利通区综合执法局严格落实主要负责人履行法治建设第一责任人职责。组织召开2次法治政府建设专题会议，研究解决法治政府建设重点工作。分级分层深入学习宣传习近平法治思想8次。同时，认真组织开展行政执法培训，邀请宁夏警官职业学院教师就新修订的《中华人民共和国行政处罚法》对全局干部职工进行专题培训辅导。积极组织部分执法人员参加吴忠市依法治市办组织的行政执法培训班学习。开展普法宣传教育，制定普法责任制“四清单一办法”。利通区综合执法局全面落实行政执法三项制度，规范权力运行。制定行政处罚结果公示流程规范，累计公示行政处罚结果235件。落实重大执法决定法制审核制度，累计办理重大行政执法案件41件，举行听证会1次。同时，持续加强政务公开力度。组织“政府开放日”活动，积极征集群众意见并公开答复。公开政协提案办理答复1件，办理领导信箱留言9件。

【创建全国文明城市】

开展市容市貌综合整治行动，在市区开展清理整治坐商不归店、流动摊点、户外广告、乱停乱放和环境卫生等。2021年清理整治沿街商铺及便民安置点周边占道经营、出店经营等4167处；清理乱设摊点、流动摊贩6550次，查扣流动摊贩车辆520余辆，立案处理2件；清理乱堆乱放1308次，清除乱贴乱挂广告956张（条）。对辖区内沿街牌匾逐条（块）进行摸底清查，对违规设置的门头牌匾等及时进行清理，2021年共计查处或整改、拆除51块。治理“城市牛皮癣”、非法小广告，对市区街道商铺墙面、公共设施等偷贴小广告等安排人员整治，做到发现一处，清理一处，并长期保持环境干净整洁。2021年清除各类“城市牛皮癣”1.1万处，营造了优美的城市环境。开展餐饮业油烟污染治理，紧密配合各乡镇、生态环境分局、市场监督管理分局，对各市区主要街道商户逐家逐户走访调查，同时向餐饮服务经营者统一印制、发放《餐饮业油烟净化器安装清洗维护检查登记本》，详细记录安装、清洗、维护、检查等相关信息。2021年利通区综合执法局共发放登记本1525本，已检查1525家餐饮店油烟净化器安装使用情况，完成率达98%。下发限期整改通知书307份，开展油烟净化设施清洗记录检查123次，对未规范使用油烟净化设施行为立案查处3起。

市场监督管理

【概况】

2021年，吴忠市市场监督管理局利通区分局（以下简称区市场监管局）全局（含事业单位）共有编制114名（行政编制102名，事业编制12名），实有人员109名（行政编制98名，事业编制11名），其中科级干部12名；少数民族干部职工63名，占人员总数的57.8%；女干部职工45名，占人员总数的41.28%；35岁以下37人，占人员总数的33.95%；35—50岁30人，占人员总数的27.52%；50岁以上42人，占人员总数的38.53%；大学及以上学历66人，占人员总数的60.55%。在职中共党71名，占人员总数的64.14%。2021年，在自治区市场监管厅、吴忠市局和区委、区政府正确领导和全局干部努力下，区市场监管局不断加强疫情防控工作，强化“三个安全”，持续优化营商环境、市场竞争环境和放心消费环境，全力保障利通区经济平稳发展和社会和谐稳定。深化党政同责，全面筑牢食品药品监管体系；健全质量发展机制，促进工作全面发展；巩固整治成效，严守特种设备安全监管底线；强化知识产权保护，严厉打击侵权假冒行为；加强行政执法力度，持续发力巩固成果；持续优化营商环境，深化“放管服”改革；坚持政治建设统领，深化全面从严治党。

【商事制度改革】

2021年，区市场监管局在自治区率先开展个体工商户登记改革。采取简易登记、豁免登记等分类登记方式，实行“口头申报、当场领照”的免填单登记新模式，实现了个体工商户行政审批的“快准入”“直通车”。推进市场主体住所（经营场所）宽进改革，对场所登记服务进行优化简化。建立市场主体住所（经营场所）负面清单，实行清单外市场主体住所登记申报制，允许仅通过互联网开展经营活动的个体工商户，将网络经营场所作为经营场所进行登记。压缩食品生产许可证、食品经营许可证、食品生产经营登记证办理期限分别从过去的30、30、15个工作日降到现在的10、8、8个工作日。简化企业办理流程，压缩企业办理时限。建立“综合受理、一窗通办”登记模式。申请人可选择到任何一个市场监管登记窗口办理注册登记业务，就近办理、就近领取营业执照。实行“网上申请、网上受理、网上审核、网上发照、电子归档”的全程电子化登记制度，网上办理当日办结。本年度，我局已通过全程电子化系统办理业务7444件，上传电子营业执照信息32708份。

【企业信用公示】

2021年，区市场监管局实行年报工作督查通报制度，做好指导服务工作与宣传。2020年度个人独资企业年报率97.63%，农民专业合作社年报率89.68%，个体工商户年报率46.46%。开展企业年报信息公示抽查工作。依托国家企业信用信息公示系统，采取实地核查方式开展企业、农专社双随机抽查，认真核查公示信息的真实性，确保公示信息真实有效。严格企业异常名录管理，实行企业经营异常名录动态化管理机制，将未按时报送2020年度年报的14495户个体工商户、65户农民专业合作社列入经营异常名录，办理移出经营异常名录3285件。

【企业信用监管】

2021年，区市场监管局共抽查个人独资企业20户、农民专业合作社24户、个体工商户203户。完善信用信息公示公开，严格行政许可和行政处罚信息公示公开，在利通区政府门户网、“宁夏十公示信息报送系统”进行信息公示，截至目前共公示行政许可信息16226条，行政处罚信息143条。积极联合相关部门实施跨部门“双随机、一公开”协同监管，有效减轻企业负担，共完成部门内部双随机抽查任务31项，部门联合双随机抽查任务5项。

【规范市场秩序】

2021年，区市场监管局制定《吴忠市市场监督管理局利通区分局2021年创建全国文明城市工作方案》和《2021年创城迎检冲刺专项行动方案》，做到组织到位，责任到位。一是强化农贸市场整治，9个农贸市场实行“一场一策”，压实市场的主体责任。乡镇的属地管理责任和综合执法、农业农村等部门的监管责任，加大工作落实力度。二是对创城办《督办通知》以及工作提示中提出农贸市场、包抓路段中存在的问题进行整改，联合乡镇、综合执法局指导鑫鲜农副产品市场主办方修补破损的台阶和主干道路面50余处，整理市场内外部环境卫生4次，及时清理鱼市以及家禽屠宰场地卫生，安装充电桩50处，解决飞线充电问题。三是加强公益广告宣传力度，今年以来，为鑫鲜农副产品市场、东郊市场制作“24字社会主义核心价值观”“市民公约”“遵德守礼”等公益广告牌共计50余块，为食府更换破旧的公益广告1处，制作并摆放“文明餐桌光盘行动”桌签1800个，营造良好创建氛围。四是开展校园周边环境整治，对市创城指挥部法治环境工作组提出校园周边200米存在的问题进行整改，对辖区中小学及幼儿园周边200米范围内150余家售酒的经营业态进行全面摸排整治，要求下架酒类产品并承诺不再售酒。五是迎接中央文明委创城验收，为创城测评点位安装四色公示牌，严格按照点位标准对新华百货、鑫鲜农副产品市场、迎宾大街等9个大型超市、9个农贸市场、3条商业大街创城工作进行全面督导检查，对存在氛围营造不浓厚、

"门前三包"落实不到位、农贸市场垃圾清理不及时的问题进行了整改。

【品牌战略】

2021年，区市场监管局开展互联网广告整治工作，对交易网站、电视购物频道进行排查，严禁存在线上虚假宣传、欺诈消费者等违法违规行为。二是开展违法违规商业营销宣传、"护苗助老"虚假违法广告整治工作，通过"双随机、一公开"抽查医药公司46户，责令1家宣称"普通食品具有保健功能"的网店商品进行下架。并开展"盐池滩羊""中宁枸杞"注册商标专用权保护专项行动，增强市场主体的诚信守法和注册商标专用权的自我保护意识。加大对侵权假冒行为的打击力度，今年以来，查办知识产权案件12起，罚款43154元。

【党的建设】

2021年，区市场监管局一是抓实基层组织建设。制定2021年机关党建工作要点、党风廉政建设工作要点、抓基层党建"四个清单"、落实全面从严治党主体责任"三个清单"等，召开市场监管暨党风廉政建设工作会、基层党建述职评议考核会、述责述廉会、2020年度党员领导干部民主生活会等。严格落实"三会一课"、领导干部双重组织生活等制度。夯实基层党组织建设基础，向市局党委申请成立2个党支部、指派2名党支部书记，督促指导3个党支部补选委员，9个党支部换届、选举，2个党支部被市直机关工委评为四星级党组织。确定2名发展对象、2名预备党员转正。二是聚焦党史学习教育。第一时间成立党史学习教育领导小组及办公室，召开党史学习教育推进会3次、党总支会议11次，指导各党支部召开党史学习教育专题组织生活会，推动党史学习教育走深走实。邀请市委党校副教授专题辅导2次，组织党员干部到利通区初心馆、闽宁镇、盐池县革命烈士纪念馆等进行红色教育，开展"传承党的百年光辉史基因，铸牢中华民族共同体意识""共产党好、黄河水甜"等主题活动。梳理完成"我为群众办实事"实践活动项目7项，用心用情用力解决基层困难，为干部职工更换被褥、净水器、破旧办公桌椅、配备炊具餐具等，为2个市场监管所协调更换办公地点。全局党员干部认领群众微心愿70余条，为居住地社区办实事70余件，为贫困儿童捐资助学近1.5万元。三是推动全面从严治党。积极支持各级纪委监委工作，认真开展"廉政警示教育周"活动，对分局16名领导干部（含4名四级调研员）和95名干部职工婚庆及近亲属婚丧事宜、经商办企业和因公、因私出国（境）等情况开展自查自纠，及时掌握干部廉洁自律情况。开展廉政勤政分级约谈12人次、集体谈话3次、谈心谈话47人次。

【食品安全监管】

2021年，区市场监管局开展网络订餐、校园食堂、网络销售"两品一械"等食药专项整治32次，检查各类食品药品生产经营主体3.2万家次，下发责令改正通知书285份，下架、没收各类食品332袋（杯），取缔食品加工"黑窝点"2家，查办食品药品案件34起，入库罚没款28.88万元，努力营造安全放心消费环境。全面加强学校食堂学生集体用餐配送单位的监管，检查校园食堂64家，学生集体用餐配送单位1家，0~3岁婴幼儿照护服务机构9家，小饭桌67家，校园周边食品销售单位222家，餐饮服务单位106家，发现存在留样不规范、索证索票不规范等问题68家，现场指导整改存在问题的68家168条，下发责令改正通知书16份。利用智慧监管智能抓拍系统，发现存在问题55家2861条，有力提升监管效能。不断加强抽检监测，抽检主要农产品5大类30个品种588批次，合格率100%。累计完成食品、药品等各类监督抽检任务1627批次，食品抽检达到5批次/千人，不合格食品按时核查处置率达到100%。快速检测食品、食用农产品等60223批次，合格率99.99%，有效排查食品安全隐患。

【药品安全监管】

2021年，区市场监管局强化药品安全“四个最严”，加大药械市场监管力度，完成抽检任务97批次，开展网络销售“两品一械”专项整治，对特殊药品经营使用单位开展全覆盖监督检查，查处涉药品医疗器械化妆品案件15起，罚没款7.75万元。持续深入开展中药饮片专项整治工作，检查中药饮片经营使用单位155家。深入宣传贯彻落实《化妆品监督管理条例》，组织开展《化妆品监督管理条例》视频培训、知识竞赛和科普宣传，共组织参加视频培训590余人次，参与线上竞答1685人次，化妆品安全科普宣传周集中宣传活动10场次。全力推进“阳光药店”工程建设，将“阳光药店”工程建设工作与全域创建“食品药品安全区”同部署、同安排，2021年，完成企业账户注册332家，“阳光药店”入网率98.22%，安装温湿度监测设备273家，完成率80.77%。

【特种设备安全监察】

2021年，区市场监管局共检查特种设备生产经营、使用单位217家次，抽查特种设备510台，排查并治理安全隐患64个，下发《特种设备安全监察指令书》70份，立案查处特种设备领域违法案件2起，罚款4万元，处理涉特种设备投诉举报32起，召开企业约谈会议3次。《吴忠市2021年度特种设备监督检查计划》中确定的49家重点检查单位全部完成检查。

应急管理

【概况】

利通区应急管理局（以下简称区应急管理局）成立于2019年2月，为利通区人民政府工作部门，正科级，下设利通区应急管理综合执法大队（副科级事业单位），加挂利通区应急管理保障中心牌子。核定行政编制6名，核定事业编制18名，现有在编在岗人员共24名，取得执法资格人员14人。局党委下设一个机关党支部，有党员12名。在区委、区政府的坚强领导下和上级业务部门关心指导下，我局聚焦重点工作和改革任务持续发力，努力开创应急管理工作新局面。

【重点行业专项整治】

2021年区应急管理局紧盯“九小”场所专项整治，组织消防、市场监管、属地乡镇等部门联合开展检查，建立检查台账并逐项整改销号。累计检查“九小”场所2831家，发现并整改火灾隐患1580余处，清理违规住人50余家，签订承诺书2005份，张贴并发放《村（居）民防火公约》4000份。组织市场监管、教育、应急、属地乡镇等部门对辖区小饭桌进行全面排查，共检查小饭桌67家，发现并整改一般隐患178处。由农业农村局牵头，联合应急、消防等部门对辖区规模牧场开展安全检查，累计摸排规模牧场44家，在建奶牛场24家，肉牛场14家，出动人员122人次。紧盯重点领域，对辖区燃气长输管道、液化石油气气瓶、居民家庭燃气使用进行隐患排查，累计开展检查1883家次，发现一般隐患721条，整改721条，扣押废旧气瓶15只，查处“大瓶倒小瓶”非法充装行为1例。

【安全生产行政执法】

2021年区应急管理局先后就特种设备使用、危险化学品企业管理、消防火灾隐患等问题累计行政处罚立案8起，处理生产安全事故1起，罚款金额共计58.88万元。

【安全生产责任落实】

2021年区应急管理局修订完善了《利通区党政领导干部安全生产职责》《利通区安全生产责任体系》，压实企业履行安全生产主体责任，切实做到安全责任、安全投入、安全培训、安全管理和应急救援“五到位”。指导辖区10家工贸企业通过安全生产标准化建设。

【防灾减灾】

2021年区应急管理局重点实施自然灾害风险隐患排查、抗震宜居房屋、防汛抗旱水利提升等八大工程，抓好重点领域风险防控，加快监测预报预警能力建设，强化全国综合减灾示范社区建设，完善自然灾害风险会商机制，抓实安全风险防范各项工作。先后排查重点隐患23处，在重点河道新建54套山洪灾害预警广播、23套视频水位雨量站；改造农村危房、抗震宜居房3186户，金星镇利宁社区通过全国综合防灾减灾社区验收。组织应急、气象、农业、自然资源、水务等部门，实施提前预警、会商碰头的方式，及时制定防御措施，累计应对了霜冻、干旱、强降雨等自然灾害5次，争取救灾资金234万元，救助受灾人群9500人次，最大限度减少了群众财产损失。

【应急保障】

2021年区应急管理局加大应急资金专项投入，争取项目资金1482万元，建设赵家沟苦水河大桥一座；投资162万元与自治区应急管理厅协同建设应急救援指挥通信平台项目。坚持市区一体工作原则，牢固树立“防大灾、救大灾、抗大灾”的理念，常态化储备抢险物资、救生器材、抢险机具、给排水设备4大类价值180万元物资。疫情防控期间，紧急从自治区物资储备库和吴忠市物资储备库调运防控物资1704件，通过社会采购防控物资4533件，接受红十字会和地方企业捐赠各类物资720件。向各乡镇、各部门下发棉帐篷1488顶，棉大衣2385件，电暖器858个，折叠床2287张，其他各类物资3514件，有力保障了疫情防控各项工作开展。

【应急救援】

2021年利通区应急管理局组建由民兵预备役、镇村干部、企事业单位等组成的应急救援队伍26支1643人，实行月培训、季演练、年拉练的能力提升工程，确保应急救援队伍始终保持临战状态。建立应急救援专家库，广泛吸纳政府有关部门、高校及企事业单位等专业人才，将危险化学品、机电设备、建筑、民爆物品等十大类专业共计107位专业人才纳入专家库，为全区应急救援工作提供专家保障。

【宣传教育】

2021年区应急管理局充分结合“安全生产月”和安全宣传“五进”活动，充分发挥网络、微信等新兴媒体优势，在社区、安全文化广场通过现场安全讲解、设立宣传展板56块、发放宣传资料15000余份，通过媒体、微信公众号等渠道宣传防火自救知识、全国自然灾害风险普查等内容20次，全面宣传普及与人民生产生活息息相关的安全知识，进一步提升全社会的安全文明素质，营造浓厚的安全生产学习氛围。

消防救援

【队伍建设】

2021年，利通区消防救援大队以党史学习教育为抓手，围绕庆祝中国共产党成立100周年系列活动，创新提炼出大队队魂“扬蓝焰斗志，守金岸富平”，厚植文化根基，激励队伍同心同力，不断前行。

【消防监督执法】

利通区消防救援大队以消防安全专项整治三年行动、消防大检查等活动为抓手，结合辖区实际和疫情实际，按照“标本兼治，重在治本”的原则，强化源头治理、系统治理、精准治理，推动辖区消防安全管理工作不断提档升级。共检查社会单位3248家，督促整改火灾隐患和违法行为1845处，办理行政处罚案件68起，办理开业前的消防安全检查186家，责令“三停”单位8家，临时查封单位11家。

【消防宣传】

开展“119消防宣传月”等消防宣传主题“五进”活动115次，开放消防队站和科普教育基地28次，面对面受教育群众3万余人。圆满完成了重大活动消防安保工作任务，辖区消防安全形势持续稳定，未发生重大火灾事故。

【灭火及应急救援】

利通区消防救援大队精准布局，建成朔方路政府专职消防救援站并投入使用，成功打造市区4站“鼎足呼应、辐射全域”的战略布局，积极探索“一短三快”初战机制改革试点推进会工作要求，进一步落实“六熟悉演练”工作，优化执勤力量，突出解决出警“三慢”的问题。2021年，共接警573起，其中火灾309起，抢险救援114起，社会救助20起，公务执勤96起，其他出动34起，共出动消防车972辆次，出动人员6353人次，抢救被困人员65人，抢救财产损失1900.09万元，保护财产价值2665.175万元，成功处置了“1·11”新东郊市场火灾、“7·1”永昌汇金时代商场火灾等灾害事故。

【消防大事件】

2021年6月18日，利通区朔方路政府专职消防救援站正式挂牌运行，标志着利通区灭火和应急救援队伍得到进一步提升，辖区灭火和应急救援圈更加科学完善。

教育 科技

教 育

【概况】

2021年，利通区属有中小学56所（小学47所，初级中学2所，九年一贯制学校7所），幼儿园57所。在校中小学生共36058人，在园幼儿12990人。教职工3810人（中小学教职工2170人，幼儿园教职工1640人）。2021年通过健全“三航”教师培养体系，培养县级学科名师98名，市级骨干教师17名、自治区级骨干教师34名。

【教育资源配置】

2021年累计投资20316.98万元，新建幼儿园、改扩建中小学6所，分别是利通区第十幼儿园建设项目、利通区第九幼儿园建设项目、利通区东片区一幼建设项目、吴忠市裕民小学综合楼扩建项目、利通区金积第二小学建设项目、利通区金积中学建设项目。新增学位4230个。

【教育质量】

2021年利通区教育局构建“1234”线上教学模式，严密做到“离校不离教，停课不停学”，实现“线上教学一个学生都不能少”的目标，优化模式、创新方式，破解线上教学难点堵点，全面提升线上教学质量，创建师生心理健康服务模式，确保师生在“空中课堂”教学期间身心健康。组织教师参加“互联网+”背景下创新素养优质课竞赛、“三进”思政精品课竞赛、自治区教具制作大赛，在自治区、吴忠市组织的青年各类竞赛中共获一等奖68人次，二等奖102人次。在全区精品课评选活动中，利通区29人次的课例被评为自治区优课，64人次的课例被评为吴忠市优课。7月中考，利通区道德与法治、历史、化学、语文等学科成绩均取得了较好的成绩，名列6县市前茅。

【学前教育】

2021年利通区回收3所公办幼儿园，投入使用新建公办幼儿园2所，新增学位1320个，利通区第九幼儿园、利通区第十幼儿园和利通区东片区第一幼儿园3所公办幼儿园项目立项，公办幼儿园在园幼儿占比40.97%，普惠性幼儿园在园幼儿占比87.57%。

【师德师风建设】

2021年坚持教师师德素养与育人能力素养双提升目标，强化各学校新时代师德师风建设。深入组织教育系统2247名教师学习政治理论、教育法律法规等，定期开展警示教育。选树师德标兵典型，组建利通区新时代师德师风宣讲团，成功举办了“利通区教育系统师德师风事迹报告会”，充分利用“互联网＋教育”，大力宣传优秀教师先进事迹，使尊师重教氛围蔚然成风。依托自治区师德师风示范区项目建设，集中打造2个师德师风示范学校，建设师德师风专题培训网络，开展“师德师风宣传月”系列主题活动。

【师资水平提升】

2021年深入推进“守初心、立师德、正师风”活动，组织全区26所学校开展师德主题演讲、征文、“三字一话”教学基本功、优质课竞赛等活动，进一步强化师德师风建设实效。利用教师节等重要时间节点，集中对26名师德标兵、60名教学能手进行了表彰，积极发挥先进典型的示范引领作用。

【青少年立德树人教育】

2021年，利通区教育局组织20人党史学习教育宣讲团进行党史宣讲。全年开展宣讲活动20多场次，惠及10000多师生。建设空中思政课，利通区精选70节思政精品课上传至宁夏教育云平台，为全体思政教师上好思政课起示范引领作用。每学期初，开展以习近平新时代中国特色社会主义思想“三进”为主题的开学第一课活动，为“三进”系列活动、“四史”教育系列活动的开展奠定了基础。

【劳动教育】

2021年5月，利通区被教育部认定为全国中小学劳动教育实验区，印发《利通区全面加强新时代中小学劳动教育实施方案》。创建自治区劳动教育示范校2所，自治区级劳动教育实践基地一个。利通区所辖小学、初中所有年级和班级全部开设劳动教育课程，劳动课程平均每周不少于1课时，劳动教育课程开齐率100%。利通区教育局先后打造了第十六小学的“火星农场”和“绿色课堂”、第十五小学的“开心劳动基地”、第十三小学的“红领巾劳动基地”、第九小学的“玉兰苑”、第十四小学的“勤耕苑”等一批特色鲜明的校内劳动实践场所。全面建设学校劳动实践室，结合生活实践，开设烹饪、手工、园艺等劳动实践类活动课程，培养学生自主生活生存能力。

【校园治理】

2021年，着力完善校园治理体系，提高校园治理能力，构建了“15541”校园治理工作模式，围绕党建引领一条主线，深入实施“五大行动”，抓好四个方面，即在治理精度上突出“问需于教”，在治理内容上做到“事无巨细”，在治理方式上坚持“多措并举”，在治理质效上强化“清单管理”，努力实现“校园治理体系和治理能力现代化”的总目标。2021年9月迎接自治区验收，申报自治区校园治理课题1项，2021年10月首批通过自治区校园治理县（校）达标。

【校园安全管理】

2021年以责任落实为抓手，大力构建校园安全责任体系。中小学一键式紧急报警和视频监控系统配备率达到100%，中小学封闭化管理达标率100%，“一警＋N”护学岗达到100%，所辖53所学校配齐专职持证上岗保安人员167名，达标率100%，安装交通礼让行人抓拍装置6处。投资34万余元，为区属53所学校（幼儿园）食堂安装“明厨亮灶”设备310套，明厨亮灶工程达到全覆盖。

学校概览

吴忠市利通街第二小学

吴忠市利通街第二小学位于吴忠市利通南街368号。学校始建于1952年，原址为宁夏吴忠市利通区胜利东街112号。2011年原址拆迁后，于2013年8月迁往新校址吴忠市利通南街368号。2014年9月，根据上级文件精神，学校实行集团化办学，在利通区回乐路1号新建了南校区，形成了一校两区的格局。2019年9月，利通区实行学校布局调整，南校区独立建校，更名为利通区第三小学，北校区保持原吴忠市利通街第二小学名称。2020年4月，在利通区委、区政府的大力支持下，学校启动扩建项目，南扩19亩，新建一栋4620平方米的综合楼，200米标准运动场，并对老旧操场等设施进行改造，学校正门向南开，建设期限2020年7月至2021年8月，总投资2124.31万。扩建工程已全部竣工，投入使用。

学校现有37个教学班，在校学生1902人，专任教师78人，学校占地面积21454平方米，建筑面积12206平方米，绿化面积2560平方米，活动场地面积6502平方米。学校建有智慧教室7间，录播室1间，微机室2间，书法教室1间，科学实验室2间，舞蹈教室1间，古筝室1间，琵琶室1间，二胡室1间，竹韵工作坊1间，旱地冰壶教室1间，国画室1间，素描室1间，陶泥室1间，劳动教室1间，特殊教育资源教室1间，心理咨询健康室1间。

学校秉承“德艺双馨、身心和美”办学思想，以“读万卷书，行万里路”为校训，坚持“涵养化育，自然天成”的办学理念，围绕办学理念中“化”“育”两字，以“三化”为板块，以“五育”为支撑点，构建“三化五育一核心”办学理念体系。“三化”即育化习惯，育化思维，育化品质；“五育”即以打造“国色校园”为抓手“育德”，以提升“教学质量”为抓手“育智”，以做实“家校合一”为抓手“育情”，以构建“多元课程”为抓手“育美”，以养成“海量阅读”为抓手“育心”。

学校先后被评为全国文明校园、全国模范职工之家、全国体育先进单位、全国少先队红旗大队，自治区“9·10”教育奖状、五星级基层党组织、先进基层党组织、师德师风示范校，吴忠市教育工作先进集体、教研工作先进集体、吴忠市示范家长学校、素质教育先进单位等荣誉称号。

吴忠市利通区开元小学

吴忠市利通区开元小学是利通区辖区内一所城市小学，地处市区胜利西路42号，辖民生、新生、永昌等社区。学校现有37个教学班，1934名学生，教职工92人，教师平均年龄41岁。学校各级骨干教师33人，其中自治区级骨干3人，市级骨干14人，县级骨干16人，市县级学科名师5人。学校占地14839平方米，建筑面积6948.2平方米，教学及辅助用房5974平方米，运动场地面积9744平方米。学校现有计算机室、实验室、音乐教室、美术教室、机器人活动室、围棋室、少先队活动室、图书室、多功能教学大厅等专用教室，并建有“妈咪小屋”、心理健康工作室等。学校建有校级网络管理中心，对校园网络进行管理。学校现有融智慧教室、智课分析系统及录播功能为一体的精品录播教室1间，可满足校内的名师课堂的需求；在线互动智能录播教室6间，可满足远程专递课堂教学以及互动课堂使用要求。

自建校以来，学校始终遵循“为学生成长奠基，为教师发展铺路”的办学宗旨，先后经历了三个发展阶段，即以“教师综合素质提升工程+学生良好行为养成工程+教育特色培植工程”为载体的起步期，提升了教师队伍整体水平，明确了学校的发展目标和定位；以“自我育德、自主学习、自享生活”为载体的成长期，助推了学校走内涵发展道路的进程，创建了特色校园文化，创新了德育形式和内容，营造了浓郁校本教研氛围，促进教师专业成长；以“和而不同各美其美”为办学思想的发展期，通过确立“和和美美做人，踏踏实实做事”的校训，打造和美团队，探索“和美课堂”，建构“和美德育”，紧抓“互联网+教育”的新机遇，以“互联网+智研”为抓手，进一步实施新时代“强师工程”，形成“4453”校本智能精准教研模式，使学校发展迈上新台阶。

学校先后被授予全国优秀少先大队、全国消防示范学校、全国篮球示范校、全国足球示范校、全国“智能研修平台”试点校、自治区文明校园、自治区法治教育示范校、自治区安全规范化示范学校、自治区科技示范学校、自治区留守儿童示范家长学校、自治区巾帼建功岗、铸牢中华民族共同体意识教育基地等。学校先后被评为全国体育工作先进学校、全区优秀少工委、全区优秀少先队大队、吴忠市建设学习型党组织先进单位、市教育系统先进基层党组织、吴忠市先进集体、吴忠市自主教育特色学校、利通区“互联网+教育”示范校、“互联网+教育”先进集体、利通区五星级党组织、吴忠市教育质量提升奖、利通区教育质量优胜奖等荣誉。学校参加各级各类教育教学竞赛，先后获得自治区教研能力大赛一等奖、自治区阳光体育大课间一等奖、自治区团体操展演一等奖、自治区合唱舞蹈比赛一二等奖、自治区科技创新大赛一等奖、自治区基础教育精品课一等奖等团体奖项。

在开元人的共同努力下，学校教师队伍意气风发、团结向上，办学条件日益改善、逐步优化，办学特色显著、底色鲜明，办学质量逐年攀高，声誉良好。

利通区第十四小学学校

吴忠市利通区第十四小学位于吴忠市利红街254号，始建于1932年（前身系灵武县石佛寺初级小学），2016年10月经吴忠市教育局批准建成。学校现有教学班28个，在校学生1130名，专任教师67名，党员20名，高级教师15名，中级教师28名，骨干教师19名。学校总占地面积29333平方米，建筑面积6654平方米，绿化面积10500平方米，运动场面积12000平方米，达到自治区标准化学校办学水平。通过校园网改造，采用“有线+无线”信号500兆光纤接入，做到网络信号全覆盖。随着新时代教育现代化的进程，这所百年老校更加焕发出了勃勃生机，为城市东北片区的教育发展作出了积极贡献！

学校以习近平新时代中国特色社会主义思想和党的十九大精神为指导，落实立德树人根本任务，按照文明校园“六好标准”，细化管理，挖掘育人功能，强化教师队伍建设，深化校园文化内涵，优化育人环境，促进学生健康成长，创建文明和谐的校园，亮点工作如下。

学校始终坚持以习近平新时代中国特色社会主义思想为指导，以党建引领学校发展，按照“12236”党建工作模式（筑牢一个堡垒、创建两个品牌、加强两个建设、抓好三项举措、形成六大抓手），以“红雁先锋”及“石榴同心，礼乐相伴”党建品牌为载体，进一步筑牢全体党员干部在思想上争创先锋。以清廉学校建设为契机，强化党风廉政建设与师德师风建设。以“党建+政教”为抓手，充分利用国旗下的讲话、班队会、主题实践、道德讲堂等活动加强德育建设，通过开展“请党放心强国有我”等系列主题活动，培养“知党恩感党恩”的爱国少年。以“党建+教学”为统领，围绕“互联网+教育”、“3581”教学模式、体教融合，加强“礼乐”教育，构建线上、线下主题教研，促进教研效果最优化。积极参与连片区教研活动，从而提升教育教学质量；严格落实“五项管理”和“双减”政策，规范学校办学行为；拓宽课后服务渠道，让学生全面发展。

学校秉承“构建礼乐校园，成就美好人生”办学思想，以“德业并重，知行合一”为校训。坚持为教师幸福人生添彩，为学生终身发展奠基办学理念，并形成特色建设体系，积极打造“礼乐”教育，从“礼”和“乐”两个方面精心设置礼乐文化的教育内容。以“礼乐教育”为基础构建了“礼乐课程”体系，通过“三礼五乐”课程体系使学生了解“礼乐”文化，理解其中的精华（所谓“三礼”是指“知礼、明礼、行礼”三个层次，而“五乐”是指“巴乌、排箫、口风琴、竖笛、非洲鼓”五种器乐的学习），在构建课程教学体系的同时，使教学更贴近学生的实际需求，进而便于将“礼乐”文化融入日常学习生活的点滴之中。

学校领导班子立足实际，发奋图强，以制度创新、管理创新、教育教学工作创新为基础，全面提高教育教学质量、办好人民满意的教育。通过校园文化建设、校本课程建设，推动教育教学质量不断提高，并取得了可喜的成绩。先后荣获利通区首届小学生篮球联赛体育道德风尚奖，“学习强国”学习平台学习先进集体，吴忠市利通区优质课竞赛团体奖，利通区精神文明建设指导委员会“文明校园”称号，吴忠市教育系统先进基层党组织，被吴忠市利通区教育局评为“乡村温馨校园”称号，教育信息化工作先进集体，吴忠市级“平安校园”称号，利通区园林式单位。

举全校之力、集全员之智，在各级领导的亲切关怀和大力支持下，各项工作取得了一些成绩，但是对照高质量的教育标准还有差距。我们将用前瞻的教育眼光、先进的教育理念、精细的管理模式，把方向、管大局、做决策、抓班子、带队伍、保落实，推动学校教育教学质量内涵式发展，实现新常态。

吴忠市利通区金积中心学校

吴忠市利通区金积中心学校是一所具有百年历史的农村学校，现有44个教学班，学生2054名，教师116名，下辖1所村小。学校占地面积33000平方米，建筑面积11370平方米，绿化面积10560平方米，活动场地面积9492平方米。学校始终坚持党的教育方针，认真贯彻落实党组织领导下的校长负责制，以“让每一个学生都能享受优质教育资源，让每一个学生都能健康成长”的办学理念，大力推进智慧校园建设，积极开展智慧教育探索与实践，为破解城乡教育均衡发展难题提供了参考样板，为教育高质量发展开启了路径探索。先后被评为国家级足球特色学校、国家中小学智慧教育平台应用试点学校，自治区级“互联网＋教育”标杆学校、四星级智慧校园、劳动教育示范学校、传统体育特色学校、儿童青少年近视防控试点学校等。

学校始终坚持把标准放在首位，按“专家指导、标准引领、整体布局、逐步落实”原则，实现“有线＋无线”网络全覆盖，建成“互动反馈＋群组合作＋数据评价”的智慧教室36间，打造了基于运动数据的智慧体育管理系统和评价体系，搭建教育教学可视化管理的集控运维平台，创建校本化、常态化、普惠化的创客教学课程体系和集AR/VR高新技术体验馆，建成自主检测、数据分析、智能互联的预防近视指导站；借助智能广播、巡课系统、安防系统和物联系统形成智能物联管控体系，实现校园安全集中管控、维护、预警。

学校始终坚持以应用为关键，落实人才培养、模式探索、校企合作、创新教育、资源共享共建行动，以“十四五”课题《农村小学智慧教学环境下课堂教学模式的探索与实践》研究为切入口，积极探索大数据支撑下的智创“535”教学新模式，打造了以学生为主体、合作学习、先学后教、多元评价的可复制可推广“互动反馈＋群组合作＋数据评价”的特色高效智慧课堂，形成了大数据支撑下享誉全区的“1+4+3+N”智慧体育教学新模式。创新“153”创客教学模式，实现创新教育课程校本化、常态化、普惠化。

近年来，学校先后承担了教育部、自治区等验收、观摩、展示活动，接受省内外百余所学校到校观摩、学习、借鉴。《技术赋能课堂，智慧引领发展》案例被教育部评为示范案例并予以推广，“互联网＋体育”的优秀做法被推荐在国家教育云平台展播，《信息技术助推农村小学教师队伍建设的实践研究》论文被《基础教育教学改革论文集》收录，先后共有60余篇（项）论文、案例、教学设计、现场课等获市级以上奖项。优秀做法在“学习强国”《中国日报》《今日头条》中国新闻网、宁夏教育电视台等主流媒体专题报道。

利通区马莲渠中心学校

利通区马莲渠中心学校位于马莲渠乡岔渠桥村。学校始建于1930年，地处吴忠市南郊7公里处。

学校是一所九年一贯制学校，所辖中学部、小学部和一所村小。学校现有19个教学班，在校学生753人，专任教师65人。学校占地面积37395平方米，建筑面积18860平方米，绿化面积5600平方米，活动场地面积17000平方米。学校建有教学楼和综合实验楼，拥有农村科技馆、机器人培训教室、机器人制作教室、科技创新创客活动室、科技图书阅览室、电子制作室、劳动技术体验室、书法室、舞蹈室、黄河奇石工作室、图书阅览室等活动室，可培养学生浓厚的兴趣和爱好，陶冶情操，健全人格，为学生全面发展创设了良好的条件。

学校秉承“以人为本、尚德求真、传承创新、启智励志”为办学宗旨，以“立德树人、自主探究、培养个性、全面发展”为办学思想，以积极践行“培养学生良好习惯，奠定学生发展基础”的办学理念，以“三香（墨香、书香、花香）伴校园、雅师伴学生、和谐伴成长、特色伴个性”为办学愿景，提出了“做最优秀的自己”的校训和“求是、求实、求新、求美”的校风。

学校以“抓党建促校建，抓党风促校风”为准则，以课堂教学为主阵地，以立德树人为根本，加强德育管理，全面提升学校综合实力。学校机器人团队参加全国、自治区和市级机器人大赛和模拟机器人大赛，取得了优异的成绩。学校还积极探索和推行“体教融合”，开展特色活动木球、竹竿舞，“五育”并举，努力打造体育和传统文化特色相融合的学校特色。

学校先后被评为先进基层党组织、先进党支部、“五个好”党支部、吴忠市建设学习型党组织先进单位、市级文明单位、创新教育先进集体、和谐平安校园、管理精细化学校、德育工作先进集体、年度综合考核一等奖、市级示范学校、教育宣传工作先进集体、宁夏青少年科技教育创新优秀学校、自治区青年文明号等荣誉称号，是全国排球特色学校、全国足球特色学校。

吴忠市利通区金银滩复兴学校

吴忠市利通区金银滩复兴学校位于利通区金银滩镇金川办事处，始建于1958年，2001年由金银滩农场小学和金银滩农场中学合并为金银滩农场学校，2009年因布局调整合并了周边四所村小，更名为金银滩复兴学校。学校先后争取到“中西部农村初中校舍改造”“全区中小学安全隐患校舍改造”“明德小学项目”、“清洁能源进校园”等工程，使学校的教育教学环境发生了根本性的变化。

学校现有22个教学班（附设一所幼儿园），在校学生847人，专任教师70人，学校占地面积34000平方米，建筑面积11053平方米，绿化面积7500平方米，活动场地面积15400平方米。学校建有教学楼、实验楼、学生宿舍楼、师生餐厅、教师公寓、标准化塑胶运动场，千兆无线网络全覆盖，标准化录播教室1间，在线课堂教室6间，全数据化智慧教室3间，纸笔互动课堂3间，VR虚拟现实实验室1间，机器人创客室1间，术木+3D打印创客室1间，理化生虚拟仿真实验室1间，3D移动地理专业教室1间，智能阅卷终端及服务1套。

学校坚持以立德树人为核心，秉承挖掘每一个孩子追梦的潜能，让每一个孩子插上追梦的翅膀的办学理念，努力培养“品德好、基础实、能力强、素质优、会发展”的德智体美劳全面发展的社会主义建设者和接班人。

育人为本，德育为先。教育是根本，德育是前提，学生的品德教育必须放在首要位置。为此学校充分挖掘传统节日，革命领袖、民族英雄、杰出名人等历史人物的诞辰和逝世纪念日以及建党纪念日、红军长征、辛亥革命等重大历史事件纪念日，“九一八”“南京大屠杀”等国耻纪念日，以及未成年人的入学、入队、入团宣誓等有特殊意义的重要日子中蕴藏着的宝贵思想道德教育资源，按照时间顺序、整合资源，在学校开展思想道德主题宣传教育活动，已经形成了系列化、特色化的德育教育新模式。

立足当下，展望未来，数字校园建设是学校发展的有效途径。通过充分运用互联网、云计算、大数据等先进信息技术，依托国家和宁夏地方教育云平台智慧校园管理系统，提高教育信息化水平，实现高速、安全的校园网（有线、无线）全面覆盖和信息化终端遍布校园。以“互联网＋智慧应用”为抓手，助力乡村课堂教学变革，形成了基于宁夏教育云的“351”智慧课堂教学新模式，大大提高了课堂教学的时效性，实现了教育质量的提升。

为了深入挖掘劳动在树德、增智、强体、育美方面的育人价值，培养学生的劳动素养，学校大力倡导和践行以“创意劳动周”为依托，积极构建“春风化雨，润物无声”党建品牌引领下的家庭、学校、社会三位一体的“创意劳动周”教育新体系。

学校先后被评为教育部第一批教育信息化试点单位，被自治区教育厅、吴忠市教育局评为信息化应用先进集体、应用示范校、自治区和利通区“互联网＋教育”标杆校、自治区创新素养领航校、自治区劳动教育示范校等荣誉称号。学校代表宁夏参加在青岛举办的国际教育信息化会议，信息化档案在上海展示，承担自治区、吴忠市信息化应用现场会，参加教育部、自治区互联网＋建设示范区建设成果展示等。

科　技

【概况】

2021年，利通区科技局深入贯彻落实习近平关于科技创新的重要论述，围绕利通区产业发展、乡村振兴等重点领域，深入实施创新驱动发展战略，从科技项目遴选、科技企业培育、科技成果转化应用等重点工作入手，紧紧围绕年度目标任务，确保完成科技工作各项指标，为利通区经济社会高质量发展提供科技支撑。

【创新主体培育】

2021年新培育宁夏聚安星、宁夏红双赢粮油食品有限公司等4家国家高新技术企业；组织吴忠市鑫路交通、佳瑞祥等7家科技型企业完成自治区科技小巨人企业认定工作，新增宏民生物等规上研发企业7家。培育宁夏吴忠生辉仪表有限公司等国家科技型中小企业12家，培育吴忠市金谷丰科技种业有限公司等自治区科技型中小企业27家，新建自治区技术创新中心2家。累计培育国家高新技术企业28家，每万家法人企业中高新技术企业数25家，已完成目标任务。

【科技研发投入】

2021年科技局持续强化财政支持力度。建立每年30%的财政支持创新投入增长机制。2021年已落实财政支出科技资金1699万元。建立健全财政贴息、信用担保和多元投入融资的“宁科贷”体系，为“宁科贷”注入配套资金200万元，为5家企业担保贷款950万元。2020年全社会R&D经费投入1.93亿元，R&D经费投入强度0.96%，完成率88.9%。

【科技成果转化】

2021年科技局完成玉米新品种M1711的选育、适用于磁电子溅射的硅基靶材制备工艺技术等科技成果登记19项，完成率100%。技术合同认定登记80项，技术交易额8700万元，按照地区生产总值200.83亿元计算，技术合同成交额与地区生产总值之比达到0.43%，完成目标任务。年内组织设施农业、林果业的科技特派员到山东寿光参加第22届中国（寿光）国际蔬菜科技博览会，并赴烟台、潍坊等地参观学习，开拓发展思路，提升创新意识。学习期间科技特派员从山东引进辣椒、茄子等新品种4个，增产20%。争取自治区乡村振兴项目5个，落实项目资金150万元。秀琴奶牛养殖专业合作社示范的“冬牧草＋青贮玉米饲草复种”模式，增产25%以上。

【科技人才】

2021年共吸纳了30名具有一定技术专长和经营能力的技术人员、公司法人等进入科技特派员队伍，包括宁夏农林科学院园艺所研究员冯学梅、北方民族大学机电工程学院李茂强教授等7名高层次人才。根据现有特派员履职情况，解聘了24名履职不到位和已转产的科技特派员，进一步优化了科技特派员队伍。目前利通区有科技特派员142名，创办企业80家，组建专业技术协会12家，组建产业联合体4家，累计推广新技术202项，引进新品种153项，转化科技成果65项。

【科研院所合作】

依托毛纺织、特种装备制造、高端自控阀制造等优势企业，与众多高校、科研院所组建技术创新中心、工程研究中心等。其中，君星坊食品科技有限公司与江南大学组建宁夏亚麻籽（吴忠）技术创新中心，中创自控阀与北方民族大学机电工程学院组建高端电站特种阀（吴忠）技术创新中心，宁夏鑫浩源建立宁夏生物法明胶工程技术研究中心，宁夏金宇浩兴与宁夏大学、西北农林科技大学等多家高校合作，共同打造中国（宁夏）奶业研究中心实验室。2021年，利通区积极培育自治区级技术创新中心、自治区级工程技术研究中心等作为区域科技创新培育平台，新培育宁夏奶产业（吴忠）技术创新中心、宁夏控制阀再制造（吴忠）技术创新中心2家自治区级技术创新中心。

【科技特派员培训】

依托自治区“青年拔尖人才”“高层次科技创新人才培养计划”“专业技术人才知识更新计划”等重大人才培养计划，围绕现代纺织、饲草产业、装备制造等关键环节和发展方向，加快培养和引进产业发展急需的紧缺人才，柔性引进人才和团队10家。2021年为充分学习和借鉴山东现代农业发展先进经验，提升利通区科技特派员创新创业能力和辖区绿色产业发展水平，组织15名科技工作者到山东寿光参加第22届中国（寿光）国际蔬菜科技博览会，并赴烟台、潍坊等地观摩学习，成功引进辣椒、茄子等新品种4个。新品种辣椒“娇龙12号”单果重48~65克，单株产量2.6公斤，亩产达4100公斤左右，新品种茄子“ES系列”亩产11000斤，均增产20%以上。2021年以来，共组织科技特派员外出参加各类行业展会及创新创业培训5次。举办各类专业技术培训班及区内观摩会20场次。全年累计引进新技术20项，新品种33个，转化科技成果9项。

医疗　卫生

卫生健康

【概况】

利通区卫生健康局（以下简称区卫健局）于2015年5月成立，是主管全利通区卫生健康事业发展的政府职能部门，为正科级行政单位。下设两个事业单位：利通区妇幼保健计划生育服务中心和利通区计划生育协会（协会为参公的事业单位）。局内设办公室、规划和改革室、基层卫生与妇幼保健室、法规与综合监督室、医政和中医药管理室、卫生应急与健康指导室、计划生育和老龄健康室7个科室。现有领导职数：正科级正职1名，正科级副职2名。下属医疗机构有11个乡镇卫生院。

2021年区卫健局在区委、区政府的领导决策下，坚持一手抓疫情防控，一手抓重点工作，全面实施全民健康水平提升行动，提升群众防控意识和自我健康管理能力，"十四五"以来，充分发挥中医药在基本医疗、公共卫生、预防保健中的独特作用。

【法治建设】

2021年，区卫健局简化和规范卫生健康相关证件办理流程与办理要素，一次性告知群众，进一步提高了办事效率和服务水平。完善了规范性文件制定程序，全面实行统一登记、统一编号、统一印发制度，建立并落实规范性文件公开征求意见、风险评估、合法性审查、集体讨论、依法公布、备案等制度，切实做到规范性文件不与法律、法规、规章和自治区、吴忠市规范性文件相抵触，不违法减损公民、法人或者其他组织权益或者增加其义务。持续加强信访，防范化解社会矛盾纠纷。热情接待群众来信来访，细心解答，耐心说服。对反映的问题，不推诿、不搪塞、不扯皮，做到接待有记录、立案有记载、查处有材料、来信有登记，确保事事有着落、项项有交代、件件有结果，使信访结案率达到100%。

【普法工作】

加强系统内党政"一把手"学法、用法工作。一是坚持把领导干部带头学法、模范守法作为树立法治意识和打造法治机关的关键。结合我局工作，制定印发了《利通区卫生健康局2021年干部理论学习安排》及《利通区卫生健康局2021年党组中心组学习安排》，将宪法、部门法及党内法规列入学习计划，切实做到了时间和内容的落实，确保学法活动到位。二是充分利用周一学习平台及党组学习日，组织开展“学法、尊法、守法”集中学习与自学相结合的学法活动，注重加强对党风廉政“一岗双责”、反对“四风”和业务法律法规的学习，切实把党风廉政建设主体责任扛在肩上、放在心里、抓在手上。增强廉洁自律意识，不断提高领导干部的法律素质和依法办事、依法管理的能力和水平。三是制定《利通区卫生健康局学习宣传习近平法治思想工作方案》，将习近平法治思想列入党组理论学习中心组学习内容和干部理论学习计划，组织全体党员、干部职工进行系统学习和培训，切实以习近平法治思想武装头脑、指导实践、推动工作。通过部门微信公众号及电子显示屏开展宣传，切实增强了学习宣传习近平法治思想的自觉性和坚定性，营造了浓厚的舆论氛围。四是深入贯彻落实“谁执法谁普法”普法责任制，进一步明确普法任务，健全制度机制，加强督促检查。坚持普法工作与法治建设实践相结合，注重总结、善于创新。

【医政医药管理】

利通区现有医疗机构308家，其中二级公立医院1家，疾病预防控制中心1家，计划生育服务中心1家，乡镇卫生院11家，村卫生室105个，社区卫生服务中心2家，社区卫生服务站17家，个体诊所170家（其中备案中医诊所10家，具备中医类别的诊所26家）。全区医疗卫生机构共有专业技术人员1542人，其中中医类别执业（助理）医师50人，中药师（士）15人，高级职称8人，研究生学历1人，中医全科医生9人，村医204人，懂中西医28人，乡村全科和执业助理医师41人。在利通区人民医院设置了中医科、康复科和中药房；乡镇卫生院实现中医馆全覆盖，均能够开具中药饮片，开展针灸、推拿等10种以上中医药技术；所有村卫生室均能够开具中成药，75%能够开展推拿、按摩、拔罐等4项以上适宜技术，40%设有中药柜。

【医疗卫生体制改革】

根据《自治区深化医药卫生体制改革工作领导小组关于印发全区全面开展县（区）域综合医改实施意见的通知》和吴忠市《关于切实做好利通区紧密型医联体建设工作的指导方案（试行）》文件要求，完善组织架构，组建了以吴忠市人民医院为牵头单位的医疗健康集团，完成了医疗健康集团事业单位法人登记，成立了利通区医联体管理委员会、利通区医疗健康集团党委及领导班子，制定了利通区医疗健康集团党委会议事决策规则、医疗健康集团内部机构设置方案、医疗健康集团会议制度、医疗健康集团章程等。10月15日举办利通区医疗健康集团挂牌仪式，并召开医疗健康集团党委第一次扩大会议，对集团相关制度、章程、会议制度、内设机构等进行审议。

【健康利通建设】

2021年，利通区全面贯彻新时代党的卫生健康工作方针，坚持预防为主、中西医并重，突出重大疾病防控医疗服务水平提升和保障能力建设，健康素养水平提升至22.08%，严重精神障碍患者报告患病率达到4.22‰，辖区报告死亡率达到6‰。

【互联网+医疗健康】

依托吴忠市人民医院，持续完善利通区医联体信息平台功能。依托已实施的基层医疗机构信息化建设项目，推进利通区医疗健康数据中心和远程诊疗系统建设，规范推进医疗卫生服务。加强利通区乡镇卫生院信息化水平，积极配合自治区卫生健康委、吴忠市卫生健康委、吴忠市人民医院持续推进全区医疗信息化建设，与第三方机构探索“互联网＋护理”。落实网络安全责任制，完成相关信息系统网络安全等级备案、测评等工作。配合吴忠市卫生健康委完善市、县级医疗卫生机构双向转诊管理机制，建立转诊协同机制，全面推进基层人工智能辅助诊疗系统应用。

【健康扶贫工作】

2021年，区卫健局党组及全体干部职工深入学习习近平总书记在全国脱贫攻坚表彰大会上的重要讲话精神，及时传达学习贯彻中央、自治区脱贫攻坚会议精神，以推进落实健康扶贫各项政策和乡村振兴作为衡量党组践行以人民为中心思想的重要标准。局党组专门召开会议，研究健康扶贫与乡村振兴相衔接工作，并按照区委、区政府安排，组织人员开展了“四查四补”入户调查，全面掌握了脱贫以来群众生产、生活基本状况，为促进乡村振兴开好头、起好步。4月，根据《利通区落实2020年国家脱贫攻坚成效考核反馈问题整改方案》要求，结合利通区实际，就抓好反馈问题整改落实制定下发了整改方案。本着全面认领、举一反三、标本兼治的工作态度，持续推进问题整改，着力消除巩固拓展脱贫攻坚成果的薄弱环节，坚决守住不发生规模性返贫的底线，全面推进乡村振兴，实现巩固拓展脱贫成果同乡村振兴有效衔接。同时，根据国家卫生健康委员会等13部委《关于印发巩固拓展健康扶贫成果同乡村振兴有效衔接实施意见的通知》和自治区党委、人民政府《关于实现巩固拓展脱贫攻坚成果同乡村振兴有效衔接的实施意见》精神，出台了《利通区巩固拓展健康扶贫成果同乡村振兴有效衔接实施方案》，从14个方面对巩固健康扶贫成果与乡村振兴相衔接进行了安排部署，明确了具体工作目标，确定了卫生健康行政部门和基层医疗卫生机构的工作任务、工作职责等，明确时间表、路线图，为统筹做好政策衔接，确保政策平稳过渡、落实到位提供了保障。

【公共卫生服务】

2021年利通区基本公共卫生服务项目预算核拨人口420637人（其中社区卫生服务中心164444人经费由市级统筹划拨），256193人实际到位基本公共卫生服务项目经费3575.66万元（中央级资金2748万元、自治区级资金527万元，县级配套资金300.66万元），其中3161.96万元用于原12类基本公共卫生服务项目。人均实际项目补助经费85元，其中原12类国家基本公共卫生服务项目人均经费75.17元。2021年基本公共卫生服务项目资金已全部拨付到位，主要用于开展基本公共卫生服务所需补助、工作经费和能力建设、疫情防控等支出。通过年度绩效考核，各乡镇卫生院未出现截留、滞留、挤占、挪用、套取专项资金的现象，做到专款专用。

【计划生育服务】

认真贯彻自治区《关于坚持和完善计划生育目标管理责任制的实施意见》及利通区《关于坚持和完善计划生育目标管理责任制的实施方案》，积极实现工作转型。各乡镇各部门按照要求加强人口监测，截至12

月31日，全区监测出生人口人数2998人，与去年同期相比，出生人口下降35人；政策内出生2860人，政策外出生138人，政策符合率为95.4%；总出生人数中男婴1581人，女婴1417人，出生性别比为112∶100；其中一孩出生为1288人，二孩出生为1344人，三孩出生为334人，四孩出生32人。严格执行计划生育一票否决制，全年共对利通区辖区内8447名拟推荐提拔、评先选优、村（社区）“两委”换届等人员进行了严格的计划生育情况审核。全年网上登记审批1331对夫妻生育一孩，1150对夫妻生育二孩，226对夫妻生育三孩。截至11月底，完成1998对夫妇免费孕前优生健康检查，完成自治区下达的任务。强化宣传倡导和政策引导，鼓励支持群众按政策生育，统筹推进流动人口卫生计生均等化服务管理。

【妇幼健康行动】

区卫健局辖管11所乡镇卫生院，105所村卫生室。11个乡镇卫生院配有22名专职妇幼人员，履行对片区所辖乡镇和村级妇幼卫生工作的指导职能。为加强出生缺陷干预工作，降低神经管缺陷发生率，2021年增补叶酸预防神经管缺陷项目。辖区乡镇卫生院通过宣传、健康教育，指导农村妇女及孕早期妇女补充小剂量叶酸，截至10月底发放叶酸人数1803人。截至2021年10月底辖区内活产人数4284人，新生儿遗传代谢性疾病筛查人数为4239人，筛查率为98.95%（目标筛查率为98%以上）。辖区内产妇数3055人，产前筛查人数2611人，筛查率为85.47%（目标筛查率为80%以上）。

【托幼机构儿童入园及幼师体检】

2021年度申报计划生育三项制度奖励扶助金、独生子女保健费、计划生育特殊家庭一次性抚慰金、特殊家庭照护资金共计207.685万元，所有奖励扶助资金均已发放到位。完成了各乡镇城乡居民基本养老保险参保特殊群体奖励对象审核认定工作，其中计划生育独生子女户4024人，农村两女户1993人，“少生快富”户416人，共计6433人，奖励缴费补贴合计178.8万元。对66户计划生育特殊家庭全部建立了联系人制度，开通了特殊家庭就医“绿色通道”，并且实现了家庭医生签约服务工作全覆盖。

【项目建设】

滨河新区社区卫生服务中心建设项目规划占地面积4910平方米（7.35亩），新建一栋面积2675平方米的服务中心大楼，附属楼1440平方米，估算投资1487万元。综合楼、附属楼工程建设已全部竣工完成。前期已争取东西部援助资金400万和自治区项目补助资金400万元，共计支付工程款790.3万元，支付率达60%。

医疗保障

【概况】

利通区医疗保障局（以下简称区医保局）成立于2019年2月中旬，根据“三定”方案要求，区医保局是利通区政府组成部门，为正科级，共有行政编制5名，实际在岗人员4人，设局长1名，副局长1名，内设机构办公室、城镇职工和城乡居民医疗保险岗、药品和医疗服务价格管理岗、医疗救助岗。

【医疗保障】

2021年医疗救助资金补助参保24585人，金额671万元；2021年门诊救助10119人次，救助金额107.31万元；住院救助2625人次，救助金额412.77万元。实现了特困人员参保全覆盖，对全区脱贫户7204人实行财政兜底参保，补助金额195万元，实现脱贫人员、边缘户100%参保。共接到自治区医疗保障局下发的7次动态新增脱贫人口未缴费人员明细，共计106人次，均严格按照时间节点催缴成功。

【医保参保扩面】

2021年度基本医疗保险参保目标任务为397994人，2021年利通区基本医疗保险参保人数达411442人，任务完成率为103.4%。其中利通区城乡居民基本医疗保险参保人数316638，参保率99.89%。利通区城镇职工基本医疗保险参保人数94504人，参保率116.7%。全市排名第三。

【医保基金监管】

全面开展打击欺诈骗保专项治理，保障基金运行安全。利通区医保局以打击医疗保障领域违法违规和欺诈骗保为抓手，以医疗机构、零售药店、参保人员为检查对象，建立协查机制，集中力量开展专项检查，实现定点医药机构现场检查全覆盖。结合2021年4月开展的打击欺诈骗保维护基金安全月活动，制作宣传册、宣传海报画共9000余份。2021年1月4—15日，区医保局联合相关部门抽调专业人员组成检查组，对13家定点医疗机构2020年度门诊统筹、住院费用总额控制、家庭医生签约等工作进行检查考核，并制定自查互检、交叉互检医疗监管长效机制，有力地维护了医疗保障基金安全，保障了人民群众医保权益。积极推进编码贯标工作的落实，按照自治区医保局统一安排部署，利通区医保局自2021年1月20日起，全面开展编码贯标工作。截至2021年6月4日，利通区医疗机构信息赋码占比100%，医保医师赋码占比99.68%，医保护士赋码占比100%；利通区药店信息赋码占比100%，药师信息赋码占比90.24%。利通区医保业务信息编码贯标工作圆满完成。

【医保服务】

区医保局组织辖区12个乡镇及乡镇卫生院通过发放张贴13万份宣传折页、海报等形式，通过支付宝、银行等工作人员，利用群众接种新冠疫苗的契机等方式，全面开展医保电子凭证激活工作，并于2021年10月11—12日在利通区扁担沟镇文化广场、金银滩镇市场、金积镇文化广场、开源广场等地，通过开展文艺演出、专题培训、现场义诊、医保政策宣讲，多措并举宣传医保电子凭证激活工作。截至2021年11月2日，全利通区激活人数为255522人，激活率63%。

医疗机构

【金积中心卫生院】

金积镇中心卫生院始建于1958年，占地面积8000余平方米，业务用房4000平方米，服务范围辖17个行政村、1个社区居委会，服务人口3.5万余人。下设2个社区门诊，14个村卫生室，乡村两级共有卫生服务人员122人（村级31人），卫生院在岗在编人员68人，主任医师3人，副主任医师16人，中级职称21人，其他专业技术人员55人，卫生院设有公共卫生部和基本医疗部，设有内科、外科、妇产科、中医科、口腔科、药剂室、放射科、检验科、B超室、心电图科、胃镜室、麻醉手术室、计划生育技术服务科、康复理疗室等16个科室，卫生院拥有DR数字化X光机、美国GE三维彩超、12导心电图机、多功能麻醉机、多功能心电监护仪、全自动洗胃机、胃镜、呼吸机、心脏除颤仪、全自动血球分析仪、全自动生化仪、牙科治疗仪器、远程会诊等医疗仪器设备，开放病床24张。2021年门诊人次101141人次，住院患者494人。

辖区常住人口35177人，建立居民健康档案30235份，电子建档率达86%，动态使用率50%。2021年对3477位65岁及以上老年人建立了健康档案，对3471位老年人免费进行一次健康危险因素调查和免费健康体检，并提供自我保健及伤害预防、自救等健康指导。4月初，完成了全镇2518名65岁及以上老年人的免费体检工作，体检率达到了74%，并在完成体检后，把体检结果以纸质版进行了反馈。对发现已确诊的高血压和2型糖尿病患者纳入相应的慢性病患者进行管理；对存在危险因素且未纳入其他疾病管理的老年人进行定期随访，并对其进行了对应指导。对已经登记管理的高血压患者进行了一次免费健康体检，共登记管理并提供随访高血压患者2194人，高血压规范管理人数2119，最近一次随访血压达标2000人。严格按照健康教育服务规范要求，采取了发放各种宣教资料、开展健康宣教、设置宣传专栏等各种方式，针对重点人群、重点疾病和我镇主要健康问题和常见疾病开展教育和健康咨询活动。共举办各类知识讲座13次，健康主题日咨询宣传活动9次，参加讲座及咨询3450人次；发放各种宣教资料7800余份，更换宣传栏内容12次，播放音像资料15种，播放时长596小时。传染病及突发公共卫生事件报告和处理依照《中华人民共和国传染病防治法》《突发公共卫生事件应急条例》《国家突发公共卫生事件应急预案》以及传染病报告与处理规范要求，建立健全了传染病报告管理制度，报告病例数25例，均及时进行了网络直报。协助辖区1所中学、4所小学、4所托幼机构进行传染病防控工作，定期对辖区居民进行传染病防治知识宣传教育，提高了辖区居民防治知识的知晓率。我镇适龄儿童预防接种管理根据实际情况，接种集中在卫生院进行，村级负责宣传通知。儿童建证、建卡214人，建证、建卡率100%，接种4913针，接种率为99.8%。我镇共流入19名流动儿童，自带证19人，建卡19人，建档率100%。6例疑似预防接种异常反应。入托和入学接种证查验率和补证率100%。坚持登记、在册在档案管理、产前产后访视、宣传优生优育知识、宣传叶酸免费发放政策。辖区内建立孕产妇健康手册310份，孕产妇死亡率为0，管理率100%。产妇213人，出生214人，其中双胞胎1例，活产数214人，死胎、死产0例，早期新生儿死亡0例、晚期新生儿死亡0例。婴儿死亡0例，育龄妇女死亡0例，1~4岁儿童死亡1例。住院分娩213人，住院分娩率100%。育龄妇女服用叶酸240人，发放叶酸1495瓶，依从203人，依从率为85%。加强0~6岁儿童生长发育的监测、疾病防治等健康管理，辖区内0~6岁儿童2056人，其中0~3岁儿童704人；儿童健康管理1947人，均严格按照规范要求进行访视、健康体检、评估和中医保健指导等工作，对体检出异常的儿童进行专案管理，管理率94.6%；为1899名儿童进行了视力检查，0~3岁儿童视力检查率达92.3%，提高了全镇儿童健康水平。依据相关政策对辖区139位严重精神障碍患者42位癫痫患者进行信息登记，建立档案，随访管理，随访评估，分类干预并进行健康体检。经上级确诊8位肺结核患者，复治患者1人，结核患者管理率100%，结核患者规则服药率87%。转71位可疑肺结核患者，均已排除。严格按照卫生监督协管巡查要求，对全镇所有巡查对象进行110次巡查，未发现上报事件或线索。积极开展中医中药适宜技术服务，邀请专业中医药医师对老年人、0~6岁儿童等重点人群进行中医健康评估及中医技术服务4928余人次，有效利用中医资源对群众的健康护航。每季度积极开展死因漏报调查工作，主动与辖区派出所、丧葬部门沟通交流，共上报死亡病例245例，上报率为6.4‰。我院共18个家庭医生团队，2021年宁夏家庭医生签约服务系统电子签约10574人，签约重点人群6351人，其中高血压患者1993人，糖尿病患者575人，65岁以上老年人3313人，残疾人868人，严重精神障碍患者139人，孕产妇213人，肺结核患者9人，低保户、五保户470人。医疗团队服务189场次，惠及8545位签约居民。

引进医疗废物和预检分诊在线监测系统，重点加强日常对医院医疗废物、污物处置的督导工作，发现问题，及时反馈整改。要求严格执行法律、法规和规章制度，医疗垃圾和生活垃圾严格分开，医疗废物在产生科室即分类收集，双层包装，标识清楚，密闭运输，在暂存地存放不超过48小时，确保了医疗废物管理的及时性和有效性。2021年完善硬件设备，新添置全自动洗胃机、妇科臭氧治疗仪、胎心监护仪、急救车辆等医疗设备，建设院内凉棚两处，为新冠疫苗接种工作提供舒适等候区和留观区，通过对硬件设施的改造，提升医院综合服务能力，改善患者就医体验。同时加强门诊科室常见病、多发病的诊断和治疗能力，提升急诊急救能力，加强院前急救、应急能力建设。

【高闸中心卫生院】

高闸镇中心卫生院始建于1962年，地处吴忠市利通区高闸镇镇政府对面，距离吴忠市区12公里，是一所集医疗、急救、预防保健、计划生育技术服务为一体的非营利性（政府办）医疗机构，同时是医保中心农村医疗保险的定点医疗机构，承担着辖区居民的基本医疗和基本公共卫生服务，隶属吴忠市利通区卫生健康局，建筑面积2310.81平方米。卫生院分设公共卫生部和基本医疗部，共开设中医科、内儿科、妇科、口腔科、放射科、理疗室、康复科、检验科、B超心电图室、妇幼保健和计划生育技术服务科、公共卫生科11个科室，拥有全自动生化分析仪、全自动血细胞分析仪、心电监护仪、数字化X射线CR系统、彩超、12导心电图机、自动洗胃机、中医治疗设备、常用信息化设备、急救车辆等先进的医疗办公设备。可开展内、儿、妇、中医等常见病及多发病的诊疗，开展外科小手术、妇科病诊治、计划生育手术等，并承担辖区基本公共卫生项目14类60项，基本能满足辖区居民的卫生健康服务需求。

2021年度，签约重点人群3745人，普通人群8083人，共签约11828人，签约服务人数12969人（多重身份重点人群4886人）。其中癫痫患者17人，严重精神障碍患者77人，结核病患者1人，高血压病患者1179人，糖尿病患者327人，计划生育特殊困难家庭1人，65岁及以上老年人1915人，0~6岁儿童708人，孕产妇56人，残疾人

553人。重点人群应管理签约服务5245人，实签约管理服务4886人，签约服务率93.2%，普通人群应签约14367人，实签约8083人，签约率56.3%。

2021年村卫生室累计发放公共卫生资金528250元，达到了人均27元标准。2021年村卫生室发放疫情防控经费24700元。

【金银滩中心卫生院】

金银滩中心卫生院位于吴忠东南部，与金银滩镇政府相毗邻，占地面积3990平方米，覆盖面积106.5平方公里，服务半径15公里，辐射扁担沟、黄沙窝、五里坡、三泵站等周边农村群众的医疗服务工作，是全额拨款事业单位，内设内科、中西医科、妇科、中医理疗科、护理部、放射科、检验科等功能科室。卫生院现有工作人员47人，其中在编职工32人，临聘人员15人；副高职称5人，中级职称13人，初级职称18人；本科学历25人，专科学历17人；共有乡村医生22人。金银滩中心卫生院常年承担着辖区内11个村31963人的预防、保健、常见病及多发病诊治、康复、健康教育、计划生育指导等工作。

2021年建立居民电子健康档案31059人，建档率97%；开展公众健康咨询宣传活动14次，参加咨询人数为570人次；举办健康教育讲座12次，受众人数达到500人；更换宣传栏内容11期次；开展个体化健康教育人数为540人次。我院共登记管理高血压患者1872人，其中新增42人，死亡19人，随访高血压患者1872人，高血压中医指导1700人，并按要求录入居民电子健康档案系统；累计上报心脑血管疾病81人次，恶性肿瘤44人次。我院共登记管理糖尿病患者526人，死亡9人，随访的糖尿病患者为526人，糖尿病中医指导501人；检查胸片326人，并按要求录入居民电子健康档案系统。累计早孕建卡275人次，早孕建卡率100%，第2~5次产前检查275人次；产后访视191人次，产后访视率100%；产后42天健康检查170人次，孕产妇健康管理275人，孕产妇健康管理率100%，孕产妇系统管理率98%。累计开展新生儿家庭访视190人，新生儿家庭访视率100%；0~6岁儿童健康管理2339人，0~6岁儿童健康管理率88.96%；累计完成0~6岁儿童眼保健和视力检查2081人。组建10支家庭医生签约服务团队，服务普通人群22411人，重点人群9525人。签约总人数21877人，总签约率69%。重点人群签约8630人，签约率91%。重点人群中，高血压患者1872人，签约1756人，签约率94%；糖尿病患者526人，签约499人签约率95%；老年人2535人，签约2331人，签约率92%；精神障碍患者126人，签约107人，签约率85%；建档立卡贫困户382人，签约382人，签约率100%；残疾人1228人，签约1172人，签约率95%；孕产妇250人，签约234人，签约率94%；0~6岁儿童2322人，签约2141人，签约率92%；计划生育特殊家庭4人，签约4人，签约率100%。开展公共卫生重点人群免费健康体检工作，完成65岁及以上老年人健康体检2299人，并对金银滩镇辖区内1617名35~64岁妇女进行宫颈癌、乳腺癌筛查。

2021年纳入药品目录品种数为350种，其中非基本药物94种，占比为27%；基本药物223种，占比为64%，中选药品33种，中选药品占比9%。2021年中医康复科累计诊疗总人次9402人次。其中针灸理疗5049人次。与此同时，院内开展了一些新的理疗项目，关节腔灌注治疗平均达到28人次。2021年共计向上转诊8例，实现“小病在基层，大病到医院，康复到社区”的工作要求，并利用远程会诊上传吴忠市人民医院影像1985例、远程心电图793例。

【扁担沟镇卫生院】

吴忠市利通区扁担沟镇卫生院建于1987年，位于利通区扁担沟镇政府东侧，距市区30公里，服务半径35公里，服务面积638平方公里，服务人口32526人（包括流动人口），业务用房面积1631平方米。卫生院现有职工36人，中共党员12人。其中正式职工19人，聘用职工16人，“三支一扶”2人，实习生1人；在编在职人员中高级职称3人，中级职称2人，初级职称14人。扁担沟镇辖区有17个行政村，共有村医、保健员31人。

卫生院设有基本医疗部和公共卫生部，承担着扁担沟镇17个行政村的基本医疗和14类60项基本公共卫生服务工作。2021年门诊量34378人，门诊收入120.56万元，其中中草药收入41.14万元。2021年共建立纸质居民健康档案26985份，建档率100%；建立电子健康档案26985份，建档率100%。开展健康教育知识讲座12次、公众健康教育咨询活动11次，经抽查居民健康知识知晓率达80%以上。高血压患者管理1967人，规范管理1869人，规范管理率95%；2型糖尿病患者管理545人，规范管理501人，规范管理率92%；孕产妇管理376人，规范管理376人，管理率100%；0~6岁儿童管理2557人，共体检儿童2505人，体检率98%；累计对全镇适龄儿童进行一类疫苗免费接种6470针次，接种率达100%以上，新冠疫苗2021年接种44949针次，全年未发生预防接种不良反应。组建9个家庭医生签约服务团队，共签约18282人，签约率79%；重点人群签约率92%，残疾人签约率100%，建档立卡贫困人口签约率100%，城乡低保、“五保”人口签约率100%。

开展辖区65岁及以上老年人一年一次的健康体检，体检完成人数1978人，体检率为87%；开展“两癌”筛查工作，宫颈癌刮片筛查1300人，宫颈癌患者1例，宫颈异常低级别3例，乳腺癌筛查1300人，乳腺癌患者1例；做好免费孕产妇产前检查和计划生育技术服务工作，孕12周内建卡率97.74%；扎实开展孕前优生健康检查，2021年我镇目标人群是200对，完成186对，顺利完成了年初制定的工作目标；全年宫内放置节育器125人，取出宫内节育器92例，对接受服务人员按时进行随访，加强指导，保证育龄妇女身心健康。

开展中医适宜技术项目，运用针灸、中药贴敷、穴位注射、电针、刮痧、火罐、刺血拔罐、推拿按摩等技术，对辖区常见病、多发病、慢性病进行诊治，中药房配备中草药200种，中医药日门诊量逐年大幅增长。与吴忠市人民医院签订对口支援和医疗联合体协议，建立完善对口支援人员管理考核制度，对支援人员信息进行公示。2021年转诊50例，上传远程心电图和远程影像会诊病人分别为150例和1350例，初步实现双向转诊和分级诊疗服务。完成建档立卡户重大疾病的网上核对和身份审核工作。

【古城中心卫生院】

古城中心卫生院位于利通区古城路254号，占地面积1300平方米，业务用房面积960平方米，系1996年建。辖区11个行政村，总服务人口6万余人（其中古城镇2.7万，周围城镇及流动人口约3.4万）；辖区有10家村卫生室，一家社区卫生服务站

（开元社区卫生服务站）。主要开设：全科、中医科、妇产科及计划生育服务科、中医疼痛科、口腔科、肛肠科、B超心电图室、公共卫生科等相应科室，功能及基本业务：基本医疗、基本公共卫生服务及计划生育技术服务、农村卫生管理及村级卫生人员培训。

2021年，古城中心卫生院职工基本医疗保险中普通门诊4184人次，医疗费用总金额27.6万元，统筹费用0元，个人账户支付26.6万元；门诊统筹5967人次，医疗费用总金额37.6万元，统筹费用21.6万元，个人支付1.49万元；离休人员医疗保障普通门诊12人次，医疗费用总金额2947.44元，统筹费用2947.44元；城乡居民基本医疗保险门诊统筹74003人（其中卫生院66703人次，村卫生室7300人次），医疗费用总金额233.2万元（其中卫生院219.2万元，村卫生室14万元），统筹费用153.6万元（其中卫生院143.6万元，村卫生室10万元）；门诊大病1人次，医疗费用总金额281.40元；普通住院48人次，医疗费用总金额11.7万元，统筹费用8.7万元。

古城中心卫生院积极开展居民健康档案建立、家庭医生签约服务、健康教育、预防接种、0~6岁儿童健康管理、孕产妇管理、慢性病患者管理、严重精神障碍患者管理、传染病管理、卫生监督协管、中医药服务、计划生育等工作。共建立居民电子健康档案21983人份，建档率达到94%；各类疫苗接种及时，儿童建卡、建证率达100%，各类疫苗接种率达98%以上；按要求顺利完成了农村妇女35~64岁宫颈癌930人、乳腺癌930人的“两癌”筛查任务；全镇65岁及以上老年人2260人，建档管理2260人，共体检老年人1829人，体检完成率80.9%。对残疾人、特困户、行动不便的患者上门服务，免费送医、送药，提高了健康管理率，又保证了检查质量。共登记管理高血压病患者1486人，规范管理1261人；共登记管理2型糖尿病患者540人，规范管理452人；共管理严重精神障碍患者101人，规范管理率100%；癫痫27例，每月随访1次同时免费发放苯巴比妥和丙戊酸钠抗癫痫药。共报告各类传染病1例，各类传染病报告率100%，报告及时率100%，辖区内无传染病暴发流行。共完成了127对孕前优生检查，做好免费孕产前检查和计划生育技术服务工作。

按照上级对中医药示范区建设的安排，组织开展了中医治未病服务，认真开展重点人群0~36月儿童、老年人中医体质辨识，孕产妇中医药健康管理，认真开展中医药健康教育宣传活动，使中医治未病服务更好地服务于辖区内居民。

【上桥卫生院】

上桥卫生院位于吴忠市利通区城市东南部，担负着上桥镇8个行政村及周边地区回汉群众约3.7万人的基本医疗、公共卫生服务工作，是上桥镇辖区医疗卫生服务中心和城乡统筹医疗定点单位。卫生院下辖8个村卫生室，实行乡村一体化管理。卫生院占地面积176平方米，业务用房960平方米，辅助用房780平方米。开设门诊部和公共卫生部，现设有全科、内科、外科、儿科、中医科、妇科、康复理疗科、口腔科、公共卫生科、医技科室（放射科、化验室、心电图、B超室、清创缝室）。现有在编在岗22人（在编16人），其中专业技术人员21人（副主任医师2人、主治医师5人、主管护师2人、主管药师1人、初级职称11人），工勤岗1人；本科15人、专科7人。

可开展各种常见病、慢性病、多发病的治疗工作。先后荣获全国群众满意乡镇卫生院、全国百佳乡镇卫生院。

2021年门诊量34939人，门诊收入231.1万元，其中中草药收入42.3万元。2021年共建立纸质居民健康档案24793份，建档率108.5%；建立电子健康档案24793份，建档率108.5%。开展健康教育知识讲座12次，公众健康教育咨询活动11次。高血压患者管理1539人，规范管理1345人，规范管理率87.4%；2型糖尿病患者管理486人，规范管理459人，规范管理率94.4%；孕产妇管理271人，规范管理270人，管理率99.6%；0~6岁儿童管理2356人，系统管理2356人，管理率100%。组建8个家庭医生签约服务团队，共签约16540人，签约率72.3%；重点人群签约率91.3%，残疾人签约率94.7%，建档立卡贫困人口签约率100%，城乡低保、“五保”人口签约率91.1%。开展公共卫生重点人群免费健康体检工作，完成体检4706人。做好免费孕产妇产前检查和计划生育技术服务工作，孕12周内建卡率100%。

【东塔寺乡卫生院】

东塔寺乡卫生院始建于1958年，坐落于吴忠市利通区东塔寺乡。总建筑面积约4300平方米，编制床位10张。科室设有全科医疗科、内（儿）科、外科、妇产科、中医科、中西医科、康复理疗科、皮肤科、护理部、公共卫生管理科、放射科、检验科、心电B超等科室，设综合办公室、党建办公室、财务科等职能科室。现拥有数字化X射线摄影系统（DR）、全自动生化仪、全自动血球分析仪、彩超、多导心电图机、心电监护仪、中频治疗仪等多种先进医疗设备。卫生院现有职工50人，其中高级职称6人、中级职称11人、初级职称26人。

全乡下辖10个行政村，有11个村卫生室，村医25人，全乡标准化村卫生室覆盖率达100%。卫生院以维护辖区2.1万居民健康为中心，全方位提供基本医疗和公共基本卫生健康服务，并承担上级卫生行政部门委托的卫生健康管理，实行乡村一体化管理。

2021年门诊5.3万人次，业务收入468.3万元。共开展计划免疫接种4239剂次，接种率99%。开展新生儿访视及儿童保健系统管理，共对1612名0~6岁儿童进行健康管理。孕产妇系统管理率98%以上，孕产妇住院分娩率达到100%。老年人健康管理率为81.2%。高血压患者规范管理率83%，2型糖尿病患者规范管理率87%，严重精神障碍患者规范管理率为97%。死因监测工作病例114例，完成率100%。

【板桥乡卫生院】

板桥乡卫生院位于吴忠市利通区西南，距市区约3公里，交通便利，是一所集基本公共卫生服务、基本医疗、卫生行政管理为一体的现代化综合性乡卫生院，建筑面积1060平方米，承担着全乡11个行政村2.9万常住人口及千余名流动人口的基本公共卫生服务、基本医疗服务。下设一个早元卫生院分院（暨永昌社区卫生服务站），11个村卫生室。卫生院核定编制30人，有工作人员49人，其中，医学专业技术高级职称5人、中级职称12人，初级职称13人，普通工4人，其他人员15人，现有村级卫生人员18人。

卫生院配备有最新数字化

X射线摄影系统（DR）、彩超、心电图机、血球分析仪、全自动生化仪、牙科仪器、心电监护抢救仪等医疗仪器设备。卫生院现设有公共卫生服务部、基本医疗服务部两个职能科室，能进行远程会诊。

2021年，医院接诊人次39699，医疗报销费用总金额197.6万元。全乡常住人口共有2.8万人，资金核拨25217人，电子健康档案建档25878份。孕产妇管理247人，产妇145人，系统管理144人，建立孕期保健手册、办卡率大于95%，检查时限、检查项目符合规定要求，孕产妇住院分娩率达100%。共登记管理并提供随访高血压患者1489人。按规范要求进行高血压患者健康管理人数1478人；健康管理率为99.3%。登记管理并提供随访的糖尿病患者411人，按规范要求进行2型糖尿病健康管理408人，健康管理率为99.3%。

【马莲渠乡卫生院】

马莲渠乡卫生院位于吴忠市利通区马莲渠乡政府所在地，距吴忠市区10公里，隶属吴忠市利通区卫生健康局，是一所集医疗、预防保健、公共卫生服务为一体的非营利性医疗机构，同时是吴忠市医保中心医疗保险的定点医疗机构。承担着辖区2万余名居民医疗卫生健康服务职责。占地面积3000平方米，建筑面积1930平方米。马莲渠乡卫生院现有职工37人，在编在岗职工24名，临聘职工13人；具备大学本科学历者16人，占比43.2%，高级职称5人，中级职称4人，初级职称23人。辖区内有8个行政村，设有8所村卫生室，村医保健员16人，具备大学专科者11人，占比68.8%，其中有2名取得了执业医师资格。

卫生院设有基本医疗部、公共卫生部两大业务科室和办公财务室。基本医疗部开设全科医学科、内儿科、外科、骨伤科、妇（产）科、中医馆、化验室、B超室、心电图室、门（急）诊抢救室、换药室、预防接种室等14个临床医技科室；公共卫生部开设健康档案管理室、健康教育宣传室、疾病预防控制室、妇女儿童保健室、慢性病管理室和卫生监督协管室6个业务科室，完成了与辖区8家村卫生室乡村卫生健康一体化管理体系。

马莲渠乡卫生院拥有全自动血液生化分析仪、全自动五分类血细胞分析仪、全自动十一项尿液分析仪、心电监护仪、数字化X射线DR摄影系统、B型彩色超声仪、互联网+12导心电图机、除颤仪、中医理疗设备、急救车辆等大型医疗设备。可开展内、儿、妇、中医等常见病及多发病的诊疗，开展外科小手术、妇科病诊治、计划生育手术等。承担辖区14类60项基本公共卫生服务项目，基本能满足辖区居民的卫生健康服务需求。2021年门诊量共14871人，门诊收入70.1万元，全部线上采购，双票验证。开展中医适宜技术项目，运用针灸、中药贴敷、电针、火罐、刺血拔罐、按摩等技术，对辖区常见病、多发病、慢性病进行诊治，中药房配备中草药170种。与吴忠市人民医院签订对口支援和医疗联合体协议，向吴忠市人民医院上转远程心电、远程影像3240份，实现双向转诊和分级诊疗服务，满足了辖区居民的就医购药基本需求。医院累计对辖区21143名居民建立了个人健康档案，建档率达100%，电子档案建档率100%。发放健康教育宣传资料14类（健康教育宣传手册、健康教育处方、健康教育彩页和健康教育生活用品）30000余份，播放健康教育影像资料2100分钟，举办健康教育讲座和健康教育咨询活动21次，开展个体化健康教育干预活动200余人次。经抽查考核，居民健康知识知晓率达65%以上，健康教育宣传工作档案完整规范。新建预防接种卡、证、册59人，全乡应接种人次868人次，实接种人次868次，接种率为100%，一类疫苗接种率达100%以上，上报2例一般反应，未发生其他不良预防接种反应。共接种新冠疫苗20336针次。0~6岁儿童系统管理1200名，新生儿家庭访视63人次；孕产妇系统管理111人，住院分娩63人，住院分娩率达100%，产后随访63人次。建立完善了孕产妇危重抢救绿色通道。卫生院对1887名65岁以上老年人、1368名高血压病患者、381名糖尿病患者、88名严重精神障碍和癫痫患者、4名结核病患者进行了系统规范化管理；65岁老年人健康体检人数1598人，体检率达77.9%。根据上级对疫情防控工作的部署要求，成立疫情防控工作领导小组，召开专题会议，深入研究部署，落实各项责任，实行全天候保障防控。马莲渠乡卫生院家庭医生签约服务团队有8组，共签约一般人群11615人，重点人群中65岁以上老年人1981人，0~6岁儿童1185人，孕产妇91人，高血压病人1358人，糖尿病人379人，残疾人645人，结核病1人，严重精神障碍患者98人，计划生育特殊人群3人，五保户11人，农村低保户人群155人。

【郭家桥乡卫生院】

郭家桥乡卫生院位于利通区郭家桥乡中心学校对面，距离吴忠市城区东7公里。建于1962年。后由利通区人民政府总投资4000万元，将郭家桥乡职业技术学校建设的隔离场所改建为利通区郭家桥乡卫生院，占地面积2.7万余平方米，建筑面积5175平方米。卫生院设有基本医疗部和公共卫生部，辖8个行政村村卫生室，正式在编人员18，其中本科17人，大专1人；高级职称3人，中级职称9人，初级职称6人；临时聘用护理、药剂等专业技术人员11人、财务2人，后勤2人；共有乡村医师17人。承担着郭家桥乡8个行政村18726人的基本医疗和14类54项公共卫生服务工作。

2021年共建立电子健康档案19375份，建档率103%；开展健康教育知识讲座12次、公众健康教育咨询9次。高血压患者管理1045人，规范管理1045人，规范管理率100%；2型糖尿病患者管理302人，规范管理302人，规范管理率100%；孕产妇管理147人，规范管理147人，管理率100%；0~6岁儿童管理1141人，系统管理1130人，管理率99%。组建8个家庭医生签约服务团队，共签约10095人，签约率59%；重点人群签约率91.3%，残疾人签约率100%，城乡低保、“五保”人口签约率100%。开展公共卫生重点人群免费健康体检工作，完成体检1290余人。做好免费孕产妇产前检查和计划生育技术服务工作，孕12周内建卡率100%。

【巴浪湖农场医院】

巴浪湖农场医院位于吴忠市区东南约8公里处巴浪湖农场场部。巴浪湖农场辖10个行政大队，1个分场，1个园艺队，1个巴浪湖社区，总面积21.3平方公里，总人口1.2万余人。巴浪湖农场医院始建于1955年，前身是巴浪湖农场职工医院，隶属宁夏农垦系统。2011年7月移交吴忠市卫生局管理，2015年5月由吴忠市卫生计生局移交到吴忠市利通区卫生计生局管理。

巴浪湖农场医院占地面积3000平方米，建筑面积1600平方米，是吴忠市职工医保和城乡居民医保定点医疗单位。

巴浪湖农场医院2021年有在岗职工35人，其中在编27人、临聘5人，村医3人；副高职称者3人，中级职称者5人，初级职称者17人。医院拥有全自动五分类血球分析仪、全自动十一项尿液分析仪、互联网+全套生化检验平台（市人民医院检验科）、直接数字化X射线摄影系统（DR系统）、彩超、互联网+12导心电图诊断平台（市人民医院心电图室）、多功能心电监护仪、呼吸机、心脏除颤仪等医疗设备。开设内、外、妇、全科医学、口腔、中医、公共卫生和放射、检验、B超、心电图等11个业务科室和办公财务室、应急保障室两个职能科室，开放病床15张。

医院设有基本医疗部和公共卫生部，承担着辖区8851人的基本医疗和14类60项公共卫生服务工作。2021年门诊人次18807人，门诊收入78.46万元；共建立电子健康档案7950份，建档率90%。辖区0~6岁儿童283人，孕产妇总数26人，管理高血压病患者524人，管理糖尿病患者166人，均达到规范管理。组建4个以党员为团队长的家庭医生签约服务团队，共签约7328人，签约率90.1%，其中重点人群签约1622人。对65岁以上老年人、慢病患者进行免费健康体检工作，完成体检600余人，完成农村妇女“两癌”筛查，免费为孕产妇提供产前检查和计划生育技术服务工作，开展布病及包虫病筛查工作。2021年进行新冠疫苗接种万余针次。巴浪湖农场医院设有中医诊室、中药房。现有中医诊疗设备10余台，能够开展针刺、推拿、刮痧、拔罐、艾灸等中医技术。中药房现有中药饮片271种。运用中医适宜技术对辖区常见病、多发病、慢性病进行诊治，中医药门诊量逐年大幅增长。与吴忠市人民医院签订对口支援和医联体协议，建立完善对口支援人员管理考核制度，对支援人员信息进行公示。每年巴浪湖农场医院都会选派村医或者骨干医师到吴忠市人民医院进行基层人才能力提升项目培训学习，同时鼓励医务人员通过网络参加继续教育医学学习，通过各种培训学习使专业技术人员水平再上新台阶。

巴浪湖农场医院积极推进“互联网+医疗健康”建设工作，建立远程会诊室，实现了HIS系统、电子健康档案、家庭医生慢病随访互联互通。2021年我院分别向吴忠市人民医院上传远程影像、远程心电图921、864人次，双向转诊6人。辖区3家村卫生室均已接入电子政务外网并接通远程医疗服务，建立居民电子健康档案，开展家庭医生慢病随访管理，实现电子健康档案、家庭医生、慢病随访互联互通。

民生保障

民政事务

【概况】

2019年设立吴忠市利通区民政局，为利通区人民政府工作部门，核定行政编制5名，设局长1名，副局长2名，机关后勤服务事业编制1名。2021年，利通区民政局认真学习贯彻党的十九届四中全会和习近平总书记视察宁夏时的重要讲话精神，以创建国家级乡村治理体系建设示范区为抓手，以推进社区治理体系和治理能力现代化为目标，综合运用法治化、社会化、市场化、信息化手段，着力构建多元共治的现代化城乡社区治理体系。先后荣获全国村务公开民主管理示范单位、全国和谐社区建设示范城区、全国民族团结进步示范区等荣誉称号。

【低保救助】

2021年，全区共保障城乡低保、高龄对象9822户12771人、分散特困供养178人，临时救助4031人次。发放各类救助资金6963万元（其中发放城乡低保和高龄津贴6226.55万元，特困供养人员供养资金127.08万元，临时救助609.2万元）。持续开展城乡低保三年清理专项行动，城乡低保全年新增500户787人，取消1211户1719人，城乡高龄对象全年新增215户222人，取消201户203人。提标扩面夯实社会救助兜底脱贫成果，将生活困难残疾人生活补贴由100元提高到110元，重度残疾人护理补贴由80元提高到120元。保障残疾人“两项补贴”7412人，累计发放899.04万元；对应享受未享受困难残疾人员逐一研究核对享受时间和补发资金，一次性发放补贴5158人次，278.51万元，确保残疾人“两项补贴”应享尽享、应纳尽纳。

【社会福利】

落实孤儿养育津贴制度，规范收养工作管理。根据《自治区民政厅财政厅关于进一步做好利通区孤儿养育津贴发放工作的通知》精神，对孤儿养育津贴进行提标扩面；新增12户17名事实孤儿，到龄取消社会散居孤儿3户3名；城乡事实无人抚养儿童6户7人，现有事实无人抚养的孤儿236名，全年共发放孤儿津贴183.7元。

【社区建设】

持续推进“放管服”改革，规范城市社区管理和服务职责6大类64项，开展社区“万能章治理专项行动”，清理不符合证明事项33项，清理对外挂牌24项，清理上墙制度30项。推行“互联网＋社区”服务模式，强化区乡村（社区）三级服务职能，将583项公共服务事项推送到“宁夏政务服务”网上办事大厅。深入开展“143”城市社区治理示范区创建活动，培育优秀社区工作法16项，创建五星级社区12个、四星级社区6个。金星镇金花园社区党委被评为全国先进基层党组织，党组织书记张丽萍被评为最美社区工作者。

【地名管理】

制定并印发了《利通区农村二维码地名标识牌设施实施方案》。完成了利通区与红寺堡区更换县域行政界桩6个，完成了利通区乡（镇）级行政区域界线勘定工作验收及成果图的审定工作，完成了利通区第二次全国地名普查成果转化图录典志编纂工作。完成利通区清理整治不规范地名工作，共清理整治不规范地名9条。

【婚姻登记】

加强婚姻登记机关标准化建设，共办理结婚登记2236对，离婚登记637对，补发结婚证1169对，补发离婚证112对。2021年通过离婚冷静期的实施，离婚率与去年同期对比下降59%。

【殡葬服务】

协调配合东塔寺乡、郭家桥乡、金银滩镇对城市东片首开区区域范围内的所有坟墓进行搬迁，共计迁坟7000多座。根据《利通区关于进一步加强殡葬管理工作实施意见》和《利通区沙坝沟回民公墓管理暂行办法》的有关要求，对利通区尖山回民墓地划分了集中埋葬区，依法管理和有序埋葬。

【慈善事业】

设置利通区城区社区旧衣物捐赠箱653个，并根据慈善法的有关规定，重新更换了带有慈善标志和监督电话的捐赠箱。利通区注册志愿者95280，实名认证志愿者95280，注册志愿服务团队337个，服务项目28391个，服务总时长875.7万小时，上年度服务时长529.4万小时，本年度时长66.5万小时。

【养老服务】

扎实开展居家和社区养老服务改革试点工作，深化“四个三”农村养老服务体系建设，实现“四个融合”目标。新建社区日间照料中心1个、农村老饭桌3个。

【社会组织】

聚焦社团治理6项任务，完成230家社会组织统一信用代码信息数据录入、证照入库工作，完成撤销登记76家，注销登记21家，整改激活22家，变更登记8家。依法注册登记社会组织共219个，其中社会团体119个，民办非企业单位100个。新成立社会组织9个，注销登记15个，处罚（撤销）94个，进行资产清算，办理注销登记。单独成立党组织16个，联合成立党组织2个，成立功能性党组织34个，单独建立和联合建立的党组织共有党员137名，功能性党组织共有党员114名，所有党组织均选派党建工作指导员，党建覆盖率83.16%，135家社会组织已将党建工作和社会主义核心价值观写入章程。

退役军人事务

【概况】

利通区退役军人事务局和退役军人服务中心经吴忠市委编办、区委编办审核批准，于2019年1月30日正式挂牌成立。全区12个乡镇、106个村和22个社区的两级退役军人服务站也于2019年2月底前全部挂牌成立。利通区退役军人事务局为正科级行政单位，退役军人服务中心为退役军人事务局下属副科级事业单位，局核定行政编制5名，服务中心核定事业编制4名。主要工作职责有退役军人思想政治、舆论宣传、权益维护、褒扬激励、帮扶援助和信访工作，监督检查退役军人相关法律法规和政策措施落实情况；开展拥军优属工作，承担现役军人、退役军人和军属优待、抚恤等工作；组织落实退役军人教育培训，贯彻落实伤病残退役军人、退役军人社保接续等工作。全区现共有退役军人7902人，其中，优抚对象876人，退役军人党员1699人。

【主题教育】

按要求完成党史学习教育，完善《局党组理论学习中心组制度》，建立局党组夜学2小时制度，通过集体读书班、专家辅导、个人自学、专题研讨、情景教学、互动交流等多种形式，读原著、学原文、悟原理，学习了《论中国共产党历史》《习近平新时代中国特色社会主义思想学习问答》等必学篇目，跟进学习习近平总书记在建党100周年庆祝大会上的重要讲话和视察宁夏重要讲话精神。先后组织开展专题研讨6次，中心组学习12次，微宣讲3场次，支部主题党日活动4次，开展“我学习、我推荐、我分享”活动9次，开展“我为群众办实事”主题实践活动，解决退役军人所思所想所盼实事6件。

【服务站建设】

继2020年全国示范型退役军人服务站创建形成的“利通经验”被自治区退役军人领导小组办公室向全区刊发交流学习后，2021年再发力，严格依据国家示范型退役军人服务站75项创建标准，抓好建站“规定动作”，结合12个乡镇的不同实际，按照“基本＋特色”“硬件＋软件”的思路，按下服务“快进键”。持续抓好上桥镇等4个乡镇和金星镇裕西社区的全国示范性退役军人服务站建设，先后4次通过视频调度、实地调研的方式，了解阵地建设、台账整理及规范化、标准化建设情况以及工作中的特色做法和不足，2021年服务站全部创建成功。

【典型引领】

持续开展退役军人党员教育各类试点工作，把“大思政”贯穿退役军人工作各领域全过程，以庆祝建党100周年为契机，结合开展的党史学习教育，组织开展“老兵永远跟党走”系列活动，成立宣讲团，发挥好蔡国、张广升、马自忠等退役老兵作用，到机关、村（社区）、学校、企业、军营进行红色故事宣讲、退役军人讲故事，教育引导广大退役军人不忘初心，永葆本色。注重培养选拔优秀退役军人党员依法依规担任村（社区）“两委”委员，退役军人党员进入村“两委”42人，13人担任“兵支书”。以利通区健在的29名抗美援朝出国作战老战士为素材，拍摄了《英雄的背影》，在“多彩利通”等不同媒体上进行宣传播放，扩大教育覆盖面。深入开展“我为老兵办实事活动”，对全区843名优抚对象逐一核查，从4月份起，每月25日前通过“一卡通”发放优抚费，在服务退役军人精细化精准化上迈出实质性一步。主动联系TCL吴忠专卖店为退役军人献爱心，开展“学党史、我为老兵办实事”捐赠活动，为24名退役老兵捐赠价值3万元的冰箱、洗衣机和小家电等物品，切实增强退役军人荣誉感。

【信访稳定】

压紧压实涉军维稳工作乡

镇、部门的责任，夯实“三级包联”的措施，压实乡镇党委班子成员包抓村（社区）、村（社区）“两委”班子成员联系所辖的全部退役军人的工作制度，将村（社区）“两委”班子成员联系退役军人责任人职责，常态化联系退役军人服务清单、问题清单和联系帮扶个性化措施清单上墙，接受监督，拉近了组织与退役军人情感距离。实行矛盾问题攻坚化解常态化机制，落实信访事项首办责任制，健全退役军人诉求表达渠道，持续开展“信访矛盾攻坚年”活动，通过困难帮扶援助和信访事项三级终结等办法，加大重复访集中整治。发挥新时代“枫桥经验”，做好重点时段、敏感节点、重大活动等处突工作，努力把问题解决在基层、人员稳定在利通区，对苗头性倾向性问题早发现早预警早处理早化解，把矛盾消除在萌芽状态。没有出现退役军人群体性到银川上访、个人进京情况的发生。

【就业创业】

落实军地合力做好退役军人“宁夏经验”，和宁夏伊利有限责任公司、吴忠众源保安有限公司等25家企业签订合作协议。落实税费减免等措施，在吴忠颐高新经济产业园等园区，建立了2个退役军人孵化园，“定点＋分散”“线上＋线下”等培训模式已经成为主流。依托产业主导和就业岗位需求，采取“订单式”等多方式开展职业技能培训、多样化为退役士兵提供就业指导服务，提高退役军人的就业能力和质量，举办就业创业培训3批次256人次，组织专场招聘会5场，2100余人次参与，新增就业107人次。

【帮扶援助】

聚焦困难特殊人员，精准帮扶解困。因人因户精准施策，全面开展政府部门、社会团体、志愿团队和爱心人士结对帮扶。严格落实优抚优待政策，以“基本优待＋重点帮扶”方式，因地制宜落实就业扶持政策等，为57名家庭生活困难或身患重大疾病的退役士兵帮扶救助3.6万元。

【尊崇优待】

区乡村三级党组织负责人为206名退役老兵中在党50年的老党员佩戴“光荣在党五十年纪念章”，充分体现尊崇英雄、彰显功绩的仪式感、庄重感。修订利通区《现役军人立功受奖人员褒奖实施方案》，给立功官兵家属送鲜花、送喜报，对现役军人取得的荣誉进行最高褒扬，对军属进行鼓励，旨在增强军人的光荣感、责任感和使命感，激励广大群众爱国拥军的热情。

【双拥模范城创建】

深化巩固军民共建双拥成果，共叙军民鱼水情深，逢年节区四套班子主要领导带队走访慰问驻地部队，投资76万元帮助部队解决实际困难和问题3件，解决了14名现役军人子女入园入学问题，为执行边境特殊任务的61名利通籍现役军人家属送去慰问信和慰问金。打造了利通区初心馆等2个国防教育基地、金星镇明珠社区等3个双拥文化广场、上桥镇涝河桥等4个双拥主题长廊，为争创新一轮全国双拥模范城打好基础，贡献利通力量。

人力资源

【概况】

利通区人力资源和社会保障局（以下简称区人社局）成立于2019年3月20日，是利通区机构改革后设置的正科级政府部门，核定行政编制6名，设局长1名（正科级），副局长2名（副科级）；利通区就业创业和人才服务中心为区人社局所属副科级事业单位（参公管理），设主任（副科级）1名。2021年，区人社局积极贯彻就业优先战略，多措并举稳就业促增收，制定出台了《利通区加强城乡劳动力技能培训促进就业实施方案》《利通区关于支持多渠道灵活就业和创新创业工作措施》，为稳定和扩大就业提供坚实的政策保障。城镇调查失业率控制在5.5%；城镇居民人均可支配收入36626.4元，同比增长7.8%。

【就业指标】

2021年，利通区完成城镇新增就业4028人，完成目标任务的115%；城镇失业人员实现再就业1677人；就业困难人员实现就业548人，完成目标任务的166%；完成农村劳动力转移就业22282人，完成目标任务的105%，实现工资收入2.8亿元；“铁杆庄稼保”参保缴费18575人，完成目标任务的110%；安置城镇公益性岗位135人，派遣120名高校毕业生到乡镇从事“三支一扶”服务，组织294名高校毕业生到机关事业单位实习、295名适龄青年到企业见习。

【创业带动就业】

2021年，利通区认定利通区牛家坊村失地农民休闲旅游创业孵化基地等10家利通区级创业孵化示范基地。培育创业实体721个，完成目标任务的103%；创造新岗位1833个，完成目标任务的108%；全民创业带动就业3813人，完成目标任务的127%；发放创业贷款357笔4619万元，完成目标任务的118%；为29名创业高校毕业生发放房租补贴22.24万元，为31名高校毕业生、就业困难人员及农村返乡创业人员发放一次性创业补贴31万元。

【职业技能培训】

2021年，利通区开展各类培训102期7464人，完成年度任务的187%。其中重点就业群体技能培训35期1808人，企业职工培训64期3087人，新型学徒制培训3期114人，以工代训2414人，“两后生”培训41人。

【公共就业服务】

2021年，利通区在重点脱贫村、移民村和失地农民村共72个村（社区）设立劳务工作服务站，配备专、兼职的人力资源服务人员，并开展劳务经纪人培训班1期106人。为有就业意愿的劳动力提供到户、到人的就业援助。举办各类专场招聘会30场，达成意向634人。

社会保障

【城乡居民基本养老保险】

2021年，利通区城乡居民基本养老保险参保人数14.28万人，完成率100.63%，养老保险参保率达到95%。城乡居民基础养老金待遇达到每人每月210元，城镇职工养老金待遇平均达到每人每月2786元。

【资格认定】

2021年，利通区出台《关于规范利通区被征地农民资格真实性核查工作的通知》，办理《被征地农民资格证》129户492人，累计办理《被征地农民资格证》21193户121002人。

【劳动权益维护】

2021年，成立了利通区劳动纠纷人民调解委员会及乡镇劳动纠纷调解工作室，为各乡镇配备1名专职劳动纠纷调解员，最大限度将劳动纠纷化解在基层。举办企业劳资专管员及农民工专题培训3期。联合市劳动保障监察执法局等部门开展清欠检查工作4次，配合协调处理农民工投诉案件16起，前往河北协调化解历史积案1件。

接待来访68人次。与市劳动保障监察执法局对接督促，国务院欠薪线索核处管理系统中利通区欠薪线索办结率为100%。全区未发生重大劳动纠纷案件。

【人事管理】

2021年，利通区事业单位公开招聘44人，为4名定向医学生办理聘用手续，对650名事业单位人员进行了岗位聘用和晋级，办理辞职人员手续10人，办理调进调出工作人员91名。

【工资管理】

2021年，为3298名2020年度考核合格的事业单位工作人员晋升薪级工资，完成事业单位工作人员前三季度平时考核，办理退休86人，为96名转正特岗教师和100名新录用事业单位工作人员确定工资。

【人才服务】

2021年，利通区推荐上报中、高级职称228人，初级职称通过评审139人，上报职称信息跨地区在线检验492条。组织申报“利通区奶产业、肉牛产业高质量发展”专家服务基层项目，推荐上报1名青年拔尖人才培养工程人选、3名享受政府特殊津贴人选。表彰入选吴忠市优秀人才6名，第五届吴忠市政府特殊津贴7名。

乡镇概况

金积镇

【概况】

金积镇位于市区西南8公里处，因明代境内建有“金积堡”而得名。辖区面积70.4平方公里，地理区位优势明显，距吴忠高铁站13公里，距青铜峡火车站15公里，距河东机场45公里，京藏高速、古青高速穿境而过，银平公路、G344线纵横交织。全镇辖17个行政村、1个社区居委会。常住人口5.5万人，其中城镇人口3.2万人，城镇化率60%，集镇建成区面积5.8平方公里。全镇有入园企业146家、规模以上工业企业67家，产值亿元以上企业7家。全镇有耕地3.4万亩，种植露地蔬菜、设施蔬菜、供港蔬菜近2万亩。辖基层党组织35个，党员1157名。先后被授予全国文明村镇、全国先进基层党组织、中国乡镇投资环境百强镇、国家重点镇等16项国家级荣誉称号。

【产业发展】

坚持科学布局创新驱动，逐步形成了以设施农业、露地蔬菜（冷凉蔬菜）、粮食种植为主导的现代农业产业布局。建成景盛源、大丰收、塔湾、露田洼子及东亨冷链库5座，构建南以油粮桥、北以大庙桥村为中心的产业发展联合体，形成了入股分红、土地流转等多样化的增收模式。推动智慧化生产，推广北斗导航、无人驾驶等农机精准种植模式，打造机械化种植示范基地2300亩，开展智慧农机代耕代种作业1.2万亩。2021年全镇蔬菜累计种植面积达到17600亩，玉米、水稻、小麦等粮食作物26000亩，肉牛、羊只存栏分别达到1.7万头、2.8万只，农业总产值达到2.04亿元。成功申报国家农业产业强镇项目。

【项目建设】

实施产业振兴重点项目10个，总投资2380万元。建成高标准农田5400亩、高效节水灌溉4940亩，硬化设施农业生产道路面积4300平方米。实施2020年扶持壮大村集体项目，建成设施大棚84座。投资1.2亿元，先后实施了金廖公路改造、金积幼儿园、全民健身中心、老旧小区改造、老广场改造等项目，镇区基础设施不断完善、公共服务保障能力逐步增强，进一步提升镇区品质。改造东西大街、普乐街、秦汉街、国道344线金积镇段等7条道路9.3

公里，完成镇域绿化377亩。围绕基础设施改造、乡村产业振兴、镇区服务业提质、社会公共服务提升“四大工程”，谋划“十四五”重点项目51个，总投资16.24亿元。年内计划实施镇区改造、金积中学、农业产业化等项目40个，总投资6.59亿元，其中，社会投资项目5个，投资2.5亿元，开工6个。共争取上级资金6000余万元，自治区已下达金积镇高标准重点小城镇批复，三年扶持资金4800万元。成功列入2021年国家农业产业强镇，支持项目资金1000万元。争取到自治区预算内统筹资金150万元，推进金积镇油粮桥村人居环境整治工作。

【基层治理】

坚决守好促进民族团结生命线，常态化开展民族团结进步宣传教育“十进”活动。推进扫黑除恶常态化，持续巩固人民调解“四张网”，调处矛盾纠纷45件，成功率90%以上。健全完善了党委统筹协调基层社会治理工作机制，成立社会治安综合治理中心、公共法律服务中心、社区戒毒康复中心“三个中心”，推行网格化管理、组团式服务，配备148名网格员，全面推行村级事务社会化管理。深化涉毒人员“1+3+4”精准帮扶模式，充分发挥“黑眼睛”工作室作用，全镇戒毒康复执行率达100%，就业安置率达95%以上。“七五”普法圆满收官，“八五”普法顺利推进，尊法学法守法用法的良好氛围逐步形成，法律成为群众捍卫权益的有力武器。

【党的建设】

开展党组织带头人、产业领军人物能力素质培养工程，每月组织各村（社区）书记赴区内外观摩学习一次，全面提升村党组织带头人综合素质和经营管理能力。严把发展党员入口关，全面做好发展党员工作，储备积极分子53名，入党申请人65名。建成五星级服务型党组织3个，四星级服务型党组织5个。改造提升金积镇中心广场，打造了“石榴籽”文化长廊，建成新时代文明实践站17个，达到全覆盖。为7个村争取扶持发展壮大村集体经济资金700万元，基层党组织服务能力进一步提升。

【特色亮点】

探索“五级包抓”机制，深化经济发达镇改革。坚持市直部门包抓经济发达镇重点改革任务落实、区直部门包抓经济发达镇重点项目推进、区直44个部门包抓金积镇18个村（社区）产业发展、园区骨干企业与金积镇18个村（社区）党组织结对共建、各村（居）在外人才助力本村发展“五级包抓”机制，进一步促进人、才、物向产业集聚。2021年，金积镇深入贯彻落实上级党委、政府部署要求，以推动高质量发展为主题，以巩固脱贫攻坚成果为主线，以实施乡村振兴战略为抓手，构建“三区、一中心、一廊道”城乡发展空间格局，深入实施“六个一体化”工程，推动金积镇和金积工业园区深度融合发展，奋力打造宁夏产城融合示范镇、乳制品产业重点镇、农业产业强镇。

高闸镇

【概况】

高闸镇位于利通区南部12公里处，区域面积64.66平方公里，集镇面积0.68平方公里，耕地面积41571亩。全镇辖7个行政村、83个村民小组、3个居民小区，户籍人口23134人，常住人口8854人，占户籍人口的38.27%。2021年高闸镇以农业为主导产业，现有品牌西瓜、露地蔬菜、特色菌菇、优质饲草四大特色种植产业。因罗山大道、吴高公路、慈善大道、银平公路和侯汉路、城际铁路、京藏高速穿境而过，黄河水自汉渠、东干渠流入，使得高闸镇的农业产业发展具有优越的空间和资源优势。2021年高闸镇党委、政府以乡村振兴战略为引领，以发展镇域经济为主线，以建设“农业生态小镇”为目标，推进城乡建设，调整产业布局、完善城镇功能，改善人居环境，举全镇之力打造美丽、生态、宜居新高闸。先后获得了全国模范司法所、自治区文明乡镇、自治区民族团结进步示范镇、自治区五星级司法所、自治区五星级统计站等多项荣誉。

【财政收支】

2021年高闸镇财政收入4784万元，其中一般财政预算收入2462万元（主要项目：抗震宜居房改造项目144万元，李桥污水管网改造项目166万元，农田水利建设项目216万元，环境整治项目650万元，道路硬化及路灯建设项目252万元，扶持壮大空壳村项目300万），政府性基金预算收入205万元（高闸镇棚户区改造项目清渣费及征地拆迁补偿），其他收入2322万元。2021年，财政支出4891万元，其中一般公共服务支出569万元（财政供养人员工资），公共安全支出7万元（乡镇武装部及信访维稳经费），教育支出52万元（辖区校舍运转经费），社会保障和就业支出77万元（财政供养人员社保缴费及农村临时性救助），卫生健康支出48万元（财政供养人员医疗补助），节能环保支出160万元（污水管网改造工程项目），城乡社区支出585万元（美丽村庄建设及棚户区改造项目），农林水支出1234万元（一二三产业融合发展项目、污水管网改造项目、农田水利建设项目），交通运输支出13万元（乡村道路维护），住房保障支出134万元（农村危房改造补助），其他支出2012万元（抗震宜居房改造、美丽村庄建设、环境整治、壮大村集体项目）。

【社会保障】

2021年高闸镇民政办共计发放民政资金531.09万元，其中城乡最低生活保障金281.7万元，分散特困供养金5.55万元，残疾人两项补贴60.18万元，孤儿津贴8.62万元，城乡高龄津贴126.4万元，临时救助26.65万元，其他2.64万元。新增低保对象17户20人，清理不符合领取低保待遇的48人。共计向120户群众发放临时救助金26.65万元，上报民政局救助3户。春节前积极争取上级部门慰问我镇残疾、低保、高龄、五保、困难职工、优抚对象等45人。镇政府自筹10万元，对辖区372户困难群众、入住敬老院等人员进行走访慰问，发放米、面、油等慰问物资。借助高闸村返乡农民休闲农业创业示范基地建设，吸收鼓励更多创业实体加入到创业示范基地，形成规模效应，加强对入驻实体的技术指导。进一步带动更多本地剩余劳动力就业，2021年全镇农村劳动力转移就业2100人。购买“铁杆庄稼保”2097份。

【文化事业】

2021年5月高闸镇开展“不忘初心跟党走传承百年爱党情”红歌大赛；6月开展“浓情端午粽叶飘香”端午节活动，组织我镇马家湖村舞龙队代表宁夏参加第十五届中国民间文艺山花奖·优秀民间艺术表演（作品舞龙初评活动；7月参加利通区“共产党好黄河水甜”合唱比赛，并获得了二等奖；8月组织农民文化艺术团和“梦飞翔”

广场舞队参加利通区文体局组织的广场舞大赛和舞蹈大赛，并获得优秀组织奖；10月开展“九九重阳温暖相陪”重阳节活动；12月举办学习党的十九届六中全会精神演讲比赛。

【扶贫救助】

2021年高闸镇完成全镇农村抗震宜居房屋改造39户，拨付抗震宜居房屋改造补助资金117万元；疫情期间慰问困难群众21人。

【招商引资】

2021年高闸镇招商引资项目完成2个，新建高闸镇现代农业产业示范园，建设拱棚120座，占地面积240亩；建设连栋大棚480亩，建设占地7亩的新品种展示中心1个。茂鑫通农产品冷链物流服务能力及信息化提升项目新购置专用冷藏车15辆、冷藏箱20台、挂车20台，建设物流信息化平台及安全追溯系统，建设冷藏保鲜库6000平方米，冷链设施设备160台（套）。

【乡镇企业发展】

2021年高闸镇辖区企业119个，其中规上企业有宁夏鑫浩源生物科技股份有限公司、宁夏伊友乳业有限公司、吴忠市常信化工有限公司、宁夏金牛集团化肥有限责任公司、宁夏兄弟包装材料有限公司。辖区个体工商户及合作社共384个。

【新农村建设】

2021年开工建设高闸镇李桥村高质量美丽宜居村庄项目，改善人居环境，投资600万元。持续实施农村卫生及污水管网改造，建设高闸村巷道污水管网项目。实施李桥村、马家湖村、朱渠村农村绿化项目，联合利通区环卫局扩建镇区西片区污水处理设施项目。推动农村抗震宜居房屋改造36户，空心房拆除8户，实施农村卫生厕所改造100户。争取农村公益事业财政奖补项目4个，争取项目资金280万元。按照人居环境整治工作要求，抓好村庄清洁行动春、夏、秋、冬四季战役，全年共计动用挖土机、装载机、叉车等机械520台次，卡车、平板车、三轮车等车辆2200台次，整治村内沟渠63.5公里，清运各类垃圾7246吨，清理农业生产废弃物186.4吨、乱搭乱建114处、残墙断壁161处，参与整治群众达8200人（次）。2021年实施高闸镇李桥村七队道路硬化项目，争取项目补助资金70万元，硬化道路面积4400平方米。

【现代农业发展】

2021年高闸镇巩固发展西瓜产业，建立200亩集中连片西瓜种植方点3个。全镇大小拱棚西瓜种植面积1100亩，总产值990万元，带动150名群众实现劳务收入180万元。巩固发展露地蔬菜产业，主要种植菜心、芥蓝、香菜、菠菜、西芹等品种，全镇蔬菜种植面积达11000亩，总产值1.5亿元，带动300名群众实现劳务收入600万元。巩固发展饲草产业，种植紫花苜蓿5840亩、青贮玉米24243亩、小黑麦1400亩，全镇饲草总面积达到3.2万亩，实现总产值7800万元。推行苜蓿半干青贮加工调制技术，提高了饲草利用率。巩固发展菌菇产业，建设占地6.5亩、年生产菌棒500万袋的菌棒生产车间1个，菌菇冷库1100平方米，修缮加固菌菇大棚30座。年产平菇约140万斤，秀珍菇60万斤，实现总产值650余万元，带动100余人就业，增加劳务收入280万元。

【农业基础设施建设】

2021年建设的现代农业产业示范园，投入资金2120万元，建成占地120亩的全钢架拱棚60

栋，联栋棚80亩，新品种展示中心1个，占地7亩。

【种植业】

2021年高闸镇落实粮食种植面积25004.24亩，其中，种植小麦138.4亩，玉米24243.44亩，水稻622.4亩。建立了1000亩玉米集中连片种植方点7个。

【畜牧养殖】

2021年高闸镇奶牛存栏1098头，肉牛存栏6540头，羊只饲养量10109只，生猪5807头，家禽9.8万羽。

【植树造林】

2021年高闸镇美丽乡村绿化258亩，退化防护林改造28.5亩，未成林补植补造34亩，植树造林629.1亩，修枝抚育398亩。

【水利建设】

2021年高闸镇配合利通区水务局实施高闸农业产业园高效节灌项目，项目总投资500万元，建设1万立方米蓄水池1座，建设124平方米全自动化泵站1座，配套污水泵2台，配电箱7台，水肥一体机2台，铺设滴灌主管20.1公里，滴灌带60.3公里。配合利通区水务局实施汉渠、东干渠灌域高效节水灌溉项目，项目总投资3484.4万元，建设面积17400亩，新建、改造渠道1.17公里，新建总容积9.7万立方米蓄水池2座、加压泵站2座，配套建筑物10座；田间铺设管道195.14公里，滴灌带6807.4公里，新建各类阀井400座，建筑物389座。

【基层党建】

2021年高闸镇完成了党委、纪委班子换届及村“两委”换届工作。选举产生127名镇级党代表，14名中共吴忠市利通区第五次代表大会代表。扎实开展了党史学习教育。开展农村党组织发展党员违规违纪问题排查整顿工作，通过自查，纳入排查整顿共有142人（农村党支部发展127人、非公企业党支部发展4人、机关党支部发展11人）。以“跨村联建抱团发展”的模式，推行“党支部＋合作社＋致富带头人＋农户”的联农带农机制，带动了7个村集体、3个专业合作社、9名产业致富带头人。

【党风廉政建设】

2021年高闸镇党委把党风廉政建设“两个责任”抗稳抓牢抓实，先后10次专题研究党风廉政建设和反腐败建设具体工作。开展政治监督18次，下发督查通报12期，精准把握监督工作重点，充分发挥监督保障执行、促进完善发展作用，推动政治监督落实落小。建立“镇纪委＋村党支部＋纪检委员＋网格员”监督模式，建立信息共享机制，增强监督的协同性，全年开展监督检查22次。探索推进了高闸村“五级联动”“两张清单”“一员一卡一记录”的提级监督模式，加大对高闸村提级监督的有效延伸。用好“四种形态”，对全镇党员领导干部容易出现的倾向性、苗头性问题，及时采取谈话提醒，做到早发现、早提醒、早处理，全年开展提醒约谈10次22人。做好常态监督，采取日常检查、重点监督，对疫情防控、环保督查、脱贫攻坚等重点工作加大监督力度，对责任不落实、制度空转、措施不力的1个村党支部进行提醒谈话，倒逼责任落实。严格执纪审查，坚持在“严”字上下功夫，强化不敢腐的震慑，共查办问题线索13件，给予1人党内警告处分，1人党内严重警告处分，1人党内严重警告处分（影响期二年），1人留党察看两年处分，给予3人开除党籍处分。

金银滩镇

【概况】

金银滩镇位于利通区东南部，下辖四支渠村、灵白村、银新村、团庄村、沟台村、西滩村、杨马湖村、新渠村、东沟湾村9个行政村，良繁办、金川办2个临时办事处和巴浪湖社区1个社区，102个村民小组、13个居民小组。金银滩镇总面积106平方公里，其中耕地面积65476亩。2021年，金银滩镇大力实施产业崛起、乡村振兴、生态立镇、脱贫富民、基层治理，全力做好稳增长、调结构、强建设、惠民生等各项工作，奋力推进了全镇各项事业加速发展。

【财政收支】

2021年度财政拨款收入5255.48万元，其中一般公共预算财政拨款4627.11万元，政府性基金预算财政拨款628.37万元。相比2020年主要增加农村公益财政奖补项目财政拨款资金420万元，农村抗震宜居农房改造财政拨款项目资金942万元；乡村振兴示范乡镇等财政拨款项目资金595万元，金银滩镇一二三产业融合发展财政拨款项目资金100万元等。2021年度一般公共预算财政拨款支出4806.92万元。

【民族团结】

2021年，金银滩镇积极开展民族团结示范点创建活动，利用横幅、条幅、电子屏、以会代培、集中宣讲、组织演讲活动、专项征文或撰写心得体会文章等形式深入开展宣传教育。重点抓好镇政府、九公里农贸广场和团庄村民族团结示范点和依法管理法治化示范点创建工作，接受吴忠市和利通区互观互检工作2场次。

【美丽小城镇建设】

完成金银滩镇九公里农贸市场维修改造工程，项目投资57.73万元；金银滩镇沟渠治理项目，项目投资126.94万元，主要建设灵白村渠道砌护、银新村木竹沟的退水维修、东风渠渠道维修等。

【农贸市场管理】

2021年年承包费用为70万元，所获收益主要用于慰问群众、环境治理和给村民代缴农田水费。

【科技教育】

积极争取团庄村“新时代文明实践站”科普示范点等科普项目。开展科普宣传活动10场次、发放手册1000余份。开展未成年人普法宣传活动12场次，关心关爱未成年人活动10场次，通过捐资助学救助困境青少年29名，金额17000元。黄河农村商业银行助学金资助5名困难学生，金额20000元。

【文体卫事业】

人口监测系统监测新生儿251名，登记录入死亡人员100名。做好“三项制度”和独生子女保健费的审核、申报工作，累计申报独生子女30人，发放独生子女保健费1.55万元，申报“三项制度”各类人员55人，发放“三项制度”补贴资金6.6万元。申报“健康金银滩镇”建设。累计开展“关爱老人”“三减三健”健康知识宣传、“7·11”世界人口日健康知识宣传、“5·29计生协会活动日”“爱国卫生运动”系列活动30余次。累计完成孕检目标人数，完成妇女“两癌”筛查，有序推进家庭医生签约工作。农民文化广场24个、图书室1个、农家书屋12个，广播电视人口覆盖率100%。建设新时代文明实践所13个，提升东沟湾村村居功能室改造，为新渠村、杨马湖村、东沟湾村配置健身路径、乒乓球台、篮球杆文体器材。

【脱贫攻坚】

2021年，积极联系辖区企业、设施农业基地为建档立卡已脱贫户提供就业岗位，已脱贫户外出务工260人，为37名建档立卡已脱贫户弱劳动力、2名边缘户申请公益性岗位解决就业问题。新增、调增城乡低保83户94人。给予336名困难群众临时救助61.75元，其中建档立卡已脱贫户7户救助资金20500元。积极争取产业发展扶贫资金95万元和自治区乡村振兴衔接资金60万元用于银新、灵白村产业发展。

【招商引资】

2021年，完成4亿元招商引资项目建设目标任务，新建项目共有7个，分别是宁夏胜杰科技有限公司防腐设备生产制造项目、吴忠卫尔康精神病院建设项目、中环高科电缆（宁夏）股份有限公司西北高新新能源环保铝合金电缆制造总部基地建设项目、宁夏鑫羽专用汽车制造有限公司特种汽车加工项目、宁夏仁久旺金属结构制造公司钢架结构加工项目、宁夏旺利达工贸有限公司特种车辆加工项目以及宁夏西夏苑房地产开发有限公司宁夏国营巴浪湖农场回乐小镇安置区1#2# 商网建设项目。

【新农村建设】

完成利通区金银滩镇沟台中心村2021年高质量美丽宜居村庄项目、金银滩镇四支渠村跃四路路灯工程、金银滩镇沟台村环境整治工程、金银滩镇新渠中心村庄点铺装工程、金银滩镇良繁办排水沟砌护工程、杨马湖村文化广场建设项目。完成农村抗震宜居农房改造197户。完成金银滩镇新渠村道路硬化及渠道砌护工程，总投资70万元。

【现代农业发展】

2021年，金银滩镇西滩村天芫康农业发展有限公司种植叶菜700亩，引进先进移栽机和播种机12台套，提升金银滩镇瓜菜种植水平。

【设施农业】

2021年种植大小拱棚西瓜540亩，地膜马铃薯、小葱、芹菜、陆地菜2600亩。引进、示范新品种，在科丰种业、钧凯种业、福成合作社示范种植小麦、水稻、玉米、瓜菜新品种118个。2021年完成秋季灭茬6.15万亩，其中机深翻1.8万亩、机深松1.1万亩。

【种植业】

落实小麦面积230亩，玉米面积47341亩，水稻面积16501亩，供港菜面积1850亩，种植晋饲1号冬牧草8000亩，种植青贮玉米41000亩，籽粒型玉米7341亩，机插秧400亩，保墒旱直播1100亩。种植大小拱棚西瓜540亩，地膜马铃薯、小葱、芹菜、陆地菜2600亩。

【畜牧养殖】

2021年年底，金银滩镇奶牛存栏11246头；肉牛存栏20732头，出栏15112头，饲养量35844头；羊存栏36896只，出栏33818只，饲养量70714只；生猪存栏752头，出栏561头，饲养量1313头；家禽存栏18.28万羽，出栏28.08万羽，饲养量46.36万羽。畜牧业生产总值3.82亿元。

【植树造林】

2021年春秋两季，全镇共绿化186亩，其中春季植树186亩，秋季以补植为主。还完成滨河大道补植工程180亩，全年共植各类树木总计2万余株。完成新渠村和杨马湖村两个小区绿化任务共计134亩。

【水利建设】

治理面积4.3万亩；清淤支斗沟18条54公里，农沟646条388公里；整修支斗渠51条107公里，农渠503条356公里，整修农路271条163公里。累计投入5.67万个工日，出动机械880台班。

【基层党建】

认真履行党委主体责任、书记抓党建第一责任人职责，逐级建立党组织书记抓党建“四个清单”，将“基层党建全面提升年”工作任务与基层党建“六项行动”等重点工作结合起来，分领域细化“基层党建全面提升年”任务清单，挂图作战督促落实。抓好“三会一课”制度落实，全年按规定、按要求规范召开党委理论学习中心组会议、支部书记抓党建述职会议，着力增强党内政治生活规范性。

【政务服务】

累计受理社保、就业等各类业务事项1242件，累计办结1075件，即日办结737件，限期办结696件，提前办结32件。累计受理12345工单657件。

【党风廉政建设】

2021年，组织开展党规党纪学习5场次，召开党风廉政建设工作会议2次，打造了廉政文化宣传长廊2处，结合“金银滩镇领导干部廉政文化周”活动，组织党员干部开展廉政警示教育400余人次，对新入职和可能存在廉政风险点岗位的党员干部开展集体约谈提醒23人次，邀请利通区纪委领导讲廉政党课1场次。共完成4起问题线索的执纪审查工作，其中办理协作区案件2件，业务外案件1件，立案案件1件，受到开除党籍处分1人，及时对2名受党纪处分人员开展上半年回访教育。分别对村（办）、社区纪检干部、村监会主任24人次开展集体谈话。开展元旦、春节、五一、端午等节日专项检查4次，暗访3次，利用微信群共发送廉政提醒通知7次。开展疫情防控监督检查3次，开展扶贫领域专项督查检查2次，下发整改通知书2份。

扁担沟镇

【概况】

扁担沟镇地处吴忠市利通区最南部，距市区25公里，东临灵武市白土岗乡，西接青铜峡市，南连红寺堡区，北与高闸镇、金银滩镇为邻。镇域总面积588.09平方公里，下辖17个村1个场，109个村民小组。2021年是巩固拓展脱贫攻坚成果同乡村振兴有效衔接之年，利通区扁担沟镇在区委、区政府的坚强领导下，紧扣目标任务，坚持稳中求进工作总基调，以新发展理念为引领，以特色产业为主导，以项目建设为支撑，扎实做好“六稳”工作，全面落实“六保”任务，全镇经济稳中向好，社会发展展现新面貌。

【财政收支】

2021年度收入总计1.31亿元，支出总计1.31亿元。与2020年度相比，收、支总计各增加2681.9万元，各增长20%，主要原因是我镇收到2021年自治区财政衔接推进乡村振兴补助资金1800万元，2021年中央财政衔接推进乡村振兴补助资金1278万元，2021年农村公益事业财政奖补项目资金490万元；2021年相应支出按照资金要求当年内支付完成，所以2021年度支出增加。

【教科文卫体事业】

扁担沟镇居民基本养老保险和医疗保险参保率分别达到85%和100%。各村（场）卫生服务室进行了标准化升级建设，新建1所幼儿园，扩建了石家窑小学。文化事业繁荣发展，培育了渠口村“安塞腰鼓”等一批富有农村特色的社火展演队，年平均开展社火展演、年货节、丰收节等文艺活动8场次。18个村（场）实现休闲文化健身广场全覆盖。大力宣传爱国卫生运动，组织为新婚夫妇、65岁以上老人、妇女分别开展孕前检查、免费体检、“两癌”筛查，家庭医生签约16000余人，达到重点人群的66%。

【扶贫救助】

全面落实低保、扶贫“两线合一”工作，为21554人发放农村低保共计604万元，为160人发放城市低保共计6.9万元，为251户417人发放临时救助共计44.66万元，为2886人发放农村高龄津贴共计84.4万元，为408人发放困难残疾补贴共计27.1万元，发放护理补贴资金22.8万元，为595人补发2017—2020年三四级困难残疾生活补贴共计32.7万元，为20户28人特困供养人员发放基本生活救助及照料护理补贴资金10.1万元。按照“宜养则养、宜种则种、宜工则工”的原则落实2021年产业帮扶到户项目，各村申报养殖业补助645户，总金额246.7万元；种植业补助119户，总金额46.2万元；务工补贴828户1533人，总金额459.9万元。在全镇开展脱贫不稳定人口与边缘易致贫人口“回头看”“四查四补”常态化排查工作，经镇村干部、驻村干部和帮扶责任人认真摸排，我镇疑似脱贫不稳定人口478户1962人，已全部消除返贫风险，并建立一户一档。在防止返贫动态监测和大排查中，将5户23人定为突发严重困难户，对家庭中的13人纳入低保，并进行动态监测，防止返贫。

【招商引资】

坚持引进和推进项目，镇域发展提质增效。投资7.22亿元续建利通区中核200MWp光伏复合发电项目，完成率100%。投资2亿元续建利通区海子井50兆瓦光伏发电项目，完成率100%。续建三峡新能源利通区五里坡发电有限公司风力发电建设项目，总投资5亿元，现完成金额3.1亿元，项目完成率78%。新建宁夏风汇新能源发电项目，在五里坡区域建设总装机容量20兆瓦的新能源发电设施，8台风机、一座升压站，建设用地16.752亩，总投资1.4亿元，完成投资7500万元，完成率54%。实施利同新村文化广场建设、黄沙窝村冷链库改造、同利村排涝沟等16个第一第二批乡村振兴项目。继续实施烽火墩富硒苹果特色产业示范村项目。结合“四查四补”工作要求实施抗震宜居房改造“清零”工程，完成26户。全年完成上争资金3000万元。

【新农村建设】

坚持优化和美化环境，宜居乡村定格绽放，环境整治成效显著。投入大型机械1323台次，各类车辆2654余辆，发动群众43262人次，清理主干道路沿线230.6公里，清理庄前屋后乱堆乱放4023余处，清理清运生活、建筑垃圾12053.9吨。

【植树造林】

突出抓好主干道沿线、环村林带、农田林网建设，补植、新植各类树木1.9万余株。

【乡村道路建设】

2021年实施7个农村公益事业财政奖补项目，其中在高糜子湾村、双吉沟村、石家窑村3个村投资210万元实施路灯亮化工程，安装太阳能路灯549盏；在黄沙窝村6队、7队投资70万元实施道路硬化工程，硬化总面积7000平方米。在同利村和利原村投资140万元实施环境整治项目，在渔光湖村投资70万元实施文化广场建设项目。

【现代农业发展】

调整产业结构，依托黄沙窝村蔬菜冷链库，引导农户大力发展规模种植，夯实乡村振兴基础。在黄沙窝、渠口村建设两个千亩大小拱棚西瓜示范点，带动全镇种植大小拱棚西瓜2211亩，露地蔬菜1840亩，种植小番茄338亩，推广种植富硒和制种水稻7035亩；以海子井村、赵家沟村为重点，种植黄花菜894亩。其他各村零星种植蔬菜553亩。在经果林种植方面，以烽火墩村、良繁场为重点，推进苹果产业规模扩张与质量、效益同步提高，将“扁担沟苹果”打造成驰名品牌，并在烽火墩村、良繁场幼龄果园建设千亩林下经济示范点，带动14个村717户发展经果林7521.7亩。

【畜牧养殖】

紧紧围绕自治区奶产业全产业链1000亿元战略目标，积极配合区农业农村局，加强奶源基地建设，以五里坡奶牛生态养殖基地、孙家滩奶牛养殖基地建设为中心，完善水电路等基础设施建设，加快扩群补栏，全镇存栏奶牛12万余头、肉牛4万余头、生猪6000余头、禽类11万羽、羊12万余只。

【水利建设】

河长制工作扎实开展。投资19.2万元先后对双吉沟、苦水河、黄羊沟等7条河湖沟道80.3公里进行了整治清理，清理各类垃圾129吨；对14处河湖长制公示牌进行了更换，新设警示牌81个，全镇32名河湖保洁员对8条河湖沟道保洁全覆盖；拆除苦水河违建牛羊场3处7430平方米。

【基层党建服务】

扁担沟镇党委始终以“基层党建全面提升年”为契机，以党支部规范化达标创建为抓手，紧紧围绕基本组织、基本队伍、基本制度、基本活动、基本保障的“五个基本”工作要求，认真组织开展支部规范化建设工作。一是推进组织生活制度化，按照“三定一报备一纪实”要求严格落实“三会一课”制度，采用“3+×”模式常态开展支部主题党日。二是加强党员教育培训。不断完善党委委员联系支部讲党课制度，广泛推广“学习强国”“和谐扁担沟”等线上学习平台，以多种多样的方式，不断巩固拓展党的群众路线教育实践活动、“三严三实”专题教育、“两学一做”学习教育成果，持续做好“不忘初心、牢记使命”主题教育，开展好“党史学习教育”。三是干部队伍不断规范。深入实施“三大三强”和“两个带头人”工程，培养致富带头人127名，村级后备力量92名；培养入党积极分子110名，吸收预备党员73名，转正党员68名，为基层党组织补充了新鲜血液。通过开展党员进党校、过“政治生日”和“七一”表彰等活动，让每一名党员的思想接受新的洗礼，理论学习有了新的收获。组织村书记到各村交流学习，形成“比学赶超”的氛围。同时，通过广泛征求意见和建议，全面掌握全镇村“两委”换届选举工作中面临的新情况、新问题，制定有效措施，保证了村“两委”换届选举工作顺利进行。17个村成功推选村“两委”成员90人，交叉任职28人，16个村实现村“两委”成员中至少有1名35岁以下干部，新一届“两委”成员平均年龄下降4.6岁，高中及以上学历人员占比达到41.2%，实现了“一降一升”的目标。四是拓宽服务群众领域。以解决好群众切身利益的难点问题为出发点，深入开展民族团结进步创建活动，进一步铸牢中华民族共同体意识，打造同利村、黄沙窝村等民族团结示范村。常态化开展扫黑除恶专项斗争，整合各村综合治理中心、矛盾纠纷调解室和村民议事厅，聘用网格员107名，落实四级网格化管理制度，充分发挥“三官一顾问”作用，解决群众揪心事、烦心事、操心事。

【基层组织建设】

扁担沟镇换届选举登记选民总数21220人，参加选举选民13615人。17个村全部按照“有候选人”方式选举，一次性选举成功13个村，另行选举成功4个。换届选举共计产生村委会成员67名，主任17名。选举后续工作中村民代表、村民小组长和村监会推选已全部完成。下属委员会全部成立，推选出村民小组长108人。村监会推选出委员会成员51人，其中主任17个，委员34人。推选村民代表550人。

【党风廉政建设】

扁担沟镇党委始终按照“党要管党、从严治党”要求，以落实党风廉政建设责任制为抓手，扎实推动全面从严治党、党风廉政建设主体责任、“第一责任人”责任和“一岗双责”责任的落实，每年组织召开全镇全面从严治党和党风廉政建设工作会议，制定了《扁担沟镇党风廉政建设和反腐败工作要点》，为全镇各项工作提供了有力的政治和纪律保证。同时，镇党委也会按时听取班子成员履行“一岗双责”情况报告，督促班子成员及时准确填写工作手册和提醒谈话记录本。针对自治区党委第一巡视组和四届利通区委第一轮、第六轮巡察反馈的问题，立即整改，长期坚持，举一反三，查漏补缺，做到抓铁有痕、踏石留印。

古城镇

【概况】

利通区古城镇位于吴忠市西北，镇域面积32平方公里，全镇辖11个行政村（五星村、红星村、左营村、秦桥村、黎明村、新生村、古城村、金星村、朝阳村、党家河湾村、新华桥村），3个城市社区（怡园社区、清宁河社区、朔方社区），总人口50470人。共有23个基层党组织，其中包括2个党委，3个党总支，18个党支部，党员总数1138人。2021年全镇实现社会总产值43亿元，二三产业社会总产值42.4亿元，完成固定资产投资6.93亿元。完成招商引资3亿元，上争项目资金3000万元。

【财政收支】

2021年古城镇财政收入7951.01万元，财政支出8220.11万元。

【教育事业】

2021年古城镇设立教育专干，接受乡镇和教育行政部门双重领导，密切联系辖区各中小学校和幼儿园，积极协助学校开展控辍保学、校园周边环境治理等工作。秋季开学前各村（社区）及辖区各学校开展适龄儿童摸底和宣传工作，并对其发放入学通知书。开展控辍保学工作，发现辍学学生5人，全部劝返。

【文体事业】

2021年在文化体育事业方面加强业务技能学习，适应新形势下的文化发展。10个村（社区）已经完成了综合文化服务中心功能提升。组织团队积极参加利通区的各类文体比赛，秦风艺术团获得利通区庆祝建党100周年舞蹈大赛优秀奖、黄河金岸艺术团获得利通区庆祝建党100周年舞蹈大赛优秀奖，老年艺术团分获利通区庆祝建党100周年系列活动广场舞大赛和舞蹈大赛二等奖和三等奖。

另外还组建了一支12人的临时篮球队。

【环境整治】

2021年古城镇开展专项整治，改善全镇环境卫生面貌，开展爱国卫生工作。修缮整理各类城乡公共设施，清洗候车亭、阅报栏等，粉饰道路交通设施；清理乱搭乱建、乱堆乱放、乱贴乱画、镇区牛皮癣（小广告）、乱停乱摆和不规范的牌匾、广告；加强“门前四包”管理，清理门前堆放物；全面整治街路、学校、公园、广场、车站周边和繁华商业地区、居民区内的各类占道现象。

【健康科普】

2021年古城镇开展健康科普进村居、进家庭，实施健康知识普及行动、合理膳食行动、心理健康行动等，普及预防疾病、食品安全、合理用药、心理健康等知识技能，倡导健康生活理念。古城镇联合古城卫生院开展家庭医生签约，对60岁老年人进行健康体检，对妇女进行“两癌”筛查活动，不定期为广大群众测血压、量血糖达到2000余人，开展健康咨询义诊15余次。

【社会救助】

古城镇认真做好社会救济工作。享受政策人数中，2021年新增低保52户77人，通过核查情况好转后取消低保7户9人，动态调整后现有享受城乡低保377户535人。对低保户半年核查一遍，应保尽保，应退尽退，动态调整，使真正需要救助的困难群众得到救助，提高了救助质量。

【脱贫攻坚】

2021年古城镇宣传、落实“四个不摘”政策，紧盯66户移民和党家河湾、新华桥两个农业村1838户农户。落实劳务移民小额贷款5户25万元。务工补贴69人，按每人3000元共发放务工补贴资金20.7万元，上报“雨露计划”12人、困难救助2户4000元。摸清移民务工情况，我镇346名移民中有劳动力的161人，其中142人在各行各业务工，调查核实移民务工收入和家庭年人均纯收入，及时录入防返贫系统。共受理7户自主申报边缘户和38户行业反馈的疑似错误数据，线下入户核实，及时将核实情况上报利通区乡村振兴局。

【招商引资】

2021年古城镇引进吴忠万达锦华星级酒店建设项目。项目位于恒昌未来城西侧，迎宾大街以东，河奇路以南，总高11层，按五星级酒店标准设计装修，已完工。

【新农村建设】

2021年古城镇做好危房及抗震宜居房翻建改造工作，始终将抗震易居房改造政策贯穿于工作始终，动员符合建房要求的农户应建尽建。经过各村宣传动员，建房农户有26户（抗震宜居房翻建24户，危房翻建2户），分别集中在党家河湾村7户、新华桥村19户，已建设完成并通过市区住建局验收组验收。完成了利通区下达的6户空心房拆除任务。

【乡村道路建设】

2021年古城镇做好村镇道路养护工作，组织开展养护路段的日常巡查，定期对通村21条主干路进行危险因素排查，并及时上报排查情况。及时与吴忠市、利通区两级住建局对接，配合市局开展对党家河湾村村部前后2条主干路翻新改造工作并上报维修项目申请。2条主干路段已建成通车。

【现代农业发展】

2021年古城镇建立水稻“五优”基地和青贮玉米示范片。在党家河湾开展水稻全程机械化插秧、稻鱼共养，“一年两熟”制粮饲新模式。同时实施水稻品质提升试验示范，试验示范15个水稻优新品种。积极推广大棚育秧全程机械化栽培技术，实现良种良法全覆盖、测土配方施肥，病虫害统防达到100%。

【农业基础设施建设】

2021年古城镇继续加大日光温室新技术、新品种推广力度，设施蔬菜面积1123亩，仅新华桥村设施温棚面积达1109亩368栋，涉及种植户86户，新华桥村设施农业已成为群众增收致富的新型产业。全镇露地蔬菜面积达710亩，新华桥村继续扩大韭菜种植，在原有530亩的韭菜种植面积基础上，新增50亩韭菜。做好冬麦后茬复种水稻、青贮玉米“一年两熟制”示范。抓好农产品质量检测，降低面源污染。配合吴忠市和利通区农产品检测机构，抓好新华桥村设施蔬菜农产品农药残留的检测，宣传动员种植户禁止使用高残留农药。

【种植业】

2021年古城镇继续做好粮食生产工作。全镇耕地总面积为7744亩，粮食种植面积为6041亩，其中水稻面积710亩、玉米面积5331亩。饲草种植面积520亩，蔬菜种植面积达到1833亩，其中露地菜710亩，设施蔬菜1123亩，仅日光温室面积就达1109亩，占设施蔬菜面积的99%。

【植树造林】

2021年古城镇林业生态建设工作紧紧围绕实现林业资源总量增加、森林质量明显提高、林业产业效益增加、林区秩序良好四个目标，发动群众开展植树造林活动。春季对全镇40个小区进行了全面的绿化，其中安置小区26个，商住小区14个，由利通区自然资源局、古城镇以及各村购买苗木进行绿化。完成42个创城小区绿化补植补造，栽植各类苗木19.2万株。

【水利建设】

2021年古城镇开展兴修水利工作。疏浚渠道20.5公里，清淤1500立方米，硬化草坪砖面包砖8800平方米，配置建筑物闸门40座、生产桥16座，退水18个，清理清水沟党家河湾村行水渡槽1公里。

【旅游业发展】

2021年古城镇在新华桥村全面启动“致敬劳动，礼赞丰收”活动。9月22日，吴忠市2021年中国农民丰收节暨古城镇第六届金秋红枣节活动围绕“枣知你来·红遍利通”这一主题，旨在营造欢喜庆丰收、决胜迎小康的热烈氛围，打造一场农民自己的节日盛宴。本次活动内容丰富，各有亮点，总计包括七个方面的内容，即“感党恩庆丰收”文艺演出，“五谷丰收”农产品展示展销会，“香味吴忠”特色农家小吃美食节，“漫游乡间”低碳骑行，“枣香四溢”健步走，“策马奔腾”骑马体验，“赏黄河落日”露营展。

上桥镇

【概况】

上桥镇因秦渠吴忠市区段上的一座大桥——“上桥”而得名至今。全镇总面积14.7平方公里，耕地面积4675亩。辖8个行政村、1个社区。2020年末总人口为34322人，均为城镇户口。

【项目建设】

2021年实施重点建设项目11个，完成投资2.53亿元。其中利华街南延伸段道路、宁鸽园养殖专业合作社鸽子养殖中心、服务业集聚区（公共沙滩浴场、龙舟赛道、拼装式游泳池）等项目已完成建设；上桥镇美丽小城镇、涝河桥观光农业示范园、休闲游乐区，上桥镇2021

年保障性安居工程、亚兴大厦综合楼、润祥东苑二期等6个项目已完成年度建设任务。

【现代服务业】

全面优化提升服务业集聚区商业结构，提升改造牛家坊好吃街、中华美食街以及河畔人家、清水源丫丫农庄等5家星级农家乐，培育发展荷间坊、牛家小院、王英农家等家访式农家接待5家。引导村民自筹3400万元建设轻钢结构精品民宿26家、特色民居8000平方米。全面完成清一沟民俗街建设。成功承办自治区乡村文化旅游精品线路推介会，利通区第二届冰雪旅游文化节和第七届桃花节，全年接待游客达100万人次，旅游收入突破7000万元。

【农村人居环境】

落实“一村一年一事”8件，精心打造牛家坊民俗文化村特色产业村，加固翻建抗震宜居房13户，绘制彩色墙画1000平方米，硬化农村彩色道路2.3公里。强化农村生活污水和黑臭水体治理，敷设集中污水收集管网32.5公里，新建农村公共厕所2座、提升泵站4座，卫生厕所改造1200户，农村卫生厕所普及率达到100%。更换分类垃圾桶300个，成功打造清一沟农村生活垃圾分类示范点，生活垃圾无害化回收率实现100%。

【基础设施建设】

新建篮球馆1座、宁宝物联大型超市及鲜蔬集散中心1家，打造新时代文明实践站所3所，建成润翔东苑、博雅南苑等商业住宅小区3个。争取实施保障性安居工程项目，提升改造10个居民小区基础设施，安装充电桩1200组，绿化补植提升420亩，栽植荷花45000株，“三绿”标准达到95%以上。

【民生保障】

紧紧围绕“幸福上桥”奋斗目标，始终坚持把涉及群众切身利益的事情放在心上、抓在手上，百姓福祉不断提升。社会保障坚实有力。坚持就业优先政策，创建牛家坊失地农民、爱之圆失地农民创业孵化示范基地2个，举办技能培训班、专场招聘会7期，申请公益性岗位107人，城镇新增就业663人，转移劳动力1861人，实现劳务收入2820万元。累计发放低保、补贴、救助等各类民政资金765万元。辖区人口出生率、死亡率、自然增长率均控制在正常范围。顺利完成全国人口抽样调查试点工作。乡村振兴成效明显。建立健全防止返贫致贫动态监测预警帮扶机制，投入专项资金350万元，完成涉及劳务移民后续产业发展的涝河桥设施农业温棚二期建设，帮扶产业实现收益65250元。投资30万元，完成移民小区基础设施、市民驿站提升改造和劳务工作服务站建设，劳务移民稳定就业率达93.7%。新冠疫情防控得力。建立健全疫情常态化管控机制，完成疫苗注射30400支。坚决扛起疫情“零发生”防控重任，紧急动员157名镇村干部和600余名党员、团员、民兵志愿者，积极组织开展“疫情防控送温暖行动”，集中慰问困难群众870户。

【社会治理】

紧紧围绕“平安上桥”奋斗目标，坚决守好促进民族团结生命线，常态化开展民族团结进步宣传教育“十进”活动，全面铸牢中华民族共同体意识。坚持宗教事务法治化管理，创新实施“1334”基层宗教工作模式，“五进”宗教场所实现全覆盖，重点人员“五包一联”转教成效明显。在民族团结进步创建工作上重点采取“四项措施”，申报自治区民族团结进步创建先进单位1个、吴忠市民族团结进步创建先进单位2个，民族和睦、宗教和顺、社会和谐的局面更加巩固。扎实开展“平安上桥”创建，持续巩固人民调解“四张网”，投入资金80万元实施乡村治理项目，建设数字化乡村（社区）示范点2个。创新实施“446”综合治理、“4433”乡村法治工作模式，调解疑难复杂矛盾纠纷87件，成功化解信访案件16件，调处化解成功率达97%。社区戒毒康复执行率达到100%。综合执法处罚各类违法违规行为1100起，群众投诉事项办结满意率达99.5%。深入推进安全生产专项整治行动，全镇重点领域未发生较大及以上事故，安全生产形势总体平稳。

胜利镇

【概况】

利通区胜利镇地处吴忠市区老城区，辖区面积12.2平方公里，东起利华街，南至吴惠路，西至同心路，北到裕民街，辖朝阳、上桥、民生、中华、新华、秦渠、永昌、富荣、正源9个社区；现有党委11个，其中镇党委1个，社区党委9个，非公企业党委1个。党支部39个，其中社区网格支部23个，机关支部2个，非公有企业党支部14个，创建五星级服务型党组织3个，四星级服务型党组织5个，五星级和谐社区6个，有党员1514名，市区两级共建单位76家。辖区有125个企事业单位，177个居民小区，沿街商铺2874家，常住人口26825户68814人。胜利镇先后荣获全国人口和计划生育依法行政示范乡镇、全国节俭养德全民节约行动先进单位、全国文明村镇、自治区级文明乡镇、自治区民族团结进步示范镇、吴忠市先进基层党组织、吴忠市双拥模范城（县）创建工作先进单位、吴忠市精神文明建设先进集体等荣誉称号。

【财政收支】

2021年1—8月胜利镇一般预算收入1567.3万元，其中财政拨入经费1132.7万元，占全年一般预算收入的72.27％；其他收入434.6万元，占全年一般预算收入的27.73％。一般预算支出1232.7万元，其中财政拨款支出947.6万元，其他支出285.1万元。

【社区阵地建设】

2021年胜利镇9个社区有6个社区阵地达到1000平方米以上，妇女儿童心理关爱室、法律援助室、多媒体教室、志愿服务站等系列便民服务场所为居民提供全方位的优质服务。新建780平方米正源社区综合服务中心阵地，规划设置了党群服务中心、电子图书阅览室、党员活动室、多功能排练厅、物业办等功能室，实现了“党建＋网格化管理、社会治理、志愿服务、文化娱乐、环境宜居”的同心圆服务，切实增强了社区阵地服务的承载力和覆盖面，极大地满足了居民多元化需求。

【社区精神文明建设】

2021年胜利镇着重加强阵地建设。推进780平方米正源社区、520平方米朝阳社区新阵地建设，依托阵地资源，着力打造“多细胞”“多功能”的活动站点和服务站点，使社会主义核心价值观和新时代文明延伸至群众“最后一公里”。突出“文明细胞”创建。开展“细胞创建工程”，把好先进典型“风向标”，推荐申报的杨丽娟被评为全区未成年人思想道德建设先进工作者，推荐选树优秀志愿者16人，评选“六个先锋”134人。文明新风持续改善。加大移风易俗宣传教育，深化9个社区“道德讲堂”，依托“百姓书场”，举办“诵读红色家书缅怀革命先烈”等活动20余场次，有效深化了“四德”教育。在全镇广泛开展“推动移风易俗树立文明新风”主题宣讲活动、专场文艺演出等，移风易俗讲文明、除陋习、树新风活动25场次。开展庆祝中国共产党成立100周年系列活动。以“奋斗百年路启航新征程”为主题，策划举办“2021百年华诞颂党恩同心共筑邻里情”第十七届社区邻居节暨睦邻文化节活动，广泛开展“共产党好·黄河水甜”“庆七一感党恩”合唱比赛，深情抒发了党员干部群众感党恩、听党话、跟党走的热烈情感。积极弘扬传统文化。凸显“我们的节日”文化主题，利用端午、中秋、十一、重阳等节日，举办“欢聚一堂庆元宵喜气洋洋猜灯谜”“和谐幸福年·起航新胜利”迎新春、“浓情端午‘粽’飘香美德传承少年先”庆端午等活动，以活动践民俗；组织写春联交流沙龙、剪纸培训班、旗袍走秀、猜字谜、挂灯笼等活动，以传统育人心，有效传承弘扬了优秀传统文化。

【社区法制宣传】

2021年胜利镇制定年度法治建设工作要点、普法依法治理工作要点、普法责任制“四清单一办法”、学法清单等文件，推动会前学法制度落实，通过党委理论学习中心组、干部例会、社区法治课堂，举办习近平法治思想、宪法、民法典、国家安全法等各类法治教育培训32场次，提高了行政处罚法、未成年人保护法等一批新法的知晓率。开展“美好人生民法典相伴”“国家安全共同守护”“绿色无毒健康人生”“全民反诈”“宪法宣传周”等主题法制宣传活动23场次。积极落实社区“法律明白人”培养工程，审核上报“法律明白人”骨干152人。

【民族团结】

2021年胜利镇积极开展民族团结活动，在宗教场所开展了习近平新时代中国特色社会主义思想学习以及国旗、宪法和法律、社会主义核心价值观、中华优秀传统文化“四进”活动，引导信教群众弘扬真善美，传播正能量。“民族团结月”期间，各社区利用电子屏、宣传橱窗、横幅等形式，广泛宣传民族团结知识，教育群众向上向善、孝老爱亲、重义守信，营造了浓厚的宣传氛围。借助“社区邻居节”载体，每到春节、端午节、国庆节等节日，各社区通过举办猜灯谜、包粽子、有奖问答、广场文艺演出等活动，把党的民族宗教政策知识融入活动中，加强对居民群众民族宗教政策的教育，进一步提高了广大居民对党的民族团结政策的了解，形成了良好的舆论氛围和工作氛围。

【文体事业】

2021年胜利镇强化文化阵地建设和文化队伍建设。组织团队积极参与全镇及各社区开展的民俗、健身、睦邻等文体文化志愿服务活动，选派“四季春”等3支文艺团队骨干参加自治区宁夏一级社会体育指导员志愿服务培训及第八届社会体育指导员交流展示大赛。以民俗节日为契机，凸显“我们的节日”文化活动。元旦春节期间，举办2021年“和谐幸福年·起航新胜利”迎新春活动。依托社区文化活动阵地，广泛组织开展群众文化活动，先后开展“张灯结彩庆元旦邻里和谐话团结”“携手并进迎新春文明祥和过大年”迎春节联谊会、“邻里相伴迎新年、巧手妙剪送祝福”等茶话会、联谊会、文艺汇演等民俗文化活动，进一步营造了健康向上的文化氛围。以体育活动为抓手，营造全民健身氛围。全年举办了2期镇业余文化团队骨干培训班，即3月培训了健身广场舞，8月全民健身月培训了广场舞、健身操。积极组织社区参加利通区举办的“2021科学健身 健康战疫”线上健身大拜年活动。各社区依托社区室内健身室、文体广场开展了“欢乐新年精彩无限”线上亲子趣味活动、“趣味运动健康生活”“乒出精彩赛出水平”乒乓球联谊赛等群众喜闻乐见的趣味健身活动。以文化活动为引领，彰显胜利文化魅力。以庆祝中国共产党成立100周年为契机，积极开展各类文艺演出和志愿服务宣传等活动，参加利通区“律动利通”舞蹈大赛。以文化阵地为依托，开展全民阅读、电影放映活动。举办了胜利镇“真情颂党恩筑梦新时代”知识竞赛活动，各类活动的开展有效推动辖区党员、居民及青少年以书为伴、以学促思，营造了读书好、好读书、读好书的良好氛围。以主题型活动为载体，开展睦邻文化节及社区邻居节系列活动。利用端午、中秋、十一、重阳节等节日，举办了睦邻文化节暨第十七届社区邻居节系列活动之“2021百年华诞颂党恩同心共筑邻里情”喜迎建党100周年系列活动、“红管家睦邻办实事大党委聚力开新局”党建引领基层治理暨民族团结活动；“浓情端午‘粽’飘香美德传承少年先”庆端午活动。

【劳动就业】

2021年胜利镇搭建“线上招聘”信息服务平台，促就业。推行线上招聘，及时向辖区发布就业信息10期，涉及就业岗位181个1500余条，让辖区居民及时了解就业动态，促进有需求的人员就业。同时，与恒丰毛纺织业、民族饭庄等用工单位点对点地进行协调沟通，为其输送合适人员，年内为18个企业输送员工700余人。根据企业用工需求，开通“就业直通车”，组织有就业意愿的失业人员到企业参观，让就业者和企业“零距离”交流、“面对面”应聘，实现就业工作推进落实。积极组织失业人员及高校毕业生参加“春风行动暨就业援助月”招聘会促就业。劳动保障站积极组织辖区200余名有就业意愿的失业人员在万达参加了由吴忠市利通区人力资源和社会保障局举办的“春风行动暨就业援助月”现场招聘会，现场有32家用工企业单位提供就业岗位114个，我镇有6人现场达成了就业意愿。就业援助月活动措施到位。在就业援助月活动期间，走访就业困难人员和零就业家庭46户，登记认定的未就业困难人员人数为35人，其中残疾就业困难人员人数为5人。帮助就业困难人员实现就业35人，认定的零就业家庭户数8户，帮助零就业家庭实现就业人数8人，动态消除零就业家庭。在活动期间，开展相关政策宣传1场次，发放社保相关政策知识宣传册284份。

【社会保障】

2021年区胜利镇强化低保、社会保障等动态管理，全年为辖区930户1118名低保、高龄、残疾人、孤儿等发放城市低保金及各类津贴补贴金431.93万元。高龄老人保障工作持续加大。我镇高龄对象10户10人，百岁老人2户2人。全镇5个日间照料中心包含生活服务用房、保健康复用房、娱乐用房等功能室，能够全面满足老年人居家社区养老服务基本需求。平均每个日间照料中心每天老年人活动人次多达40人次。孤儿政策有序跟进。落实关爱措施，关注孤儿成长，我镇孤儿8户8人，年内新增2户2人，孤儿大学生1人享受助学补贴5000元。年内孤儿参加新时代文明实践站开展的爱国主题教育、未成年人主题观影、未成年人圆梦等活动10余人次，让孤儿在参与中有效提升了社会融入度与自信心，同时丰富了其业余文化生活。残疾人服务显著提升。圆满完成2021年度全镇1226名残疾人的普查工作，为47名残疾人办证，残疾人生活、护理补贴申报122人，残疾人灵活就业一次性补贴5人1万元，残疾人个体工商户养老保险补贴3人1.3万余元；为辖区有需求的残疾人配发残疾器具轮椅、双拐、助听器、盲杖等9件；利通区智慧养老服务中心为50多个残疾人开展了日间托养、就餐配餐、健康理疗等服务多达500余次，有效提升了残疾人的幸福感、获得感。住房保障工作持续加大。为符合条件的低收入家庭办理廉租房补助、实物配租和公租房申报，着力推进保障住房工作。受理低收入家庭公共租赁住房申请70多户，经镇居委员会组织入户核查，20户通过镇居委会评审大会。

【社区环境整治】

2021年胜利镇按照“十二无”标准，组织开展人居环境整治暨清洁行动“春季战役”等环境卫生综合整治130余次，投入人力1.3万余人次，清理垃圾720余吨、整治户外广告4300余处2万余平米，清掏清理化粪池94个。全面推行垃圾分类，率先投放智能垃圾分类投放箱。提升老旧小区改造品质，积极争取整合为民办实事、老旧小区改造、党建为民服务等项目资金，对复兴家园、市医院家属院、粮食局家属院、大同楼等21个老旧小区实施了改造，维修破损路面3.07万平方米，粉刷墙面26.5万平方米，维修单元门386个，维修小区照明3246个。争取实施430万元“三供一业”项目，对仪表南院供暖、上下水、外墙保温等基础设施进行了改造。清理拆除老旧煤房192个。

【创卫工作】

2021年胜利镇加强小区绿化补植管护工作。在市医院家属院、秦渠华苑、阅秦水韵等70个小区补植花木20万株左右，其中水蜡约5万株、侧柏约6万株、紫叶矮樱约3万株、小榆树约6万株，极大提升了小区绿化品质。5—7月，组织辖区各物业公司为辖区21个小区118棵大型乔木类树木喷洒了药物。

【基础设施建设】

2021年胜利镇大力实施老旧小区改造项目，拆除煤杂房、废旧车库车棚、锅炉等500余个，完成塑配小区、汽车二队等10个小区63栋楼宇的三大管网、小区道路、外墙保温、屋顶防水、雨落管、楼道墙面等基础设施改造任务。实施了3577万元朝阳小区立体停车楼项目，完成上争资金900万。

【党风廉政建设】

2021年胜利镇厘清责任分工，推动全面从严治党责任落实。胜利镇始终坚持“党委统一领导、党政齐抓共管、纪委组织协调、站所各负其责”的领导体制和工作机制，全力抓好党风廉政建设各项工作任务的落实。根据上级纪委工作安排，结合本镇实际，镇党委先后3次召开党风廉政建设和反腐败工作专题会议。梳理完善全面从严治党“三个清单”，梳理廉政风险防控点78个，制定风险防控措施94条，制定下发各班子成员“一岗双责”清单。补足精神之钙，筑牢党员廉洁自律意识。利用党委中心组理论学习会、干部周例会、党员冬季轮训、主题党日等，扎实开展党风廉政建设和反腐败理论知识学习40余次。组织党员干部到中共宁夏工委纪念馆暨永宁县党史党性廉政教育基地、闽宁镇、利通区初心馆现场接受警示教育，组织观看《正风反腐就在身边》《为了庄严的承诺》系列警示教育片10场次。持之以恒抓作风，营造风清气正政治生态。对9名领导班子成员建立廉政档案，各社区“两委”成员建立干部廉政档案，要求镇全体干部对照自身认真填写《党员干部、公职人员违规吃喝问题自查自纠情况报告表》，切实提高领导干部廉洁自律的自觉性和廉洁从政意识，进一步规范领导干部的廉洁从政行为。

金星镇

【概况】

2021年，金星镇辖区面积12.5平方公里，辖裕西、金塔、材机、开元、金花园、金星花园、明珠、利宁、富平、阳光骄子、正丰11个社区，共142个住宅小区，57408户106216人，其中老旧小区43个。有商铺4073家，规模以下27家，物业服务公司37家。2020年金星镇城市“雁阵1465行动”“1+6+N”红色物业体系、兰花志愿服务组织等工作在全区具有一定影响力。

【财政收支】

2021年，金星镇一般公共预算收入2309.5万元，其中，基本收入698.97万元，项目收入1610.54万元；一般公共预算支出2420.07万元，其中，基本支出708.97万元，项目支出1711.1万元。

【社区阵地建设】

2021年，金星镇11个社区共有办公和公益活动用房13278.05平方米，社区平均面积1207.09平方米。整合各小区物业闲置用房1634.95平方米。

【传统文化建设】

2021年，金星镇结合传统节日，指导组织文化团队参与各类生动活泼、特色鲜明的传统文化展演或比赛活动。

【社区法制宣传】

2021年，金星镇修订“四清单一办法”，利用国家宪法宣传日等重要时间节点，共组织开展文艺活动15场次，开展宣传活动32场次，发放各类法治宣传资料2万余份。

【民族团结】

2021年，金星镇举办第17届社区邻居节、社区文化艺术节等民族团结文化品牌活动，依托社区阵地，大力开展“石榴籽红民族亲”活动。富平社区被评为自治区级民族团结进步示范单位。

【文体事业】

2021年，金星镇为各社区配备电脑、打印机等40余台，图书3万多册，室外音响、功放等设施30余套，体育活动器材80余套；结合科普宣传日，共发放生态环保宣传资料60余份，各社区开展系列宣传活动5场次。成立舞恋姊妹文化艺术团、老顽童文化艺术团等6支文化团队，组织、策划、举办各类文体演出竞赛活动80余场次，观众达万余人；编排的舞蹈《花儿绽放幸福来》获利通区“献礼百年·红色旋律舞起来”广场舞大赛一等奖、利通区“律动利通”舞蹈大赛一等奖、吴忠市广场舞大赛三等奖、自治区舞蹈大赛优秀组织奖，舞蹈《翻身农奴把歌唱》获利通区“律动利通”舞蹈大赛二等奖。组织辖区群众参加“共产党好·黄河水甜”群众合唱节获优秀奖，组织镇居干部参加利通区庆祝中国共产党成立100周年暨“唱红歌·颂党恩”合唱比赛，获三等奖。

【劳动就业】

2021年，金星镇共实现城镇新增就业1560人，失业人员实现再就业598人，就业困难人员实现就业133人，零就业家庭实现再就业15户，援助实现就业困难人员56人；组织1500多位重点群体参加用工招聘洽谈会8次；为771人认定城镇长期失业身份，325人认定其他特殊身份，442人进行灵活就业登记；承办“春分行动”利通区春季招聘会；三级就业平台求职登记40人，职业介绍35人，成功就业5人，就业创业咨询480人。

【社会保障】

2021年，金星镇上报城乡居民到龄领取待遇人员21名，12人办理城乡居民养老保险补缴手续，补缴金额25.61万元，8人办理死亡申报、丧葬补贴领取手续；共受理新生儿参保518人，居民医疗保险参保2794人，养老保险登记98人。完成激活电子医保卡共34986人，电子社保卡共28961人。

【民生救助】

2021年，金星镇共发放低保金、各类补贴183.7万元，高龄各类补贴10.4万元，孤儿津贴3.95万元；脱贫户41户206人，具有劳动能力99人，就业85人。核减低保29户45人1.9万元，调减7户7人3610元，降标1户1人360元，新增17户28人1.34万元，调增8户8人2085元，增加1户1人300元，高龄取消2人1000元。临时救助困难家庭65户118人，发放救助资金30.95万元；发放困难残疾人生活补贴101人、护理补贴379人，67.8万元；完成1170名残疾人普查工作和111名残疾人康复需求系统录入工作。

【社区环境整治】

2021年，金星镇成立人居环境综合整治工作领导小组，明确工作目标，分解工作任务；定期组织开展飞线充电整治、违章建筑拆除、卫生死角清理等集中整治活动；扎实开展小区绿化工作，补植绿化苗木280万株；建立垃圾分类示范点8个；开展“千楼万户”入户宣传工作，制作宣传展板1300余块，发放宣传品30万件；对小区内机（非）动车停放进行集中整治；采取定期抽查和自查，对人居环境综合整治工作任务落实情况进行督导。

【创卫工作】

2021年，金星镇整合多方力量广泛开展“讲卫生、强观念、除四害、治环境”的活动，在各小区进口处共制作悬挂健康教育宣传展板73块，开展“爱国卫生日”活动12场次。

【基层党建政务服务】

2021年，金星镇打造金塔社区、裕西社区党群服务中心，探索党建领航·红色物业“1+6+N”示范模式，打造利宁社区桃花苑等一批“红色物业”示范点；协调完成民生实事109件，累计投入资金164.1万元；探索在职党员“345”工作机制，组建“红小二”“红色管家团”等特色志愿服务队；疫情防控期间成立临时党支部42个，党员先锋岗109个，在抗疫一线组建党建先锋队73支。

【党风廉政建设】

2021年，金星镇党委专题研究安排部署党风廉政建设工作2次，制定相关责任清单20条、措施要求32条；定期督促班子成员认真履行“一岗双责”，成立工作领导小组，开展政治监督和日常监督工作10余次；组织中心组理论学习10次、干部例会理论学习15次，观看廉政教育专题片5次，通报典型案例5次；召开党委会议53次，研究重大事项400项，严格执行《中国共产党问责条例》及市委《关于落实党风廉政建设“两个责任”追究办法》；召开节前廉政警示教育安排部署会10余次、发送廉政信息10余次；运用制度手段切实落实“五不直接分管”工作，开展专项监督检查5次。

东塔寺乡

【概况】

东塔寺乡位于利通区东北部，距市区2公里，是典型的城乡接合型乡镇。全乡总面积24.7平方公里，耕地面积1.48万亩，下辖10个行政村，81个村民小组，总人口25683人。全乡党组织23个，其中非公党组织11个，党员802名。现有耕地面积18814亩，主导产业是大青葡萄、生菜、西蓝花、香菜、杏树、李树等农作物种植。农村居民人均可支配收入达到19481元，年均增长7.6％。2021年被授予全国文明村镇、美丽乡村精神文明建设示范点、利通区基层党建示范乡镇等荣誉称号。

【财政收支】

2021年，财政决算一般公共预算收入1.1亿元，其中一般公共服务收入702.2万元，公共安全收入4.35万元，教育收入36.1万元，科学技术收入42万元，社会保障和就业收入118.38万元，卫生健康收入52.81万元，节能环保收入7万元，城乡社区收入7681.67万元，农林水收入1007.19万元，住房保障收入76.97万元，其他收入1291.04万元。支出数据与收入数据对应。

【民族团结】

坚决守好促进民族团结生命线，白寺滩村被评为自治区民族团结进步示范村。建成新时代文明实践所1个、新时代文明实践站6个，打造东塔寺乡家风家训馆。

【文卫体事业】

全乡共有初中、小学及幼儿园5所，有乡医疗卫生院1个，村卫生室10个，专业卫生人员58人，家庭医生签约服务覆盖率100%。持续加大公共体育设施、健康保健设施建设力度，建成新接堡村图书分馆、儿童之家8个，新建全民健身中心1个、文化场所7处，改造提升村级综合文化服务中心9个。成功申报白寺滩村传统手工艺非遗项目。

【民生保障】

“铁杆庄稼保”参保1883人，完成104%；农村劳务转移人员就业2000人，安置公益性岗位17名，电子医保凭证激活完成15457人，完成率63%。办理就业困难人员保险补贴1018人，发动社会爱心人士为第十四小学捐赠500套课桌椅。

【社会救助】

为符合条件的291人发放残疾人“两补”保障金63.3万元。救助特困供养人员和城乡散居孤儿36户，发放生活费22.5万元。清退城乡低保91户122人，发放城乡低保金222.5万元。

【脱贫攻坚】

2021年，东塔寺乡紧盯“两不愁三保障”，精准落实“四查四补”，重点做好边缘户、特困人员、重点群体社会保障工作，圆满完成脱贫攻坚各项任务，脱贫攻坚同乡村振兴实现有效衔接。

【乡企发展】

有鑫鲜农副产品市场、东郊市场、国喜汽车销售、北方农资商贸、通惠机械制造等非公企业共25家。在培育新兴商贸服务业方面，争取PPP项目1个，投入资金1.88亿元，建成中医药研创基地，引进宁夏西麒麟生物科技有限公司、陈氏康复医院等4家医药研发企业。镇海养老院、残疾人托养中心在园区建成落地，初步形成以健康产业园、石佛寺八组、白寺滩大青葡萄为轴线圈的“医养研学游”三产融合模式。

【招商引资】

2021年实施东塔寺乡新接堡现代农业特色产业示范园、宁夏哈纳斯新能源集团有限公司银川至吴忠天然气储气输配管道门站项目等招商引资项目3个，总投资3.5亿元，争取项目政策资金2300万元。

【新农村建设】

实施苦水河沿线人居环境综合整治。投入1440万元资金对白寺滩村、新接堡村等重点村队开展环境整治工作，以点带面、全域推进，做到“六清六无”。持续完善农村基础设施建设，共拆除C、D级危房及空心房112户，绿化美化房前屋后及裸露土地5.3万平方米，铺设渠道10条，硬化路面1.3公里，拆除残垣断壁3300米，乡村基础设施进一步完善。

【现代农业发展】

2021年东塔寺乡做好农业技术培训、咨询、现场指导和信息服务，共举办各种形式培训班及现场会18场次，培训农民1120人次，发放农业技术资料1.76万份。组建完善东塔寺乡农产品质量监督监管网格化管理体系。

【设施农业建设】

2021年，东塔寺乡开展了10项“一村一年一事”工作任务，共完成投资209.29万元，设施农业面积1918亩，涉及农田渠系建设。新建设施农业面积100.5亩，其中，新建占地面积79.8亩的日光温室21座，新建占地30.7亩大跨度高空间大棚16亩。

【土地监管】

2021年东塔寺乡完成卫星图片核查66宗，大棚房“回头看”图斑核查39处，制止耕地“非农化”问题17处，积极接待各村及农户查阅地籍档案150人次。

【名优产业】

2021年全乡大青葡萄种植面积达1780亩，以大青葡萄为主，辅助苹果、桃、李、杏、枣等优质林果种植面积2938亩，实现产值3652.4万元。形成了大青葡萄、露地蔬菜、设施果蔬、经果林业等多样的农业产业布局。

【种植业】

2021年，按照全区稳定粮食生产、保障粮食供应的要求，全乡落实粮食种植面积8547亩，其中，水稻种植面积866亩，玉米种植面积7286亩，杂粮种植面积395亩。实现粮食总产值1875.3万元。

【植树造林】

全年共完成造林绿化378.9亩，其中经济林87.9亩，村庄绿化150.3亩（美丽村镇96.4亩，庭院经济53.9亩），退化防护林改造8.7亩。完成林网补植1000株，完成滨河大道退化防护林改造任务。

【水利建设】

2021年完成干饭渠改线砌护3.2公里，完成斗农渠砌护13公里，新建配套工程132座，硬化道路1.9公里，治理沟道2.9公里。

【全域旅游】

依托建成的石佛寺传统村落、白寺滩特色产业示范村，大力发展乡村旅游业，全乡年接待游客超过10万人次，旅游年均纯收入达500万元以上。

【基层党建政务服务】

建立乡党委班子成员包村联户机制，村“两委”班子包80个组联159户困难户，230名党员中心户联系1600多户群众，健全基层三级组织体系，推动农村基层党组织同向发力、同轨并进。

【党风廉政建设】

2021年全年乡党委召开党

风廉政建设和反腐败工作专题党委会议4次，研究部署全面从严治党工作。制定《东塔寺乡2021年党风廉政建设和反腐败工作要点》，建立完善全面从严治党“三个清单”，把全面从严治党主体责任延伸到站所、村组。开展领导干部廉政勤政分级约谈36人次，开展党史学习教育微宣讲46场次，1400余人参加；开展“传承党的百年光辉史基因铸牢中华民族共同体意识”主题教育宣讲活动38场次，1000余人参加，确保党风廉政建设各项任务有效落实。

板桥乡

【概况】

板桥乡地处利通区西南，东靠市区，西与金积接壤，南临马莲渠乡，北接黄河，面积30.68平方公里，全乡下辖11个村、2个社区，有20个基层党组织，总人口35117人，2021年农民人均可支配收入20680元，同比增长9.4%。

【乡域经济】

组织开展集体资产收益分配工作，2021年李闸渠村、洼渠村、梁湾村共发放分红84.01万元，惠及股民7304人；在蔡桥村新建10座高效设施农业温棚大力发展特色种植，并对蔡桥中心村基础设施配套工程进行提升改造。2021年全乡村集体经济收入总量实现636万元，较上年增长216万元，增长率51.4%。

【招商引资】

始终把经济发展作为全乡各项社会事业发展的“牛鼻子”，实行领导干部及站所包抓项目负责制，引进中房锦里商住小区、文萃社区党群服务中心及日间照料中心建设项目等4个招商引资项目。全年实施农村公益事业财政奖补项目5个，高质量完成1068平方米的文萃社区阵地建设项目。完成招商引资2亿元，上争资金2000万元。

【民族团结】

全面贯彻党的民族政策，依法加强宗教事务管理，牢固树立中华民族一家亲、邻里团结互助理念，结合民族节日，积极举办“塞上儿女一家亲同心共筑中国梦”民族团结月、迎国庆、庆中秋“百家宴”等活动，不断激发群众爱党、爱国、爱中华民族的民族自豪感，营造共建共治共享的良好氛围。

【社会保障】

严格落实城乡低保、特困供养、临时救助等各项惠民政策，累计落实各类资金587万元。实现城镇新增就业335人，城镇下岗失业人员再就业50人，为困难家庭提供公益性岗位20人，新增城乡居民养老保险待遇28人，电子社保卡激活率46.12%，电子医保凭证激活率43.16%。办理失地农民灵活就业补贴1151名，发放优抚对象各种定补和抚恤金及退役士兵等补助734人。深入开展“职工之家”创建活动，打造“会站家”一体化职工服务阵地1个，基层工会规范化建设覆盖率达85%。

【脱贫攻坚】

健全防止返贫动态监测和帮扶机制，对脱贫不稳定户、疑似边缘易致贫户，以及因病因灾因意外事故等支出较大或收入大幅缩减导致基本生活出现严重困难户，开展定期检查、动态管理。积极拓宽创业就业渠道，通过多种途径鼓励移民就业增收，累计动员当地企业就近安置1人、就业务工635人，开发公益岗位安排34人，开展技能培训100人，提高其就业能力，介绍岗位信息自发书34人。

【新农村建设】

纵深推进高质量人居环境

整治，集中清理村庄内私搭乱建、废弃房屋、残垣断壁52处；拆除违法搭建牛棚建筑1宗，修理、安装路灯300盏，施划车位450个，清理乱堆乱放300余处。全乡村级集中收集点（堆放点）生活垃圾收集率达95%、处理率达100%。全年完成抗震宜居房改造28户，拆除空心房6户。

【土地监管】

全面开展不动产登记工作，完成涉及的波浪渠村、任桥村919户调查任务，换发证314宗、下发调查图斑875宗，上报61宗，其中产业类8宗，公共服务类9宗，宅基地44宗。

【种植业】

全乡种植玉米6398亩，其中青贮玉米4932亩，籽粒玉米1406亩，鲜食玉米60亩。推广优质高产玉米新品种1800亩。全乡蔬菜种植700亩，其中设施农业198亩，包括拱棚西瓜60亩，拱棚茄子、西红柿、辣椒131亩（其中旱元村拱棚茄子16亩），日光温室种植鲜食葡萄5栋面积8亩、露地蔬菜501亩。

【畜牧养殖】

奶牛存栏量517头，肉牛饲养量4810头（其中存栏量2913头，出栏量1897头），羊饲养量13072只（其中存栏量8633只，出栏量4439只），生猪饲养量1931头（其中存栏量735头，出栏量1196头），家禽饲养量97915只（其中存栏量26433只，出栏量71482只）。

【植树造林】

全年共完成造林面积124.8亩，新植及补栽各类苗木11.8万余株，栽植各类树木15000多株；完成退化防护林改造345亩、修枝抚育635亩。清理林地杂草1420余亩，涂红刷白各类树木10万余株，清理林地垃圾1505吨。高效完成南干沟综合整治湿地保护修复任务及安置小区绿化补植工作。

【水利建设】

全面落实河湖长制各项工作，集中开展河湖沟道“清四乱”专项行动。拆除变压器、电杆、双杆变台等40余个、10千伏架空线路350米，清理疑似“四乱”问题4处，并对拆除后的现场进行了彻底清理。利用“河长通”开展巡河6900余人次，辖区7条主要沟道河流水质稳定达标。

【基层党建政务服务】

以党史学习教育为契机，开展庆祝中国共产党成立100周年系列活动，组织“党史教育大讲堂”“传承党的百年光辉史基因铸牢中华民族共同体意识”主题宣讲、“抒时代华章，圆复兴梦想”党史分享朗诵会暨“光荣在党50年”纪念章发放仪式等主题活动20余次。

【党风廉政建设】

严格落实党风廉政建设工作责任制，推进党风廉政教育常态化，定期组织开展党风廉政建设专题会议，严格落实中央八项规定精神，持续保持执纪问责高压态势，乡纪委全年共查办案件10件，其中经初步核实了结8件，经初步核实立案1件，直接立案1件。给予党内警告处分1人，党内严重警告处分（影响期二年）1人，责令作出书面检查1人。

马莲渠乡

【概况】

利通区马莲渠乡地处吴忠市南部，东望金银滩镇，南接高闸镇，西连金积镇，北连板桥乡，行政区域面积35.28平方公里。

【财政收支】

2021年马莲渠乡财政收入中，一般公共预算财政拨款收入2564.19万元。财政支出中，一般公共预算财政拨款支出

2922.62万元。

【民族团结】

2021年马莲渠乡深化民族团结创建成果，打造巴浪湖村民族团结广场示范点，分别荣获自治区级、吴忠市级民族团结进步创建示范单位荣誉称号。汉渠中学被评为全区民族团结进步创建活动示范单位。

【文教卫体事业】

2021年马莲渠乡持续推动公共服务向村级延伸，建成全民健身中心1个、五人制足球场1个、残疾人康复站2个、儿童之家6个、文化休闲娱乐广场15个。被授予自治区体育特色产业基地暨体育特色小镇荣誉称号。扎实做好平安校园建设、控辍保学及医疗卫生工作，家庭医生签约、孕前优生健康检查、妇女“两癌”筛查等公共服务水平持续提升。以创建国家公共文化示范区为抓手，推动乡级文化站全面升级改造，村级文化活动室、农家书屋实现全覆盖。顺利完成林业确权、土地确权、宅基地确权、全国农业普查、全国经济普查及第七次全国人口普查工作。

【扶贫救助】

2021年马莲渠乡共受理城乡低保申请100户105人，审核新增城乡低保55户69人，累计发放城乡最低生活保障津贴5773人次173万元；新增农村高龄33户33人、清退死亡高龄61户61人，为3位年满90周岁老人及时增标，累计发放城乡80岁低收入老年人生活津贴3244人次97万元；清退3名死亡分散特困供养人员，帮助2名分散特困供养人员入住敬老院，累计发放分散特困供养生活津贴419人次28万元；上报利通区民政局临时救助19户32人，救助金额16.3万元，本级临时救助219户417人，发放救助金共计46.3万元，共计救助困难群众238户449人，发放救助资金62.3万元。累计新增事实孤儿1户2人，清退成年毕业孤儿1人，发放孤儿生活保障津贴374人次25万元。新增重度残疾人护理补贴30人，困难残疾人生活补贴102名，共发放244人重度残疾人护理补贴31.7万元，发放203人困难残疾人生活补贴22.7万元；摸底登记716名残疾人辅助器具需求，受理残疾人辅助器具申请55人。为符合条件的25名群众免费做白内障手术，为1名群众上报“重塑未来”矫治手术救助项目，筛查0~6岁需要康复救助的残疾儿童9名，为7名符合条件的残疾人争取2021年阳光助残小康计划项目，每人发放补贴4000元。办理新增60岁农村籍退役军人优抚2人，残疾退役军人优抚1人，带病回乡优抚1人。每月按时走访退役军人，困难退役军人慰问30人次；受理困难退役军人临时救助5人，完成退役军人优抚对象62人年度审核，各项优抚政策发放各类资金共计35.5万元。

【综合治理】

2021年马莲渠乡围绕政法队伍教育整顿活动，切实加强农村网格化管理，严格落实“三官一顾问”工作机制，社区矫正、安置帮教、涉毒吸毒等重点人群实现有效管控。纵深推进扫黑除恶专项斗争，铲除黑恶势力滋生土壤，摸排各类线索信息17条，坚决做到“有黑扫黑、有恶除恶、有乱治乱”。深入开展矛盾纠纷排查化解专项行动，化解信访案件9起，调处矛盾纠纷62件。马莲渠村顾明警务室先后接受公安部、自治区公安厅观摩调研，我乡荣获“三无”乡镇荣誉称号，司法所被授予自治区五星级司法所和全国模范司法所荣誉称号。

【招商引资】

2021年马莲渠乡完成招商引

资1.7亿元，招商引资项目为吴忠市泽牛养殖专业合作社建设项目和马莲渠乡现代农业一二三产业融合发展示范基地项目。

【新农村建设】

2021年马莲渠乡安装路灯507盏，全乡道路硬化率达98%，农村人畜饮水改造工程覆盖率达98.5%。实施乡村扩绿和安置小区增绿工程，乡域主干道路沿线、公共区域、养殖园区周边绿化率达到91%。本着“危房不住人、住人无危房”原则，全力推进农村危房和农村抗震宜居房农房改造，翻建D级危房208户，加固C级危房243户。强化农村生活污水和黑臭水体治理，全力推进农村卫生改厕，建成垃圾中转站2座、日处理300吨污水处理站1个，累计完成污水管网改厕765户、“三格式”卫生厕所改造2855户，建造厕屋1123座、公共厕所2座，

【乡村道路建设】

2021年马莲渠乡实施岔渠桥村5队至8队巷道硬化项目，巴浪湖村5、6队巷道硬化项目及陈木闸村道路亮化项目，清渣和硬化巴浪湖村5、6队道路面积4500平方米，硬化岔渠桥村6、7队道路面积5000平方米，安装8米高太阳能路灯231套。

【现代农业发展】

2021年马莲渠乡不断扩大奶牛、肉牛、拱棚西瓜、黄花菜、露地蔬菜、优质饲草等特色种养业规模，加快建设“优质菜饲种植区”“优质肉牛养殖区”。

【设施农业】

2021年马莲渠乡瓜菜业种植大小拱棚西瓜724亩，其中大拱棚西瓜538亩，小拱棚西瓜186亩；陈木闸村种植茄子、辣椒、白菜等150亩，马莲渠村种植大跨度拱棚蔬菜（辣椒、西红柿）80亩；秋复菜种植800亩，其中菜后复种蔬菜300亩，麦后复种蔬菜500亩。2021年马莲渠乡完成巴浪湖村污灌区、牛毛湖沟等流域沿线5个综合治理项目，安装维修测控一体化闸门、节制闸等水利设施306座，砌护渠道196.7公里，翻建涵洞10座。

【名优产业发展】

2021年马莲渠乡突出抓好黄花菜、拱棚西瓜、优质饲草等优势特色产业，全力推动冬牧草种植示范区、春小麦良种繁育示范基地、设施蔬菜基地、自治区级玉米新品种培育基地建设，培育黄花菜、拱棚西瓜及设施蔬菜种植基地5个，全乡黄花菜、拱棚西瓜、设施蔬菜、青贮玉米等农作物面积达到2.7万亩。

【土地监管】

2021年马莲渠乡完成2021年度自然资源部下发卫星图斑问题核查整改工作285处；编制马莲渠村“多规合一”实用性村庄规划。综合防控农业面源污染，落实测土配方施肥技术试点面积1800亩，主要农作物测土配方施肥技术推广覆盖率达到90%。国家土壤风险管控试点项目（巴浪湖村土壤修复项目）顺利通过区级验收。

【种植业】

2021年马莲渠乡优质粮食以廖桥村、陈木闸村为主种植水稻830亩，其中廖桥村400亩。陈木闸村430亩，全部为精量穴播；全乡优质粮食（小麦）1200亩；种植拱棚瓜菜749亩，落实廖桥村、马莲渠村、柴桥村黄花菜种植面积690亩，创建陈木闸村、廖桥村富硒水稻示范点2个500亩，杨渠村小黑麦种植示范点1个926亩，带动全乡落实青贮玉米、冬牧草、苜蓿等饲草种植面积达到1.7万亩。全力打造吴忠市云升家庭农场设施农业基地，建设大跨度拱棚40座，发展订单蔬菜230亩。

【畜牧养殖】

2021年马莲渠乡完成汉北堡村“奔牛”千头肉牛养殖场规划设计、建设。大力发展育成牛、育肥牛等产业，加快吴忠市泽牛养殖专业合作社肉牛繁育基地基础设施建设，建成6个养殖大棚、10个养殖小棚及生活区，配套完善青贮池、堆粪池、菜料场等附属设施，全乡肉牛存栏达到1.8万头、奶牛存栏达到6200头。

【植树造林】

2021年马莲渠乡全面建立乡、村两级林长组织体系。按照“见缝补绿、见空增绿、拆违添绿”原则，抓好道路两侧、房前屋后、拆迁空地的绿化美化，全年完成补植补造327.3亩、造林绿化83.3亩、春秋两季修枝抚育1030亩13万余株，全乡“绿量”持续增加。

【基层党建】

2021年马莲渠乡持续深化党史学习教育，通过领导干部带头学、集中培训辅导学、交流研讨深入学等方式，组织开展周二夜学23场次，各类主题宣讲72场次，交流研讨30次，推动学习教育走深走实。扎实开展“我为群众办实事”实践活动，落实办实事项目74件。深入推进“抓乡促村、整乡推进、整县提升”示范县乡创建行动，实施“三大三强”“两个带头人”及“百村争先百名村书记素质提升”行动，全乡新发展党员18人，转正党员9人，储备入党申请人46人，入党积极分子39人。

【政务服务】

2021年马莲渠乡在乡政府门户网站累计公开政府信息5条，马莲渠乡便民服务中心和8个村便民服务代办点严格落实“马上办、网上办、就近办、一次办”工作要求，为群众提供“便民、优质、高效”的各类政务服务。共接待群众咨询近3000余人次。全年办理行政审批事项1958件，办结率100%。

【党风廉政建设】

2021年马莲渠乡邀请党校老师及乡领导干部开展“开启新征程、实现新跨越”“中国共产党的百年奋斗历程”“党风廉政建设与村级财务管理”专题讲座5场次，组织乡村两级干部80余人到宁夏工委纪念馆暨永宁县党史党性廉政教育基地、闽宁镇红色教育基地、盐池古长城及革命历史纪念馆观摩学习。制定印发了《马莲渠乡2021年党风廉政建设和反腐败工作要点》《马莲渠乡2021年党风廉政建设和反腐败任务分工》《马莲渠乡全面从严治党三个清单》，分解明确党委主体责任20类37项、纪委监督责任6类31项、班子成员“一岗双责”责任清单136项。听取班子成员、支部书记汇报党风廉政建设及反腐败工作3次，召开5次党委会、4次乡村干部大会安排部署年度党风廉政和反腐败工作，传达学习中央、自治区、吴忠市及区纪委全会精神3次。全年办理违纪案件6件，了结4件，立案1件，开除党籍处分1件，开展监督检查11次。

郭家桥乡

【概况】

利通区郭家桥乡东与灵武市郝家桥镇接壤，西靠利通区东塔寺乡干饭渠村，南邻利通区金银滩镇杨马湖村，北至吴灵青公路。全乡辖8个行政村56个村民小组，地域总面积27.5平方公里，耕地面积2.18万亩，现有人口4086户12448人。2021年实现社会总产值13.95亿元，同比增长3.7%；农村居民人均可支配收入达15887元，同比增长7%。

【财政收支】

2021年，郭家桥乡收入合计为6942.1万元，其中财政拨款收入为4871.04万元，占70.17%；其他收入2071.07万元，占29.83%。2021年度支出合计为7504.86万元，其中基本支出747.95万元，占9.97%；项目支出6756.91万元，占90.03%。2021年度财政拨款收入总计5132.76万元，支出总计5132.76万元。2021年度一般公共预算财政拨款支出2436.8万元，主要用于以下方面：一般公共服务支出598.04万元，占24.54%；公共安全支出2万元，占0.08%；教育支出27.3万元，占1.12%；社会保障和就业支出146.1万元，占6%；卫生健康支出41.05元，占1.68%；节能环保支出93.7万元，占3.85%；城乡社区支出386.7万元，占15.87%；农林水利支出1051.06万元，占43.13%；住房保障支出90.86万元，占3.73%。

【项目建设】

2021年郭家桥乡实施各类重点项目建设15个，累计完成投资6150万元。建设5500平方米的利通区现代农业新品种新技术科技展示中心和高标准采摘棚29栋，打造特色网红路1.5公里、特色游园2200平方米、河畔人家农业生态园48亩。

【名优产业发展】

2021年郭家桥乡采取“公司＋合作社＋农户＋订单”运作模式，推广订单羊肚菌30棚90亩、水果番茄142棚120亩；高效利用马家大湾村冷链保鲜库，盘活金水湾闲置土地；积极打造农业服务联合体，建成名、特、优、新农产品及新技术推广应用中心，启动智慧农业数据管控系统，成立博士专家工作站，带动“五级人才”服务覆盖“耕种管收”各个环节。

【新农村建设】

2021年郭家桥乡累计完成农村住房安全鉴定4600户、抗震宜居住房43户、空心房7户，拆除地质灾害点4户、银西高铁片区拆迁18户；完成自建经营用房整治18户，其中关停6户，加固整治12户；完成集中管网改厕286户，三格式改厕维修421户。

【农业基础设施建设】

2021年郭家桥乡高标准完成2.26万亩秋季农田水利建设，实施水价和水利工程管理体制改革工作，实现节水500万方。

【民生保障】

2021年郭家桥乡加大民政兜底保障，社会救助累计1.63万人次439.39万元；完善“1+1+N”劳动力转移就业工作模式，促进劳动力就业7367人，争取小额创业贷款2300万元；为14名贫困学生发放补助资金5万元，妇女创业贷款21户169万元。

【文旅事业】

2021年郭家桥乡先后争取各类文化经费16万元，建设百姓大舞台、图书分馆、村级文化服务中心项目提升工程；成功举办第二届宁夏美丽乡村休闲旅游精品线路推介会暨郭家桥乡第三届“农民丰收节”，吸引游客近3000人，实现增收20余万元。

【志愿服务】

2021年郭家桥乡积极开展新时代文明实践志愿服务工作，组织13支志愿服务队，先后开展各类宣传、志愿服务活动112场（次），服务群众9000余人次。

【民族团结】

2021年郭家桥乡落实民族宗教工作主体责任，建立乡村组三级宗教工作网络，打造清水沟社区民族团结示范点1个。全年组织宗教人士开展“三定”学习会和网络学习18次。坚决落实疫情“双暂停”，辖区民族宗教工作呈现和谐稳定的良好局面。

【党风廉政建设】

2021年郭家桥乡全面落实从严治党主体责任清单，明确责任分工。规范“小微权力”清单监督运行，2021年，共查处问题线索8件，其中初核了结4件，立案4件；给予党纪处分4人，其中开除党籍1人，政治生态不断净化。

【基层组织建设】

2021年郭家桥乡扎实推进“基层党建全面提升年”“一抓两整”“六个先锋”等各项工作，不断压实村党支部职责。结合“我为群众办实事”实践活动，切实解决群众6大类23个急难愁盼问题。组织党委理论学习中心组学习12次、夜学活动26次，干部集中学习20次。年内发展党员14名，培养后备干部36名，致富带头人42名。

企事业单位

巴浪湖农场有限公司

【概况】

宁夏回族自治区国营巴浪湖农场于1954年建场，总人口10600人，职工496人，土地面积18.45万亩，其中耕地3.89万亩。农场现已形成供港蔬菜、设施蔬菜、设施园艺、枸杞基地等优势特色产业0.9万亩，并按照宁夏农垦集团“一体两翼四个支撑”产业发展部署和“68644行动计划”的要求，统筹优质饲草基地建设，按照草畜一体化发展思路，强化“六统一”经营管理落实，大力发展青贮玉米种植。2021年，公司始终以习近平新时代中国特色社会主义思想为指导，认真贯彻落实习近平总书记视察宁夏重要讲话精神、自治区有关会议和农垦集团工作会议精神，按照中央和自治区党委、农垦集团党委重大决策部署，团结带领广大职工群众勇于担当，主动作为，各项工作有力推进。

【工作成效】

2021年初下达收入指标9300万元，全年完成1亿元，完成率107.53%；归母净利润下达指标150万元，完成152万元，完成率101.33%；国有资产保值增值率实际完成100%；营业收入利润率下达指标0.6%，完成0.6%；成本费用占营业收入比重下达指标101.21%，完成101.21%；研发投入强度下达指标0.23%，完成0.23%；流动资产周转率下达指标0.87次，完成0.87次；上缴利润及资金占用本息下达指标328万元，完成328万元，完成率100%；应收款回收额下达指标52万元，完成43.95万元，完成率84.52%；职工年均收入3.98万元，完成3.98万元，完成率100%。

【农业生产】

2021年实施“四调五化三推动”战略，调整种植青贮玉米2.47万亩，水稻0.39万亩。和富农牧场签订青贮玉米合同2万亩，同时根据市场有利条件，为种植户在价格上争取提高收入500元/亩（2020年1800元/亩，2021年2300元/亩）。水稻生产虽受异常干旱气候的影响，但通过加强田间管理，产量继续保持稳产增产的势头，经农技中心对公司水稻造墒旱直播、浅覆土直播、旱直播三种方式的测产，平均亩产677公斤。

【场镇建设】

2021年全场已签订拆迁安

置补偿协议1149户，完成拆迁1032户，安置巴浪湖小镇房屋1109套，其中出具财务结算1026套，危房补贴947套，兑现补贴资金1136.4万元，预收物业费用924套，共计886.5万元。继续加大场镇投资力度，进一步完善基础设施配套建设，共争取项目10个，总投资1246.08万元，其中财政投资1230.21万元，农场自筹15.87万元。完成项目9个，即小镇东区景观绿化工程，群众文化广场建设项目，小镇健身步道工程，智能数显健身路径器材安装工程，封闭式篮球场建设工程，2020年蔬菜基地配套设施建设项目，2020年贫困农场渠道砌护项目，2020年小型农田水利历年结余资金项目，2021年大中型水库移民后期扶持项目，其中农三队巷道硬化工程项目因疫情延误工期，2022年4月中旬完工。巴浪湖小镇及配套基础设施结（决）算工作，全部进入结算流程。

【特色产业】

设施园艺基地、枸杞基地实现扭亏或减亏增收。设施园艺基地在经营模式上采取集中经营、合作经营的模式，引进适宜设施大棚种植的新特优果蔬，培育产业发展方向，从根本上解决提质增效和创新发展问题，初步实现减亏增收目标。全年完成各类水果销售9.51万斤，销售金额27.44万元，全年应收缴外租大棚各项费用114.41万元。实施“设施葡萄根域限制栽培模式下农药减量控害技术试验示范”项目，申请利通区科技局项目资金10万元。通过该项目的实施，基地设施葡萄病虫害绿色防控覆盖率达到90%以上，减少农药用量30%以上，病虫害综合防治效果提升20%以上，每亩节本增收达300元。枸杞基地采取自主经营模式，以鲜果销售为主，积极对接枸杞加工企业，建立稳定销售渠道。持续推进专业公司、科研单位和农林院校合作，加强统防统治、农机农艺融合、水肥一体化等技术的应用，加强质量追溯和绿色认证质量体系建设，提高枸杞品质和市场竞争力。与中宁顺金科技开发有限公司签订鲜果协议，鲜果销售价格为2元/斤，全年枸杞鲜果销售56.62万斤，销售收入113.24万元。

【土地管理】

开展土地资产评估和信息化建设。一是永久基本农田保护红线划定工作已经利通区自然资源局核实完成；二是场镇规划现已多次对接吴忠市自然资源局，聘请第三方对公司整体场镇规划进行审核，纳入吴忠市土地利用总体规划；三是公司应换签土地承包租赁合同1691份，换签合同1672份，换签率达到98.88%；四是根据自治区人民政府有关文件规定，明确各市县需给巴浪湖农场确权的土地面积为12.4万亩；五是开展土地资产评估；六是加强土地信息化建设；七是收回退休职工土地41人291亩。

【党的建设】

公司党委把深入学习贯彻习近平新时代中国特色社会主义思想作为首要政治任务，作为党委理论学习中心组学习第一议题和常设议题常抓不懈，全面贯彻新时代党的建设总要求，贯彻落实习近平总书记关于加强作风建设和严明纪律重要论述和重要指示批示精神，召开专题党建暨党风廉政建设工作会，开展“廉政警示教育周”活动，组织党员干部赴自治区廉政警示教育中心接受警示教育，各党支部开展廉政警示教育主题党日活动，并进行党风廉政警示教育活动知识测试。深入开展“国企党建质量提升年”活动，紧紧围绕“六化六提升”工程，组织实施“六项行动”，加强支部标准化规范化建设，投资1.08万元为各基层党支部更换了展板，实现“六有”党建阵地建设全覆盖。优化基层组织设置，将一、二党支部合并为第一党支部，将原第一党支部第七管区党员并入现代农业发展公司党支部；将原第三党支部调整为现代农业发展公司党支部，调整后为6个党支部。通过换届选举工作，将机关党支部的4名优秀年轻党员下沉到基层党支部锻炼，充实基层党支部力量，提升基层党支部工作能力，切实发挥好基层组织战斗堡垒作用。加强意识形态工作，筑牢党员干部思想防线。党委全年召开3次专题会议研究意识形态工作，召开意识形态分析研判会4次，对重点人群、易发矛盾、重大舆情深入研究研判，开展网络舆情监测，矛盾纠纷排查，对可能存在的隐患提前做好预判，深入细致分析，及时制定工作措施，有效遏制了意识形态领域的问题。

吴忠林场

【概况】

吴忠林场始建于1964年，隶属吴忠市利通区人民政府，是差额拨款的正科级公益一类事业单位，原名跃进桥林场，20世纪70年代初由高糜子湾林场拆编合并为吴忠园林场，2000年恢复更名为吴忠林场。内设党建办、办公室、财务室、项目管理室、生产管理室、民生服务中心6个科室和4个生产队。吴忠林场是一家集园艺、林业生产和生态建设的国有林场，担负着全区的造林苗木和经济林苗木的繁育任务。全场土地总面积10634.6亩，林地面积9627.5亩（有林地面积4796.5亩），森林覆盖率61.6%。全场总人口1450人，职工总数495人。

【财政收支】

2021年吴忠林场财政收入共计458.55万元，其中人员工资270.34万元，事业单位基本养老保险及医疗保险22.51万元，林场职工住房公积金98万元，2021年林场职工住房补贴资金67.7万元，以上财政收入全部支付完成。2021年项目资金共计429.79万元，其中中央财政“天保林”社会保险补助资金265.3万元，2021年林业推广玉露香梨项目完成支付49.12万元，农村公益事业财政（渠道改造）奖补102万元，困难职工临时救助4.35万元，秋季农建5万元，视屏会议系统2万元，森林培育疫情防控2.02万元，所有项目资金均已支付完成。

【教育科技】

2021年因疫情影响，取消邀请山西、河北、宁夏等多位专家组建授课团队集中为期5天的培训班。针对网架梨栽培、设施葡萄栽培、露地苹果栽培、设施（露地）桃树栽培、良种苗木繁育等技术问题，在果树生产季节举办12次现场培训班，共计培训人员328人次。

【民生保障】

2021年3月对23户48人低保户进行了入户核查。2021年新增3户3人，调标1户2人，清退4户6人。全场城市户口有24户44人，城市户口中高龄1人，清退1人；孤儿1人。2021年民政局下拨临时救助备用金10万元，9月金秋助学救助6人2.4万元，11月临时救助8人1.95万元。组织参加残联的鉴定，完成鉴定表和照片电子版采集，上报一二级重度残疾人生活津贴4人5760

元、护理津贴8人1.58万元，9月以入户和电话调查形式普查残疾人28个人。

【产业发展】

总结验收2019年中央财政林业科技推广示范项目《新梨七号、玉露香梨网架式栽培技术推广示范项目》，建立标准化示范园205亩。其中，一队单行篱架式栽植108亩，三队单行篱架式栽植76亩，新村V型网架式栽植18亩，N型廊架式栽植3亩。2021年吴忠林场周边辐射推广单行篱架式栽植829亩。2021年良种繁育项目生产嫁接各类苗木183万株。推进废弃枝条综合利用，由宁夏久瓦能源科技有限公司运营枝条粉碎厂，对果园废弃枝条统一回收利用，粉碎加工处理为有机燃料，共收集处理废旧枝条2900余吨。

【基础设施建设】

完成排水沟清挖33条14.25公里，渠道清挖26条8.1公里，修枝抚育323.7亩。投入80.87万元改造砌护渠道6.18公里，进水口23座、畦田口420座，过路桥16座，渠道清淤3.35千米。投入15万元实施混凝土路面维修1500平方米，敷设下水管150米，砌护检查井13座。完成设施大棚、沿街商铺用电改造，安装智能电表148块。

【名优产业发展】

2021年果树修剪专业技术服务队完成果树修剪面积1.1万亩，出工2484人次，带动职工增收50万元。设施果树技术服务小组服务15个园区、设施果树247棚，面积3152亩，带动农民增收1000万元。

【植树造林】

2021年完成春季植树造林绿化任务354.3亩。其中未成林补植45亩，退化林补植92.4亩，经济林216.9亩。

【旅游业发展】

2021年投入8.4万元实施廊道、曲桥、凉亭等旅游基础设施修复建设，举办了利通区第五届采摘节活动，组织开展精品水果展示、文艺节目展演等活动。全年采摘、农家乐接待观光游客5.2万人。

荣 誉

先进个人

【七一勋章】

王兰花

【全国法院扫黑除恶专项斗争先进个人】

郭小娟　吴忠市利通区人民法院

【全国扫黑除恶专项斗争先进工作者】

贾少川　吴忠市利通区人民检察院

【2021年度全国检察宣传先进个人】

杜坤　吴忠市利通区人民检察院

【全国税务系统百佳税务所长（书记）】

鲁志明　吴忠市利通区税务局

【全国群众体育先进个人】

马　炜　吴忠市利通区文化体育服务中心

【国家乡村文化和旅游能人】

强海峰　张少云　丁雪芬

【第八届全国道德模范】

王兰花

【全国优秀河（湖）长】

黑岳峰　吴忠市利通区郭家桥乡税务局

【全区最美基层法官】

郭慧萍　吴忠市利通区人民法院

【自治区脱贫攻坚先进个人】

马晔　吴忠市利通区人力资源和社会保障局

【2021年自治区非遗年度人物】

赵文花　吴忠市利通区文体局

先进集体

【全国先进基层党组织】

金星镇金花园社区

【全国先进集体】

民建吴忠市委利通区总支部

【全国脱贫攻坚先进集体】

扁担沟镇党委

【最美文艺志愿服务社区】

古城镇秦桥村

【全国乡村特色产业亿元村】

牛家坊村

【全国民主法治示范社区】

金星镇金花园社区

【最美志愿服务社区】

金星镇裕西社区

【全国维护妇女儿童权益先进集体】

吴忠市利通区妇联

【全国扫黑除恶专项斗争先进集体】

吴忠市利通区公安分局

【全国文明校园】

吴忠市利通街第二小学

【第五批国家级非物质文化遗产代表性项目名录扩展项目名录】

吴忠手抓羊肉制作技艺

吴忠老醋酿制技艺

马氏济慈堂生育药剂制作技艺

【全国群众体育先进单位】

吴忠市利通区篮球协会

【全国模范司法所】

吴忠市利通区高闸司法所

【自治区先进基层党组织】

金银滩镇党委

金积镇大庙桥村党支部

【自治区脱贫攻坚先进集体】

利通区委组织部

吴忠市利通区水务局

【自治区民族团结进步示范社区】

金星镇富平社区

胜利镇新华社区

【自治区农村环境整治示范村】

利通区板桥乡人民政府

利通区郭家桥乡马家大湾村

吴忠市利通区高闸镇人民政府

【自治区文明校园】

吴忠市利通街第二小学

吴忠市利通区秦渠中学

【自治区扫黑除恶专项斗争先进集体】

吴忠市利通区纪委监委

【自治区文明单位】

利通区财政局

【自治区精神文明工作先进集体】

利通区委宣传部

【吴忠市先进基层党组织】

扁担沟镇石家窑村党支部

古城镇秦桥村党总支

上桥镇牛家坊村党支部

金积镇田桥村党支部

上桥镇党委

金星镇明珠社区党委

胜利镇富荣社区党委

利通区人力资源和社会保障局党支部

马莲渠乡马莲渠村党支部

裕民小学党总支部

【吴忠市文明单位】

吴忠市利通区税务局金银滩税务分局

附 录

利通区2021年国民经济和社会发展统计公报

吴忠市利通区统计局

2022年5月31日

2021年，全区上下坚持以习近平新时代中国特色社会主义思想为指导，深入贯彻党的十九大和十九届历次全会精神，坚持稳中求进工作总基调，立足新发展阶段，贯彻新发展理念，构建新发展格局，科学统筹疫情防控和经济社会发展，以建设黄河流域生态保护和高质量发展先行区为统揽，坚持稳中求进工作总基调，完整、准确、全面贯彻新发展理念，主动融入新发展格局，科学统筹常态化疫情防控和经济社会发展，扎实做好“六稳”工作，全面落实“六保”任务，全区经济社会在逆境中促发展，于变局中开新局，“十四五”新征程迈出坚实步伐。

一、综合

初步核算，全区实现地区生产总值236.3亿元，总量相比2020年大幅提升36亿元，按可比价格计算，同比增长8.5%，创2012年以来新高。从产业看，第一产业实现增加值29.8亿元，同比增长6.5%，对经济增长的贡献率为9.4%，拉动经济增长0.8个百分点；第二产业实现增加值101.3亿元，同比增长11.8%对经济增长的贡献率为53.9%，拉动经济增长4.6个百分点；第三产业实现增加值105.1亿元，同比增长6.3%，对经济增长的贡献率为36.7%，拉动经济增长3.1个百分点。三次产业占地区生产总值的比重由上年同期的12.2：38.7：49.1调整为12.6：42.9：44.5。

2021年年末全区工商注册登记的个人独资企业612户，全年新登记个人独资企业79户；年末个体户29987户，全年新登记个体工商户5243户。

年末城镇新增就业4028人，城镇失业人员再就业1677人，实现就业困难人员成功就业548人。年末全区城镇登记失业率为3.8%，全年新增转移农村劳动力22282人，创造新岗位1833个，全民创业带动就业3813人，已正式运营的实体721个。

2021年末居民消费价格指数（CPI）累计上涨1.6%。其中食品烟酒上涨1.1%，衣着上涨12%，居住上涨1%，生活用品及服务上涨0.8%，交通和通信上涨5%，教育文化和娱乐上涨0.6%，医疗保健上涨1.5%，其他用品和服务下降1.5%。工业生产者价格涨幅回落。全年工业生产者出厂价格指数同比上涨19.9%，涨幅比上年扩大8.23个百分点；工业生产者购进价格指数同比上涨20.8%，涨幅比上年回落26.1个百分点。

二、农业

全年完成农林牧渔业总产值61.9亿元，同比增长6.9%。其中完成农业产值17.7亿元，同比增长3.6%；完成林业产值0.2亿元，同比下降4.4%；完成牧业产值41亿元，同比增长9.5%；完成渔业产值0.4亿元，同比增长38.6%；完成农林牧渔服务业产值2.6亿元，同比增长4.2%。实现农林牧渔业增加值31.5亿元，同比增长6.3%。

全年粮食播种面积24.91万亩，与上年相比减少0.54万亩，同比下降2.1%。粮食总产量15万吨，与上年相比减少0.13万吨，同比下降0.9%。其中，小麦种植面积0.31万亩，同比下降23%，产量0.1万吨，同比下降21.9%；水稻种植面积4万亩，同比下降23.8%，产量2.4万吨，同比下降21.9%；玉米种植面积20.5万亩，同比增长5.1%，产量12.5万吨，同比增长5%。蔬菜种植面积9.15万亩，同比增长1%，蔬菜产量26.5万吨，同比下降6%。其中设施蔬菜面积1.21万亩（不含供港蔬菜），同比下降26.7%，产量6.84万吨，同比下降17.6%；瓜果面积0.83万亩，产量3万吨；供港蔬菜1.8万亩，与上年持平（单茬）。

园林水果种植面积6.82万亩，同比下降7%，比上年减少5074亩。其中苹果种植面积5.5万亩，比上年增长2%；葡萄种植面积0.4万亩，比上年下降9%；红枣、桃、杏、其他类共种植0.89万亩，同比下降37%，比上年减少5300亩。

全区育苗面积8910亩，同比下降4.8%；造林面积1.62万亩，同比下降5.8%；森林抚育面积1万亩，同比下降100%；零星植树88000株，同比下降34.8%。

全区牛存栏29.8万头，同比增长15.6%；出栏6.5万头，同比下降3.3%。奶牛存栏18.8万头，同比增长12%；鲜奶产量达到82万吨，同比增长17.3%。羊存栏25万只，同比增长18%；出栏19.4万只，同比下降28.4%。家禽存栏33.7万只，同比增长67.6%；出栏76.2万只，同比下降42.2%。肉类总产量1.7万吨，同比下降11.4%；禽蛋产量1551吨，同比增长41.3%。水产养殖面积达6970亩，下降0.1%；水产养殖产量2798吨，同比增长6%。

三、工业和建筑业

全区全部工业增加值同比增长16.5%，94家规模以上工业企业实现增加值同比增长15.4%。其中，轻工业增加值同比增长12.3%，重工业增加值同比增长21.7%。

规模以上工业企业中，国有企业工业增加值同比增长4.9%，股份制企业工业增加值同比增长22.4%，非公有制企业工业增加值同比增长17.1%，大中型企业工业增加值同比增长14%。

规模以上工业实现营业收入304.7亿元，同比增长27.6%；实现利润总额19亿元，同比增长21.8%；利税总额35.1亿元，同比增长19.4%；工业产品产销率100%，比上年提升1.2个百分点。

全区工业增加值总量位居前五的行业分别是：烟草制品业、食品制造业、电力热力生产和供应业、电气机械和器材制造业、仪器仪表制造业，占比分别为32.1%、21.5%、11.6%、7.5%和5.2%，累计工业增加值分别同比增长5%、25.6%、17.7%、86.5%和39.5%，分别拉动规上工业经济增长1.8、

5.2、2.1、4.1和1.7个百分点。

全年建筑业完成总产值43.1亿元，同比增长5.6%，实现增加值18.3亿元，同比下降3.8%，占第二产业的比重为18.1%。年末全区具有资质的总承包和专业承包建筑业企业达到51家。建筑业企业房屋施工面积187.9万平方米，同比增长15%。房屋竣工面积50.7万平方米，同比下降35.5%，其中住宅竣工面积42.4万平方米，同比下降21.9%。

四、固定资产投资

全年全区固定资产投资同比增长0.6%。其中，更新改造投资同比下降23.5%；房地产开发投资同比增长59.6%。从产业看，第一、二、三产业占投资总量比重分别为12.6%、25.4%、62%，与上年同期所占比重21.4%、34.4%、44.2%相比，一、二产业比重下降，三产上升17.8个百分点。第二产业投资中，工业投资同比下降25.7%，其中制造业投资增长3.6%，占工业投资比重为12.7%；工业技术改造投资下降23.5%，占工业投资比重达29.6%。第三产业投资中，科学研究和技术服务业下降70.5%，文化、体育和娱乐业下降84.6%。

分投资主体看，全区房地产开发投资完成35.8亿元，同比增长59.6%。其中，住宅投资29.2亿元，同比增长65.0%，占全部房地产开发投资的81.6%；商业用房投资2.4亿元，同比增长2%，

2021年利通区主要工业产品产量表

名称	计量单位	1—12月	累计增幅（%）
小麦粉	万吨	1.9	–54.8
大米	万吨	1.5	–25.0
饲料	万吨	19.8	26.9
精制食用植物油	万吨	0.9	–35.7
乳制品	万吨	134.7	24.8
卷烟	亿支	80	0
纱	万吨	3.4	3.0
布	亿米	0.4	0
服装	万件	14.6	–34.5
人造板	万立方米	10.4	4.0
机制纸及纸板（外购原纸加工除外）	万吨	6.8	70.0
纸制品	万吨	5.5	17.0
碳化钙（电石，折300升/千克）	万吨	47.8	–4.6
农用氮、磷、钾化学肥料（折纯）	万吨	5.1	–34.6
塑料制品	万吨	2.6	13.0
商品混凝土	万立方米	62.2	16.9
发电机组（发电设备）	万千瓦	228.2	140.5
工业自动调节仪表与控制系统	万台（套）	11.4	35.7

占全部房地产开发投资的6.7%。全年商品房屋施工面积3963万平方米，同比增长8.4%，其中住宅施工面积277.8万平方米，同比增长16.5%。全年商品房屋竣工面积147.3万平方米，商品房待售面积76.1万平方米，同比增长15%；商品房销售额47.1亿元，同比增长16.7%，其中商品房住宅销售额44.1亿元，同比增长16.5%。年末全区在建项目195个，与上年相比减少9个。其中，5000万元以上项目87个，与上年相比减少17个；亿元以上项目50个，与上年相比减少12个。在建项目中，新开工项目143个，与上年相比减少22个，其中工业项目49个，与上年相比增加13个。投产项目136个，与上年相比增加74个。

五、贸易

全区实现社会消费品零售总额87.5亿元，同比增长2.5%，其中限额以上商品零售额31.9亿元，同比增长12.3%，占全区社零总额的36.5%。限额以上企业（单位）商品零售额中，石油及制品类、饮料类、日用品类、烟酒类、中西医药类分别上升52.4%、28.1%、7.1%、4.8%、4.3%；服装鞋帽针纺织品类、通讯器材类、家用电器和音像器材类、建筑及装潢材料类、汽车类分别下降74.2%、23.6%、19.4%、5.7%、1.3%。

分城乡看，城镇实现零售额77.4亿元，占全区社零总额的88.5%，同比增长3.2%，拉动全区社零总额增长2.8个百分点，拉动力较上年同期提高8.8个百分点；乡村实现零售额10.1亿元，占全区社零总额的11.5%，同比下降2.6%，下拉全区社零总额0.3个百分点，拉动力较上年同期提高1.3个百分点。

分行业看，批发和零售业共实现零售额75亿元，同比增长2.1%，拉动全区社零总额增长1.7个百分点，拉动力较上年同期增长8.2个百分点。住宿和餐饮业共实现零售额12.5亿元，同比增长4.9%，拉动全区社零总额增长0.8个百分点，拉动力较上年同期增长1.9个百分点。其中批发业实现零售额25.9亿元，零售业实现零售额49.1亿元，住宿业实现零售额0.7亿元，餐饮业实现零售额11.8亿元。

分经济类型看，国有经济实现零售额0.1亿元，同比增长8.3%；集体经济实现零售额0.6亿元，同比下降62.4%；私营经济实现零售额25.3亿元，同比下降4.1%；个体经济实现零售额44.7亿元，同比增长0.9%；股份制经济实现零售额16.3亿元，同比增长20.4%。

六、交通、邮政和通信

全年公路旅客营运（载客汽车）车辆161辆，客运班线70条，其中二类客运班线37条，三类客运班线11条，四类客运班线4条。出租车运营车辆1042辆，公交车（公交运营车辆）220辆，同比下降28.1%，运营线路长度739公里；载货汽车8569辆，同比增长4.98%。全区行政村公路通达率100%；农村公路线路里程1572公里，其中，县道69公里，乡道650公里，专用道路74公里，村道504公里。个人汽车保有量25.1万辆，营运类汽车保有量3.6万辆，非营运类汽车保有量24.1万辆。全区邮政业务总量792.05万件，同比增长13.05%。邮政函件业务1.45万件，同比下降88.89%；包裹0.07万件，同比下降77.42%。快递业务量317.81万件，快递业务收入6690.81万元。4G移动电话用户达到51.32万户，5G移动电话用户达到57.46万户，移动电话通话时长81013.44万分钟。

七、财政、税收和金融

全年实现公共财政预算收入3.8亿元，同口径增长17.9%；全年公共财政预算支出23.1亿元，同比下降2.4%。

全年实现税收收入31.72亿元，同比增长12.56%。其中，中央级税收收入入库19.43亿元，同比增长8.72%，地方级入库12.29亿元，同比增长19.22%、增值税入库9.57亿元，同比增长6.44%，消费税入库10.28亿元，同比增长9.89%；累计完成社会保险基金收入21.81亿元，同比增长20%。

年末全区金融机构人民币各项存款余额423.2亿元，同比增长10.9%。其中，非金融企业和机关团体存款余额140.4亿元，同比增长16.4%；住户存款余额276.4亿元，同比增长8.3%。金融机构人民币各项贷款余额361.1亿元，同比增长17.9%，其中中长期贷款余额215.5亿元，同比增长27.5%。

八、教育和科学技术

年末全区共有幼儿园60所，在园幼儿15995人；小学40所，在校生39753人；初中16所，在校生22002人；特殊学校1所，在校生108人；普通高中3所，在校生11725人；高等学校1所，在校生7990人（中职在校生811人，高职在校生7179人）。辖区专任教师5646人，其中，初中专任教师1600人，高中专任教师780人。

全年共实施科技项目92项，科技成果登记26项。培育国家高新技术企业4家，国家科技型中小企业12家，自治区科技小巨人7家、自治区科技型中小企业27家。

九、文化、卫生和体育

全区医疗卫生机构共计316个，其中，公立医院3个，民营医院19个。卫生机构实有床位2570张，其中医院实有床位2296张，卫生院实有床位180张。卫生技术人员3689人，其中，执业（助理）医师1399人，注册护士1690人。疾病预防控制中心1个，卫生技术人员51人；妇幼保健机构2个，卫生技术人员212人；社区卫生服务中心2个，卫生技术人员145人，乡镇卫生院11个，卫生技术人员316人。

全区群众文化活动广场共235个，其中乡镇文化广场14个，村文化广场170个，社区文化广场51个。

全区乡（镇）综合文化站12个，村综合文化服务中心107个（含孙家滩6个），社区综合文化服务中心28个。乡镇综合文化站现有专（兼）职工作人员16人。

全区村级农家书屋107个，社区图书阅览室28个，场（办）图书阅览室3个，图书藏量约40万册，有卫星数字农家书屋104个，实现“户户通”全覆盖。

全区有线电视注册用户75998户，电视综合人口覆盖率99%。

十、环境保护和安全生产

全区森林覆盖率达到9%，重点入黄排水沟水质保持在Ⅳ类标准，黄河利通断面水质稳定保持在Ⅱ类优水质。全年城市环境空气优良天数300天，优良天气率为82.29%。

全区综合能源消费量107万吨标准煤，同比增长4.72%，单位GDP综合能耗 −3.72%，单位工业增加值能耗同比下降9.2%。

全年全区发生生产安全事故5起，与上年相比增加2起，同比上升66.67%；死亡7人，与上年相比增加4人，同比上升133.33%；受伤0人；经济损失415万元，同比上升355.04%。亿元GDP生产安全事故死亡率为0.0296（人/亿元），发生1起较大生产经营性道路交通责任事故。

十一、人口、人民生活和社会保障

年末全区常住人口46.3万人，与上年相比增加2210人，其中，城镇人口32.9万人，占全区常住人口的71.06%，比重比上年提高1.29个百分点；乡村人口13.4万人，占全区常住人口的28.94%，比重比上年下降1.29个百分点。人口出生率10.61%，死亡率6.71%；自然增长率3.9%。

年末全区公安户籍总人口417046人。其中，城镇人口216909人，乡村人口200137人；回族人口262794人，占总人口的63.01%，汉族人口152410人，占总人口的36.55%，其他民族人口1842人，占总人口的0.44%。

根据吴忠调查队数据显示，全年全区城镇居民人均可支配收入36626.4元，同比增长7.8%。其中，工资性收入23068.2元，同比增长4.6%；经营净收入4353.1元，同比增长20.7%；转移净收入7521.5元，同比增长10.5%；财产净收入1683.6元，同比增长10.9%。

全年农村居民人均可支配收入19159.9元，同比增长9.4%，其中，工资性收入10243.6元，同比增长12.0%；经营净收入7838.4元，同比增长6.2%；转移净收入1052.9元，同比增长9.6%；财产净收入25.1元，同比增长12.6%。

全年城乡居民基本养老保险参保14.28万人，城乡居民基本医疗保险参保31.66万人。发放城乡低保金5480.84万元。全区城乡享受最低生活保障户8108户，救助人数11005人，其中城市低保2785户，救助人数4018人；农村低保5323户，救助人数6987人。

利通区2021年公安户籍人口数表

单位：户、人

名称	利通区
总户数	148847
总人口合计	417046
乡村人口	200137
城镇人口	216909
男性	207723
女性	209323
0—17岁	96169
18—34岁	103341
35—59岁	159769
60岁及以上	57767
出生人口	3415
死亡人口	2386

注：

1. 本公报所列各项数据均为初步统计或初步核算数。部分数据因四舍五入的原因，存在着与分项合计不等的情况。

2. 地区生产总值、各产业增加值绝对值按当年价格计算。增长速度按可比价格计算。

3. 农业数据均为初步统计数据，含区属农场数据。正式数据以自治区统计局反馈为准。

4. 居民消费价格指数为吴忠市价格指数。

资料来源：

本公报中邮政业务数据来自吴忠市邮政管理局；户籍人口来自利通公安分局；旅游数据来自利通区文化旅游体育广电局；财政数据来自利通区财政局；金融数据来自吴忠市人民银行；教育数据来自利通区教育局；医疗数据来自吴忠市卫生健康委员会；汽车保有量来自吴忠市交通运输综合执法支队；价格指数、城乡居民人均可支配收入等数据来自吴忠调查队；科学技术数据来自利通区科学技术局；安全生产数据来自利通区应急管理局；环境保护数据来自吴忠市环保局；居民基本养老保险等数据来自利通区人力资源和社会保障局；居民基本医疗保险数据来自利通区医疗保障局；低保等数据来自利通区民政局；绿化覆盖率等数据来自吴忠市园林局；其他数据均来自利通区统计局。

中共吴忠市利通区委员会关于推进黄河流域生态保护和高质量发展先行区建设的实施方案

（吴利党发〔2021〕6号）

各乡镇党委和人民政府，区委各部委、政府各部门，各人民团体、直属事业单位，区属驻利各单位：

自治区党委深入贯彻习近平总书记视察宁夏时的重要讲话和重要指示精神，制定了《中共宁夏回族自治区委员会关于建设黄河流域生态保护和高质量发展先行区的实施意见》（宁党发〔2020〕17号）。为加快推进黄河流域生态保护和高质量发展先行区建设，结合《吴忠市全面推进黄河流域生态保护和高质量发展先行区建设分工方案》（吴党办发〔2020〕57号）和利通区经济社会发展实际，制定本方案。

一、指导思想

坚持以习近平新时代中国特色社会主义思想为指导，全面贯彻党的十九大和十九届二中、三中、四中、五中全会精神，深入学习贯彻习近平生态文明思想和习近平总书记视察宁夏重要讲话精神，全面落实自治区党委十二届十次、十一次全会和吴忠市委五届十一次全会精神，增强“四个意识”、坚定“四个自信”、做到“两个维护”，牢固树立新发展理念，抓好奶产业、饲草、瓜果蔬菜、肉牛滩羊、绿色食品、清洁能源、现代纺织、装备制造、文化旅游、健康“十大产业”，实施“八大工程”，以建设黄河流域生态保护和高质量发展先行区统领生态文明建设、引领经济社会发展，以重在保护、要在治理为主线，统筹推进山水林田湖草系统治理，共同抓好大保护、协同推进大治理，着力保障黄河安澜、保护修复生态、治理环境污染、优化资源利用、转变发展方式、完善基础设施、优化城镇布局、保障改善民生、加快生态建设、发展黄河文化，守好改善生态环境生命线，争当建设黄河流域生态保护和高质量发展先行区排头兵，在继续建设经济繁荣民族团结环境优美人民富裕的美丽新宁夏中干在实处、走在前列。

二、组织领导

为加强对推进黄河流域生态保护和高质量发展先行区建设工作的领导和组织协调，成立利通区推进黄河流域生态保护和高质量发展先行区建设工作领导小组。

组　长：周　涛　区委书记

第一副组长：李玉山　区委副书记、政府区长

副组长：赵彦林　区委副书记、政法委书记

周忠德 区委常委、统战部部长

李 宁 区委常委、宣传部部长

卓恺浩 区委常委、政府副区长

金 淼 区委常委

宗立冬 区委常委、政府常务副区长

马长军 区委常委、金积镇党委书记

杨有凯 区政府副区长

赵丽亭 区政府副区长

官 雨 区政府副区长、公安分局局长

成 员：区委宣传部、统战部、政法委、编办、网信办，区政府办公室、发展和改革局、教育局、科学技术局、工业信息化和商务局、公安分局、民政局、司法局、财政局、人力资源和社会保障局、自然资源局、生态环境分局、住房城乡建设和交通局、水务局、农业农村局（扶贫办）、文化旅游体育广电局、卫生健康局、退役军人事务局、应急管理局、统计局、综合执法局、医疗保障局、审批服务管理局、城乡环境卫生管理中心、税务局、市场监管分局、利通区供电公司及各乡镇主要负责同志。

领导小组办公室设在区发展和改革局，由宗立冬同志担任办公室主任，田升同志担任办公室副主任，主要负责统筹协调推进黄河流域生态保护和高质量发展先行区建设工作，制定、分解工作任务目标，做好督促落实等日常工作。

三、重点工作

（一）保障黄河安澜

1. 加快河段堤防安全建设。实施黄河利通区段河道和滩区综合提升治理项目，建设防洪保障线、抢险交通线、生态景观线、生态旅游线有机统一的黄河干流堤防。加强城乡排涝工程，配合建设海绵城市，推进城乡沟渠河道治理，做好排水管网与排涝河道的衔接。全面落实河湖长制，推行“河长＋检察长＋警长”联合执法，坚决打击侵占河湖沟道、破坏河湖环境违法行为，持续开展“携手清四乱、保护母亲河”行动，争取国家滩区治理试点。

牵头单位：区自然资源局、水务局

配合单位：区生态环境分局，各有关乡镇

专题一 保障黄河安澜

河段堤防安全建设：黄河利通区段河道和滩区综合提升治理项目；苦水河防洪及综合治理工程；利通区农村水系综合整治项目；利通区河长制提升工程（信息化升级）；鸽堂沟标准化奶牛养殖示范区防洪工程

（二）保护修复生态

2. 实施水源涵养工程。坚持科学种树、适地适树、以水定绿，持续开展国土绿化行动，以乔灌混交林保护建设为主，形成多种树种结合的立体防护体系，力争2021年完成造林2.81万亩，到2025年全区完成营造林面积20.5万亩，其中，生态防护林3.4万亩，生态经济林1.9万亩。严格保护地下水资源，强化地下水超采区治理，逐步依法关停管网覆盖区内地下水开采井。

牵头单位：区自然资源局、水务局

配合单位：区生态环境分局、统计局，各有关乡镇

3. 实施水土保持工程。大力开展水土流失治理，加大水土保持项目实施力度，在孙家滩、五

专题二　保护修复生态

水源涵养工程：利通区“三北”六期工程

水土保持工程：利通区臭马井子沟小流域水土流失综合治理工程；孙家滩水土保持生态治理项目；利通区双吉沟流域（红疙瘩）水土保持综合治理项目

生态修复工程：利通区山水林田湖草生态修复治理项目；苦水河利通区段生态治理项目；利通区退耕还湿项目；清水沟上段（昊盛）人工湿地水质改善工程

里坡开展小流域综合治理，实施苦水河、双吉沟、沙沟中小河流治理，重点提升孙家滩、五里坡等地区水土保持能力，力争到2025年全区水土保持率达到80%。开展封山禁牧生态自我修复，促进盐碱地改良，健全耕地休耕轮作制度，对不依法履行水土保持流失防治责任的生产建设项目进行全面排查整治。

牵头单位：区水务局

配合单位：区发展和改革局、自然资源局、农业农村局、统计局，各有关乡镇

4. 实施生态修复工程。实施山水林田湖草综合治理工程，统筹推进山水林田湖草生态系统修复，完善生态系统保护制度。开展利通区境内苦水河及清水河流域生态修复治理，大力实施村庄绿化提升和灌区林网改造，进行流域生态防护林建设、经济林建设、封山育林、高标准农田建设、现代化生态灌区建设、面源污染治理、沟道整治、中营堡等湖泊湿地景观生态修复治理。

牵头单位：区自然资源局、水务局

配合单位：区发展和改革局、财政局、生态环境分局

（三）治理环境污染

5. 巩固提升大气治理成果。防治扬尘，严管严控道路运输、采矿区和建筑工地扬尘，实行工业企业堆场规范化全封闭管理，基本消除城区裸露空地，持续推广城市机械化清扫，城市建成区道路机械化清扫率、城区道路机械化清扫率均达到90%以上。控制煤尘，防控城市餐饮业油烟排放，开展城市建成区“禁燃区”建设，全面禁止劣质煤销售，大力整治农村地区散煤污染，力争2021年城区餐饮油烟净化器安装率达到100%。实施6000户农村居民、商户清洁取暖“双替代”改造，到2025年再建成乡镇清洁煤配送中心5~8个，农村清洁取暖覆盖率达到80%。整治烟尘，鼓励重点企业对标提升。实现传统产业绿色化改造提升。开展淘汰落后产能和“散乱污”企业整治工作，加大加油（加气）站“油气回收”监管治理，推进秸秆资源化利用。加强重污染天气应对，修订重

专题三　治理环境污染

治理水体污染：利通区农村黑臭水体治理项目；利通区农村生活污水综合治理项目；利通区黑臭水体智慧管控平台建设项目；利通区扁担沟镇五里坡奶牛养殖基地污水处理项目；利通区金银滩镇农村生活污水集中处理项目

防控土壤污染：农（牧）光互补＋养殖业粪污资源化综合利用建设项目；果菜茶有机肥替代化肥试点县项目；畜禽粪污资源化利用项目；农村厕所改造及污水处理项目；吴忠市生活垃圾卫生填埋场一期工程封场项目；五里坡有机肥场建设项目

污染天气应急预案，完善联控联治联防机制，确保2021年市区 PM_{10}平均浓度、$PM_{2.5}$平均浓度和环境优良天数比例达到自治区考核要求。

牵头单位：区发展和改革局、生态环境分局

配合单位：区工业信息化和商务局、住房城乡建设和交通局、统计局、综合执法局、市场监管分局、城乡环境卫生管理中心，各有关乡镇

6. 全面治理水体污染。加强河湖巡查保洁力度，全面完善水质监测管理体系，加强重点流域的水污染防治，完成水域岸线管理范围划界。实施汉渠灌域农村水系连通工程，力争2021年新建水质、水量断面监测站11个，确保黄河过境水质稳定达标。实施农村黑臭水体综合治理工程，对金银滩镇团庄村闸板沟等26条黑臭水体进行治理，建立农村生活污水处理设施运维数字化监管平台，稳步推进农村污水管网建设和非建制排水沟治理，逐步提升农村污水收集管控能力，有序推动农村生活污水处理站社会化运营。持续开展农村生活污水治理，力争2021年实施10个乡镇20个村农村生活污水集中收集处理项目。加强饮用水源保护，实施农村“千吨万人”水源地规范化建设项目，对列入自治区农村水源地名录的8个水源地进行规范化建设，有效防控地下水污染源风险，确保饮用水源安全。

牵头单位：区生态环境分局

配合单位：区发展和改革局、水务局、农业农村局，各涉农乡镇

7. 有效防控土壤污染。持续推进农村人居环境整治、农业面源污染治理、“厕所革命”。加快推进畜禽粪污资源化利用和新型肥料应用，抓好养殖场粪污资源化利用、非规模畜禽养殖污染综合治理工作，提高畜禽粪污资源化利用水平，确保2025年规模养殖场畜禽粪污处理设施配套率达100%。实施化肥农药“减量增效”行动、农残膜回收利用等工作，推广使用生物降解膜技术，力争到2025年，农残膜回收利用率和畜禽粪污综合利用率均达到92%以上，农村面源污染得到有效根治。大力推进农村改厕工作，确保2021年实现全区农村常住户卫生厕所普及率达到95%以上。

牵头单位：区农业农村局

配合单位：区发展和改革局、生态环境分局、统计局，各有关乡镇

（四）优化资源利用

8. 节约利用资源。做到减少资源消耗、减少污染行为、减少废物排放、减少药肥用量“四减”，推动全面节水，坚持严控总量、优化结构、管控用途，开展水资源承载力综合评估，细化“四定”举措，建立分类分区管控体系，实行用水和项目“双限批”。从严落实耕地保护制度和节约集约用地制度。稳妥推进水价水权水市场改革，加快节水型社会示范区巩固提升。坚持适水种植、量水生产，控制高耗水作物种植面积，大力发展节水型生态农业，积极推广农业成套综合节水技术，鼓励农业节水向工业、畜牧业、生态用水转移，力争到2025年全区农田灌溉水有效利用系数达到0.54以上。推进企业加快形成绿色化的生产方式，大幅提高工业绿色化、低碳化水平，争取新增创建自治区级绿色工厂3家，自治区资源综合利用示范企业3家。

牵头单位：区水务局

配合单位：区发展和改革局、工业信息化和商务局、自然资源局、住房城乡建设和交通局、农业农村局，各有关乡镇

9. 综合利用资源。推动非常规水利用工程建

专题四　优化资源利用

节约利用资源：利通区高效节水灌溉项目；利通区扁担沟中型灌区节水配套改造项目；利通区五里坡中型灌区节水配套改造项目；利通区全域土地综合整治项目；吴忠林场全场环境治理工程

综合利用资源：利通区拦蓄洪水利用项目；扁担沟扬水灌区抗旱应急水源工程；利通区分布式节水治污工程；甜水河水库微咸水处理综合利用项目；甜水河水库扩整改造项目；利通区五里坡水资源综合配置项目；锦和星30万吨

高效利用资源：吴忠市荒漠化生态治理+智能数字化光伏电站示范基地项目；宁夏锦和星吴忠市年处置30万吨建筑垃圾二期项目

设，推进沟道退水、洪水资源集约利用。加快建设污水资源化利用基础设施，协同推进污水处理、中水回用一体化，加强污水就地处理回用。坚持企业绿色发展，着力转变发展方式，加强重点行业废水、废气、废渣和余热余压循环再利用，从源头减少能耗、物耗和污染物排放，力争单位工业增加值能耗下降到 −1%。

牵头单位：区水务局、工业信息化和商务局

配合单位：区发展和改革局、生态环境分局、统计局、吴忠林场，各有关乡镇

10. 高效利用资源。综合运用质量、环保、能耗、安全等法规标准，鼓励铁合金、电石等行业的低端低效产能加速退出，依法依规推动落后产能退出。严格控制“双高”产业，落实国家《产业结构调整指导目录》和《西部地区鼓励类产业目录》，严控高耗能、高污染行业新增产能，新建、改建、扩建耗煤项目审批、核准、备案，严格执行煤炭减量等量替代。鼓励企业加大节水技术研发和改造力度，重点推进银珠蓝箭建材科技、岩鑫冶炼开展产品升级及环保技术改造项目建设。加大金积工业园区同盛化工、常信化工、岩鑫冶炼等能源化工企业的监测。加快工业园区循环化改造和“三废”资源化利用，引导东星塑编、新丝源纺织等企业大力推进工业固废、再生资源综合利用，鼓励锦和星、建安水泥制品有限公司实施建筑垃圾资源综合利用、加气混凝土砌块砖废旧资源综合利用项目，加快建立循环型产业体系。

牵头单位：区工业信息化和商务局

配合单位：区发展和改革局、生态环境分局、应急管理局、统计局

（五）转变发展方式

11. 加快经济结构调整。落实“三去一降一补”任务，加快调整产业结构、产能结构、产品结构。围绕调优种养业结构，实施国家现代农业产业园建设工程，巩固奶产业、饲草、瓜果蔬菜、肉牛肉羊等优势产业，加快建立现代农业产业生产、经营体系，推动瓜果蔬菜产业更“绿色”，肉牛、肉羊、奶牛产业更“牛劲”，饲草产业更“优质”，推动更多优质特色农产品走向市场，力争到2025年，农业总产值达到59亿元以上，年均增长达到4%。围绕调新制造业结构，全面落实市场准入负面清单，严控资源消耗大、环境污染重、投入产出低的行业企业发展，建立“散乱污”企业整治长效机制，加速淘汰落后产能，加大制造业智能化改造，加快重点企业“智能工厂”“数字化车间”建设，大力支持企业申报智能工厂、数字化车间等项目，力争2021年新增自治区智能工厂、数字化车间3家，自治区服务型制造业示范企业2家。到2025年，规模以上工业总产值达到320亿元，年均增长速度达到9%左右；规模以上工业增加值年

专题五 转变发展方式

经济结构调整：国家现代农业产业园建设项目；吴忠市融昇农牧开发有限公司优质后备奶牛繁育基地建设项目；高铁片区物流集散中心建设项目；利通区区块链农产品冷链物流大数据平台建设项目

产业转型升级：五里坡奶牛生态养殖基地四期建设项目；鸽堂沟标准化奶牛养殖示范区建设项目；五里坡肉牛养殖基地建设项目；利通区永久性蔬菜生产基地建设；金积镇国家骨干冷链物流基地建设项目；燎原集团西夏乳业公司万头奶牛规模养殖场及饲草基地项目；利通区饲草料配送中心；利通区糯玉米全株青贮饲料精准化种植新技术集成与示范项目；宁夏龙达海天农牧有限公司有机食品产业链项目；利通区养殖业生态治理＋智能数字化光伏电站示范基地建设项目；唐山海泰 3000 兆瓦光伏发电项目；三峡新能源利通区五里坡 200 兆瓦光伏建设项目；三峡新能源利通区孙家滩 200 兆瓦光伏发电项目；利通区金银滩镇特色装备制造产业园（二期）基础设施建设项目；西北高新新能源环保铝合金电缆制造总部基地建设项目，宁夏申威信息安全产业化项目，黄河焊机数控设备配套数字化焊割电源研发项目，宁波德业变频技术有限公司变频超低温空气能暖风机项目；农（牧）光互补＋氢能源制造综合开发利用项目；比亚迪新能源电动车制造项目；丰泰永晟和吴忠兴德棉十万锭纺纱项目；德州恒丰集团宁夏投资建设 50 万锭纺纱项目；宁夏恒丰纺织科技股份有限公司 4 号车间建设项目；浙江欧美斯羊绒制品有限公司纺纱染色及原料加工基地项目；江苏悦达家纺产业转移项目；利通区健康产业聚集区；超瑞施医疗科技院士工作站宁夏分站及吴忠市健康大数据中心建设项目

新旧动能转换：吴忠德悦纺织科技有限公司技术中心建设项目；中国（宁夏）奶业研究院中心实验室；宁夏数字化智能焊割设备研究开发工程实验室；节水增效多熟制生态种植模式研发与应用

均增长速度达到8% 左右。支持推动全域旅游、现代商贸、家政服务、养老托幼、文化产业、现代物流等生活性服务业向多样化、高品质升级，培育发展信息服务、制造服务等新兴服务业，大力发展旅游经济、假日经济、夜间经济、网络经济，建设与发展相适应的现代服务业，力争到2025年，地区生产总值达到280亿元，年均增速达到6.5% 左右，三次产业比为10：38：52。

牵头单位：区发展和改革局、工业信息化和商务局、农业农村局

配合单位：区科学技术局、民政局、生态环境分局、住房城乡建设和交通局、文化旅游体育广电局、卫生健康局、市场监管分局，各乡镇

12. 加快产业转型升级。大力发展奶产业，按照自治区千亿级奶产业战略部署和吴忠市400亿奶产业整体规划，发挥奶产业“核心区”功能，加快完成五里坡奶牛养殖基地四期及鸽堂沟标准化奶牛养殖示范区基地建设，以五里坡奶牛养殖基地、孙家滩奶牛养殖基地为重点，推进标准化规模养殖，加快奶牛扩群补栏，打造奶产业全产业链服务体系，全力保障乳品质量安全，力争2021年全区奶牛存栏达到20万头，生鲜乳日产量达到2500吨以上。大力发展肉牛滩羊产业，在利通区扁担沟镇五里坡养殖园区建成标准化、规模化肉牛养殖场，强化品种选育、高效养殖、精细管理、精深加工等技术集成应用，推广应用肉牛高效生产综合配套技术；建立滩羊繁育基地，完善改良滩羊生产体系和经营模式，加强“涝河桥”“盛源”牛羊肉生产加工建设，加强滩羊种群繁育保护，延伸滩羊产业链条。力争2021年全区肉牛饲养量达到15.8万头，滩羊饲养量达到63万只。大力发展瓜菜产业，优化蔬菜产业发展布局，建设马莲渠黄花菜等一批高标准蔬菜生产基地，持续推广秸秆生物反应堆、水肥一体化、病虫害绿色防控等

技术，实施金积镇智慧三农冷链物流园建设项目，建设马莲渠乡马莲渠村、东塔寺乡新接堡村2个村级仓储冷链保鲜库，建立“合作社＋基地＋农户”的利益联结机制，大力推进订单生产，持续提高“利通蔬菜”市场知名度，力争2021年瓜菜种植面积达到6.36万亩。大力发展优质饲草产业，推进优质饲草区域化布局、标准化生产，引导鼓励辖区畜牧养殖规模牧场、专业合作社，通过土地流转、托管入股等方式在利通区建设优质饲草基地，在扁担沟、金银滩镇建立有机肥应用、增施腐熟牛粪核心优质示范区2个，力争2021年优质饲草种植达到25万亩，总产量达83.43万吨。大力发展绿色食品产业，推动高端乳制品、牛羊肉、调味品、粮油和营养保健品等绿色食品深加工产品多元化、高端化发展，健全完善农产品质量安全监测管理体系，培育一批带动能力较强的绿色食品标准化生产基地和加工企业，建设黄河流域绿色食品产业的优势区，力争到2025年，累计认证绿色食品16个，绿色食品加工产业总产值达到200亿元。大力发展清洁能源产业，重点建设五里坡光伏基地、谢西沟光伏基地、当井光伏场基地、红疙瘩光伏和风电基地4个新能源平价基地，着力推广“光伏+”牧草种植、牧业养殖、农作物种植等光伏发电项目。加强与华电、东方电气等企业合作，扶持发展风电设备上下游企业配套设备制造及维修产业，提升太阳能光伏电池、平板集热器及组件生产装备的制造能力。推进生物质发电实施计划，在有机废物资源丰富的种植养殖区域，发展生物质沼气发电。积极开展新能源集中并网发电、电网智能调度、远距离输送、大容量储能、调峰电源、弃风电解水制氢及氢能利用等技术研发，力争到2025年，新能源装机容量预计达到4800兆瓦左右。大力发展装备制造业，加快推进金银滩镇特色装备制造产业园（二期）基础设施建设项目，聚焦智能控制阀等重点领域，形成布局合理、优势明显、特色突出的装备制造业发展格局，力争到2025年，装备制造产业产值突破50亿元。大力发展现代纺织业，以羊毛羊绒深加工、棉纺织、家纺针织成衣为重点领域，做大做强龙头企业，培育具有竞争力的品牌产品，打造具有较强影响力和竞争力的现代纺织产业集群，力争到2025年，现代纺织产业产值突破20亿元。大力发展健康产业，以建设利通区健康产业园现代服务业集聚区为重点，引进以干细胞、肿瘤靶向治疗等内容为主的项目入驻中医药研创基地。提升医养结合服务水平，拓展全生命周期健康服务，打造自治区级康养产业示范区、医养结合示范区。力争到2025年，“十大产业”增加值占地区生产总值比重达到45.3%。

牵头单位：区工业信息化和商务局、农业农村局、卫生健康局

配合单位：区发展和改革局、科学技术局、财政局，各乡镇

13. 加快新旧动能转换。加快推进科技创新，完善以高质量发展为导向的项目形成机制，积极推动东西部科技合作，引进先进适用科技成果，争取在我区建设一批重点实验室、工程技术研究中心等创新平台，力争到2025年全区研究与试验发展（R&D）经费投入强度达到1.08%。支持企业柔性引才引智，鼓励企业建立院士、博士工作站等新型研发机构，大力培育高新技术企业。推动“互联网＋农业”发展，加快建成系统互联互通数据在线共享、服务全区的农业综合信息服务体系。深化“互联网＋先进制造业”发展，大力

推进物联网、大数据、人工智能等数字技术与制造技术融合应用。重点发展壮大智能化仪器仪表，扶持培育新能源装备、现代农业机械、工业机器人等新兴产业，争取在特种纤维、专用汽车运用新能源技术、自控阀等方面实现新突破，技改投资增长率达15%以上。

牵头单位：区科学技术局、工业信息化和商务局

配合单位：区发展和改革局、财政局、农业农村局、统计局

14. 加快开放发展步伐。抢抓“一带一路”建设和国家推动西部大开发的政策机遇，探索创新开放体制机制，建立高质量招商引资机制，大力开展园区招商、以商招商、产业链招商，精准聚焦装备制造、现代纺织、健康医养、农副产品精深加工等特色优势产业强链补链延链。推进基层整合审批服务执法力量改革，持续深化“放管服”改革，加快推进“一网受理”“一网通办”，力争到2025年全区政务服务事项“可不见面”办理率达到85%以上。落实增值税发票电子化改革。深化工程建设项目审批制度改革。全面推行“证照分离”改革，进一步提高企业开办效率。构建以信用为基础的新型监管机制，对守信企业降低抽查比例和监管频次。坚持以市场主体期待和诉求为导向，统筹谋划，精准施策，降低企业制度性交易成本，提高各类市场主体对我区营商环境的满意度，努力打造“标准高、水平好、审批少、收费低、速度快、服务优”的营商环境。

牵头单位：区委编办，区发展和改革局、工业信息化和商务局、审批服务管理局

配合单位：区水务局、税务局、市场监管分局

（六）完善基础设施

15. 加强现代水网体系建设。实施“互联网＋城乡供水”建设工程，推进城乡一体化供水网络建设，实现城乡供水服务一体化、均等化。推进农业灌排水网建设，围绕乡村振兴和现代农业发展，持续推进现代化生态灌区建设，加快推进大型灌区节水配套改造项目，加大田间供水管网改造力度，推进农业灌溉向集约型、高效型、生态型转变，不断提升农业用水保障能力，力争到2025年田间灌溉自动化控制率达到80%以上，城乡供水信息化覆盖率达到100%，基本建成建设管理系统化、全域供水一体化、运营服务数字化、节约用水体系化的城乡供水管网体系及“工程完善、管理科学、创新驱动、智慧精准、节水高效、生态健康”的现代化生态灌区。

牵头单位：区水务局

配合单位：区发展和改革局、财政局、农业农村局，各有关乡镇

16. 加强信息网络体系建设。加快5G新型基础设施建设，推动5G在消费、教育、医疗、农业、物流等领域深度融合应用，重点发挥美团优选、多多买菜等同城配送平台聚合作用。强化企业工业控制系统网络安全防控工作，督促工业企业建立健全完善的安全管理机制，指导企业定期开展工业控制系统安全自查和应急演练，不断提高工业企业的网络安全风险评估、态势感知、监测预警及应急处置能力。加快农业信息化步伐，推进物联网、移动互联网等信息技术在农业生产在线监测、精准作业、数字化管理等方面应用。

牵头单位：区委网信办

配合单位：区政府办公室（信息中心）、发展和改革局、教育局、工业信息化和商务局、住房

专题六　完善基础设施

现代水网体系建设：利通区“互联网＋农村供水”信息自动化工程项目；利通区数字治水工程项目；利通区地下水信息化监测项目；利通区城乡供水管网联通工程

信息网络体系建设：利通区“十四五”5G基站城市网络规划建设项目；利通区城乡智慧管理系统建设；金积镇5G应用产业链项目；五里坡奶牛养殖基地数字牧场建设项目；孙家滩地区奶牛养殖基地数字牧场建设项目；利通区智慧商务平台建设项目；数字化电商运营中心建设项目

交通运输和电力系统建设：利通区“十四五”农村公路改造提升项目；赵家沟苦水河大桥建设项目；五里坡基础设施提升工程；吴忠市“智慧停车”建设项目；吴忠国家农业科技园区鸽堂沟标准化奶牛养殖示范区道路建设项目；吴忠国家农业科技园区鸽堂沟标准化奶牛养殖示范区电力工程项目

公共安全体系建设：利通区“智慧利通”建设项目；利通区“数字政府”建设工程；利通区乡村治理试点项目；利通区平安城市云平台建设；利通区经济发达镇智慧管理综合服务平台建设项目

城乡建设和交通局、农业农村局、卫生健康局，移动分公司、联通分公司、电信分公司

17. 加强交通运输和电力系统建设。围绕乡村振兴战略目标，把公路建设和生态环境保护、美丽乡村建设结合起来，加快建设赵家沟苦水河大桥、五里坡奶牛养殖园区道路等农村公路。加大县级日常养护资金投入和农村公路路域环境整治力度，力争到2025年，农村公路列养率达到100%。实施城市电网提升、农村电网改造和奶牛生态园区电力保障工程，积极推进电力物联网和5G建设，构建安全、坚强、智能、绿色的现代化电力网络。

牵头单位：区住房城乡建设和交通局，利通区供电公司

配合单位：区发展和改革局、财政局、水务局、农业农村局，各乡镇

18. 加强公共安全体系建设。加强自然灾害防治能力建设，坚持常态减灾和非常态救灾相统一，加强应急力量、物资储备、技术装备等建设。加强公共卫生安全能力建设，加快完善突发公共卫生事件应急响应、传染病及疾病防控救治等体制机制，加强农村、社区等基层防控能力建设，广泛开展爱国卫生运动，进一步完善常态化疫情防控机制。推进公安、派出所改革，配齐配强民警、辅警，加强社会治安防控能力建设，坚持专群结合、群防群治，坚持和完善新时代“枫桥经验”。扎实推进全面数字乡村试点建设，实施“智慧利通”数字乡村综合治理工程，扎实推进乡村、社区、宗教、校园、企业、社团重点领域治理，深入推进扫黑除恶专项斗争，确保社会大局和谐稳定。加强应急体系和应急能力建设，完善安全生产监管体系建设，落实行政执法“三项制度”，深入开展安全生产专项整治三年行动，坚决遏制较大及以上安全事故的发生。

牵头单位：区委政法委，区卫生健康局、应急管理局

配合单位：区委统战部，公安分局、区民政局、教育局、财政局、农业农村局，各乡镇

（七）优化城镇布局

19. 提升城镇品质。加快推进老旧小区、特色街区改造，实施老旧小区改造提升工程，力争到2025年，辖区内2005年以前建成的老旧小区的改造实现全覆盖。加快推进全区特色发展，抓好特色旅游村、特色产业示范村、历史文化名村建设。着力提升城镇服务品质，提高城镇公共服务质量

专题七 优化城镇布局

城镇品质提升：利通区“十四五”老旧小区改造项目；利通区棚户区改造项目；利通区新能源汽车充电示范站建设项目；银川至吴忠天然气储气输配管道门站建设项目；利通区牛家坊民俗文化村现代服务业集聚区产业融合发展示范园建设项目；东塔寺乡特色产业暨乡村旅游示范项目；金银滩镇一二三产融合发展生态产业园建设项目；郭家桥乡山水沟特色产业示范村经营园建设项目；高闸镇田园综合体建设项目；黎明商业综合体建设项目；东塔寺乡干饭渠村棚户区公建商网建设项目

城镇精细治理：江苏和富市场集团农贸市场提升改造项目；南京和富市场吴忠东郊农产品批发市场建设项目

和水平，合理布局教育、卫生、文化、体育、养老以及超市、市场等设施，推动机关团体事业单位文化、体育等设施向社会公众开放，增强城市社区服务功能，建成15分钟步行便民社区服务，打造方便快捷生活圈。

牵头单位：区发展和改革局、住房城乡建设和交通局、文化旅游体育广电局

配合单位：区民政局、教育局、卫生健康局，各乡镇

20. 精细治理城镇。以创建文明城市为契机，不断补齐基础设施滞后等硬件建设短板。全面整治乱搭乱建、乱堆乱放、乱设摊点、乱拉乱挂、乱贴乱画、乱扔乱吐等问题。深入开展城乡垃圾治理行动，推行公共机构垃圾分类全覆盖。保持环境清洁，推进社区管理物业化、街面管理网格化、集市管理规范化、路面清扫机械化。

牵头单位：区委宣传部（创城办），区综合执法局、城乡环境卫生管理中心

配合单位：区住房城乡建设和交通局、机关事务管理中心，各乡镇

（八）保障改善民生

21. 改善公共服务。贯彻落实中央、自治区支持就业各项政策，支持退役军人、返乡入乡创业人员从事生态环保、乡村旅游等领域的创业就业，发挥植树造林、基础设施、污染治理等重大工程拉动就业作用，加强重点群体就业帮扶，实施职业技能培训促进就业计划，探索制定“挤奶工”“现代农业机械操作工”利通培训标准，持续开展就业援助月、高校毕业生专场招聘会等公共就业服务活动，全力打造和宣传“万达招聘日”特色服务品牌，着力破解就业难和招聘难结构性矛盾，力争到2025年，城镇调查失业率达到自治区控制目标，农村劳动力转移就业12.6万人，离校未就业高校毕业生就业率保持在90%以上。扎实推进“互联网＋教育”示范区建设，完善数字校园建设体系，全面推进义务教育阶段薄弱学校标准化建设，完善城乡义务教育经费保障机制，推动学前教育普惠发展、义务教育优质均衡发展，力争到2022年实现常态化应用中小学在线互动课堂和数字校园建设全覆盖，九年义务教育巩固率达到96%以上，到2025年每个乡镇至少有1所公办幼儿园，学前毛入园率达到93%以上。推进“互联网＋医疗健康”示范区建设，加快医疗卫生人才培育，改善乡镇卫生院和村卫生室医疗条件，深化综合医改，加强我区特色中医药发展，提高慢性病、职业病、地方病和重大传染病防治能力，加快疾控中心项目落地，力争2021年新建数字化预防接种门诊4个。

专题八 保障改善民生

改善公共服务：吴忠市公共实训基地建设项目；利通区“数字人社”一体化创新服务项目；利通区幼儿园建设项目；吴忠市第九中学建设项目；利通区疾病预防控制中心综合楼建设项目；利通区滨河新区社区卫生服务中心建设项目

统筹城乡发展：利通区“十四五”高质量发展村庄建设项目；金积镇经济发达镇改革2020—2021年基础设施改造工程项目；金积镇老镇区改造项目；利通区特色小城镇建设项目；利通区农村人居环境综合整治；农村环境整治项目

提高保障水平：宁夏社会保险基金风险防控系统项目；利通区社会保险公共服务平台项目；吴忠市利通区残疾人托养中心建设项目；金积镇养老托管中心二期建设项目；利通区综合社会化服务中心建设项目

牵头单位：区人力资源和社会保障局、教育局、卫生健康局

配合单位：区发展和改革局、财政局、住房城乡建设和交通局、自然资源局、统计局、医疗保障局、退役军人事务局，各乡镇

22.统筹城乡发展。实施宜居乡村建设工程，坚持以城带乡，全面推进基础设施、基层治理、服务提升、文明创建等重点任务，加快补齐安全用水、巷道硬化、抗震宜居房建设等短板弱项，持续提升农村公共服务水平，力争到2025年全区农户安全饮水达标率100%，村组道路硬化率100%。加强高质量发展村庄建设，科学编制“多规合一”实用性村庄规划，全力推进金积镇等4个重点乡镇建设，精心打造白寺滩等3个高质量发展村，优化提升烽火墩等5个特色产业示范村，力争到2025年全区高质量发展村庄新增15个。持续开展村庄清洁行动，全面推行房前屋后卫生环境“三包”责任制，完善“两次六分、四级联动”农村生活垃圾分类体系，构建农村人居环境建设和管护长效机制，力争2021年创建人居环境综合整治示范乡2个、示范村10个。

牵头单位：区住房城乡建设和交通局、农业农村局、自然资源局、城乡环境卫生管理中心

配合单位：区发展和改革局、财政局、生态环境分局、水务局、统计局，各乡镇

23.提高保障水平。全面实施全民参保登记计划，推动城乡居民基本养老保险扩面征缴，做好特殊困难群体、被征地农民参保工作，力争到2025年养老保险、城乡医保参保率分别达到95%和96%以上。进一步完善分类分档、城乡统筹的社会救助保障体系，实施困难重度残疾人和贫困残疾儿童医疗康复救助计划等行动，做好弱势群体关爱服务，加大城镇就业困难人员救助力度，推进城镇零就业家庭动态清零。大力发展养老服务，打造全社会参与的养老公益平台，完善养老服务体系评价评估机制，协助镇海养老服务中心和金乐居托养中心争取医养结合试点项目，力争到2025年新建8个社区日间照料中心，实现社区日间照料中心全覆盖。推动脱贫攻坚与乡村振兴战略有机衔接，强化就业扶贫、产业扶贫和易地扶贫搬迁后续扶持，确保脱贫人口不返贫和防止发生新的贫困。

牵头单位：区人力资源和社会保障局、民政局、农业农村局

配合单位：区财政局、扶贫办、卫生健康局、统计局、医疗保障局，各乡镇

（九）加快生态建设

24.加强森林生态系统建设。坚持科学种树，

专题九 加快生态建设

森林生态系统建设：北部绿色发展区域防护林建设工程；利通区2021年平原绿网提升工程
草原生态系统建设：利通区牛首山东麓荒漠化草原生态修复项目；利通区退化草原生态修复项目
流域生态系统建设：利通区“智慧生态”能力建设项目；苦水河、双吉沟支流综合治理工程项目
农田生态系统建设：利通区高标准农田建设项目；利通区土壤修复项目；农艺措施改良盐碱地项目

适地适树、以水定绿，多措并举造林、育林、保林，做到禁伐、禁垦、禁采、禁牧“四禁”。抓好重点工程，全面推行标准化、工程化、专业化、社会化造林，深入实施天然林保护、“三北”防护林、退耕还林还草工程，发展林果经济、林下经济，支持农民发展庭院经济。加强资源保护管理，严查破坏森林资源行为，科学监测防控重大病虫害，力争到2025年森林覆盖率达到12.12%。

牵头单位：区自然资源局

配合单位：区发展和改革局、财政局、农业农村局，各有关乡镇

25. 加强草原生态系统建设。依法加强草原保护，落实好《宁夏回族自治区草原管理条例》，全面落实禁牧封育各项政策，坚决遏制人为破坏林草植被行为。推进草原修复治理，加强草原生态脆弱区治理，对已垦草原实施退垦修复，对荒漠化草原飞播改良，对退化草原围栏封育，力争到2025年完成退化草原生态修复2万亩。

牵头单位：区自然资源局

配合单位：区发展和改革局、财政局、农业农村局，各有关乡镇

26. 加强流域生态系统建设。加强黄河、苦水河、清水沟等重点河流治理，联动推进水土流失、污染治理、水源涵养、生态平衡，综合治理水质量变差、水生态受损、水资源较少、水循环受阻问题，改善全流域水生态环境系统。加强重点河湖治理，实施苦水河、双吉沟等河湖生态修复及综合治理工程，启动农村水系综合整治项目，增强河湖生态调节能力，促进河湖生态系统健康。

牵头单位：区水务局

配合单位：各有关乡镇

27. 加强农田生态系统建设。围绕绿色、生态、有机、富硒的发展目标，以有机肥替代化肥为手段，建立完善的排灌体系为重点，加快盐碱地改良，改善农田排灌体系、电力系统和田间操作道，加大田成方、林成网、渠相通、路相连、旱能灌、涝能排、渍能降、节水高效的稳定高产田建设，力争到2025年，高标准农田实现全覆盖。严格落实永久基本农田制度，严格保护农业生产空间，确保粮食安全。

牵头单位：区农业农村局

配合单位：区自然资源局、水务局，各有关乡镇

（十）发展黄河文化

28. 挖掘黄河文化价值。统筹做好黄河文化的保护与开发工作，积极搜集整理利通区历史轶事、风土人情，办好“黄河大讲堂”，讲好“黄河故事”。深入开展“百姓宣讲”活动，运用各类新闻媒体和宣传文化阵地，加大对黄河和引黄古灌区文化的宣传教育，打造水文化、水资源宣传教育基地。

牵头单位：区委宣传部，区水务局、文化旅游体育广电局

专题十　发展黄河文化

挖掘黄河文化价值：利通区灌区水文化建设项目

发展黄河文化旅游：牛家坊民俗文化村现代服务业集聚区建设项目；利通区田园综合体建设项目；利通区牛家坊民俗文化村现代服务业集聚区吴吃堡城建设项目；黄河利通区精品段（滨河段）及苦水河沿线旅游基础设施建设项目；利通区黄河文化公园游客服务中心建设项目；国家（孙家滩）农业科技园现代休闲农业项目；吴忠高铁站旅游集散中心建设项目；万达文旅小镇建设项目；宁夏强尔萨生物科技有限公司老醋文化养生旅游项目；高闸镇郭桥村柳园湖休闲生态园林度假村建设项目；金银滩镇“沟台人家”建设项目

配合单位：区发展和改革局、财政局

29. 保护黄河文化遗产。开展黄河流域文化资源普查，全面摸清文物古迹、非物质文化遗产、灌溉工程遗产、农业文化遗产、工业文化遗产、古代典籍等重要文化遗产底数，完善并规范利通区级非物质文化遗产代表性项目名录体系建设。落实《宁夏回族自治区引黄古灌区世界灌溉工程遗产保护条例》和规划，加大东塔寺乡石佛寺村传统村落的整体性保护。搭建文化馆非遗保护传承基地，推动剪纸刺绣、陈氏医技十法、八宝茶、强家老醋等非物质文化遗产项目的保护利用，推动“非遗＋旅游”融合发展。

牵头单位：区文化旅游体育广电局

配合单位：区发展和改革局、工业信息化和商务局、财政局、住房城乡建设和交通局、水务局、农业农村局

30. 发展黄河文化旅游。以创建全域旅游示范县（区）为载体，促进文化旅游产业迈出新步伐。加大黄河（苦水河）沿线、滨河国家农村产业融合发展示范园、健康产业园、牛家坊民俗文化等沿黄项目的推进力度。依托黄河文化、美食文化、工业文化、民俗文化等优势文化资源，以市区为核心，以黄河、苦水河为纵向发展带，打造黄河生态康养组团、工业科考研学组团、田园观光休闲组团、民俗文化娱乐组团、农牧休闲运动组团五个组团，构建“一城两带五组团”发展格局。推进“智慧旅游”建设，依托新媒体网络平台，全方位对外推介，打响“美味利通”“早茶文化之乡”等品牌，力争到2025年，旅游游客、旅游收入分别达到300万人次、2.13亿元以上。

牵头单位：区文化旅游体育广电局

配合单位：区委宣传部，区发展和改革局、工业信息化和商务局、财政局、水务局，农业农村局，各乡镇

一、总体目标

坚持以习近平新时代中国特色社会主义思想为指导，深入学习贯彻习近平总书记关于民族工作的重要论述和视察宁夏重要讲话精神，认真落实自治区党委十二届八次、九次全会精神和吴忠市委五届十次全会精神，紧扣“中华民族一家亲，同心共筑中国梦”总目标，紧紧围绕各民族共同团结奋斗、共同繁荣发展主题，坚持以铸牢中华民族共同体意识为根本方向，以加强各民族交往交流交融为根本途径，广泛深入持久地开展民族团结进步创建，不断巩固我区民族团结、社会和谐的大好局面，守好促进民族团结生命线，为自治区建设全国民族团结进步示范区和吴忠市建设全国民族团结进步模范市贡献利通力量。

二、基本原则

（一）坚持党的领导。加强党对民族工作的

集中统一领导，强化各级党委和政府的主体责任，不断增强党在民族工作上的政治领导力、思想引领力、群众组织力，推动形成党政主导、分层负责、科学规划、全面实施、凝聚合力的良好格局，切实增强全社会“建设模范区，守好生命线”的共同责任，营造共同推动民族团结进步工作体制机制和社会环境。

（二）坚持教育引导。坚持以铸牢中华民族共同体意识为根本方向，教育引导各族群众牢固树立水乳交融、唇齿相依、休戚与共、荣辱与共的观念，牢固树立“三个离不开”思想，不断增强“五个认同”，把民族团结作为最高利益、神圣职责，把各族群众的智慧和力量凝聚到民族团结、共建美好家园上来，努力实现各民族和睦相处、和衷共济、和谐发展。

（三）坚持全民参与。坚持以加强各民族交往交流交融为根本途径，组织各族群众广泛参与创建活动，激发全区各族群众投身“十四五”规划和“建设模范区，守好生命线”的积极性，切实提高创建活动的感召力、亲和力、影响力，形成人人珍惜民族团结、人人维护民族团结、人人争当民族团结典范的良好氛围。

（四）坚持依法治理。坚决贯彻落实依法治国基本方略，坚定不移用法律来保障和巩固民族团结，依法保障各族群众合法权益。在法律范围内、法治轨道上处理涉及民族因素的问题，凡属违法犯罪的，不论涉及哪个民族、来自哪个地区，都要一视同仁、依法处理。对挑拨民族关系、煽动民族歧视和仇恨、破坏民族团结、制造恶性事件的犯罪行为，依法坚决打击。

（五）坚持科学评价。建立完善定性与定量相结合的目标指标体系和考核评价体系，完善创建活动测评体系，引入第三方评估机制，实施正向激励和动态管理机制，织密区、乡（镇）、村（社区）三级联创网络，形成以点串线、以线连片、以片带面的全域创建格局，确保创建工作内容丰富、评价科学、富有成效。

三、工作措施

（一）坚持加强党的领导，夯实民族团结进步创建政治基础

1. 加强政治领导。健全民族团结进步创建工作组织领导机制和服务管理机制，充分发挥区委统一战线工作领导小组和民族工作领导小组对民族团结进步创建工作的政策指导、组织协调、统筹推进等作用，把党的领导贯穿于民族团结进步创建工作全领域、全过程，纳入各级党委（党组）重要议事日程，纳入干部教育和培训计划，纳入宣传思想文化工作计划，纳入政治巡察、监督执纪问责范围，推动民族团结进步创建工作与中心工作同研究、同安排、同部署，不断提高政治判断力、政治领悟力、政治执行力。（牵头单位：区委办。责任单位：区委各部委、政府各部门，各人民团体、直属事业单位，区属驻利各单位，各乡镇）

2. 加强思想领导。广泛开展“分层次、多形式、全覆盖”培训，发挥各级党政领导干部“关键少数”带头引领作用，定期围绕民族团结进步创建工作组织党委（党组）中心组学习会、专题辅导讲座，进一步提高各级领导干部抓创建工作的思想认识、责任意识和能力水平。加强广大党员干部民族工作政策理论的学习教育，增强广大干部做好民族团结进步创建工作的责任担当，做到在涉及民族因素重大问题和关键环节上头脑特别清醒、眼睛特别明亮、行动特别坚定，不断提高运用党的民

族理论政策开展工作的能力水平。（牵头单位：区委宣传部、统战部。责任单位：区委各部委、政府各部门，各人民团体、直属事业单位，区属驻利各单位，各乡镇）

3. 加强组织领导。把民族团结进步创建工作纳入党政领导班子和领导干部年度考核，促进各级党员领导干部熟悉了解民族工作，带头贯彻执行党的民族政策。把懂不懂民族工作、会不会搞民族团结作为考察领导干部的重要内容，大力提拔重用在民族工作中善谋划、重实干、敢担当的好干部。建立健全监督检查机制，强化日常工作监督检查，定期开展党的民族政策执行情况监督检查，畅通群众参与、监督、反馈渠道，建立激发民族团结正能量激励机制。（牵头单位：区纪委监委、区委办、组织部、统战部。责任单位：区委各部委、政府各部门，各人民团体、直属事业单位，区属驻利各单位，各乡镇）

（二）坚持开展中华民族共同体意识教育，夯实民族团结进步创建思想基础

4. 深化“多元一体”国情教育。坚持以社会主义核心价值观为引领，大力弘扬以爱国主义为核心的民族精神和以改革创新为核心的时代精神，挖掘各民族文化的精神和价值，实现个人、社会、民族、国家价值观的内在统一；开展党史学习教育、革命历史教育、中国特色社会主义教育和中国梦宣传教育，引导各族群众不断增强对伟大祖国、中华民族、中华文化、中国共产党、中国特色社会主义的认同，树立正确的国家观、民族观、文化观、历史观、宗教观。（牵头单位：区委宣传部、统战部。责任单位：区委各部委、政府各部门，各人民团体、直属事业单位，区属驻利各单位，各乡镇）

5. 建立健全常态化教育机制。把民族团结进步教育纳入国民教育、干部教育、社会教育全过程，构建课堂教学、社会实践、主题教育多位一体教育平台。采取分众化、精准化的宣教方式持续开展“百场万人”大宣讲活动，重点对干部、群众、师生开展宣传教育，增强教育的时效性和针对性。坚持普及教育和个性化教育相结合，持续开展民族团结进步教育进机关、企业、社区等“十进”活动和民族法治、民族认知、民族平等、民族互信、民族互助“五项特色教育”，全方位、多领域、多渠道推进民族团结进步宣传教育。坚持“滴灌式”教育方式，充分运用新技术、新媒体在全社会开展主题宣传教育，唱响民族团结主旋律；在各机关、乡镇、村（社区）、学校等全面推广“石榴籽工作室”“石榴籽家园”“石榴籽书廊”“石榴籽长廊”“石榴籽广场”等新载体，唱响“石榴花开·圆梦利通”工作品牌，让民族团结进步理念入脑入心。（牵头单位：区委宣传部、统战部。责任单位：区委各部委、政府各部门，各人民团体、直属事业单位，区属驻利各单位，各乡镇）

6. 加强舆论宣传引导。发挥好电视、广播等传统宣传媒体作用，开设民族团结进步专栏、专题，以多种形式传播好民族团结进步好声音，讲好民族团结进步故事，巩固传统媒体民族团结进步教育宣传主阵地的地位；发展壮大网上舆论阵地，积极推进“互联网＋民族团结”行动，注重新媒体的宣传作用，充分运用“两微一端”等新媒体开展民族团结进步宣传教育，建设好网上各民族共有精神家园；坚持正确舆论导向，健全网络舆情管控引导机制，加强网评员队伍建设，注重正面宣传引导，提高涉民族因素舆情发声、研

判处置能力，积极应对网络舆情，牢牢把握民族领域意识形态工作的领导权。（牵头单位：区委宣传部、统战部、网信办。责任单位：区委各部委、政府各部门，各人民团体、直属事业单位，区属驻利各单位，各乡镇）

7. 树立各民族共享的中华文化符号。聚焦“中华民族一家亲、同心共筑中国梦”总目标，充分发挥文化引领人、塑造人的重要作用，找准共通点、契合点，用群众喜闻乐见的形式，春风化雨地提高中华文化对各族群众的浸润程度，树立各民族共享的中华文化符号。注重挖掘整理体现民族团结、契合社会主义核心价值观的典型事例，鼓励对民俗器物和本土艺术精品的收藏和展览，丰富铸牢中华民族共同体意识的素材支撑。围绕各民族交往交流交融历史和共享的中华文化符号主题，支持鼓励剪纸、刺绣等文化衍生产品向商品化、市场化、产业化方向发展，积极创作出体现中华文化精神、贴近人民群众审美、契合民族团结要义的优秀作品和文创产品。（牵头单位：区委宣传部、统战部，区文化旅游体育广电局。责任单位：区委各部委、政府各部门，各人民团体、直属事业单位，区属驻利各单位，各乡镇）

（三）坚持促进各民族共同富裕，夯实民族团结进步创建物质基础

8. 推进经济高质量发展。以建设黄河流域生态保护和高质量发展先行区为时代使命，做好调、转、增、融“四篇文章”，走出一条高质量发展的新路子。打造绿色农业示范区，推动粮经饲统筹、农林牧结合、种养加一体、一二三产融合发展，做强优质奶、优质肉、优质菜、优质果、优质草等特色优势农业，加强农业资源保护与节约集约利用，全面提高农业发展质量和水平。打造低碳经济样板区，实施对标升级、质量提升、产业基础再造、新兴产业提速工程，加快结构改造、绿色改造、智能改造、技术改造，补齐创新链、优化供应链、重构产业链，培育绿色低碳新动能，推动绿色食品、装备制造、现代纺织等特色优势产业集群化发展。打造现代服务业集聚区，深入挖掘各类文化、旅游、生态等资源优势，促进文旅融合、联动康养，打造“文旅康养打卡地”新名片，建设沿黄魅力城市。打造黄河金岸宜居区，坚持城乡统筹、生产生活生态统筹，聚焦城乡建设发展园林化、智慧化、健康化、安全化四大方面，大力实施乡村振兴战略，推进城乡融合发展，健全完善重大基础设施，建设宜居宜业美丽利通。（牵头单位：区发改局、工信和商务局、住建和交通局、农业农村局、文化旅游体育广电局，生态环境分局。责任单位：政府各部门，各乡镇）

9. 深入实施乡村振兴战略。严格落实《吴忠市利通区乡村振兴战略规划（2020—2035）》，推进乡村产业融合发展、乡村环境生态宜居、乡村文化繁荣兴盛、公共服务均衡供给、乡村治理有效互动、群众精神生活和物质生活不断提升，实现农业强、农村美、农民富。大力推动乡村产业融合发展，壮大提升农村集体经济，推进乡村振兴示范镇村建设，推动乡村产业融合发展。建设高素质农业科技人才队伍，发挥“两个带头人”作用，实施高素质农民培育工程和农村劳动力就业能力提升行动，鼓励各类人才返乡入乡创业兴业，提高农民科技文化素质，培育新型职业农民，凝聚乡村振兴人才合力。深化精神文明创建，持续开展“推动移风易俗·树立文明乡风”主题活动，倡导群众破除陈规陋习，努力形成文明乡风、良好家风、淳朴民风，进一步夯实民族团结根基。

严格落实“四个不摘”要求，实施移民致富提升行动，加大对移民实用技能培训力度，实现巩固拓展脱贫攻坚成果同乡村振兴有效衔接。（牵头单位：区委组织部、宣传部，区农业农村局、扶贫办。责任单位：区委各部委、政府各部门，各人民团体、直属事业单位，区属驻利各单位，各乡镇）

10. 强化社会保障。加强公共卫生服务体系建设，全面建立居民电子健康档案，扩大养老、医疗、失业等社会保险覆盖范围。强化就业优先政策，扩大就业容量、优化就业结构、提升就业质量，提高城乡居民收入水平的协同性、可持续性，推动更加充分更高质量就业。推动义务教育优质均衡发展，完善学前教育和特殊教育保障机制，统筹发展普通高中教育、职业教育，激活民办教育，促进教育现代化，建设高质量教育体系。健全基本养老保险、基本医疗保险、失业、工伤保险制度，构建多层次社会保障体系。实施健康利通建设，深入推进医疗卫生体制改革，提高医疗服务质量和水平，加强重大疾病防治工作，健全医养结合养老服务体系，织牢公共卫生防护网，全方位全周期保障人民健康。（牵头单位：区教育局、民政局、人社局、卫健局、医疗保障局。责任单位：区委各部委、政府各部门，各人民团体、直属事业单位，区属驻利各单位，各乡镇）

（四）坚持促进各民族交往交流交融，夯实民族团结进步创建社会基础

11. 促进各民族和睦相处。巩固和发展平等团结互助和谐的社会主义民族关系，大力弘扬各民族手足相亲、守望相助的优良传统，引导各族群众自觉融入共居共学共事共乐的社会环境。开展民族团结先进代表参观考察等活动，使各族干部群众切身感受国家经济社会发展变化，引导和帮助各族群众追求现代文明生活。开展各族群众互帮互助、小手拉大手等活动，使各族群众相互了解、相互尊重、相互包容、相互欣赏、相互学习、相互帮助，促进各民族搭建起你中有我、我中有你的命运共同体。完善市民公约、村规民约、学生守则、行业规章，尊重少数民族文化、风俗习惯，营造自觉遵纪守法、维护民族团结的社会氛围。（牵头单位：区委统战部。责任单位：区委各部委、政府各部门，各人民团体、直属事业单位，区属驻利各单位，各乡镇）

12. 完善嵌入式的社会结构和社区环境。以城乡社区为平台，从居住生活、工作学习、文化娱乐等环节入手，开展各族群众交流培养、融洽感情的各类活动，逐步实现由空间嵌入拓展到经济、文化、社会和心理嵌入，形成密不可分的共同体。从居住条件上嵌入，对居民新居统筹规划、合理布局，采取保障性住房嵌入式分配等方式助力各族群众嵌入居住。从各民族生产生活上嵌入，为各族群众提供职业介绍、就业指导等“一站式”和“一条龙”就业服务，提供上学、就医、维权等基础服务，形成“同市经营、同区居住、同校学习、同院就医、同台娱乐、同奔现代化”的“六同”新常态。在教育资源配置上嵌入，通过举办团队活动、演讲比赛、征文比赛等符合青少年特点，易于青少年接受的主题实践活动，大力宣讲民族友爱、互帮互助的温情故事，传递民族团结正能量。加强城市少数民族流动人口服务管理，建立流出地和流入地对接机制，加强“一站式”综合服务站点建设，解决好少数民族流动人口的特殊困难和问题，推动少数民族流动人口更好融入城市。（牵头单位：区教育局、民政局、住建和交通局。责任单位：区委宣传部、统战部，区司

法局、自然资源局、人社局、卫健局、文化旅游体育广电局，各乡镇）

13. 开展富有特色的群众性交流活动。打造“中华民族一家亲”系列实践教育活动平台，开展“结对子”“手拉手”“心连心”“一家亲”“社区邻居节”活动周、民族团结故事大赛、民族健身操等多层次多领域多样化的民族联谊活动，增进各民族情感交流。扎实开展“百姓舞台·多彩利通”品牌广场文艺演出，办好“文化惠民·送戏下乡”“戏曲进校园”“书香利通”全民阅读等文化活动。广泛开展“同唱一首歌、同升一面旗、同过一次节、同读一本书、同看一部电影”等“五个一”系列活动，培育公益服务活动品牌，不断拓展“靠近我，温暖你”兰花芬芳志愿服务、吉财慈善捐助等社会公益服务活动，进一步凝聚人心、淳化民风，宣扬正能量。（牵头单位：区委宣传部、统战部。责任单位：区民政局、文化旅游体育广电局，各乡镇）

（五）坚持构筑各民族共有精神家园，夯实民族团结进步创建文化基础

14. 传承发展中华优秀传统文化。坚持以社会主义先进文化引领促进各民族文化传承发展，大力实施中华优秀传统文化传承发展工程，推动中华优秀传统文化融入国民教育、道德建设、文化创造和生产生活，为促进民族团结进步事业提供滋养。深入开展“中华民族一家亲，同心共筑中国梦”主题宣传，全方位、多渠道、广覆盖宣传中华文化。推动红色文化教育普及，发挥好涝河桥烈士陵园、初心馆等爱国主义教育基地作用，深化党史、国史教育，弘扬中华优秀传统文化。深入实施“结对子、种文化”活动，抓好文化广场、文化大院、农家书屋、文化活动室等基层文化阵地建设，支持花儿、秦腔、快板等地方优秀曲艺、民间文化的传承发展，举办优秀传统文化作品展演活动，打造文化特色品牌。整理培育少数民族传统体育，保护传承张家枪、木球等地方特色的少数民族优势项目，推进区域文化交融创新。挖掘农耕文化，鼓励建设村史馆、农耕文化展览馆，支持民间艺术团发展，培育民间文艺人才，推动各民族文化交融创新。（牵头单位：区委宣传部，区文化旅游体育广电局。责任单位：区委统战部，区教育局、农业农村局，各乡镇）

15. 夯实全域旅游文化基础。围绕“西北知名的休闲度假目的地”的总体定位，以创建全域旅游示范县（区）为载体，依托黄河文化、美食文化、民俗文化等优势文化资源，以市区为核心，以黄河、苦水河为纵向发展带，打造黄河生态康养组团、工业科考研学组团、田园观光休闲组团、民俗文化娱乐组团、农牧休闲运动组团，构建“一城两带五组团”的全域旅游发展格局。深度挖掘黄河文化时代价值，实施黄河文化传承创新工程，挖掘黄河文化价值，统筹做好黄河文化的保护与开发工作，打造有传播力的宣传平台，保护传承弘扬“黄河文化”，讲好“黄河故事”，使利通区成为彰显黄河文化、展示黄河文明的重要窗口。（牵头单位：区文化旅游体育广电局。责任单位：区委宣传部、统战部，区发改局、工信和商务局、自然资源局、住建和交通局、农业农村局，各乡镇）

16. 深化公共文化服务建设。夯实国家公共文化服务体系示范区创建基础，形成覆盖城乡、功能完备、特色鲜明的公共文化服务体系，助力民族团结进步。实施公共文化设施建设、体育设施建设项目、文化数字化项目、文化和自然遗产保护等工程，推动我区公共文化服务建设再上新台

阶。全面落实新时代文明实践中心建设工作要求，着力打通宣传群众、引导群众、服务群众的“最后一公里”。加快融媒体中心建设，实现信息内容、技术应用，平台终端、管理手段的共融互通，推动媒体融合向纵深发展。广泛开展全民健身活动，做好体育健身公共服务，普惠广大城乡居民。（牵头单位：区委宣传部，区文化旅游体育广电局。责任单位：区委统战部，各乡镇）

（六）坚持用法治保障民族团结，夯实民族团结进步创建法治基础

17. 推进依法治理民族事务。依法妥善处理影响民族团结的矛盾纠纷，纠正对特定民族成员的歧视性做法，依法处置利用网络等新媒体发表不利于民族团结的各类言论，依法打击破坏民族团结和制造民族分裂的违法犯罪行为。正确区分民族事务与社会事务的界限，澄清问题性质，明确法律依据，不把涉及少数民族群众民事和刑事问题归结为民族问题，不把一般矛盾纠纷简单归结为民族问题，不搞选择性执法，运用法治方式，保障各民族合法权益、依法治理民族事务，让法治为民族团结保驾护航。（牵头单位：区委统战部、政法委。责任单位：区人民法院、人民检察院，区委网信办，公安分局、区司法局，各乡镇）

18. 防范化解民族领域突出问题。对标中央、自治区巡视督查反馈问题，建立健全防范民族领域突出问题的长效工作机制，持续开展“自排查”和“回头看”活动，着力提升民族领域问题整改工作制度化水平。（牵头单位：区委统战部、市场监管分局。责任单位：区委宣传部、政法委、网信办，区工信和商务局、公安分局、司法局，各乡镇）

19. 加强宗教事务依法治理。坚持我国宗教中国化方向，着眼守好维护政治安全生命线，坚持“导”的方略，“管控调疏”并举，以和谐寺观教堂创建活动为抓手，规范“五进”活动日常监督管理。发挥宗教团体主体作用，引导宗教界深入开展“三学一争做”主题教育活动。推动基层宗教治理深度融入县域社会治理现代化工作，健全完善部门间信息互通、协作共管、联合处置机制，严密防范境外宗教渗透活动。深入推进宗教活动场所第三方代理记账模式，建立规范统一的宗教活动场所财务管理体系。抓好中央宗教工作督查“回头看”反馈问题整改，持续开展非法宗教活动专项治理行动，筑牢全区宗教领域和谐稳定的安全屏障。（牵头单位：区委统战部。责任单位：区委政法委、网信办，公安分局、区民政局、自然资源局，各乡镇）

四、工作要求

一要加强领导，落实责任。要认真落实守好促进民族团结生命线的政治责任，把民族团结进步工作上升到事关民族地区长治久安的高度来认识、来推进，把维护民族团结作为富民强区的强基工程、一把手工程、生命线工程抓紧抓好。发挥区民族工作领导小组作用，定期对区创建工作进行政策指导、调查研究，对模范单位进行复查复验、动态管理，指导创建工作全面开展。

二要多措并举，注重实效。要不断推进理念创新、方法创新，在继承中发展，在发展中创新，打造实体化载体，多运用群众喜闻乐见的方式，多搭建群众便于参与的平台，多开展寓教于乐的文体活动，培育一批让群众看得见、摸得着、得实惠的活动载体，推动创建活动取得实实在在的效果。定期组织开展第三方综合测评评价工作，加强对已命名示范单位的实时监测，对拟申报单

位的量化测评，全面激发全区民族团结进步工作的活力。

三要强化督查，凝聚合力。建立健全监督检查机制，采取定期督查、专题检查及互观互检互评等方式，及时研究解决创建活动中出现的新情况新问题，确保创建活动不走过场、不流于形式。要发挥人大、政协监督的作用，强化社会舆论监督，形成合力，增强实效，区委统战工作领导小组办公室每年开展监督检查，推动各项任务落到实处。要建立协调联动机制，统战部门牵头抓总，各成员单位要定期联系协商，加强沟通，共同结合职能创造性开展创建活动，激发调动全社会力量投身“建设模范区，守好生命线”的积极性、主动性。

吴忠市利通区推进义务教育优质均衡发展实施方案

（吴利政办发〔2021〕38号）

为全面推进利通区义务教育优质均衡发展，整体提升义务教育质量和水平，根据教育部《关于印发〈县域义务教育优质均衡发展督导评估办法〉的通知》（教督〔2017〕6号）、《自治区人民政府办公厅印发关于推进义务教育优质均衡发展实施方案的通知》（宁政办发〔2020〕44号）、《宁夏回族自治区县域义务教育优质均衡发展督导评估实施方案》（宁教督导〔2017〕245号）和《吴忠市人民政府办公室关于印发推进县域义务教育优质均衡发展实施方案的通知》（吴政办发〔2021〕3号）等文件精神，结合我区教育实际，特制定本实施方案。

一、指导思想

以习近平新时代中国特色社会主义思想为指导，落实教育优先发展战略，全面贯彻党的教育方针，坚持立德树人根本任务，全面实施素质教育，全面推进县域义务教育优质均衡发展，进一步缩小义务教育城乡、区域、校际差距，整体提高义务教育学校标准化建设水平和教育质量，解决人民群众日益增长的优质教育资源需求和不均衡不充分发展之间的矛盾，努力办好每一所学校、教好每一名学生，促进学生德智体美劳全面发展。

二、基本原则

（一）坚持依法实施原则。严格按照国家有关法律法规和政策推进工作，建立政府主导、部门协调工作机制，成立工作小组，统筹全区义务教育与地方经济社会协调发展，有计划、分阶段落实义务教育优质均衡发展规划目标。

（二）坚持公平原则。严格按照国家和自治区关于县域义务教育优质均衡发展的督导评估标准执行，推进我区更加均衡配置教育资源，进一步缩小城乡、校际之间办学差距，确保义务教育更加均衡、更加优质、更加公平。对照标准查弱项、补短板，使每一所学校、每一项指标都能达到标准要求。

（三）坚持质量原则。坚持质量第一，把保障教育机会、教育过程公平和提高教育质量作为根本任务，全面贯彻落实党的教育方针，深入实施素质教育，全面提高教育质量。

（四）坚持社会认可原则。坚持信息公开制度，坚持标准与方法公开、过程与结果公开，保障公众对优质教育的知情权、参与权，主动接受社会监督，切实提高社会认可度。

三、工作目标

用5年时间（2021—2025年），在巩固“全国义务教育发展基本均衡县”创建成果的基础上，立足我区实际，进一步强化教育体制机制改革创新，围绕薄弱学校改造、优化学校布局、强化资源配置、优质资源共享、大班额大校额化解、师资队伍建设、教育质量提升等重点任务，全面实现我区“城乡教育一体化、师资配置均衡化、基础设施标准化、教育模式现代化、制度管理完善化”的义务教育优质均衡发展目标。

到2025年底，利通区完成县级自评、市级复核、区级评估任务，实现义务教育优质均衡发展目标。到2028年底，利通区通过国家审核认定，建成全国义务教育发展优质均衡县（区）。

四、年度目标

五、发展指标（共32项）

（一）均衡教育资源配置（7项指标）

（二）提高政府保障程度（15项指标）

重点是县级人民政府依法履职，落实国家有关法律、法规、政策要求，推进义务教育优质均衡发展和城乡一体化。15项指标均要达到要求。

（三）提升教育教学质量（9项指标）

重点是县域义务教育普及程度、学校管理水平、学生学业质量、综合素质发展水平。9项指标均要达到要求。

1. 全区初中三年巩固率达到95%以上；

2. 全区残疾儿童少年入学率达到95%以上；

3. 所有学校制定章程，实现学校管理与教学信息化；

利通区推进义务教育优质均衡发展分年度目标一览表

年度	年度目标
2021年	新建、扩建一批中小学，增加教育装备投入，优化城区中小学布局调整。基本完成大班额化解任务，大班额占比控制在2%以内。“互联网+教育”基本实现“三全两高一大”发展目标。清理空壳学校，均衡调配相关资源。
2022年	全区义务教育学校标准化建设基本完成，城区中小学布局调整进一步优化。教育资源均衡配置机制基本建立。“互联网+教育”示范区建设全面完成，实现“三全两高一大”目标。逐步按标准班额招生入学，大校额占比明显下降。县域内60%以上义务教育学校在教师、校舍、仪器设备等方面配置水平初步达到优质均衡评估要求。
2023年	政府保障更加有力，义务教育学校教育资源均衡配置机制趋于常态，学校管理水平、教育教学质量稳步提升，覆盖城乡、供给均等的义务教育公共服务体系基本建立，大班额全面化解，大校额占比持续下降。县域内80%以上义务教育学校资源配置水平达到优质均衡评估要求。
2024年	义务教育均衡发展和城乡一体化发展格局成效明显，教育布局更加合理，符合国家规定要求。县域内90%以上义务教育学校资源配置水平达到优质均衡评估要求。
2025年	县域内95%以上义务教育学校资源配置水平达到优质均衡评估要求。义务教育优质均衡发展完成县级自评、市级复核、区级评估任务。积极创建全国义务教育发展优质均衡县（区）。

均衡教育资源配置（7 项指标）

<table>
<tr><th>均衡教育资源配置指标</th><th>小学</th><th>初中</th><th>县域内综合差异系数</th></tr>
<tr><td>1. 每百名学生拥有高于规定学历教师数</td><td>达到 4.2 人以上</td><td>达到 5.3 人以上</td><td rowspan="7">小学小于或等于 0.50，初中小于或等于 0.45。（不含特殊教育学校或不足 50 人的教学点）</td></tr>
<tr><td>2. 每百名学生拥有县级及以上骨干教师数</td><td>达到 1 人以上</td><td>达到 1 人以上</td></tr>
<tr><td>3. 每百名学生拥有体育、艺术（美术、音乐）专任教师数</td><td>达到 0.9 人以上</td><td>达到 0.9 人以上</td></tr>
<tr><td>4. 生均教学及辅助用房面积（㎡）</td><td>达到 4.5 ㎡以上</td><td>达到 $5.8m^2$ 以上</td></tr>
<tr><td>5. 生均体育运动场馆面积（㎡）</td><td>达到 7.5 ㎡以上</td><td>达到 $10.2m^2$ 以上</td></tr>
<tr><td>6. 生均教学仪器设备值（元）</td><td>达到 2000 元以上</td><td>达到 2500 元以上</td></tr>
<tr><td>7. 每百名学生拥有网络多媒体教室数</td><td>达到 2.3 间以上</td><td>达到 2.4 间以上</td></tr>
</table>

每所学校至少 6 项指标达到上述要求，余项不得低于要求的 85%。

提高政府保障程度（15 项指标）

指标	具体标准
1. 县域内义务教育学校规划布局	规划布局合理，符合国家规定要求（适应城镇化发展需要，科学规划，合理布点，形成与县域经济社会发展、常住人口增长趋势和空间布局相适应的城乡义务教育学校布局）
2. 县域内城乡义务教育“四统一”	学校建设标准统一、教师编制标准统一、生均公用经费基准定额统一、基本装备配置标准统一
3. 音乐、美术专用教室配备	所有小学、初中每 12 个班级配备音乐、美术专用教室 1 间以上；其中，每间音乐专用教室面积不小于 96 平方米，每间美术专用教室面积不小于 90 平方米
4. 中小学规模	所有小学、初中规模不超过 2000 人，九年一贯制学校、十二年一贯制学校义务教育阶段规模不超过 2500 人
5. 班级学生数	小学、初中所有班级学生数分别不超过 45 人、50 人
6. 小规模学校公用经费	不足 100 名学生农村小学和教学点按 100 名学生核定公用经费
7. 特殊教育学校公用经费	特殊教育学校生均公用经费不低于 6000 元
8. 教师工资待遇	利通区义务教育学校教师平均工资收入水平不低于当地公务员平均工资收入水平，按规定足额核定教师绩效工资总量；保障农村教师补贴和乡镇工作人员补贴
9. 教师培训	教师 5 年 360 学时培训完成率达到 100%
10. 教师编制	县级教育行政部门在核定的教职工编制总额和岗位总量内，统筹分配各校教职工编制和岗位数量；实行学校编制动态管理

续表

指标	具体标准
11. 教师交流轮岗	利通区每年交流轮岗教师的比例不低于符合交流条件教师总数的10%；其中，骨干教师不低于交流轮岗教师总数的20%
12. 专任教师持证上岗	专任教师持有教师资格证上岗率达到100%
13. 就近划片入学	城区和镇区公办小学、初中（均不含寄宿制学校）就近划片入学比例分别达到100%、95%以上
14. 优质高中招生名额分配	利通区优质高中招生名额分配比例不低于50%，并向农村初中倾斜
15. 留守儿童关爱体系	留守儿童关爱体系健全，全区符合条件的随迁子女在公办学校和政府购买服务的民办学校就读的比例不低于85%

4. 全区所有学校按照不低于学校年度公用经费预算总额的5% 安排教师培训经费；

5. 教师能熟练运用信息化手段组织教学，设施设备利用率达到较高水平；

6. 所有学校德育工作、校园文化建设水平达到良好以上；

7. 课程开齐开足，教学秩序规范，综合实践活动有效开展；

8. 无过重课业负担；

9. 在国家义务教育质量监测中，相关科目学生学业水平达到Ⅲ级以上，且校际差异率低于0.15。

（四）确保社会认可度（85% 以上）

落实教育公平政策、推动优质教育资源共享，规范义务教育学校办学行为，全面实施素质教育、创新素养教育、考试评估制度改革等，着力提升教育教学质量，确保社会认可度达到85% 以上。

六、任务措施

（一）优化教育资源配置，推进办学基本条件提档升级。

1. 加快建设城镇学校。统筹考虑城市建设与发展、“二孩”“三孩”政策、流动人口变化趋势及中小学办学标准，健全义务教育专项规划动态调整机制。预留足够的义务教育学校用地，坚持教育用地联审联批制度，依法落实城市发展与学校建设同步规划，确保足够的学位供给，满足学生就近入学需要。2021年完成利通区第十八小学、第十七小学、第九中学新建项目，完成利通街第二小学、第八小学等学校改扩建项目，2021年底前投入使用。实施利通区“十四五”中小学校布局规划批复项目，确保城区义务教育阶段学校布局科学合理、规模适中并达到义务教育优质均衡发展评估标准。（责任部门：区发展和改革局、教育局、住房城乡建设和交通局、财政局、自然资源局，各乡镇）

2. 合理布局农村学校。结合乡村振兴战略，在交通便利、公共服务成型的农村地区合理布局义务教育学校。在办好必要的乡村小规模学校基础上，对确需撤并的教学点稳妥实施撤并，稳妥清理空壳学校。因撤并学校造成学生就学困难的，因地制宜采取多种方式予以解决。合理制定闲置校园校舍综合利用方案，严格规范权属确认、用途变更、资产处置等程序，并优先用于教育事业。建立农村小规模学校和寄宿制学校标准化建设台账，根据办学标准，全面改善贫困地区义务教育薄弱学校基本办学条件，全面推进城乡教育一体化改革。2025年，切实改变农村地区教育薄弱面貌，义务教育城乡发展不协调问题基本解决。（责任部门：区教育局、发展和改革局、财政局、住房城乡建设和交通局、自然资源局、农业农村局，各乡镇）

3. 全力消除大班额大校额。统筹推进义务教育学校建设，建立消除大班额工作台账，实行销号管理。2021年，无66人以上超大班额，56人以上大班额严格控制在3%以下，严格控制因择校产生的大班额，确保大班额基本化解。2022年，基本完成大班额化解任务，大班额占比控制在2%以内。到2023年，城区半数以上的小学班额做到不超过45人，三分之一的城区初中实现班额不超过50人。到2024年，大多数学校做到小学班额不超过45人、初中班额不超过50人；到2025年，中小学班额基本达标，全区小学、初中规模基本不超过2000人，九年一贯制学校不超过2500人。（责任部门：区教育局）

4. 努力改善办学条件。新建或改扩建学校一律按照办学标准设计建设。现有学校逐一建立办学条件台账，逐项销号，确保校校达标。在城镇学校建设改造时统筹优先解决学校生均占地面积不达标的问题。均衡资源配置，通过增设教学辅助用房、建设体育运动场馆，优化学校办学条件，确保小学和初中生均教学及教学辅助用房面积、生均体育运动场馆面积、生均教学仪器设备值、网络多媒体教室等指标全部达标。（责任部门：区教育局、发展和改革局、住房城乡建设和交通局、财政局、自然资源局，各乡镇）

5. 提高信息化应用水平。落实《吴忠市利通区“互联网+教育”工作实施方案（2019—2022）》，到2021年，基本实现“三全两高一大”发展目标，即教学应用覆盖全体教师、学习应用覆盖全体适龄学生、数字校园建设覆盖全体学校，信息化应用水平和师生素养普遍提高。到2022年，完成“三通两平台”升级改造建设工程，确保小学、初中每百名学生拥有网络多媒体教室数分别达到2.3间以上、2.4间以上。加快推进“宽带网络校校通”，基本实现所有教室及功能室有宽带网络接入和“班班通”设备；全面推进“优质资源班班通”，基本建成数字教育资源公共服务体系，为学习者享有优质数字教育资源提供方便快捷的服务；大力推进“网络学习空间人人通”，网络学习空间应用普及化，基本形成与备、教、批、辅、改、考、研、学需求相适应的信息化支撑服务体系。以“名师工作室”等形式组织特级教师、教学名师与一定数量的教师结成网络研修共同体，提升广大教师的教学能力和水平，推动形成“课堂用、经常用、普遍用”的信息化教学新常态；创新推进“名校网络课堂”建设，使名校优质教育资源在更广范围内得到共享，让更多的学生享受到高质量的教育。2023年，宽带网络校校通和优质资源班班通均达到100%，网络学习空间人人通实现全覆盖。严格落实国家网络信息方面的政策法规，加强安全技术防范，确保网络健康安全运行。2025年，“互联网+教育”在教学、管理、评价等领域应用成效明显增强，宁夏教育云指数高于全区应用指数，教师信息素养测评合格率达到97%以上。（责任部门：区教育局、发展和改革局、财政局）

6. 加强校园安全保障。积极开展平安校园创建活动，2021年，实现学校“一键式报警”、视频监控系统和进出口道路警示标志等安全设施设备全覆盖。加强专用校车标准化建设，保障农村学校学生交通专项经费，加强校车管理，消除学生交通隐患；划拨专项工作经费，落实校园“人防、物防、技防”等安保措施，按标准配齐专职安保人员。校园周边治理、消防、食品安全卫生等制度常态化落实。联防机制建立并常态开展工作，校园长期保持和谐安全稳定。（责任部门：区教育局、财政局、公安局利通分局、住房城乡建设和交通局、市场监管利通分局、应急管理局）

7. 合理配置教师资源。落实教师补充、交流、培训机制，打造高素质教师队伍。全面落实新机制教师“空岗补齐”和在编教师“退一补一”的教师补充机制，改善教师队伍结构。积极采取城乡对口交流、镇域内互派交流，结对帮扶、教师走教等方式，引导优秀校长和骨干教师向乡村学校和薄弱学校流动，推进教师校长轮岗交流制度常态化，县域内交流轮岗教师比例每年不得低于符合交流条件教师总数的10%，其中骨干教师交流不得低于交流轮岗教师总数的20%。继续实施5年不少于360学时的教师全员培训，所有学校按不低于年度公用经费预算总额的5% 安排培训经费。推动校长专业化建设。加大骨干教师培训力度，不断增加名校长和骨干教师比例，小学、初中每百名学生拥有县级及以上骨干教师数均达到1人以上。（责任部门：区委编办，区人力资源和社会保障局、财政局、教育局）

（二）落实政府保障政策，推进城乡义务教育一体化发展。

8. 加大教育经费投入。落实教育经费投入“两个只增不减”，建立健全动态调整机制，科学管理使用教育经费。实现城乡公办义务教育学校生均公用经费基准定额统一、不足100名学生农村小学和教学点按100名学生核定公用经费，对义务教育阶段寄宿制学校按寄宿生人数年生均200元标准补助公用经费。积极推进特殊教育工作，对特殊教育学生实施随班就读和送教上门服务，并按每生每年不低于6000元标准拨付特殊教育经费，保障特殊教育工作有效开展。（责任部门：区财政局、教育局）

9. 落实教师工资待遇。建立健全义务教育教师工资动态调整机制，对公务员普遍发放奖励性补贴时，同步统筹考虑义务教育教师。完善义务教育教师绩效工资管理分配办法，使绩效工资充分体现教师的工作量和实际业绩，确保实现义务教育教师平均工资收入水平不低于当地公务员平均工资收入水平。落实农村教师工作补助政策。推进教师专业技术职务晋升指标向乡村学校倾斜。（责任部门：区教育局、财政局、人力资源和社会保障局）

10. 统筹配置教师编制。严把教师从教资格关，实行定期注册制度，确保专任教师100% 持证上岗，并做到岗证一致。教育部门主动配合编制、人社部门，按照“师生比”和“班师比”相结合的方式，统筹考虑城镇化、全面“二孩”政策等因素带来的新变化，每3年核定一次学校教职工编制总量。在编制总量内，严禁在有合格教师来源的情况下“有编不补”、长期聘用编外教师，严禁挤占挪用义务教育学校教职工编制和各种形式“吃空饷”行为。严禁任何部门和单位擅自借调中小学在编教师。教育部门会同编办、人社部门根据中小学岗位设置结构比例指导标准，分别核定中小学校专业技术高、中、初级岗位数量，由教育系统实施“岗随编定、编随人走、县管校聘”的动态管理方案，编办、人社、财政部门备案，有效防范“编岗分离”。（责任部门：区委编办，区教育局、人力资源和社会保障局、财政局）

11. 规范招生入学管理。坚持就近免试入学原则，实行划片招生，确保城区和镇区公办小学、初中（均不含寄宿制学校）就近划片入学比例分别达到100%、95% 以上。所有公办义务教育学校一律实行免试入学，不得举行或变相举行与入学相关的各种形式的统一考试，不得设置重点班。健全留守儿童关爱机制，建立信息台账，实施精准帮扶；落实以流入地为主、以公办学校为主接收随迁子女的“两为主”政策，确保符合条件的随迁子女在公办学校就读比例不低于85%。严格执行教育部和自治区有关文件精神，以当年中考报名人数为依据，将吴忠市优质高中招生计划，按照每年不低于50% 的比例，均衡分配到辖区内各初中学校，促进农村薄弱学校的发展，逐步缩小学校之间的办学差距。（责任部门：区教育局、民政局、乡村振兴局，妇联）

（三）全面实施素质教育，推进教育教学质量整体提升。

12. 强化学校治理，提高管理水平。健全完善校园治理体系，切实提高校园治理能力，全面推进校园治理体系和校园治理能力现代化。坚持依法治校，建立健全学校章程，推进现代化学校制度建设。落实义务教育学校管理标准，重点提高农村寄宿制学校、九年一贯制学校及小规模学校管理服务水平。加强安全教育和法制教育，培养学生应急逃生技能，依法处置各种侵害青少年合法权益的违法行为。强化校园安全工作，建立健全学校安全长效机制，适时开展学校各类安全隐患排查整治，充分发挥公安、政法、卫健、文化和旅游、应急、教育等部门的职能作用，共同做好校园安全管理、安全防控工作，杜绝重大安全责任事故发生。（责任部门：区委政法委，区教育局、公安局利通分局、卫生健康局、文化旅游体育广电局、应急管理局、综合执法局）

13. 巩固脱贫攻坚成果，提升义务教育发展水平。健全完善控辍保学部门协调机制、监控机制、劝返机制及帮扶机制，切实落实政府、学校、家长和社会等多方面控辍保学责任，做到“适龄生进得来、在校生留得住、辍学生劝得返、流动生有去向”，控辍保学工作常态化。不断补齐短板，提升整体教育教学质量，继续稳固脱贫攻坚成果，小学六年巩固率达到97%，初中三年巩固率达到95% 以上，残疾儿童少年入学率达到95% 以上。（责任部门：区教育局，各乡镇）

14. 落实立德树人，坚持“五育并举”。深入推进习近平新时代中国特色社会主义思想进教材、进课堂、进师生头脑。健全完善德育工作体系，推进全员全程全方位育人。大力开展理想信念、社会主义核心价值观、铸牢中华民族共同体意识和民族团结进步教育、中华优秀传统文化、生态文明、心理健康教育等，发挥课程、文化、活动、实践、管理、协调育人功能和共青团、少先队组织育人作用，培育选树一批德育工作先进典型。开齐开足上好体育课，开展校园普及性体育运动和特色体育项目，推进“教体融合”，优化初中学业水平考试体育计分科目和标准，强化学生健康综合干预与监测。公共体育场馆向学生免费或低收费开放，中小学生近视率每年降低0.5个百分点以上，肥胖率控制到全区平均水平以下。广泛开展校园艺术活动，帮助每位学生掌握1至2项艺术技能，持续推进利通区创建全国艺术教育示范区，开展戏曲、围棋、书法等中华优秀传统文化进校园活动，大力培育艺术教育特色。重视劳动教育。开设劳动教育必修课程，每学年设立劳动教育周，因地制宜组织学生开展家务劳动、校园劳动、校外劳动实践和社区志愿服务，使学生养成劳动习惯、掌握劳动本领、培养热爱劳动的品质。开展劳动教育示范学校、劳动教育基地创建，加强劳动教育实验区建设，加强劳动教育师资建设，满足中小学劳动教育需要，建设命名1~3个自治区级劳动教育实践基地，创建10所劳动教育示范学校。开展心理健康教育，强化家校联系，发挥社会教育资源作用，形成学校、家庭、社会紧密配合的教育工作格局。（责任部门：区教育局、文化旅游体育广电局，团区委、妇联）

15. 深化课程改革，提升教育质量。加强课程体系建设，实施基于学生核心素养提升的精品课程建设项目，培育具有地域特色的精品课程。建立以学生发展为本的新型教学关系，改革教与学的方式、课堂教学组织形式，构建“高效课堂”模式。加强教研队伍建设，实施定期教研工作制度。探索实施并有效推进教研共同体、学校发展合作体建设，推进“利青同城”一体化建设，加快融入“银川都市圈”。充分发挥名师及名师工作室的引领、辐射作用，推进一批有前瞻性的教学改革项目，推出一批优课，促进教学质量不断提升，确保在国家义务教育质量监测中，监测学科学业水平均达到Ⅲ级以上，且校际间差异率低于0.15。规范校外教育培训机构管理，切实减轻学生过重课外负担，坚决杜绝在职教师有偿补课、组织学生有偿补习等违规行为，维护正常教学秩序。强化家庭教育指导服务，明确家长责任，切实改变“学校减负、家庭增负，校内减负、校外增负”现象。（责任部门：区教育局、公安局利通分局、市场监管局利通区分局、综合执法局、妇联）

（四）关注群众呼声，提高社会认可度。

16. 通过调查问卷和实地走访的方式，不定期向人大代表、政协委员征求意见和建议。经常深入基层，听取学生、家长、教师的意见和建议，千方百计解决群众关心的教育问题，提高群众对我区教育的满意度，使我区教育社会认可度达到85%以上。（责任部门：区委宣传部、网信办，区教育局）

七、保障机制

（一）加强组织领导。为切实加强推进义务教育优质均衡发展工作的组织领导，成立利通区推进义务教育优质均衡发展工作领导小组（见附件1），负责全面统筹协调工作，确保义务教育优质均衡发展工作有计划、有步骤地推进。领导小组办公室设在区教育局，负责义务教育优质均衡发展日常工作。各相关部门要相应成立组织领导机构，明确工作目标和任务，完善相关政策措施，有序推进义务教育优质均衡发展进程。

（二）强化部门协作。各相关部门要把推进义务教育优质均衡发展作为依法履职、改善民生的重要任务，全力落实部门工作职责（见附件2），加强部门配合协作，按照评估要求和工作方案，制定工作计划，稳步推进，合力推进我区义务教育优质均衡发展，确保按时按质完成各项工作任务。

（三）做好督查落实。区政府教育督导委员会将对义务教育均衡发展重点事项、建设项目情况、各相关部门履行职能情况进行督促检查，建立义务教育均衡发展信息库，定期对辖区内义务教育学校间的差距进行监测和分析，全面掌握义务教育发展动态，及时解决义务教育发展中存在的问题和不足，促进义务教育优质均衡发展。区委、区政府将义务教育均衡发展工作，纳入各乡镇、区直各有关部门主要领导的实绩考核范围，考核结果作为评价各乡镇、各部门主要领导人政绩的重要内容，对推进义务教育优质均衡发展工作领导不力、管理不力、落实不力的部门和相关责任人进行问责。

利通区强化公共服务质量促进公共服务满意度提升的实施方案

（吴利政办发〔2021〕59号）

公共服务事关民生改善和营商环境优化，是满足人民美好生活的基础保障，是推进经济社会和谐稳定持续健康发展的重要保障。为推动我区公共服务质量全面提升，根据《自治区质量强区建设工作领导小组关于强化公共服务质量促进公共服务满意度提升的实施意见》（宁质发〔2020〕1号）精神，结合我区实际，制定本实施方案。

一、总体要求

以习近平新时代中国特色社会主义思想为指导，全面贯彻落实党的十九大和十九届二中、三中、四中、五中全会精神，按照高质量发展要求，深入推进公共服务供给侧结构性改革，着力补齐公共服务领域短板，提升公共服务质量水平，不断满足人民群众美好生活需求，努力提升全区人民的获得感、幸福感、安全感。

二、总体目标

坚持以满足人民对美好生活的需要为导向，以经济发展和民生改善为前提，从解决公众最关心、最直接、最薄弱的问题入手，针对“社会保障、行政便民、公共教育、公共就业、医疗服务、公共事业、公共安全、公共文化体育、养老服务”等9项重点公共服务领域，增强公共服务弱项，提升公共服务质量水平，建立惠及全民、水平适度、可持续发展的公共服务体系，实现公共服务意识明显增强、公共服务设施明显夯实、公共服务质量明显提升、人民获得感明显增强的总体目标。

三、主要任务

（一）加大社会保障服务力度

1. 全力推进全民医保体系建设。严格落实国家和自治区制定的基本医保、大病保险和医疗救助各项政策措施，最大限度地减轻参保人员的就医用药负担，引导参保患者到基层医疗机构就医。不断完善基本医疗保障制度，建立科学合理医保支付方式，通过不同级别医疗机构间的差异化医保支付政策引导患者实现分级诊疗。围绕居民参保、医保报销来回跑路等短板问题，积极优化参保和报销流程，切实提高“一站式”服务水平。全力做好异地转诊转院患者医疗费用结算服务工作，提高异地就医报销便利性。继续完善建档立卡户农村贫困住院患者“先诊疗后付费”工作机制，落实各项医保脱贫攻坚政策，做好边缘户医疗保障政策的衔接，实现贫困人口参保全覆盖，增强医疗救助托底保障能力。开展打击欺诈骗取医疗保障基金专项行动，加强医保基金监控，重视风险管控，切实遏制骗保现象发生。开展医保政策进机关、进企业、进镇村、进社区宣传宣讲活动，提升人民群众对医保政策的知晓率。

牵头单位：区医疗保障局

责任单位：区卫生健康局，各乡镇

完成时限：长期推进

2. 全面落实低保兜底保障政策。开展社会救助业务培训，严格落实就业成本扣减、低保渐退、“单人保”政策等帮扶措施，通过大数据分析，将重度残疾人、重病患者、脱贫不稳定户、边缘易致贫户以及收入骤减或支出骤增户列为重点对象，进行信息比对和入户核查，对符合条件的按程序及时纳入城乡低保等救助范围，及时将近两年符合条件的“脱保”“错退”对象重新纳入保障范围。持续推进低保专项治理，定期对社会救助对象的家庭经济状况数据信息进行核查甄别，对存疑数据逐一入户核实。建立低保年度错审公示制度，及时清退不符合条件的救助对象。继续加强城乡低保与扶贫政策的有效衔接，及时将符合救助条件的人员纳入保障范围，特别紧盯老年人、残疾人、精神障碍患者等特殊群体，切实做到“应扶尽扶、应保尽保、应救尽救”。通过政府网站、微信公众号等方式定期公开惠民政策、救助对象信息及监督举报受理方式，接受广大群众监督。

牵头单位：区民政局

责任单位：各乡镇

完成时限：长期推进

3. 统筹完善城乡社会救助体系。按照不低于当地城乡低保标准的1.3倍同步调整特困人员救助供养标准，进一步规范特困供养人员认定，及时将建档立卡贫困人口纳入救助供养范围；加强分散特困供养人员照料服务，确保分散特困供养人员“日常有人照应、生病有人看护”。切实发挥好临时救助和“救急难”作用，深化社会救助“一门受理、协同办理”机制，坚守社会救助兜底底线，规范完善转办、督办制度，及时办理或跟踪、反馈办理结果，确保困难群众求助有门、受助及时。开展全区精神障碍患者社区康复、深度贫困家庭精神障碍患者救助试点和“福康工程”项目，做好贫困重度残疾人照护服务、残疾人“两项补贴”发放及第三代残疾人证审核换证工作。落实残疾人托养政策，确保残疾人精准脱贫和精准康复同步推进。开展残疾儿童康复需求筛查，推行残疾人家庭医生签约服务，推动有康复需求的已脱贫仍享受政策残疾人基本康复服务全覆盖。按照应救尽救的原则，按政策要求开展0~6岁残疾儿童基本康复训练。

牵头单位：区民政局（残联）

责任单位：各乡镇

完成时限：长期推进

（二）加强养老服务体系建设

4. 加强社区养老服务设施建设。建立“1+N”城市养老服务模式（即中心城区建设1个城市养老服务综合体、N个养老服务站点），打造15分钟“养老圈”。加快城市养老服务综合体建设，建成集全托照顾、日间照料、康复理疗、休闲娱乐、助餐、信息服务、儿童关爱、展示体验等于一体的中高端养老服务综合体。以社区日间照料中心、居民小区为载体，建设嵌入式养老机构、助餐点、爱心超市等养老服务设施。强化养老服务设施运行指导和管理，切实提高已建养老服务设施利用率。城市居家和社区养老服务设施覆盖率70%以上。

牵头单位：区民政局

责任单位：区发展和改革局、财政局、住房城乡建设和交通局，各乡镇

完成时限：2021年年底

5. 加快机构社区居家养老融合发展。放活养老服务市场，引进和培育养老服务龙头企业或社会组织，采取“公建民营”“民办公助”“购买服务”等形式，运营管理养老机构、社区养老服务设施。推进养老机构向居家和社区开展养老延伸服务，养老机构、社区养老服务机构要为居家养老提供支撑，将专业服务延伸到服务站点及居家老年人。

牵头单位：区民政局

责任单位：区发展和改革局、财政局、卫生健康局，各乡镇

完成时限：2022年年底

6. 积极探索智慧养老服务模式。建立老年人及养老服务设施基本信息动态管理数据库，建设统一管理、综合开放的居家和社区养老服务信息平台。充分利用智能化平台，整合医疗卫生、家政、志愿服务等资源，实现信息互通、资源共享；发展养老应急服务网络，开设应急救援功能。鼓励社会力量开发养老服务相关信息产品和工具，提供科学、精准、便捷、高效的服务。探索实施“爱的眼睛”工程，为农村留守、独居的高龄老人家庭安装可视对讲系统，搭建为老人服务实时关爱平台。

牵头单位：区民政局

责任单位：区发展和改革局、工业信息化和商务局、财政局、卫生健康局，各乡镇

完成时限：2022年年底

7. 补齐农村养老服务设施短板。将补齐农村养老基础设施短板、提升乡镇养老服务能力纳入脱贫攻坚工作和乡村振兴战略统筹推进。推动乡镇农村老年饭桌、幸福院转型为区域性养老服务中心，开展向居家和社区养老延伸服务。拓宽农村养老服务覆盖面，补足村（社区）和村（居）民小组养老服务设施，新建农村老年饭桌3个，因地制宜设置服务功能，满足农村老年人不同层次的养老需求。健全农村留守老年人救助保护机制，引导社会组织为农村留守老年人提供专业服务，将具备资质的老年协会等社会组织纳入政府购买服务承接主体。农村居家和社区养老服务设施覆盖率达到60%以上。

牵头单位：区民政局

责任单位：区发展和改革局、财政局，各乡镇

完成时限：2021年年底

8. 实施养老机构提升改造工程。全区投入运行的养老服务机构总床位数不低于800张，在全面满足兜底保障老年人集中供养需求的基础上，重点为高龄、重病、失能及计划生育特殊家庭老年人提供无偿或低偿托养服务，逐步为社会老年人提供基本养老服务。实施失能特困人员照护中心提升改造，重点增加护理型床位，增强康复理疗、心理关爱等服务能力。聚焦高龄、失能失智老年人长期照护需求，重点发展护理型床位，养老机构护理型床位不低于20%。

牵头单位：区民政局

责任单位：区发展和改革局、财政局、自然资源局、住房城乡建设和交通局，金积镇、高闸镇、扁担钩镇、东塔寺乡

完成时限：2022年年底

9. 加快推进社区医养融合发展。全域推进医

养结合，推动社区养老服务、社区医疗卫生设施同址或临近设置，支持乡镇卫生院和养老院“两院一体”发展。鼓励医疗机构和养老机构建立签约服务机制，签约服务率不低于60%。建立基层医疗卫生机构与老年人家庭签约服务机制，为65岁及以上老年人建立健康档案，重点为经济困难的失能、失智、失独、空巢、留守、高龄、计划生育特殊家庭等老年群体提供定期体检、上门巡诊、家庭病床、社区护理、健康管理等服务。鼓励具备法人资格的医疗机构通过变更登记事项或经营范围开展养老服务，鼓励各级医疗卫生机构与养老机构组建医疗养老联合体。将符合条件的养老机构内设医疗机构，按规定纳入医保协议管理；符合条件的医疗、护理和康复项目，按规定纳入基本医保支付范围。

牵头单位：区卫生健康局

责任单位：区财政局、民政局、医疗保障局、市市场监督管理局利通区分局，各乡镇

完成时限：长期推进

10.深入开展养老服务达标建设。推进养老机构等级评价示范工程，建立老年服务需求评估制度，对老年人失能失智等级、服务需求类型进行评估，将评估结果作为老年人补贴、接受基本养老服务的依据。推进养老机构服务质量基本规范达标工作，着力提高养老服务机构质量管理水平，强化《养老机构服务质量基本规范》（GB/T 35796-2017）、《社区老年人日间照料中心服务基本要求》（GB/T 33168-2016）和《社区老年人日间照料中心设施设备配置》（GB/T 33169-2016）三项国家标准的宣传贯彻。实现50%以上养老机构和50%以上日间照料中心达到国家标准。

牵头单位：区民政局

责任单位：区财政局、卫生健康局

完成时限：2022年年底

（三）强化公共教育服务质量

11.提升普惠性学前资源供给水平。制定《利通区学前教育深化改革规范发展的实施方案》，落实《利通区民办幼儿园管理办法（试行）》和《利通区普惠性民办幼儿园认定、扶持及管理办法（试行）》，建立联席会议制度，强化各成员单位职责，定期研究解决突出问题。通过规划新建公办幼儿园、回收公建民营幼儿园、评估认定普惠性民办幼儿园等方式，着力提升学前教育普惠覆盖率。健全完善学前教育保障机制，落实公办园生均公用经费、普惠性民办园财政扶持政策，为改善办园条件提供经费支持，按标准核定幼儿教师编制，配足配齐教职工。落实建档立卡在园幼儿和家庭经济困难儿童资助政策，做到“应助尽助”。建立学前教育督学责任区制度，实现幼儿园责任督学挂牌督导全覆盖。

牵头单位：区教育局

责任单位：区民政局、财政局、人力资源和社会保障局、住房城乡建设和交通局、应急管理局、综合执法局、市市场监督管理局利通区分局

完成时限：长期推进

12.规范义务教育招生入学行为。全面贯彻党的教育方针，坚持依法治教，加强统筹管理，完善招生机制，规范入学秩序，实行阳光招生，促进教育公平，努力让每个孩子享有公平而有质量的教育。巩固义务教育基本均衡发展成果，深入推进义务教育优质均衡发展，探索推进办学模式改革，不断扩大优质教育资源覆盖面，着力消除“大班额”“大校额”。义务教育阶段学校全面实行均衡编班、均衡配备教师。严禁开设各种形

式的重点班、实验班。加强学籍管理，严禁人籍分离、空挂学籍，确保人籍一致。加强进城务工随迁子女、适龄残疾少年儿童及农村留守儿童关爱力度，确保依法平等接受义务教育。

牵头单位：区教育局

责任单位：各乡镇

完成时限：长期推进

13. 统筹推进义务教育均衡发展。推进城乡义务教育一体化改革发展，进一步推进城乡义务教育学校标准化建设，全面改善义务教育薄弱学校基本办学条件。努力办好乡村教育，统筹城乡师资配置，着力解决“乡村弱”和“城镇挤”的问题，推进义务教育优质均衡发展。通过城乡义务教育一体化、城乡学校结对帮扶等方式，加大对薄弱学校和农村小规模学校的扶持力度。加强校长教师轮岗交流和农村校长教师培训，利用信息技术共享优质资源的方式，补齐农村教育短板。

牵头单位：区教育局

责任单位：区财政局、人力资源和社会保障局、住房城乡建设和交通局，各乡镇

完成时限：长期推进

14. 完善立德树人工作体制机制。坚持全面发展，建立健全德智体美劳并举的立德树人机制，加强德育、体育、美育和劳动教育，促进学生全面健康成长。加强学校德育工作组织领导，实施思想政治工作质量提升工程，成立未成年人思想道德建设工作领导小组，统筹、协调和指导中小学思想道德教育工作。健全学校德育工作责任制，签订德育工作目标责任书，明确德育工作第一责任人。切实落实德育工作保障措施，健全学校德育工作机构，建立校外辅导员制度和家长委员会制度，积极动员全社会参与学校德育工作。加强师德师风建设，组织优秀师德典型宣讲，开展系列师德教育活动，评选表彰优秀先进教育工作者，激发教师教书育人、服务育人的热情。深入开展中小学课后服务工作，减轻中小学生课业负担，持续推进校外培训机构专项整治。

牵头单位：区教育局

责任单位：区人力资源和社会保障局、应急管理局、综合执法局、市市场监督管理局利通区分局

完成时限：长期推进

15. 强化校园安全治理体系建设。全面落实疫情防控各项措施，坚决打赢疫情防控阻击战。加强校园内食品安全管理，健全完善学校食品安全责任制，切实落实食品安全管理措施，确保学校食品采购、加工、出售、贮存等关键环节安全可控；严把原材料进口关，落实好索票索证、食品留样、领导陪餐、食堂消毒、食堂卫生管理、从业人员健康状况及操作规范等相关制度。联合相关部门定期开展校园周边食品安全专项整治，确保校园及周边安全稳定。切实抓好校车安全、校舍安全等安全防护，完善校园安全管理制度，提高安全治理能力。

牵头单位：区教育局

责任单位：区住房城乡建设和交通局、卫生健康局、综合执法局、市市场监督管理局利通区分局

完成时限：长期推进

（四）提高政务服务能力水平

16. 推动服务事项行业系统规范化。加快推进全国一体化在线政务服务平台建设，加强权责清单规范化建设，严格依据权责清单和机构“三定”规定，对照《国家政务服务事项基本目录》

和《宁夏回族自治区行政权力清单指导目录》，编制录入行业系统政务服务事项实施清单，完成政务服务事项数据推送上报。梳理建设“四级四同”政务服务事项库，建立统一的政务服务事项新增、调整、取消等动态管理机制，实现政务服务事项一库汇聚、应上尽上、数据同源、同步更新，推进同一事项无差别受理、同标准办理，实现政府服务更优化、管理更智能、办事更便捷。

牵头单位：区审批服务管理局（政务服务中心）

责任单位：区直各部门，各乡镇

完成时限：长期推进

17. 推动服务事项行业系统最优化。聚焦群众办理量大的社保民生、户籍户口、税务办理、市场准入等政务服务事项，优化办事流程，减时限、减环节、减材料、减次数，最大程度利企便民，让企业和群众办事更方便、更快捷、更高效。完善现场服务规范，着力推进政务服务大厅智能化、标准化、规范化建设，合理设置服务标识和办事窗口，提升“一站式”服务功能；完善网上服务规范，落实“一网通办”要求，健全网上预约、申报、审批服务等流程，提供网上咨询服务，确保企业和群众网上办事流程清晰、操作便捷、沟通顺畅。政务服务事项网上可办率达90%以上，70%以上的政务服务事项实现“一窗”分类受理。

牵头单位：区审批服务管理局（政务服务中心）

责任单位：区直各部门，各乡镇

完成时限：长期推进

18. 提升“互联网+政务服务”水平。建成区级统筹、部门协同、区乡（镇）村（社区）三级联动、一网办理的“互联网+政务服务”体系。推行“一窗受理、集成服务”模式，建立一次提交、综合受理、及时反馈的审批服务运行机制，实行“前台综合受理、后台分类审批、统一窗口出件”无差别受理，方便企业群众一站式办理各类审批业务。加强乡镇、村（社区）便民服务能力建设，打造“就近办便民服务圈”。下沉118项政务服务事项至乡镇便民服务代办，通过村（社区）代办、乡受理，实现群众办理民生服务事项“小事不出村、大事不出乡”；强化对下沉审批事项的业务培训，在全区134个村（社区）加大代办员培训力度，让群众在10分钟路程范围内办好民生服务事项，打通乡村民生服务“最后一公里”。积极做好“我的宁夏”APP实名注册认证和推广统计工作，大幅提升“我的宁夏”APP知晓率和使用率，让“不见面、马上办、零跑腿”真正落到实处。

牵头单位：区审批服务管理局（政务服务中心）

责任单位：区直各部门，各乡镇

完成时限：长期推进

19. 提升社会信用体系建设成效。以信息化建设为支撑，推动社会信用体系建设与大数据深度融合，加快建立以信用承诺、信息公示为特点的新型监管机制，加强市场主体信用信息归集、共享和应用，推动利通区公共信用信息平台向各级监管部门开放数据。健全失信联合惩戒机制，依托“信用吴忠”门户网站和“吴忠市公共信用信息服务平台”资源，开展重点领域的信用状况监测，定期公布工作成效评估结果，接受社会公众监督。全面落实“双随机、一公开”监管，做好“互联网+监管”平台建设，加大信用信息公示和共享力度，增强监管科学性和执法公正性。

牵头单位：区发展和改革局

责任单位：区直各部门，各乡镇

完成时限：长期推进

（五）构建公共就业服务体系

20. 努力推动创业带动就业。认真落实各项就业创业扶持政策，继续完善“创业培训+创业贷款+创业服务”三位一体创业帮扶机制，用足用活创业担保贷款基金。扎实开展创业能力培训，培训创业者不低于500人，着力营造大众创业、万众创新的浓厚氛围。规范吴忠市人力资源产业园运营，引导培育人力资源服务业向高层次多元化方向发展。

牵头单位：区人力资源和社会保障局

责任单位：区发展和改革局、财政局、民政局、农业农村局，各乡镇

完成时限：2021年底

21. 深化职业技能提升行动。积极推行终身职业技能培训制度，扎实开展“职业技能培训促进就业计划”。充分发挥五个“实训基地”作用，提升培训实效性、实用性，打通技能培训与稳定就业之间的“最后一公里”。深入开展创业能力培训，完成各类培训3000人，其中企业职工培训1800人，重点群体就业技能培训1200人。

牵头单位：区人力资源和社会保障局

责任单位：区发展和改革局、教育局、工业信息化和商务局、民政局、住房城乡建设和交通局、水务局、农业农村局、卫生健康局，各乡镇

完成时限：2021年年底

22. 切实加强公共就业服务。优化现有公共招聘网络平台，集中开展线上“春风行动”“就业援助月”等公共就业服务活动，打造“就业服务不打烊、网上招聘不停歇”的全天候公共就业服务模式。深入企业调研，有针对性地组织专场招聘会，组织企业到专业对口高等院校进行定向招聘，提高人岗匹配度。全力打造和宣传“万达招聘日”特色服务品牌，着力破解就业难和招工难结构性矛盾。加强农村劳动力转移就业平台建设，为农村劳动力转移就业和就近就地就业提供更加便利、快捷的信息渠道。

牵头单位：区人力资源和社会保障局

责任单位：各乡镇

完成时限：2021年年底

（六）全面提升医疗服务质量

23. 强化服务体系能力建设。落实乡镇卫生院功能定位，提升医疗服务效率和质量，强化医疗资源共享服务，不断完善城乡医疗机构“互联网+医疗”联调联通工作，推进各级医疗机构检验检查结果互认工作。全面深化医药卫生体制改革，加强基层医疗卫生机构基础设施建设，推进医联体建设，完善分级诊疗制度，探索医务人员薪酬制度和职称评聘机制的改革，有效推动“三医联动”。

牵头单位：区卫生健康局

责任单位：区财政局、人力资源和社会保障局、医疗保障局，各乡镇

完成时限：长期推进

24. 改进便民服务机制举措。加快实施“互联网+医疗健康”，建设符合我区实际的医疗卫生便民、惠民、利民智慧医疗服务平台，规范医疗卫生服务公示制度等，着力打造阳光医院。全力推进数字化预防接种门诊工作，持续推进紧密性区域医联体建设。建立完善家庭医生签约服务机制，优化家庭医生签约服务团队，着力推广信息化签约服务，提升家庭医生签约服务质量。

牵头单位：区卫生健康局

责任单位：区医疗保障局，各乡镇

完成时限：长期推进

25. 提升基层医疗质量水平。改进服务方式，优化服务流程，规范服务标准，着力提升医疗服务质量。以“优质服务基层行”活动为契机，提升基层医疗卫生机构的服务能力，加大医疗卫生人才队伍建设，培育一批医疗卫生人才，初步建立老中青有效衔接的医疗卫生人才队伍机构体系；加快推进基层中医药事业发展，建设好基层中医馆，普及中医适宜新技术。突出医疗制度政策落实，切实做到合理检查、合理诊断、合理治疗、合理用药，切实减轻患者诊疗负担，有效解决看病难、看病烦、看病累等问题。

牵头单位：区卫生健康局

责任单位：区人力资源和社会保障局，各乡镇

完成时限：长期推进

（七）提升公共事业服务能力

26. 加强供气供暖安全保障。加快能源基础设施建设，实施毛纺织园区天然气储气输配管道管网建设及改造项目，提高管网输配能力。加快老旧小区供暖管网改造，协调新南天然气公司规划铺设燃气管道，逐步提高居民天然气使用率。大力实施清洁取暖改造项目，推进利通区乡镇村部、卫生院清洁取暖项目建设，强化供热设施节能减排改造。严格落实行政区域内油气长输管道保护和安全监管主体责任，建立职责清晰、分工明确、相互配合、保障有力的工作机制，加强安全生产监督检查，及时解决安全生产问题隐患，确保油气长输管道持续安全稳定运行。

牵头单位：区发展和改革局、住房城乡建设和交通局、应急管理局、市生态环境局利通分局

责任单位：各乡镇

完成时限：长期推进

27. 加强城市供电安全管理。持续推进转供电加价清理整治，广泛宣传最新电价政策，积极推广“转供电费码”应用，确保政策红利及时足额传导到转供电终端用户。严格落实国家降价降费政策，积极开展“进企业、访客户、讲政策、解难题”活动，制定“一户一册”优化用电方案，降低用电成本。精简用户申请资料、竣工资料，压减办电环节，实行“一证受理”，推广“一次性告知”和线上预约服务。全力推进“互联网+”服务模式，落实客户“一次都不跑，最多跑一次”的服务要求。积极引导光伏风电行业合理投资，发挥新能源项目投资在优化产业结构及经济高质量发展过程中的拉动作用，大力推进三峡新能源五里坡75兆瓦风电项目、利通区中核200兆瓦光伏复合发电项目等新能源项目建设进度，力促宁夏风汇新能源发电项目开工建设。

牵头单位：区发展和改革局

责任单位：国网吴忠供电公司

完成时限：2021年年底

28. 加强用水调度管理保护。及时分析天气和雨水情形势，综合协调供水单位，合理调度各大干渠水量，科学配置水资源，合理控制我区总体用水量。严禁高耗水企业建设，遏制用水浪费。加强地下水资源有效保护，梳理辖区自备井分布情况，依法关停不符合取水要求的自备井，促进地下水资源可持续利用。推进水资源税改革试点工作，严格按照规定的征收范围、对象、标准和程序，足额征收水资源税。实施利通区2020年五里坡农村供水水源连通工程和宁夏农村苦咸水改

水项目利通区2020年水源连通工程，积极争取“互联网＋农村人饮”建设项目，推进农村供水工程规模化发展，促进城乡供水服务均等化、普惠化、便捷化。以银川都市圈城乡供水工程建设为抓手，构建骨干供水“主动脉”，推进已建供水工程与银川都市圈城乡供水工程互联互通、联调联供、互为备用，逐步提高人均日供水量标准，提升水质达标率和保障率。

牵头单位：区水务局

责任单位：各乡镇

完成时限：2021年年底

29. 加强公共基础设施建设。强化农村基础设施建设，改善农村人居环境，提升生产生活质量，整合农村改厕、环保、农村公益事业奖补项目资金，综合开展村里村外、院里院外、屋里屋外综合整治，全力推进美丽乡村建设。建成金银滩镇金川办、古城镇新华桥村、东塔寺乡白寺滩村等可示范、可推广的美丽村庄。立足我区老旧小区实际，从群众反映最强烈的道路破损、排水不畅、供暖供水管网老化、停车难等具体问题入手，通过购买服务、新增设施有偿使用方式，引导企业、集体、个人积极参与到城镇老旧小区社区养老、托幼、健身房建设等公共设施建设运营管理，着力完善老旧小区基础设施，改善小区整体环境面貌，提升群众幸福感。采取集中整治、专项整治、不定期巡查、严格督查等方式，对建筑工地保持扬尘污染治理高压态势，确保各建筑工地防控措施率达到95%以上，项目工地扬尘监督达到100%，建筑扬尘治理率达98%以上。我区农村卫生厕所普及率达到90%以上。

牵头单位：区住房城乡建设和交通局、农业农村局

责任单位：区民政局、财政局，各乡镇

完成时限：长期推进

30. 加强公共卫生环境治理。打好打赢污染防治攻坚战，坚持水、气、土、固废等协同治理，生态保护与污染防治同步推进。开展全区环境卫生综合整治，在“精”字上做文章，在“细”字上抓落实，持续推进环卫大“网格化”管理体系建设，健全环卫管理长效机制，完善环境卫生管理标准，提高环境卫生工作的精细化、标准化、规范化管理水平。提高清扫保洁作业质量，实行“三全三无”保洁，城区实现重点路面垃圾停留时间不超过15分钟，机械清扫每平方米尘土不超过5克，清扫保洁长效覆盖率达到100%，道路机械化清扫率达到90%。持续加大老旧公厕提标改造力度，提高公厕为民服务质量，公厕免费开放率达到100%。狠抓农村环卫规范化管理，加大非正规垃圾堆放点的排查整治，非正规垃圾堆放点整治率达到100%。提高垃圾收集转运处理质量，确保城乡垃圾收集清运无害化处理率保持在100%，农村生活垃圾治理的行政村治理率达到100%。狠抓日常环境卫生热点难点问题，加强环卫监察人员管理，规范餐厨垃圾收集作业与袋装垃圾倾倒行为，环卫管理服务满意率达到100%，实现城乡环卫作业效果由“干净”向“清洁”的转型升级。结合特色小镇和美丽村庄建设，开展垃圾分类宣传教育，深入推进城乡垃圾分类工作，积极争创自治区垃圾分类示范县区。

牵头单位：市生态环境局利通分局、城乡环境卫生管理中心

责任单位：区住房城乡建设和交通局、农业农村局，各乡镇

完成时限：长期推进

31. 优化升级现代物流体系。出台《利通区加快发展现代物流产业的实施意见》，完善物流发展配套政策，对市场准入、税收优惠、土地供应、信息化体系建设、人才培养和引进等进行全面规范，为物流业提供全方位的政策支持。支持商贸流通企业实现传统经营与电子商务、物流配送融合发展，在社区建设便民服务中心，通过线上线下一体化发展模式，开展形式多样的“宅速递”，为社区居民提供多样化服务，最大限度满足社区居民的消费需求，释放社区居民消费潜力。整合商贸流通、仓储物流、邮政、供销、快递等各类资源，重点改造升级1处区级仓储物流配送中心、8个农村乡镇级电商服务站物流配送职能，形成适应农村电子商务发展需要的物流配送支撑服务体系。大力培育第三方冷链物流，发展壮大茂鑫通等本地冷链物流骨干企业，创新应用新技术新业态新模式，全面提升冷链物流水平。整合全区物流快递企业资源，鼓励各类市场主体通过区公共物流配送中心进行统一配送；打造智能化物流平台，具备对物流信息进行汇总分类、数据统计、线路规划、库存管理等功能。提升电子商务带动能力，依托我区特色农产品、民俗文化、生态环境等资源优势，加快区级电子商务公共服务中心建设进程，搭建实体和网络公共服务平台，形成较为完善的电子商务产业链，提升我区电子商务层次和水平。应用淘宝、天猫、京东等知名第三方平台建立电子商务营销渠道，开设网络旗舰店、专卖店，开展线上、线下协同运营，推动我区电子商务品牌建设，带动物流业快速发展。

牵头单位：区工业信息化和商务局

责任单位：区发展和改革局、财政局，各乡镇

完成时限：2021年年底

（八）加强公共安全服务保障

32. 筑牢食品药品质量安全防线。严格落实“四个最严”“党政同责”要求，依法从严防控，全面提高食品药品安全监管水平。以网格化监管为抓手，加强食品源头管控和过程监管，推行食用农产品合格证制度，推动“互联网 +”食品安全监管，构建从生产到消费、从农田到餐桌全过程全链条监管体系。紧盯“一特二大三小”“一老一少”等重点领域环节，着力解决好群众关心的农兽药残留、非法添加、假冒伪劣等突出问题，严惩重处食品安全违法犯罪行为。持续推进食品安全示范创建工作，动态管理已创建的“放心肉菜示范超市”、食品安全示范乡镇、食品安全示范单位，持续巩固利通区“自治区级食品安全示范县（区）”创建成果。加大食品安全风险隐患排查力度，进一步强化抽检监测力度和抽检频次，制定完善、有效、严密的预防和控制措施，督促食品生产经营单位落实主体责任，全面提升食品安全突发事件应急处置能力。切实提高药品监督管理工作效能，以规范购销渠道为重点，以农村地区、城乡接合部作为检查重点区域，不断强化风险管理，确保不发生药品安全事件。

牵头单位：区农业农村局、市市场监督管理局利通区分局

责任单位：各乡镇

完成时限：长期推进

33. 突出公共安全问题隐患治理。针对易发案地区的时段、路段，启动全天候巡防。着力强化扫黑除恶、偷盗事件专项行动，加大法治教育宣传力度，营造良好法治环境。完善治安类侵财案件查处机制，凝聚打防合力，依托立体化、信

息化社会治安防控体系建设，加强人防、物防、技防工作，加强特种行业管控、重点人员管控。开展安全发展示范城市创建活动，建立隐患排查治理和安全风险管控双重预防机制，明确属地、部门公共安全治理责任，推动公共安全治理各项工作任务落实。扎实开展安全生产专项整治三年行动，推动管行业、管业务、管生产同步进行，把好公共安全风险治理源头关。

牵头单位：市公安局利通区分局、司法局、应急管理局

责任单位：区直各部门，各乡镇

完成时限：长期推进

34. 完善应急预案管理体系建设。推进综合应急指挥平台建设，完善突发事件应急处置机制，构建实战化、扁平化、合成化应急处置模式，提高应急管理工作科学性和针对性。采取多种渠道和多种形式进行应急管理法律法规、应急预案、避险常识的宣传教育工作，加强和完善综合性专业救援队伍建设、基层应急处置力量和社会救援队伍建设，提高应急处置和应急救援的能力。特别是提高突发公共卫生事件应急处置能力，及时做好医疗卫生应急保障措施，最大限度地减少危害和负面影响。

牵头单位：应急管理局、区卫生健康局

责任单位：区直各部门，各乡镇

完成时限：长期推进

（九）强化文化体育服务基础能力

35. 完善设施网络体系建设。建立全覆盖的区、乡镇、村（社区）三级公共文化服务基础设施网络。按照“七个一”标准，实施村综合文化服务中心功能提升项目，实现公共文化服务基础设施提档升级。以区图书馆、文化馆为总馆，依托乡镇综合文化站、村（社区）综合性文化服务中心建设图书馆分馆、文化馆分馆，开展流动服务和数字服务，打通公共文化服务“最后一公里”，实现全区图书馆“通借通还”。

牵头单位：区文化旅游体育广电局

责任单位：区发展和改革局、财政局，各乡镇

完成时限：2021年年底

36. 提升公共文化服务效能。全面实现区、乡、村“两馆一站一中心”免费对外开放，每周免费开放不少于42小时，实施错时延时、节假日正常免费开放。结合新时代文明实践工作，推进文化志愿服务。组织开展“结对子、种文化”活动，将文化志愿者纳入公共文化辅导队伍，加大业务培训力度，完善文化志愿服务下基层制度，建立完善群众文化需求反馈机制，制定公共文化服务目录，开展订单式服务，不断提高服务能力。

牵头单位：区文化旅游体育广电局

责任单位：各乡镇

完成时限：长期推进

37. 加快推进文旅融合发展。着眼弘扬黄河文化，彰显地域文化特色，推动文化与旅游深度融合，培育壮大文化旅游产业。充分利用黄河、苦水河、秦渠、汉渠等资源，提炼其文化内涵，加快推进农耕文化旅游产品研发，实现旅游产业与文化产业的深度融合。依托区域文化特色，整合旅游资源，加大旅游与畜牧业、农业、林业、工业、康养等产业的融合力度，形成集种植、加工、旅游、销售为一体的旅游产业链，逐步拓宽旅游观光路线，加快实现一、二、三产业融合发展。加大基础设施建设，丰富旅游业态，推动牛家坊民俗文化旅游景区、强家老醋文化养生园、

滨河村镇产业融合发展示范园加快提档升级步伐，力争打造成集休闲娱乐、观光度假、非物质文化传承与体验为一体的高等级景区。

牵头单位：区文化旅游体育广电局

责任单位：区发展和改革局、工业信息化和商务局、农业农村局，各乡镇

完成时限：长期推进

38. 加强文化旅游环境治理。依托美丽乡村建设、新型城镇化建设，优化景观设计，丰富产品内涵，同步落实旅游服务规范，提升旅游服务功能，营造健康、舒适的旅游环境。持续加大景区、星级农家乐创建工作力度，加强景区、农家乐和民宿服务的指导和培训，促使全区旅游业向规模化、产业化发展。

牵头单位：区文化旅游体育广电局

责任单位：区发展和改革局、财政局、水务局、农业农村局、市市场监督管理局利通区分局，各乡镇

完成时限：长期推进

39. 加大公共体育设施布局。不断完善区、乡（镇）、村（社区）三级公共体育服务体系。全面规划落实《宁夏基本公共服务体系建设标准》，加大公共体育设施建设。辖区内12个乡镇、28个社区以及106个村全部达到创建自治区基本公共体育服务体系标准，积极争取自治区体育局项目资金，配备体育健身器材，继续建设好全民健身中心、多功能运动场、健身步道等项目，全面形成15分钟健身圈，方便群众在家门口健身。

牵头单位：区文化旅游体育广电局

责任单位：区发展和改革局、财政局、审计局，各乡镇

完成时限：2021年年底

40. 积极拓展惠民项目服务。持续举办“百姓舞台·多彩利通”品牌广场文艺，办好“文化惠民·送戏下乡”“戏曲进校园”等惠民演出，全年为农村（社区）免费送戏不少于50场。加大文艺创作力度，围绕全面建成小康、乡村振兴、美丽宁夏等主题，创作一批具有时代气息、群众喜闻乐见的文艺精品。完善乡村题材优秀文艺作品的创作、选拔和推广机制，对群众文艺创作加大支持引导力度，推动题材、内容、形式创新，为推进乡村群众文艺繁荣发展搭建平台。加大创研剪纸、刺绣、农民画等手工艺品开发生产力度，推动特色文化资源优势向发展优势转化。多渠道、多方式开展体育活动的宣传和舆论引导，提高群众对基本公共体育服务和全民健身的知晓率、参与率，培养大众体育健身新习惯，掀起全民健身新风潮。

牵头单位：区委宣传部，区文化旅游体育广电局

责任单位：区文联

完成时限：长期推进

四、保障措施

（一）加强组织领导。各乡镇、各有关部门要加强领导，健全工作机制，结合我区实际制定具体实施方案，精心组织实施，明确责任部门，抽调精兵强将狠抓落实，确保各项提升措施落到实处。

（二）加强资金支持。积极发挥政府投资引导带动作用，合理安排经费并及时下达资金，以普惠性、保基本、均等化、可持续为方向，统筹协调，酌情加大资源倾斜力度，落实弱势领域扶助政策，既尽力而为，又量力而行，做到基本公共服务的提供与经济社会发展以及财政收入增长

保持同步。

（三）营造良好环境。做好公共服务质量提升宣传引导工作，在广泛利用电视、电台、报纸等传统媒体进行宣传的基础上，充分发挥互联网、“双微”等新媒体平台优势，大力宣传推广公共服务质量提升好的措施和经验，切实营造良好的社会舆论氛围。

（四）加强监督考核。各牵头和责任部门单位要坚持目标量化、措施实化、制度具体化原则，突出问题和结果导向，加强各项目标任务的调度和推进力度。进一步发挥督查考核的“指挥棒”作用，加大督查工作力度，强化考核结果运用，以督查考核推动各项工作全面落实、取得实效。

关于利通区乡村治理情况的调研报告

中共吴忠市利通区委员会政策研究室

（2021年6月22日）

乡村治理是国家治理体系的重要组成部分，乡村治理对社会稳定有着重要意义。利通区作为全国第一批乡村治理示范点县区，坚持重实际、抓创新、强操作、惠民生，力争实现乡村治理高质量发展，加快形成具有利通区特色的乡村治理试点工作经验。

一、基本情况

利通区是吴忠市政治经济文化中心，辖8镇4乡、106个行政村、3个农场（办）、22个社区。总面积1384平方公里，耕地面积40万亩；总人口40.61万，农业人口20.2万人，占总人口的49.7%；回族人口25.3万人，占总人口的62.3%。

二、乡村治理的工作成效

近年来，利通区始终把加强基层党的建设、巩固党的执政基础作为贯穿社会治理和基层建设的一条红线，积累了很多典型经验，也获得了上级的认可。利通区被评为自治区村民自治模范区，2个乡镇被命名为自治区村民自治模范乡镇，6个村被命名为自治区村民自治模范村。创新推行以“强化村党组织的领导权、规范村民代表会议的决策权、落实村民委员会的执行权、保障广大群众的监督权”为主要内容的村级“四权治理”机制，“四权治理”模式也被评为全国首届基层组织建设创新案例。提升乡镇政府服务能力“3422”模式被国家民政部评为第一批全国乡镇政府服务能力建设典型经验，数字乡村建设被中央网信办、农业农村部等七部委评为首批国家数字乡村试点，“互联网＋教育”被自治区确定为8个示范县（区）之一，新时代文明实践工作开展的“兰花芬芳”志愿服务被中宣部专版刊发等多项荣誉称号的获得，开创了经济繁荣、民族团结、环境优美、人民富裕的新局面。利通区也有更大的信心以乡村振兴战略为抓手，探索创新新时代乡村治理工作新思路。

三、乡村治理存在的突出问题

随着城镇化快速推进，农村改革不断深入，乡村发展在遇到前所未有的机遇时，问题也逐渐凸显，主要集中在以下方面。

一是农村基层党组织缺乏优秀的引领者。农村党组织带头人呈现年龄偏大、文化程度偏低、能力偏低、群众公认度偏低的问题。村干部整体素质有待改善，年龄结构趋于老化，对党的农村政策的理解有偏差，导致在执行党委、政府的决策部署时，方向上把握不准，行动上跟不上形势需要。比如每年都有一大批青壮年离开农村外出务工，留在农村的多是妇女、儿童、老人，大量的人口外流使村级组织建设缺乏必要的干部人选，缺乏年轻血液，甚至部分村出现村干部“青黄不接”、岗位缺少合适“接班人”的状况。尤其是农村能人的流失导致农民致富缺少带头人，同时也带走了乡村建设的社会资金，影响着农村的经济社会发展。二是没有发挥好“三治”融合的导向作用。群众自治是基础，但很多村民对村民自治了解不够，导致村民对党的政策和民主精神难以正确把握，自治没有充分落实到基层，参与存在被动性。道德建设的重视度不高，无法与法治建设相得益彰，部分经济较宽裕的农民群众出现婚丧事大操大办、天价彩礼、薄养厚葬等问题，少数贫困村村民思想消极、不思进取，自我脱贫的技能和动力不足，“等靠要”思想严重。群众对村民自治缺乏兴趣，有些远郊乡镇和村委会工作运行经费有限，村集体经济发展薄弱，比如扁担沟镇五里坡村、利同村等，极大降低了村干部更好推动乡村治理工作的参与性和积极性。三是“三化支撑”离好帮手还存在一定差距。信息化、网格化和特色化载体还比较单一，形式还不活，社会主义核心价值观宣传教育还有待持续推广普及，新时代文明实践站（所）开展志愿服务活动、贴近群众需求还有待进一步加强。有待进一步挖掘创新典型引导深度和广度，在日常管理和处理问题方面创新不够，而且容易出现靠经验解决相关问题，这是不可取的。

四、乡村治理下一步的工作建议

一是坚持筑牢以党建为引领的基础桩。突出基层党组织领导作用，建立“乡镇党委＋村党支部＋网格党小组＋党员中心户”的乡村治理构架。强化农村党组织领导核心作用，建立健全村党组织领导下的村（居）民委员会、村（居）务监督委员会、村集体经济组织、农民合作组织、业主委员会及工、青、妇、民兵、治保调节和村民小组等配套组织，实施村党组织带头人整体优化提升行动，深入实施“百村争先百名村书记素质提升”行动，重点采取集中轮训、分级培训的方式，每年对村党组织书记轮训一遍，打造“政治强、作风硬、懂农村、爱农业、善经营、会管理”的村党组织书记队伍。加强农村党组织基本队伍建设，充分运用初心馆和4所村（社区）党校，每年分级分类开展专题培训班100期，实现全区90%以上的农村党员完成轮训。严格执行发展党员推荐、培训、预审、公示、票决、责任追究等制度。整顿软弱涣散村党组织，在三星级以下村党组织中，重点把“两委”换届工作中出现违纪违法、涉警涉访和程序不规范的村，党员与人口比例失调的村以及连续2年以上未发展党员的村，连续2年确定为软弱涣散且整顿成效不明显的村，党组织书记由下派干部担任的村，矛盾问题突出或村级集体经济薄弱的村作为重点整治对象。纵深推进全面从严治党，不断提升广大党员干部的能力水平，以党建新成效开创乡村治理发展新局面，切实发挥党组织战斗堡垒作用。

二是全面打出“五方”联动的组合拳。建立区级主导、乡镇主抓、社会协同、党员示范、群众参与的五方联动乡村治理机制。定期召开乡村治理体系建设试点工作领导小组会议，研究解决乡村治理工作推进中的重大问题，定期召开工作专班联席会议，协调解决各部门工作衔接中存在的问题。区委领导班子成员每季度至少到所包抓的乡镇和联系的村督导一次，指导、督促乡镇和行政村乡村治理推进情况，各乡镇要结合利通区乡村治理年度工作安排，制定本乡镇年度工作安排，与年度村级效能目标考核同安排、同部署、同考核。建立党委领导班子成员包村联户、乡镇干部驻村、村“两委”成员入户走访等制度，及时发现并研究解决农村基层党组织建设、乡村治理和群众生产生活方面存在的困难问题。支持社会组织参与乡村治理，加强妇联、团支部、残协等组织建设，充分发挥其联系群众、团结群众、组织群众参与民主管理和民主监督的作用，引导新型社会组织参与乡村治理，大力培育志愿者协会、体育协会、产业联合体、爱心基金会等服务型、公益性、互助性社会组织，引导其在乡村治理中发挥作用。创新实践载体，组织开展党员联系农户、党员户挂牌、承诺践诺、设岗定责等活动，推动党员在乡村治理中带头示范，带动群众全面参与，充分发挥其联系群众、团结群众、组织群众参与民主管理和民主监督的作用。

三是助力走好“三治”融合的新路子。坚持自治法治德治同行同向、同频共振，着力固根基、扬优势、补短板、强弱项。推行以村党组织为核心的“支部+”模式，建立以农村党组织为领导、村民自治组织和村务监督组织为基础、集体经济组织和农民合作组织为纽带、其他组织为补充的村级治理体系。以“三大三强”“两个带头人”工程为着力点，精细化抓好“百村争先百名村书记素质提升”行动，打破身份、行业、地域等界限，进一步拓宽选人渠道，选优配强村党组织书记队伍，建立“党员中心户”帮带制度，为每位“党员中心户”设定出具体的帮带任务，每个中心户就近联系5~10户群众，引领群众勤劳致富，积极参与乡风文明建设和乡村治理。全面推广“55124”五步工作法，建立村级重大事项内容清单，明确议定事项范围。推进民主监督制度化建设，由乡镇负责组织村党支部书记每年向全体党员和村民代表进行述职评议。涉及村民享受低保、建档立卡等惠民政策的决策事项依法及时公开，村级重大事项定期公开。深入开展“送法进村入户”活动，健全完善“一村一法律顾问”制度，深入落实法律援助“双百”行动，按照“四有”标准推进农村法治文化阵地建设，年内为每个自然村培育一个“法律明白人”。深入治理农村婚丧大操大办、高额彩礼、铺张浪费、厚葬薄养等不良风气。持续举办“文明相伴·情满利通”文艺精品创作“八大赛事”，支持文化志愿服务组织发展，持续营造健康向上的农村文化环境，着力建设自治法治德治相融合的乡村治理体系。

四是稳步构建“三化支撑”的新格局。信息化、网格化和特色化是乡村治理中的“三大法宝”，注重把在重要领域和关键环节积极创新、大胆实践形成的一些实践载体、特色做法、亮点工作融入乡村治理试点工作。积极构建利通区“1+5+N”的乡村治理服务模式，夯实数字乡村建设基础。“1”即打造乡村治理大数据中心，“5”即构建数字治理、数字产业、数字改革、数字生产和数字政务5大服务平台，N即指构建多个乡村治理应用场景，开展数字乡村试点建设。加快实施教师信息技术应用能力提升工程2.0项目，加大“三个课堂”建设与应用力度，扩大优质教育资源覆盖面，大力促进互联网与教育教学的深度融合，全面提升区域“互联网+教育”建设和应用水平。紧紧围绕自治区、吴忠市“互联网+医疗健康”示范区建设要求，夯实一个基础、构建五大平台，逐步完善基础设施支撑体系，努力打造覆盖全生命周期、应用丰富、结构完善的“互联网+医疗健康”服务模式，为实现人人享有基本医疗卫生服务目标提供有力的信息技术支撑。

关于利通区易地扶贫搬迁情况的调研报告

中共吴忠市利通区委员会政策研究室

（2021年1月）

利通区聚焦易地扶贫搬迁群众“搬得来、稳得住、能致富”目标要求，构建五项机制，办好产业、就业、社会融入三件事，切实做好易地扶贫搬迁“后半篇文章”。

一、易地扶贫搬迁工作基本情况

2015年以来，利通区共搬迁安置移民777户3198人，其中，搬迁安置彭阳县、同心县、西吉县劳务移民377户1656人，搬迁安置同心县生态移民400户1542人。2019年，利通区生态移民人均可支配收入达到8037.62元，增长10.8%，高出全国农村居民人均可支配收入增速1.2个百分点。

二、主要工作做法及成效

（一）建立抓统筹强责任机制。坚持合理安置、优化服务、就业优先、属地管理的原则，建立移民“一户一档”信息档案。严格落实“四个不摘”要求，采取区委、区政府主要领导统筹抓，分管领导牵头抓，四套班子包村抓，行业部门分工抓，乡村两级一线抓的工作模式，把涉及易地扶贫搬迁移民的教育医疗、培训就业、产业发展、社区治理等纳入脱贫攻坚总体部署，统筹谋划、同步实施，打好后续扶持“组合拳”。

（二）建立联农带农利益联结机制。依托“国家现代农业产业园”资源优势，按照“区有主导产业、村有支柱产业、户有增收产业”的发展方向，出台特色产业扶持政策，建园区基地、育龙头企业、强金融保障，采取“企业＋合作社＋农户”带动模式，鼓励搬迁移民大力发展牛羊养殖、设施瓜菜、经果林等脱贫富民“铁杆庄稼”。建成五里坡奶牛生态养殖基地、扁担沟扶贫产业肉牛养殖示范园，培育扶贫龙头企业5家，扶贫产业合作社7家，带动53.8%的贫困户干在产业链上、富在产业链上。

（三）建立返贫致贫动态监测预警帮扶机制。通过农户申报、乡村排查、部门筛查、数据比对等方法，定期筛查因疫、因病、因学、因残、因灾和突发重大变故等出现收入骤减和“两不愁三保障”返贫风险。按照“缺什么补什么”的原则，制定“一户一策”帮扶措施，侧重产业就业增收、激发内生动力、社会综合保障、金融信贷支持，形成“村组日常监测、乡镇研判预警、区级调度帮扶”三级责任体系，确保脱贫群众持续稳定脱贫不返贫，易贫群众提升生活质量不致贫。

（四）建立抓培训稳就业机制。创新开展“县域企业吸纳、外出务工转移、公益岗位兜底”的就业扶贫模式，建立“用工企业订单、培训机构列单、培训对象选单、政府补贴买单”机制，精准开展就业创业和实用技术培训，实现零就业家庭动态清零。把“致富工厂”建在移民群众家门口，采取“政府投资＋社会帮扶＋企业自筹”方式，建成同利巾被、碧盛纺织等扶贫车间5个，带动移民人均月增收2800元以上，实现搬迁移民“足不出村、就近就业、就地脱贫”。紧盯“无法离乡、无业可扶”的贫困人口，购买公益性岗位兜底就业393人，人均月增收1010元。

（五）建立抓服务促融入机制。坚持插花安置和集中管理并重，通过建设生态移民村、集中安置区、回购商品房等形式，妥善安置易地扶贫搬迁移民2175户9312人。配套建设了学校、卫生室、商超等公共服务设施，完善水电路等基础设施改造。探索实行“四包一”“三色管理法”，全力做好户籍、优抚、低保、伤残、医疗、入学、养老等接转服务工作，切实做到“应扶尽扶、应保尽保、应救尽救”。强化移民安置点基层治理，出台移风易俗“利八条”，广泛开展乡风文明“十个一”活动，持续提高移民的归属感、获得感、幸福感。

三、下一步工作建议

中央“十四五”规划建议中明确提出要“健全防止返贫监测和帮扶机制，做好易地扶贫搬迁后续帮扶工作”，自治区党委和吴忠市委“十四五”规划建议中对“易地扶贫搬迁后续帮扶工作”也做了进一步的安排部署。因此，当前和今后一段时期内，如何确保易地搬迁群众搬迁后“稳得住”“有事做”“能致富”，积极融入发展环境，仍然是巩固拓展脱贫攻坚成果同乡村振兴有效衔接的重要一环。

（一）促进基本公共服务均等化。安置区（村）的基础设施建设和基本公共服务配套是保障易地搬迁群众“稳得住”的基础。要全面摸排易地搬迁地区基础设施短板，建立基础设施投入长效机制，按照“缺什么，补什么”的原则，确保安置区（村）与城镇同一标准、同步建设，持续抓好“路、电、水、网”等基础设施建设。要促进易地搬迁地区教育、医疗服务、公共文化服务全面提升。结合“互联网＋医疗健康”示范区的持续推进，大力改善易地搬迁地区医疗卫生基础设施和设备配置，全面提升医疗卫生服务人员素质。按照有活动广场、文化站、文化设备器材、体育设备器材等建设标准，确保易地搬迁群众与城镇原住居民享有均等化、全链条的公共服务。要统筹乡村治理，坚持以党建为引领，以易地搬迁地区党组织为主线，促进管理网格化、自治规范化、防控立体化，推动党领导下的政府治理和社会调节、居民自治良性互动。

（二）拓宽就业渠道。要进一步加强多种形式的就业支持，强化易地搬迁群众“有事做”这一生计保障的根本。要因地制宜发展特色产业，搞好种植、养殖、服务业发展的规划，积极发展适度规模的生产开发项目。要加大招商引资力度，加强与经济发达地区战略对接，加强与黄河“几字湾”城市在装备制造、商贸旅游等产业领域方面务实合作，主动承接重点产业转移项目，积极引进配套产业链，通过提供贴息贷款、免费培训、租赁费用减免等多种措施，大力吸纳扶贫车间落户利通区，做大做强扶贫车间，完善扶贫车间扶持政策与扶贫成效挂钩制度，优先安排易地搬迁群众就地就近就业。要拓展龙头企业的就业人群吸纳能力，鼓励企业精准对接易地搬迁群众，因户施策，对有劳动能力的贫困家庭提供就业帮扶。

（三）激发巩固脱贫成果的内生动力。脱贫

是任务而不是终点，要让贫困群众依靠自己双手实现“能致富”才是最终目标。要推进“扶贫”与“扶志”同向发力，充分发挥新时代文明实践站的作用，强化教育培训管理，提升易地搬迁群众综合素质。要不断强化就业培训和劳务输出，针对利通区产业发展情况，培育孵化新岗位，制定新型岗位标准，开展专项培训，提高劳动技能，促进更多易地搬迁群众上岗就业。充分利用人力资源公司等社会载体，加大劳务输出力度，持续增加经营性收入。要进一步完善驻村帮扶、干部帮扶等机制，继续发挥帮助指导、协调服务的作用。鼓励定点帮扶和社会力量帮扶作用，积极开展扶贫志愿服务活动。要选准“带头人”，大力实施“三大三强暨两个带头人”工程，打破身份、地域限制，培养有文化、有技术、懂经营的人才在易地搬迁地区发展产业，带动群众持续致富。

2021年中共利通区委政策性文件目录

1. 关于印发《中共吴忠市利通区委员会关于制定国民经济和社会发展第十四个五年规划和二〇三五年远景目标的建议》的通知（吴利党发〔2021〕2号）

2. 中共利通区委常委会2021年工作要点（吴利党发〔2021〕3号）

3. 关于印发《吴忠市利通区经济发达镇建设实施方案》的通知（吴利党办发〔2021〕6号）

4. 中共吴忠市利通区委员会关于推进黄河流域生态保护和高质量发展先行区建设的实施方案（吴利党发〔2021〕6号）

5. 关于印发《利通区全面深化新时代教师队伍建设改革的实施方案》的通知（吴利党办发〔2021〕11号）

6. 关于印发《利通区关于实现巩固拓展脱贫攻坚成果同乡村振兴有效衔接的实施方案》的通知（吴利党发〔2021〕11号）

7. 关于印发《2021年利通区老旧小区改造实施方案》的通知（吴利党办综〔2021〕13号）

8. 关于印发《吴忠市利通区全域旅游发展规划（2021—2030）》的通知（吴利党办发〔2021〕15号）

9. 关于印发《吴忠市利通区加快全域旅游发展的若干扶持政策（试行）》的通知（吴利党办发〔2021〕16号）

10. 关于印发《利通区关于全面推进乡村振兴加快农业农村现代化的实施方案》的通知（吴利党发〔2021〕1号）

11. 关于印发《利通区奶产业高质量发展实施方案》等5个方案的通知（吴利党办发〔2021〕17号）

12. 关于印发《吴忠市利通区乡镇综合行政执法改革实施方案》的通知（吴利党办发〔2021〕18号）

13. 关于印发《利通区打造苦水河沿线人居环境整治示范带全面夯实乡村振兴基础工作方案》的通知（吴利党办发〔2021〕20号）

14. 关于印发《关于建设民族团结进步模范区　守好促进民族团结生命线的实施方案》的通知（吴利党发〔2021〕14号）

15. 关于印发《利通区社会治理综合服务中心建设实施方案》的通知（吴利党办发〔2021〕21号）

16. 关于印发《吴忠市利通区推进基层审批服务便民化改革实施方案》的通知（吴利党办发〔2021〕22号）

17. 关于印发《关于加快推进装备制造产业

高质量发展实施方案（2021—2025）》《关于加快推进现代纺织产业高质量发展实施方案（2021—2025）》的通知（吴利党办发〔2021〕25号）

18. 关于印发《吴忠市利通区文化旅游产业高质量发展实施方案》的通知（吴利党办发〔2021〕29号）

19. 关于印发《2021年利通区高标准重点小城镇高质量美丽宜居村庄建设实施方案》的通知（吴利党办发〔2021〕33号）

20. 关于印发《关于开展“导师帮带制”试点工作的实施方案》的通知（吴利党办发〔2021〕34号）

21. 关于印发《利通区经营性国有资产运营管理方案》的通知（吴利党办发〔2021〕42号）

22. 关于印发《吴忠市利通区粮食储备实施方案》的通知（吴利党办发〔2021〕49号）

23. 关于印发《利通区关于进一步强化易地搬迁后续扶持实施移民致富提升行动的方案》的通知（吴利党办发〔2021〕51号）

24. 关于印发《利通区推进黄河流域生态保护和高质量发展先行区建设2021年工作计划》的通知（吴利党办发〔2021〕56号）

25. 关于印发《吴忠市利通区深化教育教学改革全面提高义务教育质量实施方案》的通知（吴利党发〔2021〕28号）

26. 关于印发《利通区2021年中央财政衔接推进乡村振兴补助资金使用方案》的通知（吴利党办发〔2021〕60号）

27. 关于印发《利通区创建全国文明城市工作实施规划（2021—2023年）》的通知（吴利党发〔2021〕32号）

28. 关于印发《利通区法治社会建设实施方案（2021—2025年）》的通知（吴利党发〔2021〕33号）

29. 关于印发《提升区域科技创新能力 推进乡村振兴行动方案（2021－2025年）》的通知（吴利党办发〔2021〕62号）

30. 关于印发《利通区用水权改革实施方案》《利通区农业水价综合改革实施方案》《利通区深入推进山林权改革加快植绿增绿步伐实施方案》《利通区深入推进土地权改革完善土地要素市场化配置实施方案》的通知（吴利党办发〔2021〕64号）

31. 关于印发《吴忠市利通区实施城乡居民收入提升行动方案》的通知（吴利党办发〔2021〕70号）

32. 关于印发《吴忠市利通区支持民营企业加快改革发展与转型升级的实施方案》的通知（吴利党办发〔2021〕72号）

33. 关于印发《吴忠市利通区基础教育质量提升行动实施方案》的通知（吴利党办发〔2021〕73号）

34. 关于印发《关于实施全民健康水平提升行动的实施方案》的通知（吴利党办发〔2021〕74号）

35. 关于印发《吴忠市利通区促进中华民族共同体建设实施方案》的通知（吴利党办发〔2021〕77号）

36. 关于印发《利通区关于加强和改进新时代党建带团建工作凝聚青年投身先行区建设的实施意见》的通知（吴利党办发〔2021〕84号）

37. 印发《关于在全区开展第八个五年法治宣传教育的实施方案（2021—2025年）》的通知（吴利党发〔2021〕49号）

38. 关于印发《利通区全面深化河湖长制助推黄河流域生态保护和高质量发展先行区建设的实施方案》的通知（吴利党办发〔2021〕87号）

39. 关于印发《吴忠市利通区全面推行林长制实施方案》的通知（吴利党办发〔2021〕88号）

40. 印发《关于用好红色资源、赓续红色血脉、做好红色资源保护传承管理利用工作的实施意见》的通知（吴利党办综〔2021〕57号）

41. 关于印发《吴忠市利通区关于促进中医药传承创新发展工作方案》的通知（吴利党办发〔2021〕91号）

42. 关于印发《关于加强社会主义法治文化建设的实施方案》的通知（吴利党办发〔2021〕94号）

43. 关于印发《利通区强化知识产权保护的若干措施》的通知（吴利党办发〔2021〕95号）

44. 关于印发《吴忠市利通区关于深化市辖区跨领域跨部门综合执法改革工作方案》的通知（吴利党办发〔2021〕96号）

45. 印发《关于开展国家乡村治理整区域示范创建三年行动的实施方案》的通知（吴利党办发〔2021〕98号）

2021年利通区人民政府政策性文件目录

1. 关于印发《吴忠市利通区集体建设用地确权登记发证工作方案》的通知（吴利政办发〔2021〕30号）

2. 关于印发《利通区2021年政务公开工作要点》的通知（吴利政办发〔2021〕36号）

3. 关于印发《吴忠市利通区推进医务教育优质均衡发展实施方案》的通知（吴利政办发〔2021〕38号）

4. 关于印发《利通区安置区基础设施三年攻坚计划（2021—2023年）的通知》（吴利政办发〔2021〕47号）

5. 关于印发《利通区创新开展新型农业保险试点产品实施方案》的通知（吴利政办发〔2021〕49号）

6. 关于印发《吴忠市利通区全面推行证明事项告知承诺制工作实施方案》的通知（吴利政办发〔2021〕54号）

7. 关于建立健全《吴忠市利通区国民经济和社会发展第十四个五年规划和二〇三五年远景目标纲要》实施机制统筹推进规划目标任务落实的通知（吴利政办发〔2021〕56号）

8. 关于印发《利通区强化公共服务质量促进公共服务满意度提升的实施方案》的通知（吴利政办发〔2021〕59号）

9. 关于印发《利通区废旧物品回收站专项治理工作方案》的通知（吴利政办发〔2021〕64号）

10. 关于印发《吴忠市利通区关于推进养老服务高质量发展实施方案》的通知（吴利政办发〔2021〕65号）

11. 关于印发《吴忠市利通区推动全域旅游发展三年行动计划（2021—2023年）》的通知（吴利政办发〔2021〕70号）

12. 关于印发《吴忠市利通区足球改革发展实施方案（2021—2025年）》的通知（吴利政办发〔2021〕71号）